贪污贿赂罪实务精解

罗开卷／著

On the Practice
of
The Crime of Corruption and Bribery

法律出版社
LAW PRESS·CHINA

序

刘宪权*

《贪污贿赂罪实务精解》一书是罗开卷博士在其博士后出站报告基础上修订而成。我作为他的博士后合作导师，受邀作序，甚是欣喜！

2017年10月，开卷博士在上海人民出版社出版了《新型经济犯罪实务精解》一书，我曾为之作序，该书受到了理论界和司法实务界的一致好评，目前已经第三次印刷。

这两年来，开卷不仅办理和指导办理了全国有影响的“老虎案”和金融领域的大案难案，有效提升了办案能力和水平，而且还在繁忙的法院工作之余，善于总结和提炼审判经验、方法，勤于梳理和思考实践中的疑难复杂新类型问题，并有针对性地提出解决问题之道，是典型的“能办案、能调研、擅总结”的专家型中青年法官。其间，他在各种核心报刊上发表高质量论文10余篇。

该书是开卷对贪污贿赂罪实务问题所作的系统、深入研究。全书分为8章，共31万余字，既对贪污、受贿、挪用公款、行贿等常见贪污贿赂犯罪作了深入探讨，又对职务犯罪主要主体“国家工作人员”、法定量刑情节“索贿、自首、立功、坦白”等的认定规则作了有益探索。书末还以表格形式，精心整理与细致列出涉及贪污贿赂罪18个罪名的定罪量刑标准，方便读者快捷适用法律。通读全书，我认为该书具有以下三个鲜明特点：

一是视角新。人民群众对腐败深恶痛绝。腐败犯罪主要表现为贪污贿赂和渎职犯罪，其中贪污贿赂犯罪最为常见多发。为依法严惩贪污贿赂犯罪，

---

* 华东政法大学刑事法学研究院院长、教授、博士生导师，荷兰艾柔莫斯大学法学博士，兼任中国刑法学研究会副会长、上海市刑法学研究会会长。

2015年《刑法修正案（九）》对贪污贿赂罪立法作了重大修改和完善；2016年“两高”联合颁布了司法解释，明确贪污贿赂罪及关联犯罪的定罪量刑标准；2018年全国人大通过了首部国家反腐败立法即《中华人民共和国监察法》，实现了对公职人员监察全覆盖。该书契合新时代背景，适应国家监察体制改革新要求，立足新法及最新司法解释，有针对性地研究解决新形势下反腐败斗争中出现的新情况、新问题，比较分析了贪污贿赂罪主要主体“国家工作人员”和监察对象“公职人员”之异同，得出公职人员包括但不限于国家工作人员、又最主要为国家工作人员的结论。该书研究成果必将对国家监察体制改革背景下持续推进反腐败工作法治化、规范化，促进贪污贿赂罪法律适用统一发挥积极作用。

二是内容实。该书取名“实务精解”，名副其实。全书坚持问题导向，聚焦实务，寻求理论和实践的最佳结合，紧紧围绕实践中已经影响和容易影响贪污贿赂罪法律适用统一的疑难复杂新类型问题，游刃于问题与理论、规范之间，提出解决问题尤其是促进法律适用统一的裁判规则和方法，尽是“干货”。一方面注重归纳、提炼实务经验，形成规则和方法，指导、规范、解决“类案”问题。如就认定国家工作人员所归纳的“三步骤”，即“第一步看职责即是否从事公务、第二步看委派主体是否具有委派资格、第三步看有无法律的明确规定”，系在既有刑法理论和法律规定的基础上对一类问题的实务经验的高度凝炼，对判断行为人是否属于国家工作人员无疑具有重要的规范论和方法论意义。另一方面以争议问题为切入点，透过现象看本质，努力探寻理论根基，提出符合法目的性价值的解决“个案”问题之道。如个人决定以单位名义将公款供本人或者与本人有共同经济利益关系人所有或者持有股份的公司、企业使用，是否属于立法解释规定的“个人决定以单位名义将公款供其他单位使用，谋取个人利益”的情形？对此，该书认为用款单位特殊，该情形应视为谋取个人利益，属于公款私用，以挪用公款论处。事实上，因为行为人与用款单位存在经济利益关系，故该种“单位对单位”挪款行为本身就是为了谋取个人利益，即公款私用，作者较好地把握了行为本质。

三是说理强。法律是一门需要辨法析理的艺术，使胜败皆服。尤其是刑事审判，需要兼顾天理国法人情，强化裁判说理，使裁判结果“接地气”，具有生命力。该书作者立足审判实践，兼顾经验和逻辑，提出了诸多裁判规则和方法，论证严密，说服力强。如对于多次挪用同笔公款用于经营活动，每次使用后均归还的情形，在如何认定挪用公款数额的问题上，作者着重围绕挪用公款罪所保护的法益及该罪与贪污罪的量刑平衡，提出宜以单次最高挪用公款数额或者单次挪用公款数额（每次挪用数额相同）作为挪用公款数额，“多次”挪用行为作为量刑情节考虑的观点。该观点尽管受到一些质疑，但我认为这样处理更符合挪用公款罪的立法精神，否则，如果累计每次挪用公款数额处理，确有可能导致比贪污涉案公款需承担更重刑事责任的倒挂现象。当然，前提是科学合理地界定“同笔公款”的范围。再如“索贿”的认定，除主动要求对方给予财物外是否需要给对方形成心理强制，理论上存在不同观点，实践中亦存在不同做法。对此，作者先从词义入手，得出“索取”包括但不限于“勒索”；再具体分析，即对勒索财物的除主动要求外还需形成心理强制，但对一般索贿，基于其最大特点是“主动性”，并考虑刑法没有附加其他条件，从便于可操作性角度，提出“主动要求对方给予财物即可认定为索贿”这一规则。我认为该论证具有说服力。

人的能力和水平毕竟是有限的，该书还有一些可以继续完善的地方，如有关国有单位中管理经手科研经费的科研人员可认定为从事公务的国家工作人员、索取商业机会后交予无职务制约关系的他人经营并获取收益的宜以受贿论处等观点，还有待商榷。但瑕不掩瑜，该书无疑又是实务领域的又一部力作，对监察人员、司法人员及律师办理案件具有重要指导作用，对法学教学科研人员研习法律、对社会公众学习法律知识亦具有较大的参考价值。

是为序。

谨识于华东政法大学东风楼

2019年10月18日

目　录

第一章｜国家工作人员论

第二章 | 贪污罪论

第三章 | 挪用公款罪论

第五章 | 行贿犯罪论

第六章 | 其他贪污贿赂罪论

第七章 | 法定情节论

第八章 | 贪污贿赂罪定罪量刑标准表格

附录 | 贪污贿赂罪刑法条文、立法解释、司法解释及其他规范性文件

第一章　国家工作人员论

贪污、受贿、挪用公款、巨额财产来源不明、隐瞒境外存款等常见职务犯罪的主体主要为国家工作人员，[1]行贿、介绍贿赂的对象主要为国家工作人员，[2]利用影响力受贿、对有影响力的人行贿中的影响力主要来自现职国家工作人员，[3]故国家工作人员的认定是常见职务犯罪及相关犯罪成立与否的前提。根据《刑法》第九十三条的规定，国家工作人员包括四类人员：一是国家机关中从事公务的人员，即国家机关工作人员；二是国有公司、企业、事业单位、人民团体中从事公务的人员；三是国家机关、国有公司、企业、事业单位委派到非国有公司、企业、事业单位、社会团体从事公务的人员；四是其他依照法律从事公务的人员。其中，国家机关工作人员属于典型的国家工作人员，其他均以国家工作人员论，即属于“准国家工作人员”。

一、国家工作人员认定的基本步骤

实践中，可以通过三个步骤认定行为人是否属于国家工作人员。

第一步：看职责是否从事公务，即职责论而非身份论。

《刑法》第九十三条规定的国家工作人员，无论是典型的国家工作人员还是准国家工作人员，“从事公务”是共同特征也是最本质特征。至于在国家机关、国有公司、企业、事业单位、人民团体中是否具有公务员或者参公人员[4]身

---

〔1〕 贪污罪的主体除了国家工作人员外，还包括受国家机关、国有公司、企业、事业单位、人民团体委托管理、经营国有财产的人员。故国家工作人员不是贪污罪的唯一主体，但系主要主体。

〔2〕 行贿罪、单位行贿罪和介绍贿赂罪的犯罪对象为国家工作人员，对单位行贿罪的犯罪对象为国家机关、国有公司、企业、事业单位和人民团体，故国家工作人员是主要行贿对象，但不是唯一行贿对象。

〔3〕 利用影响力受贿罪和对有影响力的人行贿罪中，这种影响力来自国家工作人员和离职国家工作人员，实践中主要来自现职国家工作人员。

〔4〕 参照《公务员法》管理的人员，简称“参公人员”。

份，或者是否属于事业编、企业编等在编人员，都并非关键，关键在于是否从事公务。

根据2003年《全国法院审理经济犯罪案件工作座谈会纪要》的规定，“从事公务”，是指代表国家机关、国有公司、企业、事业单位、人民团体等履行组织、领导、监督、管理等职责。公务主要表现为与职权相联系的公共事务以及监督、管理国有财产的职务活动。“从事公务具有职权性和管理性两个特征”，[1]那些不具备职权内容的劳务活动、技术服务工作，如售货员、售票员等所从事的工作，一般不认为是公务。据此，从事公务的人员可能是国家工作人员，非从事公务的人员则不可能认定为国家工作人员。例如，根据2002年《全国人民代表大会常务委员会关于〈中华人民共和国刑法〉第九章渎职罪主体适用问题的解释》的规定，没有列入国家机关编制但在国家机关中从事公务的人员，视为国家机关工作人员。故“是否从事公务”是认定国家工作人员的首要判断标准，即先看职责而非看身份。

对国家机关、部分事业单位、人民团体中的公务员和参公人员，因其职责是从事公务，故一般属于国家工作人员。对其中的非在编人员，如确实从事公务的，应认定为国家工作人员。

对常见且数量众多的国有公司、企业、事业单位中的工作人员，除部分事业单位中的参公人员外，对其他人员如企业员工、学校教师、医院医生等，即使属于在编人员，因绝大多数从事技术性、事务性、劳务性等不具备组织、领导、监督、管理等公务性质的工作，少数从事管理工作，显然不能将从事技术性、事务性、劳务性工作视为从事公务，即不能将众多的此类人员认定为国家工作人员。但是，对从事管理等公务的，则以国家工作人员论；对兼任管理等公务活动的，就从事管理等公务而言，以国家工作人员论。例如，公办学校教师，仅从事教学科研工作的，因不属于从事公务，不以国家工作人员论；但如果专职从事管理等公务或者兼任管理等公务活动的，就从事公务而言，以国家工作人员论。对非在编人员，但从事管理等公务的，因其职责是从事公务，也

---

〔1〕 高铭暄主编：《刑法专论》（第2版），高等教育出版社2006年版，第748~749页。

以国家工作人员论。具体而言：第一，在编但并非从事管理等公务的人员，不以国家工作人员论；第二，在编且从事管理等公务，或者不在编但从事管理等公务的人员，均以国家工作人员论；第三，既不在编也不从事管理等公务的人员，当然不以国家工作人员论。

第二步：看委派主体是否具有委派资格。

国家工作人员主要是指在国家机关、国有公司、企业、事业单位、人民团体等“国有单位”中从事公务的人员。对非国有公司、企业、事业单位、社会团体等“非国有单位”中的人员，因单位属性是非国有，故其中的人员只有从事公务并受国有单位委派代表国有单位从事公务的，即《刑法》第九十三条“国家机关、国有公司、企业、事业单位委派到非国有公司、企业、事业单位、社会团体从事公务的人员”，才以国家工作人员论。理论界及实践中亦将此类人员称为“受委派从事公务的人员”。

“受委派从事公务的人员”须同时具备“受委派”和“从事公务”两个要件，故对非国有单位中的人员是否属于国家工作人员，不能仅看职责，即是否从事公务，因为即使从事公务的也未必以国家工作人员论，只有受国有单位委派并在受委派后从事公务的，才以国家工作人员论。也就是说，受委派后并非从事公务的，如受国有单位委派至不含国有资产的公司、企业（包括集体企业）中从事经营管理的人员，因不具有代表国有单位行使国有资产增值保值的公共管理和服务职能，不属于从事公务，不以国家工作人员论；或者从事了公务但并未受到委派的，如在国家出资企业（国有控股、参股公司）中管理、监督国有资产，但并未受到委派，则也不以国家工作人员论。

实践中，如果非国有单位中的人员系从事公务，则需进一步判断是否受委派。根据2003年《全国法院审理经济犯罪案件工作座谈会纪要》及2010年“两高”《关于办理国家出资企业中职务犯罪案件具体应用法律若干问题的意见》（以下简称《国家出资企业职务犯罪意见》）的规定，所谓委派，即委任、派遣，其形式多种多样，如任命、指派、推荐、提名、批准、研究决定等，具体的任命机构和程序不影响国家工作人员的认定。一般而言，需要有干部任命通知、干部任免审批表或者会议记录、会议纪要等证据能够证明职务产生的正当程序性。

实践中，对改制后岗位变动没有重新办理手续，尽管无相关委派书证，但被告人供述及相关同事证言都证实，系受国有单位委派即代表国有单位意志，至改制后的国家出资企业（国有控股、参股公司）中从事管理工作的，应作实质判断，以国家工作人员论。

根据《刑法》第九十三条的规定，必须受国家机关、国有公司、企业、事业单位的委派，即国有单位是委派主体，具有委派资格，非国有单位不具有委派资格。受国有单位委派，则该委派行为体现国有单位意志，代表国有单位在非国有单位中从事公务。如果委派主体不具有委派资格或者该委派行为不能体现国有单位意志，则即使在非国有单位中从事公务的，也不以国家工作人员论。

《国家出资企业职务犯罪意见》第六条对“受委派从事公务的人员”，适度扩大了委派主体的资格范围，即除国有公司、企业具有委派主体资格外，还明确“国家出资企业中负有管理、监督国有资产职责的组织”具有委派资格。“国家出资企业”包括国家出资的国有独资公司、国有独资企业，以及国有资本控股公司、国有资本参股公司。国有独资公司和独资企业本属于国有公司、企业，故实质上仅明确“国有控股、参股公司中负有管理、监督国有资产职责的组织”具有委派资格。从出资角度来看，国有控股、参股公司中部分系国家出资，部分系民间出资，故国有控股、参股公司实际上属于非国有公司。质言之，非国有公司中负有管理、监督国有资产职责的组织具有委派资格。其中的“组织”，主要是指上级或者本级国有控股、参股公司内部的党委、党政联席会。[1]对国有控股、参股公司中的董事会、监事会，因系依照公司法成立的、维护整个公司利益的经营决策机构和监督机构，即同时负有管理、监督国有资产和非国有资产的职责，故不具有委派资格。经负有管理、监督国有资产职责的党委、党政联席会批准或者研究决定，事实上就是代表国有投资主体对非国有公司中的国有资产行使监督、管理职权，故该委派行为仍然体现了国有单位的意志，符合《刑法》第九十三条关于“委派”的精神实质。此外，部分国有控股、参股公司设有分支机构，因该分支机构属于国有控股、参股公司的组成部

〔1〕 刘为波：《〈关于办理国家出资企业中职务犯罪案件具体应用法律若干问题的意见〉的理解与适用》，载《刑事审判参考》（总第77集），法律出版社2011年版。

分，故受委派在分支机构中从事公务的，事实上仍然是代表国有投资主体对非国有公司中的国有资产行使监督、管理职权。对此，《国家出资企业职务犯罪意见》第六条明确此类人员应认定为国家工作人员。至于是受国有控股、参股公司负有管理、监督国有资产职责的党委、党政联席会批准或者研究决定，还是受国有控股、参股公司分支机构中负有管理、监督国有资产职责的党委、党政联席会批准或者研究决定，因为都是国有控股、参股公司中负有管理、监督国有资产职责的组织批准或者研究决定，且都代表国有投资主体对非国有公司分支机构中的国有资产行使监督、管理职权，体现了国有单位意志，符合“委派”的精神实质，不影响国家工作人员的认定。

国家出资企业中受委派从事公务的人员主要包括：一是受国家机关、国有公司、企业、事业单位委派至国有控股、参股公司及其分支机构中从事公务的人员；二是受上级国家出资企业中负有管理、监督国有资产职责的组织委派至下级国有控股、参股公司中从事公务的人员；三是受国有控股、参股公司中负有管理、监督国有资产职责的组织委派至本公司中从事公务的人员；四是受国有控股、参股公司中负有管理、监督国有资产职责的组织委派至本公司的分支机构中从事公务的人员。

第三步：看有无法律的明确规定。

无论是在国有单位中从事公务，还是受国有单位委派至非国有单位，或者国家出资企业中负有管理、监督国有资产职责的组织委派至国有控股、参股公司及其分支机构中从事公务，这种从事公务的工作是正式的、稳定的，而非临时性的。实践中，对既不在国有单位中从事公务，也不是受委派从事公务，而是临时性或者在特定条件下行使国家管理职能，从事了具有“公务”性质活动的人员，其在从事公务期间能否被视为国家工作人员，则需要看现行法律有无明确规定。具体而言，需先适用“职责论”，即认定其临时性或者在特定条件下行使了国家管理职能，在此基础上如有法律明确规定属于从事公务的，则属于其他依照法律从事公务的人员，以国家工作人员论。相反，即使临时性或者在特定条件下行使了国家管理职能，但没有法律明确规定属于从事公务的，也不能以国家工作人员论，否则违反罪刑法定原则。2000年《全国人民代表大会常务委员会关于〈中华人民共和国刑法〉第九十三条第二款的解释》就是适例。该解释将村民委员会等村基层组织人员在协助人民政府从事相关行政管理工作时，明确规定其为“其他依照法律从事公务的人员”，以国家工作人员论。如果没有该规定，即使基层组织人员从事了相关公务活动，也不能以国家工作人员论，属于非国家工作人员。

此外，根据《全国人民代表大会和地方各级人民代表大会代表法》及《全国人民代表大会常务委员会关于完善人民陪审员制度的决定》的规定，依法履行职责的各级人民代表大会代表和依法履行审判职责的人民陪审员，也属于其他依照法律从事公务的人员，以国家工作人员论。

二、劳务派遣人员从事公务的主体身份辨析
——国有单位从事公务的劳务派遣人员应认定为国家机关工作人员或者以国家工作人员论

劳务派遣人员，是指由劳务派遣公司派遣至用工单位工作的劳务人员。目前，劳务派遣用工形式已经比较普遍，如有的被派遣至国家机关、国有公司、企业、事业单位、人民团体等国有单位，有的被派遣至含有国有资本的国有控股、参股公司，也有的被派遣至不含有国有资本的非国有公司、企业或者其他单位等。那么，劳务派遣人员是否具有职务上的便利？是否存在利用职务上的便利实施职务犯罪的可能性？实施职务犯罪的如何定罪量刑？其中关键问题在于如何界定劳务派遣人员的主体身份，即是否均为非国家工作人员，还是对从事公务的存在认定为国家工作人员的可能？对此，本书结合刑法理论和司法实践予以一一厘清。

（一）劳务派遣人员不属于用工单位员工但属于用工单位工作人员

根据《劳动合同法》第五十七条、第五十八条、第五十九条等规定，在劳务派遣法律关系中，劳务派遣单位即用人单位，与被派遣劳动者订立劳动合同，履行用人单位对劳动者的义务，如按月支付劳动报酬等；接受以劳务派遣形式

用工的单位即用工单位，劳务派遣单位派遣劳动者与用工单位订立劳务派遣协议，用工单位按照协议向劳务派遣单位支付给劳务派遣人员的劳动报酬、社会保险费等费用。简言之，劳务派遣人员是劳务派遣单位的“人”而非用工单位的人，其向用工单位提供“劳动”，用工单位向劳务派遣单位支付相关费用，劳务派遣单位再向劳务派遣人员支付劳动报酬。显然，劳务派遣人员不同于与用工单位存在劳动合同关系的员工，对单位员工而言，其所在单位既是用人单位也是用工单位。如此一来，劳务派遣人员并不属于用工单位员工，如被派遣至国有单位的劳务派遣人员，不属于国有单位员工。

事实上，劳务派遣人员在用工单位提供的工作岗位上工作，接受用工单位的工作安排和日常管理，并为用工单位提供相关劳动。尽管在身份上劳务派遣人员有别于用工单位员工（包括在编人员和具有劳动合同关系的非在编人员），但两者均在用工单位从事具体工作；尽管两者的工作岗位可能存在差别，但实质上都是用工单位的工作者。故此，笔者认为，虽然劳务派遣人员不属于用工单位员工，但其与单位员工一样，都属于用工单位的工作人员。同理，国有单位劳务派遣人员不属于国有单位员工，但属于国有单位工作人员。也正因如此，《侵权责任法》第三十四条遵循“谁用工，谁受益，谁担责”的精神，明确规定：“用人单位的工作人员因执行工作任务造成他人损害的，由用人单位承担侵权责任。劳务派遣期间，被派遣的工作人员因执行工作任务造成他人损害的，由接受劳务派遣的用工单位承担侵权责任；劳务派遣单位有过错的，承担相应的补充责任。”

（二）劳务派遣人员在用工单位具有职务上的便利且存在利用职务上的便利实施职务犯罪的可能性

1.劳务派遣人员在用工单位具有职务上的便利

根据《劳动合同法》第六十六条的规定，劳务派遣用工只能在临时性、辅助性或者替代性的工作岗位上实施。临时性工作岗位，是指存续时间不超过6个月的岗位；辅助性工作岗位，是指为主营业务岗位提供服务的非主营业务岗位；替代性工作岗位，是指用工单位的劳动者因脱产学习、休假等原因无法工作的一定期间内，可以由其他劳动者替代工作的岗位。实践中，国有单位的劳务派遣人员一般在非主营业务岗位工作，如文员、保安、驾驶员、清洁工、搬运工、收银员、销售员、仓储员、普通技工等。

职务犯罪是“职务”和“犯罪”的结合体。实施职务犯罪的前提，需要具有职务上的便利。实践中，劳务派遣人员一般在非主营业务岗位工作，那么，是否具有职务上的便利？当然可能有。因为“职务”是对职位的称呼，指“职位规定应当担任的工作”〔1〕“是一项由单位分配给行为人持续地、反复地从事的工作”，〔2〕“既包括在一定单位中担任管理职责，也包括从事具体的业务活动”。〔3〕当然，不能将职务与职权画等号。“职权”是指“职务范围以内的权力”，〔4〕含义相对狭窄一些，与担负单位管理职责相关。持续、反复地而非临时性地在某一工作岗位上工作、履行职务，就可能产生职务上的某些便利。“职务上的便利”一般表现为主管、管理、经手公共财物、公款，或者公司、企业或其他单位的财物、资金的便利条件；主管、负责、承办、参与某项公共事务的职权，或者主管、负责、承办、参与某项工作的便利条件；等等。例如，下文案例中的赵某被劳务派遣至法院担任审判事务助理（文员），龚某被派遣至国有控股公司担任项目施工管理员，曹某被劳务派遣至民营粮油公司担任销售员，等等，他们在用工单位工作，有一定职务，当然就具有职务上的便利。

2.劳务派遣人员存在利用用工单位职务上的便利实施职务犯罪的可能性

劳务派遣人员具有职务上的便利，当然就存在利用该职务便利实施相关职务犯罪的可能性。那么，劳务派遣人员实施相关职务犯罪的，是利用与其订立劳动合同关系的劳务派遣单位的职务便利，还是利用与其存在用工关系的用工单位的职务便利？显然，“职务上的便利”来源于该职务，尽管其与劳务派遣单位订立了劳动合同，但其在劳务派遣单位并无职务，而该职务来源于用工单位，即在用工单位的具体工作岗位上产生了职务便利。同理，国有单位劳

〔1〕《现代汉语词典》，商务印书馆2002年版，第1626页。

〔2〕刘明祥：《财产罪比较研究》，中国政法大学出版社2001年版，第370页。

〔3〕黄祥青：《刑法适用要点解析》，人民法院出版社2011年版，第314~315页。

〔4〕《现代汉语词典》，商务印书馆2002年版，第1626页。

务派遣人员实施相关职务犯罪的，系利用国有单位相应职务上的便利。

实践中，随着劳务派遣用工日益增多，劳务派遣人员利用用工单位职务上的便利实施职务犯罪的也时常发生。下面按照用工单位性质不同兹举五例。

案例1：赵某被劳务派遣至法院担任审判事务助理（文员），职责范围包括：协助书记员负责各类笔录的记录及整理，案卷整理归档，调卷，案卷流程管理，信息录入，发放相关诉讼通知及法律文书，法官交办的其他工作等。赵某利用为承办法官办理退还诉讼费、发放执行代管款的职务便利，用法官账号、密码登录操作系统，共计16次开具诉讼费退款通知单、代管款处理通知单，采用虚构其母亲系案件当事人的事实，冒签法官签名的方法，冒领由法院统一管理的诉讼费、执行代管款共计163万余元，用于购房、买车、出国旅游等。

案例2：左某被劳务派遣至房管局窗口办（国家机关下属事业单位），负责购房资格审核及存量房合同备案工作，后其利用职务上的便利，在明知杨某等人提供的存量房购房人证明材料有虚假资料的情况下，仍违反规定将购房人及家庭成员的虚假身份等证明材料的信息录入购房资格核查信息系统，使不具备购房资格的人员通过购房资格审查并办理房屋产权买卖、过户登记。其间，左某多次收受他人贿赂共12万余元。

案例3：陆某被劳务派遣至一政府新闻中心（国有事业单位）时报社编辑部担任内勤，主要从事购买办公用品、经办部门财务报销等工作，后其利用职务便利编造虚假业务事项，骗取时报社和新闻中心公款700余万元。

案例4：龚某被劳务派遣至一国有控股的建筑装饰公司任项目施工管理员，后其利用负责管理工程现场施工进度、施工计划、质量监督以及协调工作等的职务便利，多次收受工程分包方项目负责人陈某钱款9.5万元，并在陈某处报销其私家车保险费、油费共计3.9万元，为陈某谋取利益。

案例5：徐某被劳务派遣至威世投资有限公司，历任人事专员、人力资源助理经理、人力资源经理等职务，具体负责该公司员工的工资核算、报批、发放等工作。徐某利用其职务便利，虚增部分员工工资，并在实际发放工资时将虚增的工资额调整至其个人名下，共计侵吞公司钱款160万余元，用于个人开支。

（三）国有单位劳务派遣人员存在从事公务的可能

根据前述关于“从事公务”的内涵和特征，国有单位劳务派遣人员是否存在从事公务的情况？答案是肯定的。劳务派遣人员至用工单位提供劳动，至于提供劳务还是公务等，《劳动合同法》并未明确。尽管一般即多数人员在非主营业务岗位工作，但不排除少数人员可能在具有公务性质的岗位上工作。

例如，前述案例1中的赵某，其作为文员在法院担任审判事务助理，按照承办法官要求办理退还诉讼费、发放执行代管款，在国家审判机关中具有管理国有财产的职责，属于从事公务。案例2中的左某，其所在的工作单位房管局窗口办，系国家机关下属事业单位，性质上属于受国家机关委托代表国家机关行使职权的组织，其所从事的购房资格审核及存量房合同备案工作系代表国家机关行使职权，明显具有公务性质。案例3中的陆某，其所在的工作单位新闻中心时报社编辑部为国有事业单位，其所从事的购买办公用品、经办部门财务报销等工作，属于监督、管理国有财产的职务活动，也具有公务性质。故上述赵某、左某和陆某，均在国有单位从事公务，属于从事公务的人员。

（四）国有单位从事公务的劳务派遣人员应认定为国家机关工作人员或者以国家工作人员论

1.能否认定为国家机关工作人员或者以国家工作人员论的关键在于是否从事公务

根据笔者观点，无论是典型的国家工作人员即国家机关工作人员，还是准国家工作人员即以国家工作人员论的人员，“从事公务”是共同特征也是最本质特征。那么，国有单位中从事公务的劳务派遣人员，能否认定为国家机关工作人员或者以国家工作人员论？即国家机关中从事公务的劳务派遣人员，能否认定为国家机关工作人员；国家机关以外的其他国有单位中从事公务的劳务派遣人员，能否以国家工作人员论。根据本书职责论而非身份论观点，笔者认为，答案是肯定的。主要理由为：尽管劳务派遣人员不是国有单位员工，但其属于国有单位工作人员，接受国有单位的工作安排和日常管理，其劳动报酬、社会保险费等费用也来源于国有单位，而且就工作本身而言，其与国有单位员工从事该项公务并无实质区别，对外也与国有单位员工一样都是代表国有单位从事公务。事实上，《侵权责任法》第三十四条关于劳务派遣人员与员工因执行工作任务产生的法律责任的规定，并无实质区别，即均遵循“谁用工，谁受益，谁担责”的精神。故此，对国有单位劳务派遣人员能否认定为国家机关工作人员或者以国家工作人员论，应作实质判断，即关键在于其是否从事公务而不在于其身份。否则，就会出现将从事公务的同一岗位的国有单位员工认定为国家机关工作人员或者以国家工作人员论，而将劳务派遣人员认定为非国家工作人员的不合理现象。

按照上述观点，案例1中的赵某，系在国家审判机关人民法院从事公务的人员，属于国家机关工作人员，其利用职务上的便利侵吞国家机关财产163万余元，数额巨大，其行为构成贪污罪。案例2中的左某，根据2002年《全国人民代表大会常务委员会关于〈中华人民共和国刑法〉第九章渎职罪主体适用问题的解释》的规定，属于受国家机关委托代表国家机关行使职权的组织中从事公务的人员即国家机关工作人员，其利用职务上的便利，非法收受他人财物12万余元，数额较大，为他人谋取利益，其行为构成受贿罪；其不正确履行职责，造成恶劣社会影响，其行为又构成滥用职权罪，应两罪并罚。案例3中的陆某，系在国有事业单位从事公务的人员，以国家工作人员论，其以非法占有为目的，利用职务上的便利骗取单位公款700余万元，数额特别巨大，其行为构成贪污罪。

综上所述，国有单位从事公务的劳务派遣人员应分别认定为国家机关工作人员或者以国家工作人员论。具体而言：第一，国家机关中从事公务的劳务派遣人员，应认定为国家机关工作人员，当然属于国家工作人员；第二，国有公司、企业、事业单位、人民团体中从事公务的劳务派遣人员以国家工作人员论。

此外，就理论上而言，国有公司、企业、事业单位中的劳务派遣人员，因其属于国有公司、企业、事业单位的工作人员，如从事管理岗位工作的，其也存在利用职务上的便利实施《刑法》第一百六十六条规定的为亲友非法牟利罪，或者由于其严重不负责任、滥用职权而构成第一百六十八条规定的国有公司、企业、事业单位人员失职罪、国有公司、企业、事业单位人员滥用职权罪等的可能。

2.从事劳务期间又接受单位安排从事公务的应认定为国家机关工作人员或者以国家工作人员论

实践中，在国有单位从事公务的劳务派遣人员，有的从事的工作岗位本身具有公务性质，应分别认定为国家机关工作人员或者以国家工作人员论，如上述案件中的赵某、左某和陆某。有的本来是从事劳务，但又接受单位安排从事具有公务性质的工作，因劳务派遣人员本应接受用工单位的工作安排和日常管理，故另行接受单位安排持续且反复地从事具有公务性质的工作，同样应认定为国家机关工作人员或者以国家工作人员论。

例如，张某被劳务派遣至一国有事业单位工作，其间还接受单位负责人指派经手办理公务支出，后其利用经手办理公务支出的职务便利，采用篡改票据汇总报销单金额及私自添加发票等手段，骗取公款101万余元。对于此案，生效判决认为，张某虽系劳务派遣人员，但其在国有事业单位所从事的工作具有公务属性，应以国家工作人员论。张某利用职务上的便利，将单位公款101万余元非法占为己有，其行为构成贪污罪。[1]本案中，张某在国有事业单位从事劳务工作期间，还接受单位负责人指派经手办理公务支出。单位负责人的指派应视为单位安排，即张某还接受单位安排经手办理公务支出。经手办理公务支出属于监督、管理国有财产的职务活动，具有公务性质，故张某属于在国有事业单位从事公务的国家工作人员，其利用职务上的便利骗取单位公款的行为构成贪污罪。

3.从事劳务期间擅自或者接受违规授权从事相关公务的既不认定为国家机关工作人员也不以国家工作人员论

例如，劳务派遣人员本来从事对相关申报材料进行信息录入的劳务工作，但其利用国有单位存在的管理、制度漏洞，或者接受相关国家工作人员的违规授权，还擅自从事了相关公务工作，如对他人提供的申报材料进行了审核，并利用审核的职务便利实施相关职务犯罪的，如何认定其身份性质，存在不同观点。第一种观点认为，一般不应认定为国家机关工作人员，也不以国家工作人

---

〔1〕 王涛、王松：《事业单位劳务派遣人员职务犯罪主体辨析》，载《人民法院报》2014年9月11日，第6版。

员论，即属于非国家工作人员。第二种观点则认为，无论是擅自从事相关公务还是接受违规授权从事相关公务，实际上都从事了公务，故应认定为国家机关工作人员或者以国家工作人员论。而且，根据2004年《最高人民法院研究室关于对行为人通过伪造国家机关公文、证件担任国家工作人员职务并利用职务上的便利侵占本单位财物、收受贿赂、挪用本单位资金等行为如何适用法律问题的答复》的规定，〔1〕对以欺骗手段获得国家工作人员身份，并利用职务上的便利实施职务犯罪的人员都认定为国家工作人员。相比之下，对擅自从事相关公务或者接受违规授权从事相关公务的人员，也应认定为国家机关工作人员或者以国家工作人员论。

笔者赞同第一种观点。主要理由为：第一，“利用职务上的便利”中的“职务”来自单位的分配和安排，具有相对稳定性的特点，〔2〕即为持续且反复地而非临时一次性从事的相关工作，如并未接受国有单位的分配和安排而擅自或者接受违规授权从事了相关公务，因没有从形式上取得合法授权，往往是临时一次性地，即其在国有单位的职务仍然是从事劳务而非公务，故应将其认定为从事劳务的人员。对以欺骗手段获得国家工作人员身份的人员，其在形式上取得了合法授权，所从事的公务工作具有相对稳定性的特点，故将其认定为国家工作人员，并对其利用职务上的便利实施侵占本单位财物、收受贿赂、挪用本单位资金等行为分别定性为贪污、受贿、挪用公款等。第二，从事劳务的人员利用国有单位的管理、制度漏洞或者国家工作人员的违规授权，擅自从事了相关公务，无疑其应承担相应的法律责任，但国有单位和相关国家工作人员也负有责任，其中违规授权的国家工作人员是滥用职权。第三，从事劳务的人员擅自或者接受违规授权从事了相关公务，该公务往往与其所从事的劳务工作具有较大的关联度，如实施相关职务犯罪的，其中也往往利用了从事劳务工作的便利，此时将其认定为非国家工作人员，并追究相关刑事责任，并不当然是放纵犯罪。相反，坚持以所从事的职务性质来判断是从事公务还是从事劳务，在认定国家

〔1〕 行为人通过伪造国家机关公文、证件担任国家工作人员职务以后，又利用职务上的便利实施侵占本单位财物、收受贿赂、挪用本单位资金等行为，构成犯罪的，应当分别以伪造国家机关公文、证件罪和相应的贪污罪、受贿罪、挪用公款罪等追究刑事责任，实行数罪并罚。

〔2〕 黄祥青：《刑法适用要点解析》，人民法院出版社2011年版，第315页。

机关工作人员或者以国家工作人员论上才有一个相对稳定的客观标准。

例如，张某非国家工作人员受贿案。张某被劳务派遣至税务局第一税务所房地产交易中心税务窗口，从事后台信息录入、资料整理以及打印税单、发票等相关税收协助工作。后张某接受其他税务所税务工作人员殷某的请托，违规接受殷某指使的管某递交的伪造的二手房交易纳税申报材料并进行审核，在不具备专业知识以及申报材料原件缺失、纳税人未亲到现场等违规情况下，仍审核通过申报材料，且在未经税务人员审核给予指令的情况下开具税单和发票，办结二手房交易的征税流程，导致63套利用伪造材料进行纳税申报的二手房成功纳税并完成过户，造成国家税费巨大损失，后张某收受管某9万余元的贿赂款。公诉机关指控张某身为在国家机关中从事公务的工作人员，徇私舞弊，滥用职权，致使国家利益遭受重大损失，情节特别严重，同时还利用职务上的便利非法收受他人财物，为他人谋取利益，数额较大，其行为构成滥用职权罪和受贿罪，应两罪并罚。生效判决则认为，张某所从事的税务协助工作属于劳务而不具有公务性质，故其不属于国家机关中从事公务的人员，不符合滥用职权罪的主体要件，其行为不构成滥用职权罪。张某系非国家工作人员，其利用职务上的便利，非法收受他人财物，为他人谋取利益，数额较大，且造成国家税收巨大损失，其行为构成非国家工作人员受贿罪。[1]

本案中，根据税务所的正规操作流程，税务干部负责审查材料、核定纳税金额，张某负责将税务干部审批后的申报材料录入纳税管理系统，并将自动生成的税单打印成纸质文件。张某的工作具有简单性、机械性、重复性和附属性，服务于税务干部的审查、核定工作，如录入有误，对外均是由税务所及税务干部承担相应责任，从权责统一角度，张某的工作不具备组织、领导、监督、管理的权力属性，属于劳务，即张某属于在国家机关从事劳务的人员。后张某接受他人请托，违规对二手房交易纳税申报材料进行审核，开具税单和发票，办结二手房交易的征税流程，即张某在本职工作之外还临时性地利用单位的制度、管理漏洞或者相关工作人员的违规授权从事了公务。显然，尽管张某违

---

〔1〕 郭伟清主编：《2015年上海法院案例精选》，上海人民出版社2016年版，第369~371页。

规从事了一定的公务，但因其职务仍然是从事劳务工作，将其认定为从事劳务的非国家工作人员更符合职责说。故此，因张某不属于国家机关中从事公务的人员，不符合滥用职权罪的主体要件，其行为不构成滥用职权罪。但张某作为国家机关中从事劳务的人员即属于其他单位工作人员，[1]其利用职务上的便利非法收受贿赂，其行为构成非国家工作人员受贿罪。

（五）国有单位从事劳务的劳务派遣人员以及非国有单位所有劳务派遣人员（除受委派从事公务的人员外）均属于非国家工作人员，即公司、企业或者其他单位工作人员

1.国有单位从事劳务的劳务派遣人员属于非国家工作人员

具体而言：第一，国有公司、企业中从事劳务的劳务派遣人员，属于公司、企业工作人员。第二，国家机关、事业单位、人民团体中从事劳务的劳务派遣人员，属于其他单位工作人员。例如，利用职务上的便利实施相关职务犯罪的，主要涉及非国家工作人员受贿、职务侵占、挪用资金等罪名。

2.非国有单位所有劳务派遣人员，除受委派从事公务的人员外，均属于非国家工作人员

（1）非国有单位中受委派从事公务的劳务派遣人员以国家工作人员论。对非国有公司、企业、事业单位、社会团体等“非国有单位”中的人员，因单位属性是非国有，故其中的人员只有受国有单位委派代表国有单位从事公务的，才以国家工作人员论，即受委派从事公务的人员。依此，非国有单位中受委派从事公务的劳务派遣人员，以国家工作人员论。国有控股、参股公司虽含有国有资本，但属于非国有公司，故国有控股、参股公司中受委派从事公务的劳务派遣人员，亦以国家工作人员论。

（2）国有控股、参股公司中从事管理但并未受委派的劳务派遣人员属于非国家工作人员。尽管在国有控股、参股公司从事管理工作也会涉及对国有资

〔1〕 根据2008年“两高”《关于办理商业贿赂刑事案件适用法律若干问题的意见》第三条的规定，《刑法》第一百六十三条（非国家工作人员受贿罪）、第一百六十四条（对非国家工作人员行贿罪）规定的“公司、企业或者其他单位的工作人员”，包括国有公司、企业以及其他国有单位中的非国家工作人员。

产的管理、监督，但因为国有控股、参股公司属于非国有公司，如未受到国家机关、国有公司、企业、事业单位或者国家出资企业中负有管理、监督国有资产职责的组织的委派，则其并未代表国有单位意志从事国有资产的管理、监督工作，不属于"受委派从事公务的人员"。也就是说，在国有控股、参股公司中从事公务但并未受委派的劳务派遣人员，因欠缺"受委派"要件，不属于受委派从事公务的人员，不以国家工作人员论，属于非国家工作人员，具体又可分为公司工作人员和企业工作人员。例如，利用职务上的便利实施相关职务犯罪的，也主要涉及非国家工作人员受贿、职务侵占、挪用资金等罪名。

例如，前述案例4中的龚某，其被劳务派遣至一国有控股的建筑装饰公司担任项目施工管理员，其职责范围包括管理工程现场施工进度、施工计划、质量监督以及协调工作等，明显具有管理性质，其利用职务便利收受工程分包方项目负责人贿赂14万元的行为，构成受贿罪还是非国家工作人员受贿罪，关键在于其是否属于国家工作人员。对此，公诉机关指控龚某身为国家工作人员，利用职务上的便利非法收受他人财物，为他人谋取利益，数额较大，其行为构成受贿罪。但生效判决认为，虽然龚某被派遣至国有控股公司担任相关施工管理工作，但其并未受到国有单位或者国家出资企业中负有管理、监督国有资产职责的组织批准或者研究决定，故其不具有国家工作人员身份，而属于公司工作人员，其利用职务上的便利非法收受贿赂，数额较大，其行为构成非国家工作人员受贿罪。

再如，杜某非国家工作人员受贿案。杜某被劳务派遣至一国有控股企业，主要负责征迁关系协调工作，统计被搬迁对象的财产并登记在册。后杜某接受他人请托，为其修改房屋丈量数据和房屋层数，收受贿赂7万元，致使该国有控股企业多支付18万余元的赔偿款。生效判决认为，杜某系劳务派遣人员，虽然在国有控股企业从事具体工作，但不具有国家工作人员身份。杜某利用担任国有控股企业拆迁办工作人员的职务便利，为他人谋取利益，收受财物7万元，其行为构成非国家工作人员受贿罪。[1]本案中，杜某在国有控股企业主要

〔1〕 杨顺渠、武淑娟:《被劳务派遣到国企的人员受贿如何定罪》，载《人民法院报》2013年7月11日，第6版。

负责征迁关系协调工作，统计被搬迁对象的财产并登记在册，具有公务性质，即在国有控股企业从事公务，但其并未受到委派，故其不属于受委派从事公务的人员，而属于企业工作人员。杜某利用职务上的便利，非法收受他人贿赂，其行为构成非国家工作人员受贿罪。

（3）公司、企业或者其他单位中的劳务派遣人员均属于非国家工作人员。本书中的公司、企业或者其他单位，仅指不含有国有资本的非国有单位。此类单位中的劳务派遣人员，无论是否从事管理工作，都属于非国家工作人员，即公司、企业或者其他单位工作人员。对此无争议。例如，利用职务上的便利实施相关职务犯罪的，主要涉及非国家工作人员受贿、职务侵占、挪用资金等罪名。

例如，前述案例5中的徐某，其被劳务派遣至一公司担任人事专员、人力资源助理经理、人力资源经理等职务，属于公司工作人员，其利用负责员工工资核算、报批、发放等工作的职务便利，采取虚增部分员工工资方式侵吞公司钱款160万余元用于个人开支，数额巨大，其行为构成职务侵占罪。

再如，张某，其被劳务派遣至一物业公司担任前台收银员，亦属于公司工作人员，其利用职务便利擅自截留物业费、停车费共计14万余元归个人使用，超过3个月未还，系挪用本单位资金归个人使用，数额较大，超过3个月未还，其行为构成挪用资金罪。

（六）劳务派遣人员实施职务犯罪的应客观表述其职务

劳务派遣人员实施相关职务犯罪因系利用其职务上的便利，故应在法律文书首部客观表述其职务。但实践中，有的未作表述，有的作了不同表述。例如，有的客观表述，本为公司的业务员、销售员、操作员等，即表述为“原系……（用工单位）业务员、销售员、操作员等”；有的本有具体职务，但表述为“原系……（用工单位）员工、职员等”，或者“原系……（用工单位）临时工”，或者“原系……（用工单位）劳务工、劳务派遣工”；有的在用工单位具体职务前还写明劳务派遣单位，如表述为“原系……公司（劳务派遣单位）派遣至……（用工单位）的……（具体职务）”；还有的笼统表述为“……（用工单位）工作人员”；等等。

没有职务，何来职务犯罪，故应同典型的国家工作人员犯职务犯罪一样在法律文书首部表述具体职务。第一，因该职务为用工单位的职务，故应表述用工单位的职务。第二，有具体职务的，应具体表述为“……（用工单位）……（具体职务）”。如原系公司业务员，即表述为“原系……公司业务员”。第三，无具体职务的，可表述为“……（用工单位）工作人员”，因劳务派遣人员并非用工单位员工，故不宜表述为“……（用工单位）员工、职员等”。关于“临时工、劳务工、劳务派遣工”等术语，一方面属于身份而并非职务；另一方面如有具体职务应该表述职务，如确无具体职务的，表述为“……（用工单位）工作人员”则显得更加规范。第四，因实施职务犯罪利用的是用工单位的职务便利，故客观表述用工单位及相关职务即可，无须列明劳务派遣单位，事实上在案件事实和证据部分，均会详细表述劳务派遣情况。

三、国有医院信息管理员“拉统方”的职务性质

——国有医疗机构从事医疗数据统计、传输、维护等信息管理工作的信息（网络）管理员应认定为从事公务的国家工作人员

（一）国有医疗机构中国家工作人员的认定关键在于是否从事公务

国有医疗机构中从事组织、领导、监督、管理等职责的人员，主要表现为从事与职权相联系的公共事务以及监督、管理国有财产的职务活动的人员，属于从事公务的人员，以国家工作人员论。

第一，国有医疗机构中的党政领导、业务科室负责人、医药产品采购部门负责人等，在国有单位（一般为事业单位）从事相关管理活动，或者主管、管理、经营、经手国有资产，均属于从事公务，以国家工作人员论，如利用职务上的便利，索取他人财物，或者非法收受财物，为他人谋取利益，数额较大或者有其他较重情节的，以受贿罪定罪处罚。2008年“两高”《关于办理商业贿赂刑事案件适用法律若干问题的意见》（以下简称《商业贿赂意见》）第四条第一款对此作了相关规定，即医疗机构中的国家工作人员，在药品、医疗器械、医用卫生材料等医药产品采购活动中，利用职务上的便利，索取销售方财物，或

者非法收受销售方财物，为销售方谋取利益，构成犯罪的，以受贿罪定罪处罚。

第二，国有医疗机构中的医务人员，根据自己的专业知识、业务水平及病人的具体病情开处方，[1]属于不具有职权内容的技术性活动，故其为非国家工作人员，如利用处方权“开单提成”收受医药产品销售方回扣，为医药产品销售方谋取利益，数额较大的，以非国家工作人员受贿罪定罪处罚。对此，《商业贿赂意见》第四条第三款对此作了相关规定，即医疗机构中的医务人员，利用开处方的职务便利，以各种名义非法收受药品、医疗器械、医用卫生材料等医药产品销售方财物，为医药产品销售方谋取利益，数额较大的，以非国家工作人员受贿罪定罪处罚。

显然，国有医院医务人员收受医药产品销售方回扣的行为，是构成受贿罪还是非国家工作人员受贿罪，关键看其利用何种职务便利，如果代表国有医院采购医药产品，则其行为属于公务性职务行为，对其以国家工作人员论，利用公务性职务行为的便利收受贿赂的构成受贿罪；如果基于对个别病人的诊断，则其行为属于处方行为，其属于非国家工作人员，利用开处方的职务便利收受贿赂的构成非国家工作人员受贿罪。对处方行为和公务性职务行为糅合并存情况，“医务人员尤其是临床科室主任常常会根据患者的病情，市场上医疗器械和医疗药品的研发情况等，结合病人的临床需求，再征集所在科室医生的意见形成用药申请，申请医院采购某种型号的器材或药品。医务人员的‘处方权’往往会左右药品、医疗器械的采购。医院虽然设置了采购审批制度，但是医疗采购常常基于医务人员的建议，医务人员的用药申请常常对药品或医疗器械的采购有着支配性影响”。[2]对此，笔者认为宜整体评价为公务性职务行为，主要原因在于已经将针对具体病人的处方行为，上升为针对“一般病人”的职务采购行为，最终也是利用临床科室主任的职务便利左右药品、医疗器械

---

〔1〕 根据《处方管理办法》第二条的规定，处方，是指由注册的执业医师和执业助理医师在诊疗活动中为患者开具的、由取得药学专业技术职务任职资格的药学专业技术人员审核、调配、核对，并作为患者用药凭证的医疗文书。处方包括医疗机构病区用药医嘱单。处方是医生对病人用药的书面文件，是药剂人员调配药品的依据，具有法律、技术、经济责任。

〔2〕 张永：《医生收受回扣构成受贿罪还是非国家工作人员受贿罪》，载《人民法院报》2018年5月24日，第7版。

的采购，如收受医药产品销售方回扣的行为构成犯罪的，以受贿罪定罪处罚。

如果医务人员并非利用开处方的职务便利收受医药产品销售方的回扣，而是在诊疗过程中收受患者的红包，即医生收红包的行为如何定性？对此，应具体情况具体分析。如果医生收取红包后并未左右其职务行为，即并未给予患者特殊关照，此时因不存在“为他人谋取利益”的权钱交易，不能认定为受贿类犯罪，而属于行业不正之风，违反卫健委部门的相关规定，需受到有相关行政处罚。因为就患者一方而言，一方面基于对医生专业技能的高度依赖，希望医生在治疗过程中尽职尽责，做到万无一失；另一方面在潜规则的影响下，以送红包的方式求得心理上的安慰，其主观上均是为了谋求正当利益。就医生一方而言，当其利用自身的专业技能为患者进行诊疗时，这种职务便无法受到贿赂的左右，此时医生与患者是一种平等的医疗服务关系。尤其是实施手术，根据其职责要求和职业目的，均是为患者解除病痛。医生需要遵循专业常识和工作规则，不因是否收受红包而有所改变。因此，基于医生的这种职业特征考虑，收受红包的行为不能认定为权钱交易，医生此时不存在受到贿赂影响的职务行为，故不能认定为受贿类犯罪。医生的这种行为，属于行业不正之风，可以进行批评教育，或者以违反职业规则进行纪律处分，而不能动用刑法进行规制。[1]当然，如果医生收取红包后能左右其职务行为，提供优于其他患者的待遇，如提前获取住院床位、提前手术等，就存在利用职务上的便利为他人谋取利益的权钱交易问题，如收取的红包数额较大，可构成非国家工作人员受贿罪。

第三，国有医疗机构中的医务人员属于非国家工作人员，但如果转任管理岗位，此时则属于从事公务的国家工作人员。或者兼任业务科室负责人等管理工作的，则其具有双重身份，即作为医生属于非国家工作人员，作为业务科室负责人则属于国家工作人员。相应地，如利用开处方的职务便利非法收受贿赂，构成犯罪的，以非国家工作人员受贿罪定罪处罚；如利用业务科室负责人等管理岗位的职务便利非法收受贿赂，构成犯罪的，以受贿罪定罪处罚。例

〔1〕 罗开卷：《新型经济犯罪实务精解》，上海人民出版社2017年版，第102~103页。

如周某受贿案。周某担任某国有医院介入科副主任、主任期间，利用负责该科室的医疗、行政管理等工作，有权根据科室业务发展需要，向医院提出设备、耗材等相关采购事项或建议的职务便利，先后建议采购并长期使用某公司代理的椎间盘热波治疗探头、椎间盘内电热导管。其间，周某多次收受该公司销售人员给付的贿赂款共计19万余元。对于此案，生效判决认为，周某身为国有事业单位中从事公务的人员，利用职务上的便利，非法收受他人财物，为他人谋取利益，数额较大，其行为构成受贿罪。本案中，周某显然是利用担任科室负责人的职务便利提交了设备、耗材等的采购申请，对医院因此采购相关设备、耗材形成了权威性的建议，然后收受销售人员给予的贿赂，而非基于对个别病人的诊断，然后利用开处方的职务便利，建议病人使用某种设备、耗材，并收受销售人员给予的贿赂，故其行为构成受贿罪。

因国有医疗机构一般为事业单位，故其中的非国家工作人员具体应归类为《刑法》第一百六十三条（非国家工作人员受贿罪）中的其他单位工作人员。

第四，民营医疗机构中的人员，除受委派从事公务的以外（针对混合所有制医疗机构，即含有国有资本和社会资本的医疗机构），无论是否从事管理工作，因不具有国家代表性，属于非国家工作人员，如利用职务上的便利，索取他人财物，或者非法收受财物，为他人谋取利益，构成犯罪的，以非国家工作人员受贿罪定罪处罚。对此，《商业贿赂意见》第四条第二款明确，即医疗机构中的非国家工作人员，在药品、医疗器械、医用卫生材料等医药产品采购活动中，利用职务上的便利，索取销售方财物，或者非法收受销售方财物，为销售方谋取利益，数额较大的，以非国家工作人员受贿罪定罪处罚。

国有医疗机构中的医务人员属于非国家工作人员，民营医疗机构中的医务人员当然属于非国家工作人员，如利用开处方的职务便利非法收受医药产品销售方给予的回扣，数额较大的，以非国家工作人员受贿罪定罪处罚。民营医疗机构分为营利性和非营利性两种。实践中，需根据民营医疗机构属于公司、企业还是其他单位，将其中的非国家工作人员具体归类为《刑法》第一百六十三条中的公司工作人员、企业工作人员或者其他单位工作人员。

（二）国有医疗机构中从事医疗数据统计、传输、维护等信息管理工作的信息（网络）管理员应认定为从事公务的国家工作人员，其“拉统方”非法收受财物行为构成受贿罪

对该问题的探讨，源于国有医院信息（网络）管理员“拉统方”收受财物行为的定性。“统方”即医院对医生用药信息量进行统计的一种统称，一般由药剂师进行统计并用作对药品临床疗效以及医生用药合理性的分析，在药学临床研究中对掌握第一手资料辅助医疗治疗起到了非常积极的作用。为商业目的的“拉统方”，即医院中个人或部门为医药营销人员提供医生或部门一定时期内临床用药量信息，以便医药营销人员据此向用药医生支付药品回扣的行为。“统方员”成为医药购销贿赂链中的一个新环节。〔1〕

关于国有医院“拉统方”行为的刑法性质，存在不同观点。第一种观点认为，信息（网络）管理员负责对本单位医生用药情况等信息进行收集、整理、保存工作，该工作是对本单位重要业务信息进行管理，具有从事公务的性质，即其属于国家工作人员，如利用职务便利收受医药营销人员贿赂的构成受贿罪。第二种观点认为，信息（网络）管理员既不能决定进多少药，也不能决定医生开多少药，其与国有资产的增值、保值没有任何关系，故其提供的是技术劳动，不具有公务性质，不属于国家工作人员，如利用职务便利收受医药营销人员贿赂的构成非国家工作人员受贿罪。第三种观点认为，如何定性，应当根据信息（网络）管理员对数据信息是否具有管理、监督职能而区别对待。如果未被赋予管理职能，仅提供纯技术性工作，那么属于从事劳务，“拉统方”收受贿赂行为成立非国家工作人员受贿罪；如果在数据信息汇总、整理之外被赋予管理、监督职能，应视作从事公务，这种“拉统方”行为成立受贿罪。〔2〕

从笔者掌握的情况来看，国有医院信息（网络）管理员从事医疗数据统计、传输、维护等信息管理工作，其统计、传输、维护的信息和数据系医院对医疗业务进行管理、监督、决策的重要依据，其工作兼具技术性和管理性双重属性，

---

〔1〕 陈姣莹、周嫣：《国有医院信息管理员“拉统方”非法收受财物构成受贿罪》，载《人民司法》2014年第10期。

〔2〕 王玉珏：《国有医院“拉统方”行为的刑法性质》，载《法学》2012年第6期。

具有公务性质，故国有医院信息（网络）管理员应以国家工作人员论，对其为医药营销人员“拉统方”并收受医药营销人员给予财物的行为，构成犯罪的，以受贿罪定罪处罚。

以丁利康受贿案[1]为例。丁利康在担任上海市嘉定区马陆镇社区卫生服务中心办公室信息管理员期间，利用负责构建、维护计算机网络及日常信息统计工作的便利，于2006年至2011年收受医药销售代表许某、张某给予的好处费4.56万元，并向许某、张某提供医院药品使用情况；2008年至2010年，收受电脑设备供应商吴某给予的价值2000元的礼券、消费卡。公诉机关指控丁利康的行为构成受贿罪。上海市嘉定区人民法院一审认为，丁利康原系上海市嘉定区马陆镇社区卫生服务中心办公室信息管理员，具有构建、维护计算机网络及日常信息统计工作职责，其向医药代表提供该院相关药品使用情况，系利用不具有职权内容的工作便利，不具有从事公务的性质，对其不应以国家工作人员论，其行为构成非国家工作人员受贿罪。对其收受电脑设备供应商给予价值2000元礼券、消费卡的行为，结合其非法收受他人好处费共计4.7万余元的事实，在量刑时一并予以体现。丁利康具有自首情节，且退出赃款，可从轻处罚。据此，以非国家工作人员受贿罪判处丁利康有期徒刑1年9个月，缓刑1年9个月。一审判决后，公诉机关以定性错误，从而导致适用法律错误，量刑明显不当为由提出抗诉。上海市第二中级人民法院二审认为，丁利康是国有事业单位上海市嘉定区马陆镇社区卫生服务中心的事业编制人员。丁利康作为办公室信息管理员，工作职责包括监控信息数据库使用情况、管理用户权限、协助相关部门进行医保数据的统计、传输等信息管理工作，并对数据的真实性、准确性和安全性负责。这些信息是国有事业单位医院对医疗业务进行管理、监督、决策的重要依据。丁利康管理、监控医院用药数据等医保信息，是履行公共事务管理、监督等职责，从事的活动具有公务性质，故其应以国家工作人员论。丁利康身为国有事业单位中从事公务的国家工作人员，利用信息管理的职权，私自向药商提供数据，收受钱款，符合受贿罪钱权交易的特征，其还利

---

〔1〕《上海市嘉定区人民检察院诉丁利康受贿案》，载《最高人民法院公报》2014年第9期。

用具有单位电脑采购建议权的职务便利，在计算机网络日常维护管理工作中，收取电脑设备供应商的礼券、消费卡，相关金额应与前述收取医药销售代表的贿赂款累计，一并以受贿罪论处。原判认定丁利康收受贿赂的行为及数额正确，但定性错误，导致适用法律及量刑不当，依法应予纠正。据此，以受贿罪改判丁利康有期徒刑3年，缓刑3年。[1]

类似案例再如吕辉受贿案[2]。2004年5月，吕辉进入上海市虹口区新港路街道社区卫生服务中心（以下简称新港卫服中心）任网络管理员，系临时工，2008年8月成为新港卫服中心的正式职工。2009年12月，新港卫服中心并入嘉兴卫服中心，吕辉继续担任新合并成立的嘉兴卫服中心的网络管理员。上述两家社区卫生服务中心的性质均系上海市虹口区卫生局差额拨款的国有事业单位。2006年至2010年，吕辉利用担任上述两家单位网络管理员的职务便利，在负责为本单位采购计算机及相关配件的业务过程中，多次收受供货单位销售员吴某等人的贿赂共计14.47万元；在负责管理本单位医药信息的过程中，多次擅自对外提供医生药品用量等信息并收受医药销售代表邓某等人的贿赂共计2.35万元。公诉机关指控吕辉的行为构成受贿罪。上海市虹口区人民法院一审认为，吕辉身为在国有事业单位中从事公务的国家工作人员，利用职务上的便利，非法收受他人财物，为他人谋取利益，其行为构成受贿罪。吕辉具有自首情节和立功表现，可以减轻处罚；主动退出部分赃款，可酌情从轻处罚。据此，以受贿罪判处吕辉有期徒刑6年，并处没收财产2万元。一审判决后，吕辉以认定其构成受贿罪属定性错误，且量刑过重为由提出上诉。上海市第二中级人民法院二审认为，吕辉收受贿赂期间，新港卫服中心和嘉兴卫服中心系国有事业单位，资产性质为国有资产。吕辉自2004年5月进入新港卫服中心担任网络管理员，2010年1月起担任嘉兴卫服中心网络管理员，负责采购计算机及其设备以及管理医药信息。吕辉在事业单位中履行了对国有资产的管理及

---

〔1〕 本案生效判决系在2016年“两高”《关于办理贪污贿赂刑事案件适用法律若干问题的解释》施行前作出。

〔2〕《吕辉受贿案——社区卫生服务中心网管员为医药销售代表“拉单”收受财物的行为如何定性》，载《刑事审判参考》（总第87集），法律出版社2013年版。

对公共事务的监督职责，从事的活动具有公务性质，应当认定吕辉为国家工作人员。原判定性准确，量刑适当，裁定驳回上诉、维持原判。[1]

上述丁利康受贿案和吕辉受贿案中，丁利康和吕辉均系国有医院在编人员即事业编制，尽管二人分别为信息管理员和网络管理员，并未担任领导职务如办公室副主任、主任或者信息科副科长、科长等，但其所从事的工作兼具技术性和管理性双重属性，故以国家工作人员论，对其利用职务便利"拉统方"收受医药营销人员贿赂的行为以受贿罪定罪处罚。如果二人还担任领导职务，并利用职务便利"拉统方"收受贿赂的，更应该以受贿罪论处。

（三）国有医疗机构中从事医疗数据统计、传输、维护等信息管理工作的非在编信息（网络）管理员，包括劳务派遣人员，如其工作兼具技术性和管理性双重属性的，亦认定为从事公务的国家工作人员，如"拉统方"非法收受财物的应以受贿罪定罪处罚

根据本书关于国有单位工作人员是否属于国家工作人员，关键看其职责即是否从事公务，而不在于其身份的观点，国有医院从事医疗数据统计、传输、维护等信息管理工作的信息（网络）管理员，无论属于在编人员（主要是事业编，个别为工人编），还是非在编人员（主要包括具有劳动合同关系的聘用人员及以劳务派遣用工形式接收的劳务派遣人员），因其工作兼具技术性和管理性双重属性，具有公务性质，故皆以国家工作人员论，而不能以信息（网络）管理员是否属于国有医院在编人员而分别认定为国家工作人员、非国家工作人员，进而以受贿罪或者非国家工作人员受贿罪定罪处罚。

例如，陈某"拉统方"收受贿赂案。陈某自2007年2月起与一国际人才公司签订劳动合同，由该公司派遣至一社区卫生服务中心（国有事业事业）担任信息员工作，具体职责是负责社区卫生服务中心计算机网络系统的安全保护管理工作，完成卫生中心管理信息的收集、整理、保存及反馈，医保信息每日日对账，每日检查医保网络运行情况，每月末汇总数据生成报表并交医保中心

---

〔1〕 本案生效判决系在2016年"两高"《关于办理贪污贿赂刑事案件适用法律若干问题的解释》施行前作出。

核对结算等。陈某自2008年8月至2011年5月，利用上述职务便利，接受医药销售人员的请托，从“查询系统”中获取本单位医务人员每月药品处方用药情况的统计数据后，擅自以电子邮件等方式分别透露给相关医药销售人员，医药销售人员收到用药统计数据后，按双方事先约定的一种药一个月100元至200元不等的价格，将钱款打入陈某提供的银行卡内或直接将现金交与陈某，陈某共收受上述人员贿赂9.38万元。对于此案，一审法院认定陈某属于非国家工作人员，并以非国家工作人员受贿罪判处其有期徒刑3年，缓刑4年。公诉机关以定性错误，从而导致适用法律错误，量刑明显不当为由提出抗诉。二审法院驳回抗诉，维持原判。笔者认为，尽管陈某为劳务派遣人员，但其属于国有医院工作人员，其作为医院信息员，所从事的信息收集、整理、保存、反馈及医保信息对账结算等工作，与丁利康受贿案和吕辉受贿案中丁利康、吕辉二人所从事的工作类似，亦具有公务性质，按照职责论观点，宜认定陈某为国家工作人员，并对其以受贿罪论处。

当然，对民营医疗机构中从事医疗数据统计、传输、维护等信息管理工作的信息管理员，除受委派从事公务的以外，根据前述观点，即使其工作具有管理性质，因不具有国家代表性，均属于非国家工作人员，需根据民营医疗机构属于公司、企业还是其他单位，将其具体归类为《刑法》第一百六十三条中的公司工作人员、企业工作人员或者其他单位工作人员。

四、科研人员管理经手科研经费的职务性质

——国有教育机构中管理经手科研经费的科研人员可认定为从事公务的国家工作人员[1]

（一）国有教育机构中国家工作人员的认定关键在于是否从事公务

第一，在国有教育机构中从事管理活动及主管、管理、经营、经手国有财产的人员，均属于在国有事业单位从事公务的人员，以国家工作人员论，如利

〔1〕 同理，其他国有科研机构中管理经手科研经费的科研人员亦可认定为从事公务的国家工作人员。

用职务上的便利，索取他人财物，或者非法收受财物，为他人谋取利益，数额较大或者有其他较重情节的，以受贿罪定罪处罚。《商业贿赂意见》第五条第一款对此作了相关规定，即学校及其他教育机构中的国家工作人员，在教材、教具、校服或者其他物品的采购等活动中，利用职务上的便利，索取销售方财物，或者非法收受销售方财物，为销售方谋取利益，构成犯罪的，以受贿罪定罪处罚。

第二，国有教育机构中的教师与医疗机构中的医务人员一样，系利用自己的专业知识开展教学活动，亦属于不具有职权内容的技术性活动，故其为非国家工作人员，如利用教学活动的职务便利非法收受贿赂，数额较大的，以非国家工作人员受贿罪定罪处罚。对此，《商业贿赂意见》第五条第三款对此作了相关规定，即学校及其他教育机构中的教师，利用教学活动的职务便利，以各种名义非法收受教材、教具、校服或者其他物品销售方财物，为教材、教具、校服或者其他物品销售方谋取利益，数额较大的，以非国家工作人员受贿罪定罪处罚。

第三，国有教育机构中的教师属于非国家工作人员，但如果转任管理岗位的，此时则属于从事公务的国家工作人员。兼任管理工作或者监督、管理国有财产的，则具有双重身份，即从事教学活动的属于非国家工作人员，从事管理工作或者监督、管理国有财产活动的则属于国家工作人员，如利用相应的职务便利非法收受贿赂，构成犯罪的，分别构成非国家工作人员受贿罪和受贿罪。对受单位指派从事公务，就受指派从事相关公务期间属于国家工作人员，如利用该职务便利非法收受贿赂，构成犯罪的，应以受贿罪定罪处罚。例如，徐某受贿案。徐某原系一大学音乐舞蹈学院副教授，后受学校招生就业处指派，担任该校艺术高考招生面试考官。徐某接受他人委托，在招生面试评分时对进入其考场的考生于某等6人予以照顾，并委托同组考官李某也对于某等6人予以照顾，最终使于某等人进入面试有效名次并被录取。事后，徐某收受感谢费共计10.6万元，并转给李某2.4万元。对于此案，生效判决认为，徐某系国有事业单位从事公务的人员，利用职务上的便利，非法收受他人财物，为他人谋取利益，数额较大，其行为构成受贿罪。

国有教育机构为事业单位，故其中的非国家工作人员具体应归类为《刑法》第一百六十三条中的其他单位工作人员。

第四，民办教育机构中的人员，无论是否从事管理工作，都属于非国家工作人员，如利用职务上的便利非法收受贿赂，构成犯罪的，以非国家工作人员受贿罪定罪处罚。对此，《商业贿赂意见》第五条第二款明确，即学校及其他教育机构中的非国家工作人员，在教材、教具、校服或者其他物品的采购等活动中，利用职务上的便利，索取销售方财物，或者非法收受销售方财物，为销售方谋取利益，数额较大的，以非国家工作人员受贿罪定罪处罚。

国有教育机构中的教师属于非国家工作人员，民办教育机构中的教师当然也属于非国家工作人员，如利用教学活动的职务便利非法收受贿赂，数额较大的，以非国家工作人员受贿罪定罪处罚。

民办教育机构如果采用公司制，其中的非国家工作人员应具体归类为《刑法》第一百六十三条中的公司工作人员；如果不属于公司制，则相应地归类为其他单位工作人员。

（二）科研人员违规套取科研经费的可认定为国有单位中从事公务的国家工作人员套取公款，以贪污论

科研人员违规套取科研经费的行为是否构成贪污罪，关键在于科研经费是否属于公共财物、科研人员是否具备贪污罪的主体要件。对此，存在两种不同的观点。第一种观点认为，科研人员违规套取科研经费不构成贪污罪，主要理由为：第一，科研人员从事科研活动，并非从事公务，因而不属于国家工作人员。科研人员从事科学研究，没有代表国家进行行政管理，对公共财物也没有主管、管理、经手之职务便利。第二，科研经费是国家有关部门提供给科研人员的、用于“购买”科研人员智力成果（科研成果）及补助相关支出的费用。即便科研人员采取不正当手段套取科研经费，只要科研人员真实地从事了科研活动，便不属于侵害国家财产的行为。[1]第二种观点则认为，科研人员套取并占有科研经费的行为存在认定为贪污罪的可能，主要理由为：第一，科研人

---

〔1〕 肖中华：《科研人员不当套取国家科研经费不应认定为贪污罪》，载《法治研究》2014年第9期。

员在从事科研经费使用时，要进行经费的申领和核销，其申领和核销活动是学校科研经费公款管理的一个重要环节，属于典型的经手“公共财物”的行为，应属于公务活动，因此科研人员能够成为贪污罪中的国家工作人员。第二，贪污罪中的“职务之便”表现为与公共财物的管理有关，包括利用职务上主管、管理、经手公共财物的权力和方便条件。科研人员具备这样的“职务之便”，因为科研人员具有对科研经费的主管权和经手权。〔1〕

笔者赞同第二种观点，即科研人员违规套取科研经费的，可认定为国有事业单位中从事公务的国家工作人员套取公款，以贪污论。主要理由为：第一，科研经费尤其是纵向科研经费属于公款。科研经费主要分为纵向科研经费和横向科研经费。纵向科研经费即财政科技经费，包括各级政府及国家自然科学基金委等基金机构拨付的财政科技项目资助经费。横向科研经费即非财政科技经费，主要是指高校通过与企事业单位签订技术咨询服务、技术成果转让、技术协作等服务性项目而获得的经费。由于横向科研经费具有社会投资性质，实践中关于横向科研经费的管理和使用不甚统一，故本书重点针对纵向科研经费。纵向科研经费属于财政科技经费，国家将纵向科研经费拨付到科研人员所在科研机构后，科研机构即将该经费全部纳入财务部门实行全额预算管理，执行国家相关经费管理办法，严格按照项目主管部门批复的预算范围和开支比例规范使用科研经费，统收统支、实报实销，任何单位和个人无权截留、挪用。故此，纵向科研经费属于科研机构的公款。第二，科研人员尤其是项目负责人具有管理、经手公款的职权，属于国有事业单位从事公务的人员，以国家工作人员论。科研经费一般实行项目负责人负责制，其根据科研项目进度和经费预算，合理安排经费支出，对科研经费使用的真实性、有效性承担法律责任和经济责任，并且向科研机构报账的单据都要经项目负责人签字审核，才能在财务部门报销。也就是说，项目负责人具有管理、拨付、分配、使用科研经费这一公款的职权，故其在科研机构这一国有事业单位管理、经手公款期间属于在国有事业单位从事公务，对其以国家工作人员论。因其作为项目

〔1〕 孙国祥：《套取并占有科研经费的刑法性质研究》，载《法学论坛》2016年第2期。

负责人本身具有管理、经手公款的职权，故笔者不赞同将项目负责人理解为“受国有事业单位委托管理国有财产的人员”，从而符合贪污罪的主体要件。第三，科研人员如以非法占有为目的，采用开具虚假发票、虚列开支、虚增合同款等方式套取科研经费，势必造成国有财产的损失，实际上系利用管理、经手科研经费的职务便利骗取公款。综上，科研人员违规套取科研经费，构成犯罪的，以贪污罪定罪处罚。

典型案例如陈某贪污案。[1]2008年8月至2011年12月，陈某作为浙江大学环境与资源学院常务副院长、浙江大学水环境研究院院长，在申报与中标国家科技重大专项课题“太湖流域苕溪农业面源污染河流综合整治技术集成与示范工程”（以下简称苕溪课题，合同起止时间为2008年9月至2010年12月，经费预算为3.1354亿元，其中1.0554亿元为专项国拨经费）过程中，利用其担任建议课题技术责任人、课题总负责人并负责课题申报、预决算编制、课题技术支持单位确定以及任务合同书的签订、对中央财政投入的专项科研经费的总体把握、分配管理、拨付的职务便利，将其个人控制的被夸大科研力量和人员结构的高博公司和波易公司列为建议课题技术支持单位（课题外协单位），并将自己辅导的学生胡某等人作为高博公司、波易公司的职员列为课题的主要参与人员，从优确保高博公司在所参与的第四子课题“畜禽水产养殖业循环经济关键技术与区域污染控制示范”下“养殖废水高效低耗处理技术与示范”中享有国拨经费600万元，波易公司作为该子课题下“畜禽水产养殖区域循环经济关键技术与水污染控制技术集成示范”中享有国拨经费600万元，波易公司在所参与的第十子课题“农业面源污染控制与管理技术综合集成示范”下“县域面源污染控制欲信息管理技术集成示范”中享有国拨经费320万元。之后，陈某授意为其工作的学生梁某等人陆续以开具虚假发票、编制虚假合同、编制虚假账目、错误列支等手段，将高博公司和波易公司账上以及浙江工业大学账上的国拨经费945万余元冲账套取，用于高博公司增资以及提现等。对于此案，生效判决认为，陈某身为国有事业单位中从事公务的人员，利用国家科技重大专项

[1] 本案生效判决系在2016年“两高”《关于办理贪污贿赂刑事案件适用法律若干问题的解释》施行前作出。参见浙江省杭州市中级人民法院刑事判决书，(2013)浙杭刑初字第36号。

苕溪课题总负责人的职务便利，采用编制虚假预算、虚假发票冲账、编制虚假账目等手段，将国拨科研经费900余万元冲账套取，为己所控，其行为构成贪污罪。鉴于陈某在立案前全部退交赃款，未给国家造成实际损失等具体情况，可酌情从轻处罚。据此，以贪污罪判处陈某有期徒刑10年，并处没收财产20万元。

再如陈某、耿某等贪污案。[1]陈某于2005年12月被山东大学聘为教授，2006年10月23日担任山东大学医学院神经生物学研究所所长。陈某在担任研究所所长和科研项目负责人期间，利用审批科研项目经费的职务便利，于2011年上半年安排研究所负责经费报销和试剂采购工作的耿某虚开发票套取科研经费。耿某虚开发票套取科研经费60.2740万元存入其个人建设银行账户，后耿某将其中的52.3万元存入其个人齐鲁银行账户。2011年年底至2012年年初，陈某决定使用套取的科研经费以耿某和黄某的名义成立公司，耿某、王某及黄某均表示同意，陈某遂安排耿某办理公司成立事宜。2012年6月26日，耿某从其个人名下的上述齐鲁银行账户中取款50.03万元，其中50万元作为注册资本金，用于成立湖星公司。后四人约定陈某实际占有该公司52%股份，其他三人各占16%股份。陈某安排耿某负责公司的运营，向研究所供应试剂等。2015年2月25日，湖星公司注销登记。经陈某提议，耿某、王某、黄某同意后，四人于2015年7月将50万元注册资金瓜分，其中陈某分得30万元，耿某分得4万元，王某、黄某各分得8万元。对于此案，生效判决认为，陈某身为国有事业单位中从事公务的人员，利用职务上的便利，伙同耿某、王某、黄某骗取科研经费，非法占为己有，四人的行为均构成贪污罪。陈某在共同犯罪中系主犯，具有自首情节，且注册成立湖星公司的主要目的是顺利开展科研项目，案发后退缴了全部赃款，依法对其减轻处罚。耿某、王某、黄某均系从犯，具有自首情节，依法对其均减轻处罚。据此，以贪污罪分别判处陈某有期徒刑2年6个月，并处罚金20万元；判处耿某有期徒刑1年，缓刑2年，并处罚金11万元；判处王某、黄某各有期徒刑9个月，缓刑1年，并处罚金10万元。

值得注意的是，笔者赞同“科研经费的性质实际上就是一种科研对价、科研消耗以及科研报酬”的观点，故以贪污罪规制科研人员违规套取科研经费行

---

〔1〕 本案生效判决系在2016年“两高”《关于办理贪污贿赂刑事案件适用法律若干问题的解释》施行后作出。参见山东省济南市中级人民法院刑事判决书，(2017)鲁01刑终14号。

为需要慎重。实践中，除审查科研人员是否采用违规手段套取科研经费外，还需重点审查科研人员的智力投入、绩效考核、所取得的科研成果，以及审查科研人员在主观上是否具有将科研经费非法占为己有的目的。对主观上非法占有目的不明显，客观上有相当的智力投入、取得一定科研成果，即使采用一定违规手段套取科研经费的，也不以贪污论处。

五、国家出资企业中受委派从事公务人员的认定

(一)“国家出资企业”的界定

根据《国家出资企业职务犯罪意见》第七条的规定，“国家出资企业”，是指国家出资的国有独资公司、国有独资企业，以及国有资本控股、国有资本参股公司。显然，国家出资企业的核心属性在于其含有国有资本。

国有公司、企业，是指由单一国家投资机构或部门组建的国有独资公司、企业，以及由两个以上的代行国家资产所有权的单位联合组建的有限责任公司、股份有限公司和其他企业。国家参股、含有其他经济成分的公司、企业，无论国有资产所占比例大小，都存在非国有经济成分，属于非国有公司、企业。故此，国家出资企业中的国有独资公司、企业属于国有公司、企业，而国有资本控股、参股公司属于非国有公司。故严格而言，因国有独资公司、企业本身属于国有公司、企业，受委派至非国有公司、企业从事公务如涉及国家出资企业的，则具体涉及国有资本控股和参股公司。

实践中，对是否属于国家出资企业不清楚的，《国家出资企业职务犯罪意见》第七条还明确，即应遵循“谁投资、谁拥有产权”的原则进行界定；企业注册登记中的资金来源与实际出资不符的，应根据实际出资情况确定企业的性质；企业实际出资情况不清楚的，可以综合工商注册、分配形式、经营管理等因素确定企业的性质。

以李某受贿案[1]为例。一审判决认为李某在担任湖南移动公司市场经营

〔1〕 湖南省高级人民法院刑事判决书，(2015)湘高法刑二终字第34号。

部副主任兼新业务开发中心主任、长沙移动公司常务副总经理、湖南移动公司数据部总经理、衡阳移动公司总经理、湖南省有线电视网络（集团）股份有限公司期间，利用职务上的便利，为他人谋取利益，先后索取、收受他人财物300余万元；另有不能说明来源的财产600余万元，其行为构成受贿罪和巨额财产来源不明罪，应两罪并罚。一审法院以受贿罪判决李某有期徒刑12年，剥夺政治权利2年，并处没收个人财产180万元；以巨额财产来源不明罪判处其有期徒刑3年，决定执行有期徒刑13年，剥夺政治权利2年，并处没收个人财产180万元。一审判决后，李某以其不具有国家工作人员身份等为由提出上诉。二审法院经查明，湖南移动公司为中国移动公司在湖南省设立的全资子公司，公司类型为国有独资企业。2002年1月至7月，按照中国移动公司统一部署，经原对外贸易经济合作部和财政部批准，湖南移动公司注册登记为外商独资企业，但其实际出资方仍为中国移动公司，资金来源仍为国有资产，故应认为湖南移动公司为国家出资企业。另湖南移动公司中层干部和地市一级公司班子成员由湖南移动公司人力资源部组织考察、推荐，再经湖南移动公司党组讨论决定。从李某在湖南移动公司及其分公司所任职务的选拔任用机构和程序来看，李某是通过组织程序选拔任用的；从李某的职务活动内容来看，均负有监督、管理国有财产的职责，属于从事公务活动，故李某在湖南移动公司及其分公司任职期间应当认定为国家工作人员。从湖南有线公司的企业性质来看，湖南有线公司的出资方为两家混合所有制公司，即电广传媒公司和华丰公司，已非国家出资，不能认定湖南有线公司为国家出资企业，故李某在湖南有线公司任职期间不能认定为国家工作人员。因公诉机关没有指控李某犯非国家工作人员受贿罪，故对李某利用湖南有线公司总经理的职务便利收受他人的19.2万元和三星平板电脑1台以违法所得论处。二审法院认为，李某利用先后担任湖南省长沙移动公司常务副总经理、湖南移动公司数据部经理、衡阳移动公司总经理的职务便利，非法收受他人财物300余万元，为他人谋取利益，构成受贿罪；其财产、支出明显超出其合法收入，达600余万元，差额巨大，本人不能说明来源，又构成巨额财产来源不明罪，应两罪并罚。鉴于李某案发后积极退赃，有一定的悔罪表现，且一审认定的部分受贿不成立，可在一审判处的刑罚基础上适当从轻。据此，以受贿罪判处李某有期徒刑11年，剥夺政治权利2年，并处没收个人财产100万元；以巨额财产来源不明罪判处其有期徒刑3年，决定执行有期徒刑12年，剥夺政治权利2年，并处没收个人财产100万元。

（二）在国家出资企业"从事公务"的认定

在国家出资企业"从事公务"，主要表现为与职权相联系的管理、监督国有资产的职务活动。一般的技术性、业务性、劳务性活动，因不能体现管理和职权特征，不能认定为从事公务。实践中，受委派至国有资本控股、参股公司从事组织、领导、监督、管理等工作，负有管理、监督国有资产职责的，属于从事公务，以国家工作人员论。

以邱某受贿案为例。百联集团系国有公司，物贸公司系百联集团与其他股东共同出资成立的国有控股公司，利德木业公司则系物贸公司与其他股东共同出资成立的有限公司。邱某受物贸公司党政班子的推荐，[1]经百联集团批准和利德木业公司董事会聘任，担任利德木业公司总经理。邱某利用负责利德木业公司采购营销和全面管理工作的职务便利，在公司与供货商陆某业务往来过程中，为陆某谋取利益，先后多次非法收受他人贿赂共计160万元，用于个人炒股及日常开销等。本案中，邱某受国有资本控股公司物贸公司党政班子的推荐，经国有公司百联集团批准和国有资本参股公司利德木业公司董事会聘任，担任利德木业公司总经理，负责利德木业公司采购营销和全面管理工作。经国有公司批准，即邱某受到国有公司委派；在国有资本参股公司担任总经理，负责采购营销和全面管理工作，其职责包含对国有资产进行监督、管理等工作职能，即其在国有资本参股公司负有管理、监督国有资产的职责，属于从事公务，故邱某属于受委派从事公务的人员，应以国家工作人员论，其利用职务上的便利非法收受贿赂160万元的行为构成受贿罪。同理，如受国有公司

---

〔1〕 本案中，邱某受国家出资企业物贸公司党政班子推荐，即经国家出资企业中负有监督、管理国有资产职责的组织研究决定，根据《国家出资企业职务犯罪意见》第六条第二款的规定，即使其未经国有公司百联集团批准，其仍然属于受委派从事公务的人员，以国家工作人员论。具体可见后文的相关论述。

委派在国有资本控股公司负有管理、监督国有资产职责的人员，当然也属于受委派从事公务的人员，应以国家工作人员论。

（三）具有委派资格的委派主体的认定

根据刑法规定，国家机关、国有公司、企业、事业单位具有委派资格。无论被委派的人身份如何，只要接受国家机关、国有公司、企业、事业单位委派，代表国家机关、国有公司、企业、事业单位在非国有公司、企业、事业单位、社会团体中从事组织、领导、监督、管理等工作，都可以认定为国家机关、国有公司、企业、事业单位委派到非国有公司、企业、事业单位、社会团体从事公务的人员。例如，国家机关、国有公司、企业、事业单位委派在国有控股或者参股的股份有限公司从事组织、领导、监督、管理等工作的人员，应当以国家工作人员论。国有公司、企业改制为股份有限公司后，原国有公司、企业的工作人员和股份有限公司新任命的人员中，除代表国有投资主体行使监督、管理职权的人外，不以国家工作人员论。

《国家出资企业职务犯罪意见》第六条第二款适度扩大了委派主体范围，即除了国家机关、国有公司、企业、事业单位外，明确"国家出资企业中负有管理、监督国有资产职责的组织"也具有委派资格，即"经国家出资企业中负有管理、监督国有资产职责的组织批准或者研究决定，代表其在国有控股、参股公司及其分支机构中从事组织、领导、监督、经营、管理工作的人员，应当认定为国家工作人员"。国家出资企业包括国家出资的国有独资公司、企业，以及国有资本控股、参股公司，国有独资公司、企业属于国有公司、企业，而国有资本控股、参股公司属于非国有公司，既包含国有资本的非国有公司中负有管理、监督国有资产职责的组织也具有委派资格。

1.国家机关、国有公司、企业、事业单位及国家出资企业中负有管理、监督国有资产职责的组织具有委派资格。

（1）国家机关、国有公司、企业、事业单位具有委派资格，即委派人员至非国有公司、企业、事业单位、社会团体从事公务。例如，陈某挪用公款案。陈某原系中学教师，被所在教育局委派至一国有参股的教学用品公司担任法定代表人及董事长。其间，因陈某与他人共同设立的公司缺乏资金，遂在教学用品公司已预付印刷制版厂100万元的情况下，再预付该厂100万元，然后通过该厂将上述200万元挪至会计师事务所，作为其个人与他人共同设立的公司的出资款进行验资。验资结束后，陈某将挪用的200万元归还了教学用品公司。对于此案，陈某系受国家机关委派至非国有公司中从事公务的人员，利用职务上的便利，挪用公款归个人使用，进行营利活动，情节严重，其行为构成挪用公款罪。

根据《国家出资企业职务犯罪意见》第六条第一款的规定，受国家机关、国有公司、企业、事业单位委派至国有控股、参股公司中从事公务的人员，因其负有管理、监督国有资产的职责，应当认定为国家工作人员，上述陈某挪用公款案就是适例。对受国家机关、国有公司、企业、事业单位委派至国有控股、参股公司的分支机构中从事公务的人员，也应当认定为国家工作人员。因为分支机构属于国有控股、参股公司的一部分，在国有控股、参股公司从事公务与在国有控股、参股公司分支机构中从事公务具有同样的性质和价值目标，即负有管理、监督国有资产的职责，确保国有资产增值保值。

（2）国家出资企业中负有管理、监督国有资产职责的组织具有委派资格。其中的“组织”，主要是指上级或本级国家出资企业内部的党委、党政联席会。一般认为，《刑法》第九十三条第二款属于“委派型”国家工作人员，而《国家出资企业职务犯罪意见》第六条第二款则属于“间接委派型”或者“代表型”国家工作人员。间接委派型又具体可分为：

一是上级国家出资企业中负有管理、监督国有资产职责的组织委派人员至下级国有控股、参股公司从事公务。例如，前述邱某受贿案，邱某受国有控股公司物贸公司（国家出资企业）党政班子推荐，经下级国有参股公司利德木业公司董事会聘任，担任利德木业公司总经理，负责利德木业公司采购营销和全面管理工作，即属于上级国家出资企业中负有管理、监督国有资产职责的组织委派人员至下级国有参股公司从事公务。

二是国有控股、参股公司中负有管理、监督国有资产职责的组织委派人员至本级国有控股、参股公司从事公务。此类委派比较常见。例如，陈某受贿案，陈某先后利用担任中国国际航空股份有限公司（以下简称国航）规划发展部副总经理、中国东方航空股份有限公司（以下简称东航）规划发展部总经理及客运营销委员会常务副总经理的职务便利，为承接国航、东航相关业务的单位谋取利益，并先后收受四家单位给予的好处费共计1220余万元。对于此案，陈某辩称其通过社会招聘直接进入国航、东航工作，所签订的是劳动合同，没有享受国家工作人员的权利，不是国家工作人员。生效判决认为，国航、东航均系国有控股公司，陈某通过社会招聘先后进入国航、东航工作，与上述公司所签订的确实是劳动合同，但之后分别经国航、东航中负有管理、监督国有资产的组织研究决定，任命其为国航规划发展部副总经理、东航规划发展部总经理、客运营销委员会常务副总经理，任职期间，其主要负责国航、东航采购民用飞机、飞机发动机选型谈判、评估、决策以及机队规划、航班系统升级的咨询等经营、管理工作。国航、东航作为国有控股公司，属于国家出资企业，陈某是经国家出资企业中负有管理、监督国有资产职责的组织研究决定，代表其在国家出资企业中从事经营、管理工作的人员，应当认定其为国家工作人员。陈某作为国家工作人员，利用职务上的便利，非法收受他人钱款1220余万元，为他人谋取利益，数额特别巨大，其行为构成受贿罪。

三是国有控股、参股公司中负有管理、监督国有资产职责的组织委派人员至本级国有控股、参股公司的分支机构从事公务。此类委派也比较常见。例如张某受贿案，交通银行为国有资本控股公司，张某通过公开竞聘，经交通银行某分行党委研究决定，被聘为该分行一支行行长。张某利用职务上的便利，违规为他人办理担保金额为2082万元履约银行保函和金额为2082万元的开工预付款银行保函各一份，共收取“手续费”“好处费”245万元。对于此案，张某受交通银行分行党委研究决定，即受国家出资企业中负有管理、监督国有资产职责的组织委派，至分行的支行即该国家出资企业的分支机构中从事公务，其属于国家工作人员。张某利用担任支行行长的职务便利，非法收受他人财物，为他人谋取利益，数额巨大，其行为构成受贿罪。

2.国家出资企业中负有管理、监督国有资产职责的“组织”包括国家出资企业分支机构的党委、党政联席会，经分支机构党委或者党政联席会批准或者研究决定，代表其在本级分支机构及其下一级分支机构中从事组织、领导、监督、经营、管理工作的人员，属于受委派从事公务的人员，以国家工作人员论。

以黄某、邵某受贿案[1]为例。建设银行系国有控股公司。经建设银行上海静安支行党委研究决定，黄某担任静安支行下辖的新闸路支行、东海广场支行行长以及静安支行业务四部经理。经静安支行行长办公会议审定通过，邵某先后担任新闸路支行、东海广场支行、静安支行业务四部客户经理。其间，黄某、邵某在办理信贷业务过程中共同接受请托，利用受理、审核信贷申请的职务便利，为林某等人经营的公司在申请贷款方面谋取利益，并多次收受林某等人给予的财物共计26.2万元，其中黄某个人实际收受财物14.4万元，邵某个人实际收受财物11.8万元。此外，黄某还利用上述审核信贷申请的职务便利，为施某等人经营的公司在申请贷款方面谋取利益，并收受施某等人给予的财物共计3.5万元。公诉机关指控黄某身为国家工作人员，单独或伙同邵某，利用职务上的便利，非法收受他人财物，为他人谋取利益，构成受贿罪。一审法院认为，尽管黄某所担任的新闸路支行、东海广场支行行长及静安支行业务四部经理均由静安支行党委研究决定，但静安支行本身是国有控股企业的分支机构，其委派到下属分支机构从事管理工作的人员，宜认定为非国家工作人员。邵某长期从事信贷业务，担任客户经理，其从事的并非对国有资产的监督、管理工作，亦系非国家工作人员。黄某、邵某利用职务便利，非法收受他人财物，其行为均构成非国家工作人员受贿罪。在共同犯罪中，黄某系主犯，但其具有自首情节，退赔全部赃款，可对其减轻处罚并适用缓刑。邵某在共同犯罪中系从犯，具有坦白情节，退赔全部赃款，可对其减轻处罚并适用缓刑。据此，对黄某判处有期徒刑三年，缓刑三年；对邵某判处有期徒刑二年，缓刑二年。一审判决后，公诉机关以一审法院认定黄某系非国家工作人员不当、对黄某、邵某认定罪名错误、量刑畸轻为由提出抗诉。二审法院认为，黄某经国家出资企业建行上海静安支行中负有管理、监督国有资产职责的组织研究决定，代表其在建行新闸路支行、东海广场支行、静安支行从事组织、领导、监督、经营、管理等工作，应当认定其系国家工作人员。黄某身为国家工作人员，

---

〔1〕 本案生效判决系在2016年“两高”《关于办理贪污贿赂刑事案件适用法律若干问题的解释》施行前作出。参见上海市第二中级人民法院刑事判决书，(2015)沪二中刑终字第80号。

单独及伙同邵某，利用职务便利，非法收受他人财物，为他人谋取利益，二人的行为均构成受贿罪。在共同犯罪中，黄某系主犯；邵某系从犯，对其减轻处罚。黄某具有自首情节，可对其减轻处罚。邵某具有坦白情节，可对其从轻处罚。二人均退赔全部赃款，对二人均酌情从轻处罚。据此，以受贿罪改判黄某有期徒刑五年，并处没收财产5万元；改判邵某有期徒刑三年，缓刑三年。

笔者认为，国家出资企业中负有管理、监督国有资产职责的"组织"包括国家出资企业分支机构的党委、党政联席会，经分支机构党委、党政联席会批准或者研究决定，代表其在本级分支机构及其下一级分支机构中从事组织、领导、监督、经营、管理工作的人员，属于受委派从事公务的人员，应以国家工作人员论。结合上述案件，二审改判是正确的，主要理由为：第一，国家出资企业普遍存在分支机构，尽管分支机构不具有独立的法人资格，但其含有国有资本，属于国家出资企业的一部分，故在性质上仍然为国家出资企业。国家出资企业分支机构的党委、党政联席会，也同样负有管理、监督国有资产的职责。而且，为了更好地履行管理、监督国有资产的职责，由分支机构党委、党政联席会行使一定的人事任免权，批准或者研究决定相关人员至本级分支机构及其下一级分支机构中从事组织、领导、监督、经营、管理工作，既是确保国有资产增值保值的内在要求，也是强化企业管理的客观需要。故此，国家出资企业中负有管理、监督国有资产职责的"组织"包括分支机构的党委、党政联席会，即分支机构的党委、党政联席会具有委派国家工作人员的主体资格。类似规定如《国有企业领导人员廉洁从业若干规定》第二条规定："本规定适用于国有独资企业、国有控股企业（含国有独资金融企业和国有控股金融企业）及其分支机构的领导班子成员。"依此，建设银行上海静安支行作为国家出资企业的分支机构，其党委具有委派资格。黄某经静安支行党委研究决定，担任静安支行下辖的新闸路支行、东海广场支行行长以及静安支行业务四部经理从事管理工作，属于受委派从事公务的人员，应认定其为国家工作人员。

第二，邵某先后担任新闸路支行、东海广场支行、静安支行业务四部客户经理，长期从事信贷业务，即使其工作职责包括对国有资产的监督、管理活动，但其系经静安支行行长办公会议审定通过，而行长办公会并非管理、监督国有资产的组织，即其并未受到具有委派资格主体的委派，故其属于非国家工作人员。

第三，根据《商业贿赂意见》第十一条第三项的规定，非国家工作人员与国家工作人员通谋，共同收受他人财物，构成共同犯罪的，根据双方利用职务便利的具体情形分别定罪追究刑事责任：分别利用各自的职务便利为他人谋取利益的，按照主犯的犯罪性质追究刑事责任，不能分清主从犯的，可以受贿罪追究刑事责任。本案中，尽管黄某和邵某共同接受请托，利用各自的职务便利为相关公司申请贷款谋取了利益，但黄某作为邵某的上级主管，相对而言发挥了更为主要的作用，在共同犯罪中系主犯，故应当按照黄某的犯罪性质追究刑事责任，即对黄某、邵某以受贿罪共犯论处。另黄某还单独收受贿赂3.5万元，亦应以受贿罪论处。

3.国家出资企业的“总经理办公会”“行长办公会”等不具有委派资格，经该会议批准或者研究决定，即使在国家出资企业从事对国有资产的监督、管理工作的，也不属于受委派从事公务的人员，不以国家工作人员论。

作为国家出资企业（包括分支机构）日常经营管理的决策议事机构，如“总经理办公会”“行长办公会”等，其中包括研究人事任免事项，由于此类议事机构代表国家出资企业的整体利益，并非管理、监督国有资产的组织，尽管经其批准或者研究决定，在国家出资企业中从事组织、领导、监督、经营、管理工作的人员，其中也需对国有资产进行经营、管理，但因为其不具有委派资格，故经此类议事机构批准或者研究决定，即使在国家出资企业中从事管理工作的人员，也不属于受委派从事公务的人员，不以国家工作人员论。

例如，胡某、刘某职务侵占案。[1]中国神华能源股份有限公司（以下简称中国神华）属于国有控股企业，神东煤炭分公司是中国神华的分公司，布尔台煤矿是神东煤炭分公司的下属单位。胡某系与布尔台煤矿签订劳动合同的正式员工，并经该煤矿通风队队委会讨论后决定担任仪器标校班班长，后其利用负责管理和发放便携式检测仪的职务便利，将矿用便携式检测仪通过该煤矿劳

〔1〕 本案生效判决系在2016年“两高”《关于办理贪污贿赂刑事案件适用法律若干问题的解释》施行后作出。参见内蒙古自治区鄂尔多斯市中级人民法院刑事判决书，（2016）内06刑终2号。

务派遣员工刘某卖掉获取利益，非法侵占煤矿矿用财物，数额7万余元。一审法院认为，胡某、刘某作为公司工作人员，利用职务便利将本单位财物非法占为己有，数额较大，其行为均构成职务侵占罪，判处胡某有期徒刑二年八个月，判处刘某有期徒刑二年二个月。一审判决后，公诉机关以胡某系国家出资企业中从事公务的人员、胡某与刘某的行为应构成贪污罪等为由提出抗诉。二审法院认为，胡某虽然经国家出资企业布尔台煤矿通风队队委会讨论后决定担任仪器标校班班长，负责管理和发放便携式检测仪，客观上从事管理、经手公共财物的职务活动，但其既未经国家机关、国有公司、企业、事业单位提名、推荐、任命、批准等在布尔台煤矿从事公务，也未经布尔台煤矿或其上级单位中国神华、神东煤炭分公司中负有管理、监督国有资产职责的组织批准或者研究决定，代表其在布尔台煤矿从事公务，故胡某不属于受委派从事公务的人员，不以国家工作人员论。胡某勾结刘某，利用职务便利将本单位财物非法占为己有的行为构成职务侵占罪。鉴于二审期间"两高"《关于办理贪污贿赂刑事案件适用法律若干问题的解释》施行，对胡某改判有期徒刑二年二个月，对刘某改判有期徒刑一年。

六、受委派至集体企业从事经营管理的人员性质

——受委派至不含国有资产的非国有公司、企业从事经营管理工作的人员不属于受委派从事公务的人员

受委派从事公务的人员，从《刑法》规定来看，是指受国家机关、国有公司、企业、事业单位委派至非国有公司、企业、事业单位、社会团体从事公务的人员；从《国家出资企业职务犯罪意见》规定来看，是指受国家机关、国有公司、企业、事业单位、国家出资企业中负有管理、监督国有资产职责的组织委派至国家出资企业从事公务的人员。就委派至非国有公司、企业从事公务而言，结合"公务"的特征，须负有管理、监督国有资产的职责。非国有公司、企业包括含有国有资本的国有控股、参股公司及不含国有资本的公司、企业。国家出资企业中的国有控股、参股公司为非国有公司，但含有国有资本，故委派

至国有控股、参股公司从事组织、领导、监督、经营、管理等工作，负有管理、监督国有资产职责的，属于受委派从事公务的人员，以国家工作人员论。那么，受委派至国有控股、参股公司以外的非国有公司、企业从事组织、领导、监督、经营、管理等工作，是否属于从事公务，其中包括委派至不含有国有资本的非国有公司、企业如集体企业、民营公司等从事经营管理工作，是否属于从事公务？关于这一问题，《刑法》第九十三条规定，强调受委派至非国有公司、企业从事公务的，以国家工作人员论。那么，受委派至不含国有资本的非国有公司、企业从事经营管理工作是否属于从事公务，能否对受委派人员以国家工作人员论？

以吴某非国家工作人员受贿案[1]为例。吴某在担任村党支部书记期间，受所在乡政府委派担任村集体所有制企业莘吴公司总经理。吴某利用负责莘吴公司集体资产经营管理的职务便利，收受莘吴公司合资、合作及业务往来单位、下属公司给予的财物共计人民币56万元和美元3.4万元。公诉机关指控吴某系国家工作人员，其行为构成受贿罪。一审法院认为，吴某系受国家机关委派到非国有公司、企业从事公务的国家工作人员，其利用职务上的便利，为他人谋取利益，非法收受他人财物，其行为构成受贿罪，对其判处有期徒刑13年，并处没收财产30万元。一审判决后，吴某不服，以其不具有国家工作人员身份、不构成受贿罪为由提出上诉。二审法院认为，吴某虽系受乡政府委派担任莘吴公司总经理，但其本身并不具有国家工作人员身份，且莘吴公司系集体所有制企业，其中并无国有资产成分，因此，吴某在集体所有制企业中从事管理工作不属于从事公务，不以国家工作人员论，故其行为不构成受贿罪，而构成非国家工作人员受贿罪，对其改判有期徒刑10年，并处没收财产20万元。

笔者认为，二审法院认定吴某系非国家工作人员，并以非国家工作人员受贿罪对其进行改判是正确的。本案也对受国有单位委派至不含国有资产的公司、企业从事经营管理工作是否属于从事公务提供了重要参考。该案中，吴某确实受到了国有单位的委派，故其是否属于国家工作人员，关键在于其受委派

---

〔1〕 本案生效判决系在2016年“两高”《关于办理贪污贿赂刑事案件适用法律若干问题的解释》施行前作出。参见上海市第一中级人民法院刑事判决书，(2010)沪一中刑终字第487号。

后在集体企业中从事经营管理工作是否属于从事公务。"从事公务"，是指代表国家机关、国有公司、企业、事业单位、人民团体等履行组织、领导、监督、管理等职责。"公务"主要表现为与职权相联系的公共事务以及监督、管理国有财产的职务活动。被委派至不含国有资产的公司、企业（包括集体企业）从事经营管理工作的，"因公司、企业中没有任何国有资产，则公司、企业的生产经营活动只与该公司、企业的投资人和职工直接相关"，[1]不具有代表国有单位行使国有资产保值增值的公共管理和服务职能，故不属于从事公务，进而不以国家工作人员论。具体到吴某案，吴某作为村党支部书记，受乡政府委派至所在村集体企业从事经营管理工作，不属于从事公务，其也不属于协助人民政府从事行政管理工作，故其不属于国家工作人员。吴某利用负责集体资产经营管理的职务便利，非法收受他人贿赂，其行为构成非国家工作人员受贿罪而非受贿罪。

综上所述，受国有单位委派至不含国有资产的公司、企业从事经营管理工作的人员，因并非从事公务，不以国家工作人员论。例如，利用从事经营管理的职务便利收受贿赂，或者将公司、企业财物非法占为己有，或者挪用公司、企业资金归个人使用或借贷给他人，构成犯罪的，依次构成非国家工作人员受贿罪、职务侵占罪和挪用资金罪，而非受贿罪、贪污罪和挪用公款罪。

七、受国家机关委托从事公务的人员性质

——在受国家机关委托代表国家机关行使职权的组织中从事公务的人员视为国家机关工作人员

视为国家机关工作人员，当然也属于国家工作人员。2002年《全国人民代表大会常务委员会关于〈中华人民共和国刑法〉第九章渎职罪主体适用问题的解释》规定："在依照法律、法规规定行使国家行政管理职权的组织中从事公务的人员，或者在受国家机关委托代表国家机关行使职权的组织中从事公

〔1〕 肖晚祥：《委派型人员身份的认定》，载赵秉志主编：《刑事法判解研究》（2011年第2辑）（总第21辑），人民法院出版社2011年版，第67页。

务的人员，或者虽未列入国家机关人员编制但在国家机关中从事公务的人员，在代表国家机关行使职权时，有渎职行为，构成犯罪的，依照刑法关于渎职罪的规定追究刑事责任。”也就是说，在受国家机关委托代表国家机关行使职权的组织中从事公务的人员，在代表国家机关行使职权时，视为国家机关工作人员，可以成为渎职犯罪的犯罪主体。

例如，沈某帮助犯罪分子逃避处罚案。[1]沈某原系社区保安大队班长、便衣队长，其所在社区保安大队由派出所负责管理和使用，即协助公安机关打击违法犯罪活动和维护社会治安秩序。沈某的具体工作职责为：治安巡逻时发现违法犯罪嫌疑人员，应尾随跟踪或设法稳住犯罪嫌疑人并及时报告派出所；在日常工作中发现违法犯罪活动的嫌疑人应立即报告派出所，并及时扭获违法犯罪嫌疑人。2013年8月至2014年11月，沈某利用协助公安机关查禁犯罪等职务便利，明知燕某（已判刑）从事容留他人卖淫等犯罪活动，仍多次将查禁部署情况等向燕某通风报信，并非法收受其给予的财物共计0.94万元，致使燕某的犯罪行为长期未被查处。公诉机关指控沈某的行为构成帮助犯罪分子逃避处罚罪和受贿罪，应两罪并罚。生效判决认为，沈某作为受国家机关委托负责辅助治安巡逻的社区保安大队班长、便衣队长，明知自己负有协助公安机关查禁犯罪活动的工作职责，却为犯罪分子提供便利，帮助犯罪分子逃避处罚，其行为构成帮助犯罪分子逃避处罚罪。因2016年“两高”《关于办理贪污贿赂刑事案件适用法律若干问题的解释》提高了受贿罪的入罪门槛，其非法收受他人财物0.94万元的行为不构成受贿罪。据此，以帮助犯罪分子逃避处罚罪对沈某判处有期徒刑一年四个月。

本案中，沈某的具体工作职责包括协助派出所从事查禁犯罪活动，实质上系接受国家机关委托代表国家机关从事查禁犯罪活动，应将其视为国家机关工作人员。沈某向其职责范围内的犯罪分子通风报信、提供便利，帮助犯罪分子逃避处罚，故其行为构成帮助犯罪分子逃避处罚罪。

根据立法解释规定，在依照法律、法规规定行使国家行政管理职权的组织

---

〔1〕 本案生效判决系在2016年“两高”《关于办理贪污贿赂刑事案件适用法律若干问题的解释》施行后作出。参见上海市松江区人民法院刑事判决书，（2015）松刑初字第1205号。

中从事公务的人员，在受国家机关委托代表国家机关行使职权的组织中从事公务的人员，或者虽未列入国家机关人员编制但在国家机关中从事公务的人员，在代表国家机关行使职权时，以国家机关工作人员论。其中，虽未列入国家机关人员编制但在国家机关中从事公务的人员，如监狱聘用的狱警，根据职责论观点，在国家机关中从事公务的非在编人员以国家机关工作人员论，当然也属于国家工作人员；在依照法律、法规规定行使国家行政管理职权的组织中从事公务的人员，该组织一般为国有事业单位，在事业单位中行使国家行政管理职权的人员，根据职责论观点，以国家工作人员论，同时立法解释将其拟制为国家机关工作人员。然而，在受国家机关委托代表国家机关行使职权的组织中从事公务的人员，如上述案例中社区保安大队的保安，社区保安大队属于社区自治管理的组成部分，并非国有单位，保安属于非国有编制人员，故在社区保安大队中即使从事公务的保安，其本身不属于国家机关工作人员，当然也不以国家工作人员论。但实践中，社区保安大队往往由所在地派出所进行指导和管理，协助派出所从事治安巡逻等行政管理职权，根据立法解释规定，协助派出所从事相关国家行政管理职权的社区保安大队保安，在代表派出所行使职权时，视为国家机关工作人员。那么，其是否属于国家工作人员？笔者认为，既然立法解释已将其拟制为国家机关工作人员，而国家机关工作人员属于典型的国家工作人员，当然应属于国家工作人员，否则不符合逻辑。故此，前述案件中的沈某亦符合贪污、受贿等犯罪的主体要件，但其非法收受他人财物0.94万元尚未达到受贿罪的入罪门槛，不以犯罪论处，否则对其以帮助犯罪分子逃避处罚罪和受贿罪两罪并罚。

八、受国有公司事业单位委托从事公务的人员性质

根据2002年《全国人民代表大会常务委员会关于〈中华人民共和国刑法〉第九章渎职罪主体适用问题的解释》的规定，在受国家机关委托代表国家机关行使职权的组织中从事公务的人员，在代表国家机关行使职权时视为国家机关工作人员。这是一种立法拟制。被视为国家机关工作人员，当然属于国家

工作人员。那么，受国有公司、企业、事业单位委托从事公务的人员，能否认定为在国有公司、企业、事业单位中从事公务的人员，或者受委派从事公务的人员？笔者认为，在无法律明确规定或者存在立法拟制的情况下，显然不能。一方面，此类人员不属于国有公司、企业、事业单位工作人员，当然就不存在在国有单位从事公务的可能；另一方面，其系受委托完成一定工作任务并获取劳动报酬，而并未受委派从事公务。

既然个人接受国有公司、企业、事业单位委托从事公务的不以国家工作人员论，那么，非国有公司接受国有单位（一般为国有公司、企业、事业单位）委托从事动拆迁等具有一定公务性质的活动，对非国有公司中从事该事项的人员，就更加不能以国家工作人员论。下文以具有争议的典型案件为切入点，从两个方面进行探讨。

（一）非国有公司人员在从事其所在公司承接国有事业单位的动拆迁工作中属于非国家工作人员，利用该职务便利非法收受财物的构成非国家工作人员受贿罪

以梁某非国家工作人员受贿案[1]为例。诚信房屋拆迁有限公司为自然人成立的公司。梁某先后担任诚信公司项目经理及副总经理，负责企业动迁工作，同时负责协顺企业管理有限公司拆房工作的日常管理、联系沟通等。诚信公司受国有事业单位某镇建设管理事务中心委托实施房屋拆迁补偿安置工作，梁某作为诚信公司负责企业动拆迁工作的人员，利用上述职务便利，多次收受被动迁企业负责人凌某、从诚信公司承接拆房业务的拆房队负责人肖某所送港元折合人民币9.2万元。后梁某主动投案，如实供述了上述事实，并退缴了犯罪所得。公诉机关指控梁某身为受国有事业单位委托从事公务的人员，利用职务便利，非法收受他人财物，为他人谋取利益，其行为构成受贿罪。梁某提出，其与诚信公司之间是一年一签劳动合同，其并不属于国家工作人

〔1〕 本案生效判决系在2016年“两高”《关于办理贪污贿赂刑事案件适用法律若干问题的解释》施行后作出。参见上海市浦东新区人民法院刑事判决书，（2016）沪0115刑初1425号。

员。生效判决认为，梁某身为公司工作人员，利用职务上的便利，非法收受他人钱款9.2万元，为他人谋取利益，数额较大，其行为构成非国家工作人员受贿罪。梁某具有自首情节，且退缴全部犯罪所得，依法从轻处罚。据此，以非国家工作人员受贿罪对梁某判处拘役六个月，缓刑六个月。

本案中，诚信公司属于无任何国有资产的有限责任公司，梁某与诚信公司之间是一年一签劳动合同，并受诚信公司聘用先后担任公司的项目经理、副总经理。至案发，梁某一直是诚信公司中的一员，即只与诚信公司存在劳动人事关系，并从诚信公司领取工资报酬。显然，梁某既不是在国家机关中从事公务的人员，也不是在国有公司、企业、事业单位、人民团体中从事公务的人员。梁某也没有接受国有单位委派到非国有公司即诚信公司中从事公务，故梁某也不属于受委派从事公务的人员。那么，梁某是否属于“其他依照法律从事公务的人员”？

该案中，梁某作为诚信公司中具有一定职务的人员，在诚信公司受国有事业单位委托实施房屋拆迁补偿安置工作后，由其具体负责，并在特定时空条件下确实行使了一定的国家管理职能。在外界看来，梁某代表国有事业单位从事房屋拆迁补偿安置工作，似乎属于受国有事业单位委托从事公务的人员。但实际上，梁某一直是诚信公司的人员，从诚信公司领取工资报酬，并未受聘于国有事业单位，也未从国有事业单位领取任何报酬，梁某在特定时空下行使该项管理职能是基于其所任职的诚信公司与国有事业单位签订的委托合同及委托事项而衍生，而不是依据法律规定产生。因此，认定梁某属于“其他依照法律从事公务的人员”缺乏法律依据。

至于梁某属于受国有事业单位委托从事公务的人员的观点，源于职责论。虽然梁某没有列入国有事业单位编制，但受国有事业单位委托从事房屋拆迁补偿安置工作这一公务，所以，梁某属于受国有事业单位委托从事公务的人员，应以国家工作人员论。该观点注意到了梁某从事公务这一情形，但是忽略了“梁某是否受国有事业单位委托”以及“受国有事业单位委托从事公务的人员能否以国家工作人员论”这两个关键问题。关于第一个问题，本案诚信公司接受国有事业单位委托，诚信公司完成委托事项，国有事业单位给予诚信公司一定的劳务费用。而梁某与国有事业单位之间不存在受委托与委托的法律关系，其只是按照诚信公司要求，从事国有事业单位委托给诚信公司的房屋拆迁补偿安置工作。因此，尽管表面上梁某代表国有事业单位从事房屋拆迁补偿安置工作，实质上梁某并未受国有事业单位委托。关于第二个问题，前面已论及，即受国有事业单位委托从事公务的人员不以国家工作人员论。依此，即使梁某属于受国有事业单位委托从事公务的人员，也不能以国家工作人员论。总之，梁某不属于国家工作人员，而属于公司工作人员。

此外，如果将一个未受聘于国有单位、未受国有单位委托或者委派，也未从国有单位领取工资报酬的非国家单位人员，因为临时性从事了某项公共事务管理的，而将其以国家工作人员论，并对其收受贿赂行为以受贿罪定罪处罚，除了违反刑法规定以外，也直接导致行为人的权利义务不对等，承担了畸重的法律责任，造成不当入罪或者轻罪重刑。

本案中，梁某作为公司工作人员，利用职务上的便利，非法收受他人钱款9.2万元，为他人谋取利益，数额较大，其行为构成非国家工作人员受贿罪。

（二）受国家机关委托实施动拆迁的国有公司又将该动拆迁工作委托给非国有公司，非国有公司人员即使以国有公司名义从事动拆迁的亦属于非国家工作人员，如利用职务便利非法收受财物的，构成非国家工作人员受贿罪

以周某、朱某非国家工作人员受贿案〔1〕为例。属于国有公司性质的前期公司受某市市政工程管理处委托，负责道路改建工程所涉周边房屋拆迁工作。前期公司与周某、朱某所在的更强公司（属于非国有公司）签订《委托实施拆迁劳务协议》《委托动拆迁劳务费结算协议》，委托更强公司以前期公司动迁二部的名义实施拆迁的具体工作，并支付劳务费用。后周某、朱某受前期公司负责人口头任命，分别以前期公司动迁二部总经理、经理的名义，具体负责动拆迁工作，工作内容包括实地两清摸底工作，了解居民、单位、个体户的户数、

〔1〕 本案生效判决系在2016年“两高”《关于办理贪污贿赂刑事案件适用法律若干问题的解释》施行后作出。参见上海市第二中级人民法院刑事判决书，（2016）沪02刑终711号。

人口、住房面积汇总情况，“一户一表”登记工作，安排人员与动迁户协商，代表前期公司签订《拆迁补偿安置协议》，审核拆迁安置签报、核发房屋拆迁补偿安置结算费用。所在地政府动迁指挥部将动迁款分成安置费和劳务费两部分下拨到前期公司，被动迁户的安置费根据周某、朱某提供的清册，二人在安置审批表上签字，由前期公司审核后直接支付到具体动迁户的专用存折。其间，周某、朱某明知4户公房均处于空户状态，仍接受陈某、丁某的请托，共同利用审批审核动迁安置费用等职务便利，按照二人提供的虚假材料，违规审批，使陈某、丁某等人冒领涉案房屋的拆迁补偿款，致使公共财产遭受138万余元的损失。周某、朱某以此共同收受陈某、丁某给予的好处费21.8万元。公诉机关指控周某、朱某的行为构成滥用职权罪和受贿罪，应当数罪并罚。一审法院认为，周某、朱某系受国家机关委托从事公务的人员，在履行国家机关行使职权的过程中，滥用职权致使公共财产遭受重大损失，其行为构成滥用职权罪；周某、朱某在行使上述职权过程中，利用职务上的便利，非法收受他人财物，为他人谋取利益，数额巨大，其行为亦构成受贿罪，应当数罪并罚。鉴于周某、朱某能如实供述且退赔全部赃款，可依法分别从轻和酌情从宽处罚。据此，以两罪并罚分别判处周某有期徒刑三年六个月，并处罚金20万元；判处朱某有期徒刑三年三个月，并处罚金22万元。一审判决后，周某、朱某以不具有国家机关工作人员身份，其行为仅构成非国家工作人员受贿罪而不构成滥用职权罪为由提出上诉。二审法院认为，周某、朱某作为公司工作人员，利用职务上的便利，非法收受他人财物，为他人谋取利益，数额较大，其行为均构成非国家工作人员受贿罪。国有公司前期公司与非国有公司更强公司之间的委托关系仅存续于拆迁项目的运作期间，周某、朱某属于受合同委托在特定时间段内从事特定事务，此后即无相关权限，周某、朱某仍系更强公司的工作人员，而非前期公司工作人员，故二人不符合受贿罪的主体要件。周某、朱某的工作职能依据系前期公司与更强公司之间的委托协议及前期公司管理人员的口头委托，并非依法或受国家机关委托进行工作，故二人亦不符合滥用职权罪的主体要件。据此，以非国家工作人员受贿罪均改判周某、朱某有期徒刑一年六个月。

本案与前述梁某非国家工作人员受贿案既有类似之处，亦有不同之处。

类似之处：非国有公司接受国有公司委托从事动拆迁工作，国有公司支付非国有公司一定的劳务费。不同之处：本案存在两次委托，即行政机关委托给国有公司，国有公司再委托给非国有公司，而梁某案中仅有一次委托，即国有事业单位委托给非国有公司，此其一；其二，两案均存在国有单位和非国有公司的委托协议，但本案中，非国有公司负责人周某、朱某还受国有公司前期公司负责人口头任命，分别以前期公司动迁二部总经理、经理名义进行动拆迁工作。笔者认为，尽管两案存在两处不同，但两案中的人员身份并未存在实质差别，即均为非国家工作人员。主要理由为：

第一，尽管本案中的动拆迁工作最初源于行政机关的委托，但国有公司接受委托后又委托给了非国有公司，此时，非国有公司系按照民事委托协议承接国有公司的动拆迁工作，非国有公司人员周某、朱某具体负责，即尽管周某、朱某还受国有公司负责人的口头任命，以国有公司动迁二部总经理、经理名义进行动拆迁工作，但事实上，周某、朱某从事的动拆迁工作来源于其所在的非国有公司，而非源于国有公司的直接委托，更不存在受国家机关的委托。第二，尽管非国有公司人员周某、朱某还受国有公司负责人的口头任命，以国有公司动迁二部总经理、经理名义进行动拆迁工作，但周某、朱某并不是国有公司工作人员，也未从国有公司领取酬薪，而是从非国有公司领取，这种任命以及以国有公司名义进行动拆迁只是为了便于开展工作而已，并未影响周某、朱某系非国有公司人员的性质。第三，周某、朱某未受国家机关委托从事动拆迁工作，即使认为周某、朱某受国有公司委托从事动拆迁工作，但如前文所述，受国有公司、企业、事业单位委托从事动拆迁等具有一定公务性质的工作，均不以国家工作人员论。

综上所述，周某、朱某为非国家工作人员。尽管周某、朱某的行为给公共财产造成138万余元的损失，但因其既不符合滥用职权罪的主体要件（国家机关工作人员），也不符合国有公司、企业人员滥用职权罪的主体要件（国有公司、企业的工作人员），故二人的行为不构成滥用职权罪和国有公司、企业人员滥用职权罪。周某、朱某也不符合受贿罪的主体要件（国家工作人员），但其作为公司工作人员，利用职务上的便利非法收受他人贿赂21.8万元，其行为均构成非国家工作人员受贿罪。故此，二审法院对周某、朱某的改判是正确的。

九、其他依照法律从事公务人员的认定

《刑法》第九十三条第二款规定的“其他依照法律从事公务的人员”，是指依照法律规定选举或者任命产生，从事某项公共事务管理的人员。例如，根据《全国人民代表大会和地方各级人民代表大会代表法》的规定，全国人民代表大会和地方各级人民代表大会代表，代表人民的利益和意志，依照宪法和法律赋予本级人民代表大会的各项职权，参加行使国家权力。根据《全国人民代表大会常务委员会关于完善人民陪审员制度的决定》的规定，人民陪审员依照本决定产生，依法参加人民法院的审判活动，除不得担任审判长外，同法官有同等权利。故此，2003年《全国法院审理经济犯罪案件工作座谈会纪要》规定："‘其他依照法律从事公务的人员’应当具有两个特征：一是在特定条件下行使国家管理职能；二是依照法律规定从事公务。具体包括：(1)依法履行职责的各级人民代表大会代表；(2)依法履行审判职责的人民陪审员；(3)协助乡镇人民政府、街道办事处从事行政管理工作的村民委员会、居民委员会等农村和城市基层组织人员；(4)其他由法律授权从事公务的人员。”

实践中常见且容易引起争议的其他依照法律从事公务的人员，主要为协助乡镇人民政府、街道办事处从事行政管理工作的村民委员会、居民委员会等农村和城市基层组织人员。对此，2000年《全国人民代表大会常务委员会关于〈中华人民共和国刑法〉第九十三条第二款的解释》规定：“村民委员会等村基层组织人员协助人民政府从事下列行政管理工作时，属于刑法第九十三条第二款规定的‘其他依照法律从事公务的人员’：(一)救灾、抢险、防汛、优抚、扶贫、移民、救济款物的管理；(二)社会捐助公益事业款物的管理；(三)国有土地的经营和管理；(四)土地征用补偿费用的管理(已修改为土地征收、征用补偿费用的管理[1])；(五)代征、代缴税款；(六)有关计划生育、户籍、征兵工

---

〔1〕 根据2009年《全国人民代表大会常务委员会关于修改部分法律的决定》第二条的规定，将《全国人民代表大会常务委员会关于〈中华人民共和国刑法〉第九十三条第二款的解释》中的“征用”修改为“征收、征用”。

作;(七)协助人民政府从事的其他行政管理工作。村民委员会等村基层组织人员从事前款规定的公务,利用职务上的便利,非法占有公共财物、挪用公款、索取他人财物或者非法收受他人财物,构成犯罪的,适用刑法第三百八十二条和第三百八十三条贪污罪、第三百八十四条挪用公款罪、第三百八十五条和第三百八十六条受贿罪的规定。”

(一)基层组织人员协助人民政府从事行政管理工作时属于其他依照法律从事公务的人员

例如,刘某贪污、职务侵占案。刘某原系村党支部书记,协助镇政府征用该村土地建设别墅小区,并与镇政府签订使用土地协议书,约定镇政府支付村土地征用补偿费370万元,其中219万元用于抵扣村办企业向镇政府财政的借贷款。后刘某在处理上述土地征用补偿费、为村办企业冲抵借贷款过程中,将其控股的工厂向镇政府财政的借款65万元也予以冲抵,从中侵吞公款65万元。刘某还在协助镇政府征用村另两处土地中侵吞土地征用补偿费40余万元。此外,刘某在担任村党支部书记期间,利用全面负责村办企业改制及村日常事务的职务便利,侵吞村集体资产共计76万余元。生效判决认为,刘某在担任村党支部书记,协助人民政府从事土地征用补偿费用的管理期间,属于其他依照法律从事公务的人员,以国家工作人员论,其利用职务上的便利,侵吞公共财产105万余元,其行为构成贪污罪;刘某在担任村党支部书记,全面负责村办企业改制及村日常事务期间,属于其他单位工作人员,其利用职务上的便利将本单位财产76万余元非法占为己有,其行为又构成职务侵占罪,应两罪并罚。

(二)基层组织人员并非协助人民政府从事行政管理工作时不属于其他依照法律从事公务的人员

例如,王某、黄某挪用资金案。王某原系村党支部书记。公诉机关指控,王某应黄某要求,利用职务之便擅自将该村结余的动拆迁补偿款中的60万元划至该村下属公司,并以该公司名义为黄某贷款提供质押担保,使黄某获得50

万元贷款进行经营活动。公诉机关认为王某与黄某共谋，利用职务便利挪用公款归个人使用，进行营利活动，其行为均构成挪用公款罪。法院经审理查明，被挪用的60万元系村级资产在国家建设征地中作为被拆迁人而获取的补偿款。在国家建设征地中，征地部门将属于村民集体和村民个人的补偿款一并发放至村里，村再将不属于村集体的份额发放至村民个人。在此过程中，村基层组织人员对建设征地补偿款的管理、发放，属于协助人民政府从事对土地征用补偿费用的管理。然而，当村基层组织人员将村民个人的补偿款予以发放，并将属于村集体的补偿款反映在村财务上后，协助人民政府从事土地征用补偿费用的管理工作即告完成。对村集体取得的60万元补偿款，权属已归村集体所有，此时村基层组织人员对该笔资金进行占有和管理，属于村内事务，而非协助人民政府从事对土地征用补偿费用的管理。故此，生效判决认为，王某不属于其他依照法律从事公务的人员，而属于其他单位工作人员，其与黄某共谋，利用职务便利挪用村集体所有的动拆迁补偿款60万元用于营利活动，其行为均构成挪用资金罪。

再如，金某非国家工作人员受贿案。金某原系某村委会副主任。金某明知锦云公司此前未办理建设工程规划许可证等合法手续即在本村租赁的集体土地上违法搭建厂房的情况下，未实施任何管理职责。锦云公司因相关项目获得动迁补偿后，金某收受该公司总经理梁某给予的财物共计60万元。公诉机关以金某协助镇政府拆违办对村集体土地违章建筑具有管理职能为由，指控金某属于其他依照法律从事公务的人员，其收受贿赂行为构成受贿罪。生效判决认为，协助人民政府对村集体土地上的违章建筑进行管理，属于金某的工作职责范围，但该职责不属于立法解释规定的国有土地的经营和管理及土地征收、征用补偿费用的管理。而且协助人民政府对村集体土地上的违章建筑进行管理，仅是该政府的要求和规定，而非法律规定，事实上属于村内事务，不具有公务性质，故尽管具有协助人民政府的性质，但也不属于“协助人民政府从事的其他行政管理工作”，故金某不属于其他依照法律从事公务的人员，不以国家工作人员论，其利用担任村委会副主任的职务便利，为他人谋取利益，非法收受他人财物60万元，其行为构成非国家工作人员受贿罪。

十、国家工作人员与公职人员之比较

2018年3月20日第十三届全国人民代表大会第一次会议表决通过的《监察法》，以立法形式实现了对所有行使公权力的公职人员监察全覆盖。监察法对公职人员的内涵和外延作了具体规定。虽然公职人员与国家工作人员属于两个不同的法律概念，[1]但两者之间又存在密切关联，下文探讨两者之异同。

（一）《监察法》关于公职人员的规定

根据《监察法》第三条的规定，公职人员即行使公权力的公职人员。第十五条明确公职人员具体包括：（1）中国共产党机关、人民代表大会及其常务委员会机关、人民政府、监察委员会、人民法院、人民检察院、中国人民政治协商会议各级委员会机关、民主党派机关和工商业联合会机关的公务员，以及参照公务员法管理的人员；（2）法律、法规授权或者受国家机关依法委托管理公共事务的组织中从事公务的人员；（3）国有企业管理人员；（4）公办的教育、科研、文化、医疗卫生、体育等单位中从事管理的人员；（5）基层群众性自治组织中从事管理的人员；（6）其他依法履行公职的人员。概言之，公职人员是指依法行使公权力的各级机关公务员和参公人员，国有企业、国有事业单位和基层群众性自治组织中从事管理的人员，以及其他依法行使公权力的人员。

（二）国家工作人员与公职人员之比较：公职人员包括但不限于国家工作人员

1.关于公务员和参公人员

公务员和参公人员是监察对象中的关键和重点，也属于典型的国家工作人员。

2.关于法律、法规授权或者受国家机关依法委托管理公共事务的组织中从

---

〔1〕 对此，有观点认为，《监察法》中的概念并不需要与刑法中的概念一一对应，公职人员与国家工作人员既非同一也非相互排斥的概念。监察机关对职务犯罪的调查，应采取《监察法》和《刑法》分别判断的二元论。哪些人的职务犯罪由监察机关调查，应根据《监察法》的规定确定。被调查对象的刑法主体身份，解决的是被调查对象所涉职务犯罪的具体罪名，应该以《刑法》规定的主体性质为依据。具体参见孙国祥：《监察对象的刑法主体身份辨析》，载《法学》2019年第9期。

事公务的人员

根据2002年12月28日《全国人民代表大会常务委员会关于〈中华人民共和国刑法〉第九章渎职罪主体适用问题的解释》的规定，此类公职人员被立法解释视为国家机关工作人员，属于典型的国家工作人员。

3.关于国有企业管理人员

此处的国有企业管理人员，并非仅指“国有企业”中从事管理的人员，而“主要是国有独资企业、国有控股企业（含国有独资金融企业和国有控股金融企业）及其分支机构的领导班子成员，包括设董事会的企业中由国有股权代表出任的董事长、副董事长、董事，总经理、副总经理，党委书记、副书记、纪委书记，工会主席等；未设董事会的企业的总经理（总裁）、副总经理（副总裁），党委书记、副书记、纪委书记，工会主席等。此外，对国有资产负有经营管理责任的国有企业中层和基层管理人员，包括部门经理、部门副经理、总监、副总监、车间负责人等；在管理、监督国有财产等重要岗位上工作的人员，包括会计、出纳人员等；国有企业所属事业单位领导人员，国有资本参股企业和金融机构中对国有资产负有经营管理责任的人员，也应当理解为国有企业管理人员的范畴，涉嫌职务违法和职务犯罪的，监察机关可以依法调查”。[1]

如上理解，国有企业管理人员包括在“国有企业”中从事管理的人员，也包括在“国家出资企业”（国有控股、参股公司）中从事管理的人员。从事管理是从事公务的重要属性，从事管理即具有一定职权，故在“国有企业”中从事管理的人员，因将国有公司、企业统称为“国有企业”，具体而言是指在国有公司、企业中从事公务的人员，以国家工作人员论。在“国家出资企业”中从事管理的人员，如系受委派从事管理工作，应认定为在国家出资企业中从事公务的人员，也以国家工作人员论。但是，如果客观上在国家出资企业中从事公务，但并未受到国家机关、国有公司、企业、事业单位或者国家出资企业中负有管理、监督国有资产职责的组织的委派，则不以国家工作人员论。故此，此类公职人员不限于国家工作人员。

---

〔1〕 中共中央纪律检查委员会法规室、中华人民共和国国家监察委员会法规室编写：《〈中华人民共和国监察法〉释义》，中国方正出版社2018年版，第112页。

4.关于公办教育、科研、文化、医疗卫生、体育等单位中从事管理的人员

此类人员即公办教科文卫体单位管理人员，如公办学校的校长、副校长，科研院所的院长、所长，公立医院的院长、副院长等。依前所述，此类公职人员即在国有事业单位从事公务的人员，以国家工作人员论。

5.关于基层群众性自治组织中从事管理的人员

此类公职人员包括村民委员会、居民委员会的主任、副主任和委员，以及其他受委托从事管理的人员。“根据有关法律和立法解释，这里的‘从事管理’，主要是指：(1)救灾、抢险、防汛、优抚、扶贫、移民、救济款物的管理；(2)社会捐助公益事业款物的管理；(3)国有土地的经营和管理；(4)土地征用补偿费用的管理；(5)代征、代缴税款；(6)有关计划生育、户籍、征兵工作；(7)协助人民政府等国家机关在基层群众性自治组织中从事的其他管理工作”。[1]依此观点，作为公职人员的基层群众性自治组织中从事管理的人员，是指协助人民政府等国家机关在基层群众性自治组织中从事管理工作的人员，即该管理是从事国家公共事务的管理而非集体公共事务的管理，意味着在基层群众性自治组织中从事集体事务管理工作时不属于公职人员。

根据2000年4月29日《全国人民代表大会常务委员会关于〈中华人民共和国刑法〉第九十三条第二款的解释》的规定，村民委员会等村基层组织人员协助人民政府从事相关行政管理工作时，属于《刑法》第九十三条第二款规定的“其他依照法律从事公务的人员”，以国家工作人员论。相反，如并非协助人民政府从事相关行政管理工作，而是在基层群众性自治组织中从事集体事务管理工作的，不以国家工作人员论。

比较而言，作为公职人员的基层组织人员是协助人民政府等国家机关在基层群众性自治组织中从事管理工作的人员，而以国家工作人员论的基层组织人员，是指协助人民政府从事相关行政管理工作的人员，显然前者包括但不限于后者。实质上，对于协助人民政府以外的国家机关在基层群众性自治组织中从事管理工作的人员，尽管立法解释并未明确此类人员属于“其他依照法

〔1〕 中共中央纪律检查委员会法规室、中华人民共和国国家监察委员会法规室编写：《〈中华人民共和国监察法〉释义》，中国方正出版社2018年版，第114页。

律从事公务的人员”，但如果有其他法律规定的，亦属于“其他依照法律从事公务的人员”。当然，如无法律明确规定，此类人员可能是公职人员但未必属于国家工作人员。

6.关于其他依法履行公职的人员

这是兜底条款，判断的主要标准在于是否行使公权力。事实上，《刑法》第九十三条第二款亦有兜底规定，即“其他依照法律从事公务的人员”以国家工作人员论，实践中主要涉及基层组织人员协助人民政府从事相关行政管理工作时属于“其他依照法律从事公务的人员”，当然不限于此类人员。其他依法履行公职的人员，系依法行使公权力的人员，可理解为依照法律规定从事公务的人员，一般可归属于“其他依照法律从事公务的人员”，以国家工作人员论。

综上所述，公职人员不等于国家工作人员，公职人员包括但不限于国家工作人员，但最主要为国家工作人员。

第二章　贪污罪论

根据《刑法》第三百八十二条的规定，贪污罪是指国家工作人员利用职务上的便利，侵吞、窃取、骗取或者以其他手段非法占有公共财物的行为。受国家机关、国有公司、企业、事业单位、人民团体委托管理、经营国有财产的人员，利用职务上的便利，侵吞、窃取、骗取或者以其他手段非法占有国有财物的，以贪污论。与前列人员勾结，伙同贪污的，以共犯论处。2016年“两高”《关于办理贪污贿赂刑事案件适用法律若干问题的解释》对贪污罪的定罪量刑标准作了具体规定。[1]

一、“利用职务上的便利”之界定

——未利用职务上的便利非法占有公共财物的不构成贪污罪

贪污罪在客观方面主要表现为国家工作人员，“利用职务上的便利，以侵吞、窃取、骗取或者其他手段非法占有公共财物的行为”。贪污罪作为重要的职务犯罪，实施贪污行为与相应的职务密不可分，故“利用职务上的便利”是构成贪污罪的必备要件。

（一）贪污罪中的“利用职务上的便利”，是指利用职务上主管、管理、经营、经手公共财物的权力及方便条件，既包括利用本人职务上的职务便利，也包括利用职务上有隶属关系的其他国家工作人员的职务便利

“主管”主要是指负责调拨、处置及其他支配公共财物的职务活动。实践

---

〔1〕 2016年“两高”《关于办理贪污贿赂刑事案件适用法律若干问题的解释》第一条、第二条、第三条对贪污罪的定罪量刑标准作了明确规定，关于“数额标准”，贪污数额在3万元以上不满20万元的，应当认定为“数额较大”；贪污数额在20万元以上不满300万元的，应当认定为“数额巨大”；贪污数额在300万元以上的，应当认定为“数额特别巨大”。关于“情节”标准，贪污数额在1万元以上不满3万元，具有下列情形之一的，应当认定为“其他较重情节”：（1）贪污救灾、抢险、防汛、优抚、扶贫、移民、救济、防疫、社会捐助等特定款物的；（2）曾因贪污、受贿、挪用公款受过党纪、行政处分的；（3）曾因故意犯罪受过刑事追究的；（4）赃款赃物用于非法活动的；（5）拒不交待赃款赃物去向或者拒不配合追缴工作，致使无法追缴的；（6）造成恶劣影响或者其他严重后果的。贪污数额在10万元以上不满20万元，具有上述情形之一的，应当认定为“其他严重情节”；贪污数额在150万元以上不满300万元，具有上述情形之一的，应当认定为“其他特别严重情节”。

中，既包括部门负责人主管、上级分管领导的分管、单位“一把手”的全面领导管理，也应包括协助上级分管领导的协管。“管理”主要是指负责保管、处理及其他使公共财物不被流失的职务活动。包括国家工作人员依职务对公共财物进行管理，也包括受国家机关、国有公司、企业、事业单位、人民团体委托管理国有财物。“经营”主要是指将公共财物作为生产、流通手段等使公共财物增值的职务活动，如受国家机关、国有公司、企业、事业单位、人民团体委托经营国有财物。“经手”主要是指领取、支出等经办公共财物的职务活动。〔1〕

利用本人职务上的职务便利是常态。因其他国家工作人员的职务隶属于本人，则本人对其他国家工作人员具有领导、管理和监督职权，故利用职务上有隶属关系的其他国家工作人员的职务便利，实质上就是利用本人的职权。以最高人民法院指导性案例11号“杨延虎等贪污案”为例。〔2〕本案中，浙江义乌

〔1〕 主要参见张明楷：《刑法学》（第5版），法律出版社2016年版，第1183页；马克昌主编：《百罪通论》（下卷），北京大学出版社2014年版，第1136页。

〔2〕 被告人杨延虎1996年8月任浙江省义乌市委常委，2003年3月任义乌市人大常委会副主任，2000年8月兼任中国小商品城福田市场（2003年3月改称中国义乌国际商贸城，简称国际商贸城）建设领导小组副组长兼指挥部总指挥，主持指挥部全面工作。2002年，杨延虎得知义乌市稠城街道共和村将列入拆迁和旧村改造范围后，决定在该村购买旧房，利用其职务便利，在拆迁安置时骗取非法利益。杨延虎遂与被告人王月芳（杨延虎的妻妹）、被告人郑新潮（王月芳之夫）共谋后，由王、郑二人出面，通过共和村王某某，以王月芳的名义在该村购买赵某某的三间旧房（房产证登记面积61.87平方米，发证日期1998年8月3日）。按当地拆迁和旧村改造政策，赵某某有无该旧房，其所得安置土地面积均相同，事实上赵某某也按无房户得到了土地安置。2003年3~4月，为使三间旧房所占土地确权到王月芳名下，在杨延虎指使和安排下，郑新潮再次通过共和村王某某，让该村村民委员会及其成员出具了该三间旧房系王月芳1983年所建的虚假证明。杨延虎利用职务便利，要求兼任国际商贸城建设指挥部分管土地确权工作的副总指挥、义乌市国土资源局副局长吴某某和指挥部确权报批科人员，对王月芳拆迁安置、土地确权予以关照。国际商贸城建设指挥部遂将王月芳所购房屋作为有村证明但无产权证的旧房进行确权审核，上报义乌市国土资源局确权，并按丈量结果认定其占地面积64.7平方米。此后，杨延虎与郑新潮、王月芳等人共谋，在其岳父王某祥在共和村拆迁中可得25.5平方米土地确权的基础上，于2005年1月编造了由王月芳等人签名的申请报告，谎称“王某祥与王月芳共有三间半房屋，占地90.2平方米，二人在1986年分家，王某祥分得36.1平方米，王月芳分得54.1平方米，有关部门确认王某祥房屋25.5平方米、王月芳房屋64平方米有误”，要求义乌市国土资源局更正。随后，杨延虎利用职务便利，指使国际商贸城建设指挥部工作人员以该部名义对该申请报告盖章确认，并使该申请报告得到义乌市国土资源局和义乌市政府认可，从而让王月芳、王某祥分别获得72平方米和54平方米（共126平方米）的建设用地审批。按王某祥的土地确权面积仅应得36平方米建设用地审批，其余90平方米系非法所得。2005年5月，杨延虎等人在支付选位费24.552万元后，在国际商贸城拆迁安置区获得两间店面72平方米土地的拆迁安置补偿（案发后，该72平方米的土地使用权被依法冻结）。该处地块在用作安置前已被国家征用并转为建设用地，属国有划拨土地。经评估，该处每平方米的土地使用权价值35，270元。杨延虎等人非法所得的建设用地90平方米，按照当地拆迁安置规定，折合拆迁安置区店面的土地面积为72平方米，价值253.944万元，扣除其支付的24.552万元后，实际非法所得229.392万元。2009年3月16日，生效判决以贪污罪判处被告人杨延虎有期徒刑15年，并处没收财产20万元。

国际商贸城指挥部系义乌市委、市政府为确保国际商贸城建设工程顺利进行而设立的机构，指挥部下设确权报批科，工作人员从国土资源局抽调，负责土地确权、建房建设用地的审核及报批工作，分管该科的副总指挥吴某某也是国土资源局的副局长。确权报批科作为指挥部下设机构，同时受指挥部的领导，作为指挥部总指挥的杨延虎具有对该科室的领导职权。杨延虎正是利用担任义乌市委常委、义乌市人大常委会副主任和兼任指挥部总指挥的职务便利，给下属的土地确权报批科人员及其分管副总指挥打招呼，才使王月芳等人虚报的拆迁安置得以实现。杨延虎作为国家工作人员，利用担任义乌市委常委、义乌市人大常委会副主任和兼任国际商贸城指挥部总指挥的职务便利，伙同郑新潮、王月芳以虚构事实的手段，骗取国有土地使用权，非法占有公共财物，三人的行为均构成贪污罪。

关于国家工作人员因公出差虚假报销差旅费骗取公共财物的行为，以及国家工作人员并未出差或者因私出差，向单位虚报差旅费骗取公共财物的行为，均以贪污论处，一般没有争议。理由在于，“由于他的职务使他有资格和条件以执行公务为名在单位报销差旅费，所以，他报销差旅费是利用了职务上的便利”，〔1〕即其利用了以执行公务为名领取他人管理之下的公共财物的职务便利。此处的“领取”，属于经手公共财物的职务活动。故笔者认为，贪污罪中“利用职务上的便利”包括经手公共财物的权力及便利条件。〔2〕事实上，对于具有经手公共财物职务便利的国家工作人员而言，其更容易利用该职务便利非法占有公共财物。

“利用职务上的便利”中的“职务”，必须在形式上取得合法的授权。〔3〕对于不具有相应职务而假借该职务非法占有公共财物的，不以贪污论处。对于以欺骗手段获得国家工作人员身份，再利用其职务便利非法占有公共财物的，应以贪污论处。例如，2004年《最高人民法院研究室关于对行为人通过伪造国家机

〔1〕 高铭暄主编：《刑法专论》（第2版），高等教育出版社2006年版，第754页。

〔2〕 当然，也有观点认为，从事公务的根本属性在于其管理性，而经手财物的便利不具有管理性质，所以经手公共财物的便利不属于职务便利。具体参见刘宪权：《刑法学名师讲演录》（分论），上海人民出版社2014年版，第717页。

〔3〕 马克昌主编：《百罪通论》（下卷），北京大学出版社2014年版，第1137页。

关公文、证件担任国家工作人员职务并利用职务上的便利侵占本单位财物、收受贿赂、挪用本单位资金等行为如何适用法律问题的答复》规定："行为人通过伪造国家机关公文、证件担任国家工作人员职务以后，又利用职务上的便利实施侵占本单位财物、收受贿赂、挪用本单位资金等行为，构成犯罪的，应当分别以伪造国家机关公文、证件罪和相应的贪污罪、受贿罪、挪用公款罪等追究刑事责任，实行数罪并罚。"理由在于，尽管其国家工作人员身份是骗取的，但其职务在形式上取得了合法授权，即从事公务本身是真实的，而且客观上利用了职务便利实施相关职务犯罪，具有严重的社会危害性，将其手段行为和职务行为触犯的罪名数罪并罚，体现对此类犯罪从严惩处的精神。相反，如否定其职务，不以职务犯罪（包括贪污罪、受贿罪、挪用公款罪及职务侵占罪、非国家工作人员受贿罪、挪用资金罪等）论处，同时又不构成诈骗类犯罪的，只能以伪造国家机关公文、证件罪处罚，则未予评价客观存在的职务犯罪行为，有轻纵犯罪之嫌。

（二）未利用职务上的便利骗取国家拆迁资金的不构成贪污罪而构成诈骗罪

国家工作人员利用与其职务无关的便利条件，如利用工作关系熟悉作案环境或者较易接近作案目标等方便条件[1]非法占有公共财物的，不成立贪污罪，如构成其他犯罪的，以其他犯罪论处。

例如，黄某原系某村党支部书记兼村主任，其协助镇政府对其所在村3个地块进行动拆迁，参与负责动拆迁宣传、动员以及对该村动迁户的面积核定。黄某、其母亲朱某及其两个兄弟的农村住房均被纳入动拆迁范围。在拆迁过程中，拆迁公司将其母亲朱某为权利人的81.21平方米宅基地确权表经公示、评估、面积核定等法定程序后，由黄某代理朱某同拆迁公司签订动迁安置协议，并由朱某提出申请，将所得动迁安置房户名更改为黄某后取得安置房。嗣

---

〔1〕 区分"利用职务上的便利"与"利用工作上的便利"对于定性贪污罪还是诈骗等犯罪具有重要意义。前面已述，贪污罪中的"利用职务上的便利"，是指利用职务上主管、管理、经营、经手公共财物的权力及方便条件。需要注意的是，"利用职务上的便利"并不要求该职务对非法占有公共财物具有最终的决定权。在某些情形下，非法占有公共财物需要经过多个环节才能实现，如需先经过有的国家工作人员审核，再经过其他国家工作人员批准，尽管审核权不具有最终的决定权，但又是必经环节，故此时利用审核的职务之便也属于贪污罪中的"利用职务上的便利"。

后，黄某为使其两个兄弟多得拆迁面积，掩盖之前的40平方米翻建批复是基于其母亲朱某名下81.21平方米宅基地确权表申请而来的事实真相，私下向拆迁公司递交了40平方米翻建批复，致使其两个兄弟因此各多获得20平方米动迁安置面积，骗得国家拆迁资金共计16.6万元。公诉机关指控，黄某利用担任村党支部书记兼村主任、协助镇政府从事动拆迁工作的职务便利，骗取公款共计48万余元，其行为构成贪污罪。生效判决则认为，黄某代理其母亲朱某同拆迁公司签订动迁安置协议，并由朱某提出申请，将所得动迁安置房户名更改为黄某后取得安置房，该行为是法律赋予黄某的民事权利，并未利用其在拆迁中的职务便利。后黄某为使其两个兄弟在拆迁中多得面积，其隐瞒事实真相，私下拿出40平方米翻建批复和拆迁公司负责人商量，拆迁公司负责人最终决定给予安置面积40平方米，这一事实发生在动迁法定程序之后，黄某亦未利用职务便利。故黄某作为协助镇政府从事动拆迁工作即依照法律从事公务的人员，并未利用其职务上的便利和条件，其行为不符合贪污罪的构成要件。但黄某以非法占有为目的，隐瞒事实真相，骗得动迁安置面积40平方米，骗取国家拆迁资金16.6万元，其行为构成诈骗罪。

本案中，黄某骗取的是国家拆迁资金即国有财产，如其实施该行为之时具有国家工作人员身份，且利用了职务上的便利，则其行为构成贪污罪。笔者暂且不论其是否具有国家工作人员身份，就其骗取国家拆迁资金之时是否利用了协助镇政府从事动拆迁的职务便利。显然，黄某代理其母亲朱某获得动迁安置房户属于民事代理行为，其并未利用职务上的便利。对于黄某骗得动迁安置面积40平方米、骗取国家拆迁资金16.6万元的事实，系其隐瞒真相，向拆迁公司负责人提出并由拆迁公司负责人最终决定，故其也未利用职务上的便利。综上所述，因黄某并未利用职务上的便利，故对其骗取国家拆迁资金的行为应以诈骗罪定罪处罚。

二、单位受委托管理、经营国有财产中具体负责人员的主体身份
——兼论“受委托管理、经营国有财产的人员”的认定

根据《刑法》第三百八十二条第二款的规定，受国家机关、国有公司、企

业、事业单位、人民团体委托管理、经营国有财产的人员，无论是否具有国家工作人员身份，如利用职务上的便利，非法占有国有财物的，以贪污论。也就是说，除了国家工作人员可以成为贪污罪的主体外，受国家机关、国有公司、企业、事业单位、人民团体委托管理、经营国有财产的人员也可以成为贪污罪的主体。《刑法》对此所作的特殊规定，是为了加强对国有财产的保护。

前面已论及，非国有公司受国家机关、国有公司、企业、事业单位、人民团体“委托”从事动拆迁等具有一定公务性质的活动，对于非国有公司中负责该事项的人员，尽管其临时性从事了一定公务性质的活动，但其受所在公司安排从事相关工作，并从所在公司领取工资报酬，其既未受国有单位委派至非国有公司从事公务，也未受聘于国有单位从事公务，故其属于非国家工作人员，如利用职务便利为他人谋取利益并收受他人财物，数额较大的，构成非国家工作人员受贿罪。[1]例如，此类人员利用受国有单位委托从事动拆迁工作的职务便利，非法占有国有财物的，虽然不能将其认定为国家工作人员，那么能否将其认定为受国有单位委托管理、经营国有财产的人员，从而以贪污论？再如，非国有公司人员利用负责其所在公司承接国有单位管理、经营国有财产的职务便利，非法占有国有财产的，能否将其认定为受国有单位委托管理、经营国有财产的人员，从而以贪污论？

例如，国有公司新虹公司与非国有公司振虹公司签订委托拆迁劳务协议，王某作为振虹公司人员，根据委托协议及新虹公司的授权担任第五大组组长即项目经理，代表新虹公司开展拆迁工作。王某主要负责组织组内成员对动拆迁户上报材料（包括动迁户内的户口人数和面积等）审查核实与代表新虹公司签署动迁安置协议，后其接受他人请托，利用审核职权，在明知动迁户有明显虚增房屋面积的情况下故意不调查核实而予以审核通过，并指使工作人员丁某按虚增后的面积重新核定动迁安置款，骗取动迁安置款178万余元，并与其他四人平分其中的25.5万元。

再如，非国有公司申茂公司，由杨某等5人持股，杨某担任法定代表人、董

---

〔1〕 罗开卷：《非国有公司人员利用负责其所在公司承接国有单位动拆迁工作的职务便利收受财物的性质认定》，载《人民法院报》2017年8月9日，第6版。

事长兼总经理，全面负责公司各项业务。申茂公司受国有独资公司闵房集团的委托，对属于国有财产的直管公房进行物业管理和经营管理，包括配合做好产业管理、按国家政策规定的程序办理旧公房出售手续等。后杨某利用担任申茂公司董事长兼总经理的职务便利，伙同该公司其他股东，采用虚构承租人的方式，以成本价11万余元（时值244万余元）购买申茂公司受委托管理的公有住房后出售，所得款项由杨某等人占有。杨某等人还采用相同方法，以成本价5万余元（时值101万余元）购买申茂公司受委托管理的公有住房，后由申茂公司回购，所得款项亦由杨某等人占有。

对于上述两个案例，有观点认为，接受国有单位委托管理、经营国有财产的主体是非国有公司，而不是非国有公司人员，故非国有公司人员不属于受国有单位委托管理、经营国有财产的人员，其非法占有国有财产的行为不以贪污论。

笔者认为，从委托关系看，尽管是非国有公司接受国有单位的委托，但就具体负责落实委托事项而言，均由非国有公司人员实施，对此，能否将非国有公司人员认定为受委托管理、经营国有财产的人员，从而对两案以贪污论处，需要厘清三个问题：一是如何界定受国有单位委托管理、经营国有财产的人员？二是非国有公司接受国有单位委托管理、经营国有财产的，对于具体负责落实委托事项的非国有公司人员，能否认定为受委托管理、经营国有财产的人员，如利用职务便利非法占有国有财产的，能否对其以贪污论处？三是具体负责落实委托事项的非国有公司人员，如按照其所在公司意志，利用职务上的便利，为所在公司谋取非法利益而非法占有国有财产的，能否对其以贪污论处？

（一）受委托管理、经营国有财产的人员的界定

根据2003年《全国法院审理经济犯罪案件工作座谈会纪要》的规定，“受委托管理、经营国有财产的人员”是指因承包、租赁、临时聘用等管理、经营国有财产的人员。实践中，接受委托管理、经营国有资产，主要表现为承包经营、租赁经营国有公司、企业的形式。故受委托管理、经营国有财产的人员，主要是指国有资产的承包经营人、租赁经营者，及基于临时聘用等原因对国有财产进行管理、经营的人员。委托方式主要为承包、租赁、临时聘用等，其中“临时

聘用”人员，即尚未与国有单位形成固定的劳动、人事关系的人员，将此类人员纳入受委托人员范畴，符合刑法保护国有资产的价值取向。实践中，对“受委托管理、经营国有财产的人员”的界定需要把握以下要点：

第一，“委托”不同于“委派”。受委托者以平等者身份与国有单位就国有财产的管理、经营达成协议，尽管国有单位可以就受委托管理、经营国有财产活动进行监督，但本质上是民事委托关系；而“委派”是单位派出，实质是任命，带有行政性，被委派者就委派事项是否接受委派上与委派方不是处于平等地位，而是具有行政隶属性质。[1]

第二，委托主体为国家机关、国有公司、企业、事业单位、人民团体，即只有国家机关、国有公司、企业、事业单位、人民团体才具有委托权限。根据罪刑法定原则，除此以外的单位和个人，包括含有国有资产成分的国家出资企业，均不具有委托资格，如接受其他单位或者个人委托的，不能认定为受委托管理、经营国有财产的人员。

第三，受委托主体一般为非国家工作人员。

第四，委托的内容具有特定性，即受委托对国有财产进行管理、经营活动。一方面是对“国有财产”管理、经营，不包括对非国有财产的管理、经营；另一方面是对国有财产的“管理、经营”，不包括经手等，主要是指围绕国有财产的保值、增值进行的经济行为，是一种动态的管理、经营，并派生出职务行为。显然，受委托对国有财产进行管理，不同于侵占罪中“代为保管财物”，后者是针对特定财物所进行的静态保管，保管人与被保管财物之间没有职务上的支配关系，即不派生出职务行为。

例如，朱某与县食品总公司破产清算组签订租赁经营该县食品总公司肉联厂（国有企业）的合同，租赁期限为1年，具体由朱某等人经营，朱某任厂长。由于经营亏损，相关股东向朱某索要股金。为此，朱某将肉联厂价值9.4万余元的一台柴油发电机和一台制冷机，以8万元价格卖给做废旧金属生意的商人蒋某，后朱某将其中部分赃款分给相关股东。对于此案，生效判决认为，朱某

〔1〕 熊选国等：《如何把握“受委托管理、经营国有财产”的内涵》，载《人民法院报》2005年1月19日，第6版。

作为受委托管理、经营国有财产的人员，利用职务上的便利，盗卖国有资产，其行为构成贪污罪。本案中，朱某本来不具有国家工作人员身份，但其租赁经营国有企业，属于受委托管理、经营国有财产的人员，符合贪污罪的主体要件。朱某在租赁经营国有企业期间，利用受委托管理、经营国有财产的职务便利，盗卖国有财产并私分，数额较大，其行为构成贪污罪。

（二）非国有公司等单位接受国有单位委托管理、经营国有财产，对于具体负责落实委托事项的非国有公司等单位人员应认定为受委托管理、经营国有财产的人员

有观点认为，受委托管理、经营国有财产的人员，仅限于自然人不包括单位。如受委托的是单位，则国有单位和受委托单位之间成立委托关系，受委托单位中的"人"和国有单位之间不具有委托关系，即受委托单位中的"人"不属于受委托管理、经营国有财产的人员，如其利用职务便利非法占有其所在单位管理、经营的国有财产的，由于这些国有财产由其所在单位管理、经营，从委托法律关系上可视为其所在单位的财产，其利用职务便利非法占有单位管理、经营的国有财产的，属于职务侵占行为，数额较大的，构成职务侵占罪。而且，受委托管理、经营国有财产，必须是接受国家机关、国有公司、企业、事业单位、人民团体的直接委托，而不包括间接委托。

上述观点貌似合理，其实不然。个人接受国有单位委托管理、经营国有财产的，无疑属于受委托管理、经营国有财产的人员，可以成为贪污罪的主体。针对实践中非国有公司等单位接受国有单位委托管理、经营国有财产的现实，对于非国有公司等单位中具体负责落实委托事项的人员，能否认定为受委托管理、经营国有财产的人员，应从实质上进行判断。第一，尽管是非国有公司等单位接受国有单位委托，但受委托的事项需要具体人员落实，亦尽管非国有公司等单位中的人员和国有单位之间并未建立直接的委托和受委托法律关系，但事实上，非国有公司等单位中具体负责落实委托事项的相关人员，需要按照国有单位的要求，代表其所在单位管理、经营国有财产，即非国有公司等单位中具体负责落实委托事项的相关人员具有管理、经营国有财产的职责。

此类人员在具体负责落实委托事项中，实际上是在管理、经营国有财产，将其认定为受国有单位委托管理、经营国有财产的人员，符合刑法关于加强对国有财产保护的立法精神。

第二，对非国有公司等单位中具体负责落实委托事项即管理、经营国有财产的相关人员，如以其并未与国有单位建立委托关系而否定其属于受国有单位委托管理、经营国有财产的人员，则此类人员即使利用职务便利非法占有国有财产的，也只能以轻罪职务侵占罪论处，这样处理无疑不利于保护国有财产。

第三，个人接受国有单位委托管理、经营国有财产，与非国有公司等单位接受国有单位委托管理、经营国有财产，在管理、经营国有财产上具有同质性，对于非法占有国有财产的行为亦具有同样的社会危害性，故在刑法规制的路径上应保持一致，否则会导致类案不同判。而且，2014年《全国人民代表大会常务委员会关于〈中华人民共和国刑法〉第三十条的解释》规定："公司、企业、事业单位、机关、团体等单位实施刑法规定的危害社会的行为，刑法分则和其他法律未规定追究单位的刑事责任的，对组织、策划、实施该危害社会行为的人依法追究刑事责任。"也就是说，对于非国有公司等单位在受国有单位委托管理、经营国有财产过程中非法占有国有财产的，即使认为是单位犯罪，虽然对单位不能追究贪污罪的刑事责任，但也应对单位中组织、策划、实施非法占有国有财产行为的人即负有管理、经营国有财产职责的人员依法追究贪污罪的刑事责任，其实质就是将单位中负有管理、经营国有财产职责的人员认定为受国有单位委托管理、经营国有财产的人员。

综上所述，非国有公司等单位接受国有单位委托管理、经营国有财产的，对于非国有公司等单位中负有管理、经营国有财产职责的人员，事实上是代表其所在单位接受国有单位委托管理、经营国有财产，应认定为受国有单位委托管理、经营国有财产的人员。如其利用受委托管理、经营国有财产的职务便利，侵吞、窃取、骗取或者以其他手段非法占有国有财产的，以贪污论。

实践中，非国有公司等单位中负有受委托管理、经营国有财产职责的人员，如涉嫌利用职务便利非法占有国有财产的，一般是将国有财产非法占为己有，当以贪污论处。如其按照所在单位意志，利用职务上的便利，为所在单位谋取非法利益而非法占有国有财产的，此时对其能否以贪污论处？笔者认为，该行为体现单位意志，非法利益归属单位，应以单位犯罪论处，但根据《刑法》关于贪污罪主体为自然人以及2014年《全国人民代表大会常务委员会关于〈中华人民共和国刑法〉第三十条的解释》中关于追究自然人刑事责任的规定，仍应以贪污罪追究其刑事责任。

（三）对两案的评析

1.对王某案的评析

王某案中，王某所在的振虹公司与国有公司签订委托拆迁劳务协议，王某具体负责落实。后王某又得到国有公司授权担任项目经理，代表国有公司开展拆迁工作。在委托事项上，王某负责组织组内成员对动拆迁户上报材料审查核实与代表国有公司签署动迁安置协议，该活动与国家动迁安置款的确定、发放具有直接关系，说明王某的工作职责具有对国有财产管理的性质而非提供生产、服务等劳务活动。显然，尽管王某得到国有公司授权担任项目经理，但其仍然属于振虹公司人员而非国有公司人员，其根据所在振虹公司与国有公司签订的委托拆迁劳务协议及得到的国有公司授权，从事具有管理国有财产性质的拆迁工作，应认定为受国有公司委托管理国有财产的人员。王某接受他人请托后，利用审核的职权，在明知动迁户有明显虚增房屋面积的情况下故意不调查核实而予以审核通过，并指使工作人员丁某按虚增后的面积重新核定动迁安置款，骗取动迁安置款178万余元，且与其他四人平分其中的25.5万元，应以贪污罪定罪处罚。

当然，王某的身份具有一定的特殊性。一方面，其作为振虹公司人员，根据振虹公司与国有公司签订的委托拆迁劳务协议从事拆迁工作，因而负有受委托管理国有财产的职责；另一方面，其又基于委托拆迁劳务协议，国有公司授权其担任项目经理，从形式上委托其管理国有财产。故于王某而言，无论是根据振虹公司与国有公司的委托拆迁劳务协议从事拆迁工作，还是接受国有公司临时受聘担任项目经理开展拆迁工作，都属于受国有公司委托管理国有财产的人员。

本案中，普通动迁户既不是国家工作人员，也不是受委托管理、经营国有财产的人员，不能单独成为贪污罪的主体，但其与受国有公司委托管理国有财产的人员王某勾结后，利用王某管理国有财产的职务便利，通过修改动迁材料证明，虚增动迁面积的方法骗取动迁安置资金，属于与受国有公司委托管理国有财产的人员相勾结，伙同贪污，根据《刑法》第三百八十二条第三款的规定，应认定为贪污罪的共犯。

2.对杨某案的评析

该案中，首先，非国有公司申茂公司接受国有单位委托，对属于国有财产的直管公房除做好物业管理外，还需进行经营管理，其中包括按照国家政策规定的程序办理旧公房出售手续等，杨某身为申茂公司法定代表人、董事长兼总经理，显然具有管理、经营国有财产的职务便利。其次，申茂公司管理、经营国有财产的事项，由杨某及涉案的另外3名申茂公司股东具体负责落实。最后，非法利益实际由杨某等4名具体实施办理涉案公房出售手续的自然人股东占有并平分。可见，杨某等4人属于受国有单位委托管理、经营国有财产的人员，其将国有财产非法占为己有，均应以贪污论处。

三、国企改制中隐匿国有资产的行为性质

2010年"两高"《国家出资企业职务犯罪意见》第一条就"关于国家出资企业工作人员在改制过程中隐匿公司、企业财产归个人持股的改制后公司、企业所有的行为的处理"作了具体规定，其中第一款规定："国家工作人员或者受国家机关、国有公司、企业、事业单位、人民团体委托管理、经营国有财产的人员利用职务上的便利，在国家出资企业改制过程中故意通过低估资产、隐瞒债权、虚设债务、虚构产权交易等方式隐匿公司、企业财产，转为本人持有股份的改制后公司、企业所有，应当依法追究刑事责任的，依照刑法第三百八十二条、第三百八十三条的规定，以贪污罪定罪处罚。贪污数额一般应当以所隐匿财产全额计算；改制后公司、企业仍有国有股份的，按股份比例扣除归于国有的部分。"第二款规定："所隐匿财产在改制过程中已为行为人实际控制，或者国家出资企业改制已经完成的，以犯罪既遂处理。"第三款规

定:“第一款规定以外的人员实施该款行为的,依照刑法第二百七十一条的规定,以职务侵占罪定罪处罚;第一款规定以外的人员与第一款规定的人员共同实施该款行为的,以贪污罪的共犯论处。”第四款规定:“在企业改制过程中未采取低估资产、隐瞒债权、虚设债务、虚构产权交易等方式故意隐匿公司、企业财产的,一般不应当认定为贪污;造成国家资产重大损失,依法构成刑法第一百六十八条或者第一百六十九条规定的犯罪的,依照该规定定罪处罚。”

《国家出资企业职务犯罪意见》第二条就“关于国有公司、企业在改制过程中隐匿公司、企业财产归职工集体持股的改制后公司、企业所有的行为的处理”作了具体规定,其中第一款规定:“国有公司、企业违反国家规定,在改制过程中隐匿公司、企业财产,转为职工集体持股的改制后公司、企业所有的,对其直接负责的主管人员和其他直接责任人员,依照刑法第三百九十六条第一款的规定,以私分国有资产罪定罪处罚。”第二款规定:“改制后的公司、企业中只有改制前公司、企业的管理人员或者少数职工持股,改制前公司、企业的多数职工未持股的,依照本意见第一条的规定,以贪污罪定罪处罚。”上述规定明确了国企改制中隐匿国有资产的行为方式、行为性质、数额认定及既未遂标准。

(一)国企改制中隐匿国有资产的行为方式

隐匿国有资产的具体行为方式,主要有低估资产、隐瞒债权、虚设债务、虚构产权交易等,无论采用何种方式,都会导致国有资产受到实质侵害,相应地,行为人实现非法占有国有资产的目的。

关于债权能否成为贪污罪的对象,曾经存在争议。反对论者认为,贪污罪的对象为公共财物,债权是一种请求权,属于财产性利益,不属于“财物”,债权人能否实际取得财物,取决于债务人能否实际履行债务,故根据罪刑法定原则,不宜将债权纳入贪污罪的对象。但目前普遍认为债权可以成为贪污罪的对象。[1]主要理由为:第一,从公司、企业的资产构成上看,不仅包括资金、厂

---

〔1〕 刘为波:《〈关于办理国家出资企业中职务犯罪案件具体应用法律若干问题的意见〉的理解与适用》,载《刑事审判参考》(总第77集),法律出版社2011年版;沈志先主编:《职务犯罪审判实务》,法律出版社2013年版,第74~75页。

房、设备等，也包括债权等财产性利益。第二，债权是一项受法律保护、具有可预期性的财产性利益。债权被隐瞒、侵占，给债权人造成事实上的利益损失。债权的最终实现情况如何，并不能改变这一事实。第三，刑法中的财物包括财产性利益，已为刑事司法实践广泛认可。例如，根据2016年"两高"《关于办理贪污贿赂刑事案件适用法律若干问题的解释》第十二条的规定，贿赂犯罪中的"财物"包括货币、物品和财产性利益。最高人民法院指导性案例11号"杨延虎等贪污案"也确认，国有土地使用权具有财产性利益，属于公共财物，可以成为贪污的对象。

（二）国企改制中隐匿国有资产的行为性质

国企改制中隐匿国有资产的，一般属于贪污或者私分国有资产。

1.国企改制中隐匿国有资产转为本人持有股份的改制后公司、企业所有的属于贪污

将隐匿的国有资产转为本人持有股份的改制后公司、企业所有的，国有资产受到实质侵害，行为人实现了对国有资产的非法占有，属于贪污。至于其将非法占有的国有资产转归改制后的企业所有或者处分给其他股东的，属于对赃物的具体处置，并不影响其贪污国有财产的行为性质。

2.国企改制中隐匿国有资产转为职工集体持股的改制后公司、企业所有的属于私分国有资产

后文将对贪污罪与私分国有资产罪的异同进行探讨，两罪的重要区分点之一在于，行为人是为本人或者少数人谋取非法利益还是违反规定为单位多数职工谋取所谓的"福利"。依此，如将隐匿的国有资产转为职工集体持股的改制后公司、企业所有的，对国有公司、企业的直接负责的主管人员和其他直接责任人员以私分国有资产罪定罪处罚。

当然，如果将隐匿的国有资产转为职工集体持股的改制后公司、企业所有，但改制后的公司、企业中只有改制前公司、企业的管理人员或者少数职工持股，改制前公司、企业的多数职工未持股的，说明行为人是为本人或者少数人谋取非法利益，故属于贪污而非私分国有资产。

（三）国企改制中隐匿国有资产涉嫌贪污或者私分国有资产的数额一般以所隐匿财产全额计算

无论是将隐匿的国有资产转为本人持有股份的改制后公司、企业所有，还是转为职工集体持股的改制后公司、企业所有，于行为人而言，其隐匿国有财产行为导致国有资产受到实质侵害，故对其犯罪数额一般以所隐匿财产的全额计算。至于之后其仅是按照持股比例分得部分资产的，因系对赃物的具体处置，既不影响行为的性质，也不影响犯罪数额的认定。而且，对于贪污罪中的非法占有公共财产，不能狭隘地理解为将公共财产非法据为己有。2003年《全国法院审理经济犯罪案件工作座谈会纪要》亦持上述观点，即《刑法》第三百八十三条第一款规定的"个人贪污数额"，在共同贪污犯罪案件中应理解为个人所参与或者组织、指挥共同贪污的数额，不能只按个人实际分得的赃款数额来认定。

犯罪数额以所隐匿的财产全额计算，但从责任承担的公平角度，量刑时需要酌情考虑个人所占股份比例情况。

值得注意的是，如果改制后公司、企业仍有国有股份的，则即使在改制过程中隐匿了国有财产，因国有股份对应的部分仍然归属国有，故在计算贪污数额时应按股份比例扣除归属于国有的部分。

（四）国企改制中所隐匿的国有财产在改制过程中已为行为人实际控制或者国家出资企业改制已经完成的属于犯罪既遂

1.既未遂标准：控制说和失控说

其实就是关于贪污罪的既未遂问题。对此，2003年《全国法院审理经济犯罪案件工作座谈会纪要》规定："贪污罪是一种以非法占有为目的的财产性职务犯罪，与盗窃、诈骗、抢夺等侵犯财产罪一样，应当以行为人是否实际控制财物作为区分贪污罪既遂与未遂的标准。对于行为人利用职务上的便利，实施了虚假平帐等贪污行为，但公共财物尚未实际转移，或者尚未被行为人控制就被查获的，应当认定为贪污未遂。行为人控制公共财物后，是否将财物据为已有，不影响贪污既遂的认定。”可见，纪要关于贪污罪既未遂的认定标准，采用通说的控制说。

《国家出资企业职务犯罪意见》第一条第二款中关于“所隐匿财产在改制过程中已为行为人实际控制，以犯罪既遂处理”的规定，采用的是控制说。但该款还规定，国家出资企业改制已经完成的，也以犯罪既遂处理，属于失控说，即该意见关于贪污罪既未遂的认定标准，除了控制说以外还有失控说。

一般而言，行为人实际控制了国有财产与国家出资企业失去对相关财产的控制，往往是统一的，故关于贪污罪既未遂的认定一般应采用控制说。《国家出资企业职务犯罪意见》增加失控说作为贪污罪的既遂标准，系基于国企改制的特殊性，表现为企业改制完成以后，原国有出资人已经退出，改制前企业已为改制后企业取代，所隐匿财物已无人监管，也无法归还，意见从被改制企业和国资监管部门已经失去控制的角度，将企业改制已经完成的情形推定为犯罪既遂。〔1〕显然，基于国企改制的特殊性增加失控说作为既遂标准，具有一定的合理性和必要性。

2.隐匿债权和不动产的既未遂认定

（1）隐匿债权的既未遂认定

因债权的特殊性，债权人能否实际取得财物，取决于债务人能否实际履行债务，即隐匿债权并不意味着实际控制了债权对应的财物。行为人隐匿债权后，实践中存在“已经实际取得债权对应的全部或者部分财物”“尚未实际取得但应该能够取得债权对应的财物”“尚未实际取得但有可能能够取得债权对应的全部或者部分财物”“因债务人死亡且无财产等无法取得债权对应的财物”等多种情形。

笔者认为，国企改制中隐匿债权的，是认定贪污既遂还是未遂，既要坚持《国家出资企业职务犯罪意见》的相关规定，也要考虑涉案债权的特殊性。第一，所隐匿的债权尚未实现，且国家出资企业改制也未完成的，按照控制说，以贪污未遂论处。其中，如果已经实现部分的，则可将实现部分认定为既遂，未实现部

---

〔1〕 刘为波：《〈关于办理国家出资企业中职务犯罪案件具体应用法律若干问题的意见〉的理解与适用》，载《刑事审判参考》（总第77集），法律出版社2011年版。

分认定为未遂。第二，所隐匿的债权尚未实现，但国家出资企业改制已经完成的，因此时已经造成了国有资产的损失，从保护国有资产角度出发，宜以贪污既遂论处。如经查实，所隐匿的债权无法实现的，尽管按照《国家出资企业职务犯罪意见》的规定以既遂论处，但在量刑时需酌情考虑债权无法实现这一情节。

（2）隐匿不动产的既未遂认定

与隐匿债权一样，隐匿不动产涉及贪污罪的既未遂标准，亦存在争议。根据《国家出资企业职务犯罪意见》的相关规定，只要行为人实际控制了涉案不动产，或者国家出资企业改制已经完成，因为隐匿不动产而造成国有资产损失的，即使未办理产权变更手续，亦为既遂。事实上，贪污罪强调非法占有，而不是非法所有，实际占有涉案不动产后即使未办理产权变更手续的，不影响非法占有的事实。故此，隐匿不动产的，不以是否办理产权变更手续作为既未遂的判断标准，关键在于行为人是否实际占有涉案不动产，或者国家出资企业改制已经完成时是否失去对涉案不动产的控制。

2007年“两高”《关于办理受贿刑事案件适用法律若干问题的意见》关于收受贿赂物品未办理权属变更问题的规定，即“国家工作人员利用职务上的便利为请托人谋取利益，收受请托人房屋、汽车等物品，未变更权属登记或者借用他人名义办理权属变更登记的，不影响受贿的认定”，亦体现了上述以不办理产权变更手续为必要的精神。

（五）以王某贪污、受贿、职务侵占案为例——隐匿国有资产转入改制后本人持有股份的公司的行为构成贪污罪，贪污数额应全额认定

王某原系某镇党委书记兼国有公司新长征集团董事长。2004年至2005年，镇政府决定对新长征集团实行转制，并委托万隆公司进行评估。其间，王某利用职务便利，在万隆公司对新长征集团资产评估前，指使新长征集团原会计金某秘密将镇政府拨给新长征集团企业发展资金4500万元，镇政府为安置动拆迁人员向新长征集团购买商品房的房款3500万元，新长征集团收取的股权转让款200万元和应收股权转让款1500万元，共计9700万元，划到镇集体经济合作联社，没有计入新长征集团的评估资产中，导致新长征集团转制的资产

价值仅为1.7亿余元。2005年10月和2006年7月，新长征集团通过两次转制，将其资产以1.7亿余元的价格转让给包括王某在内的个人和其他单位，其中王某占有5%股份，且王某在第一次转制后辞去了镇党委书记职务。之后，王某又指使金某将上述9700万元转到其个人控制的新长征集团账外账户后，将其中的2000余万元用于转制后新长征集团发放奖金、购买基金等。此外，王某还利用担任镇政府镇长的职务便利，为他人谋取利益，非法收受贿赂600余万元；利用担任改制后新长征集团董事长等的职务便利，非法占有单位财物500余万元。

公诉机关指控王某的行为构成贪污罪、受贿罪和职务侵占罪，应三罪并罚。王某及其辩护人认为，王某主观上并没有非法占有9700万元的主观故意和客观行为，其行为不构成贪污罪。

生效判决认为，王某具有侵占新长征集团9700万元的主观故意和客观行为。首先，王某在新长征集团改制前，指使他人秘密将9700万元转移到由其个人控制的账外账户，没有作为新长征集团转制时的评估资产，导致新长征集团在转制时的资产价值大大减少，客观上造成了公共财产的损失，这一损失是王某利用职务便利所造成的。其次，王某在担任镇政府主要领导期间，虽以镇政府等名义开设了多个账外账户，但这些账户只有王某等人知道并控制。尤其在新长征集团改制后，王某已不再具有公职人员身份的情况下，应当将其控制的账外账及时移交给镇政府管理，但王某却始终隐匿，使镇政府失去了对该账户中9700万元的控制，而由王某实际控制和支配，故应当认定王某具有非法占有该款的主观故意和客观行为。再次，王某在明知该款系镇政府的公共财产且不能擅自处分的情况下，仍趁新长征集团改制前其还担任领导职务的便利，采用隐匿公共资产的方法将其非法占有，然后用于自己经营的公司发放奖金、补贴、投资等，其实施了非法占有该款的行为。最后，王某及其辩护人以该9700万元仍在新长征集团账户，王某没有将其非法占为己有等为由，否认王某具有非法占有的主观故意和客观行为，一方面，混淆了新长征集团改制前后分别属于两种不同性质单位这一事实，即把改制后的新长征集团仍然看作原来由镇政府全额投资的单位；另一方面，把以镇政府等名义设立的银行账户都理解为是公共账户，而掩盖了当时王某设立账外账户时其他人均不知情，完全由王某等人控制的真相。综上所述，王某在新长征集团实施转制期间，利用担任镇党委书记兼新长征集团董事长等职务便利，非法将9700万元国有资产隐匿在其个人控制的账户中，使镇政府失去对该笔国有资产的控制，其行为构成贪污罪；王某还利用担任镇政府镇长等职务便利，非法收受他人钱款600余万元，为他人谋取利益，其行为又构成受贿罪；王某在担任改制后属非国有性质的新长征集团党委书记、董事长等职务期间，利用职务便利，将单位资金500余万元非法占为己有，其行为还构成职务侵占罪，对王某应三罪并罚。

本案中，王某在国企改制中利用职务上的便利，故意将国有资产9700万元不纳入评估，隐匿于其个人支配和控制的账户内，在其辞去公职后[1]仍然继续隐匿，相应地使镇政府失去了对该笔国有资产的控制。之后，王某将其中的2000余万元用于自己经营的公司发放奖金、补贴、投资等，充分说明王某作为国家工作人员，利用职务上的便利，不仅具有非法占有国有财产的故意，而且客观上已经占有了国有财产。至于王某隐匿资产是为了改制以后企业及员工利益考虑的辩解，经查，王某确实从9700万元中拿出180余万元用于改制后企业发放奖金、员工福利，其本人仅从中得到1.8万元奖金，另有2000余万元以改制后的新长征集团名义购买基金等，但这仅是其非法占有9700万元国有资产后如何进行处分的问题，不影响其行为构成贪污罪。王某实际控制了9700万元，国企改制亦已完成，应认定其贪污9700万元，且为既遂，而非按照其占有新长征集团5%股份的比例认定为贪污485万元。

（六）吴某贪污案——隐匿国有公司债权转入改制后本人持有股份的公司的行为构成贪污罪，贪污数额应全额认定

例如，公欣公司系国有公司，由吴某担任法定代表人和董事长，全面负责经营管理公司。公欣公司开始改制评估，其间吴某利用职务便利，将公欣公司与多家单位之间产生的项目监理费用应收款4012万余元，隐匿于账外，不纳入

---

〔1〕《国家出资企业职务犯罪意见》第五条第二款规定："国家工作人员利用职务上的便利，在国家出资企业改制过程中隐匿公司、企业财产，在其不再具有国家工作人员身份后将所隐匿财产据为己有的，依照刑法第三百八十二条、第三百八十三条的规定，以贪污罪定罪处罚。"本案中，王某先隐匿国企财产再辞去公职，之后继续隐匿并处分国有财产的，不影响对其以贪污罪论处。

评估范围，并向上级主管单位及审计、评估单位提供虚假的企业经营损益报表，致使公欣公司的价值被严重低估，最后仅以143万余元的价格被整体转让给非国有的住远公司。吴某以个人名义与他人共同持有改制后公司49%的股权并经住远公司授权，由吴某自主经营、独立核算、自负盈亏。

生效判决认为，吴某身为国家工作人员，利用管理国有资产的职务便利，在国有公司改制过程中，故意将4012万余元资产隐匿账外，致使公司改制后国有资产被其个人控制支配，其行为构成贪污罪。

本案中，作为改制前国有公司确定享有的债权，是预期可实现的利益，在改制过程中理应作为企业财产权纳入资产评估范围。债权被隐匿，导致拟改制的国有公司整体价值被低估，在国有资产的出售中必然会带来事实上的损失，故吴某非法占有国有公司债权的行为属于贪污。吴某在公欣公司改制过程中未将归属于该公司的4012万余元应收监理费纳入资产评估范围，而是隐匿于账外，导致该部分债权所对应的财产性利益随着公欣公司改制工作的完成而流失，吴某对国有资产所造成的侵害在改制完成时即已实现，属于贪污既遂。吴某隐匿的债权被改制后的非国有公司全部继承，虽然其与他人在改制后的公司中仅持有49%的股份，但这仅是其实际控制隐匿的国有公司债权后的处分问题，不影响将隐匿的4012万余元国有公司债权全额认定为其贪污数额。

（七）吴某贪污案——国有公司改制过程中隐匿公司名下房产，虽未办理产权变更登记，但已脱离国有产权人控制并由行为人实际控制支配的，属于贪污且为既遂

例如，吴某担任公欣公司（系国有公司）的法定代表人和董事长，全面负责该公司的经营管理活动。公欣公司曾用账外资金216万元购买房产一套，权利人为公欣公司，房产证由吴某保管。后公欣公司改制，吴某利用职务便利，不仅实际控制该房屋产生的房租收益14万余元，而且故意将该房屋隐匿于账外未纳入评估。经评估，在公司改制评估基准日，该房屋价值414万余元。

生效判决认为，吴某身为国家工作人员，利用管理国有资产的职务便利，在国有公司改制过程中，故意隐匿涉案房产，致使公司改制后国有资产被其个

人控制支配，其行为构成贪污罪，且为既遂。

本案中，在国有公司改制过程中隐匿公司名下房产，虽未办理产权变更手续，但已脱离国有产权人控制并由行为人实际控制支配的，该行为如何定性，属于犯罪既遂还是未遂？第一种观点认为，涉案房屋作为不动产，其转移必须经过法定登记程序，虽在改制评估时被吴某隐匿在账外，但仍属于公欣公司，认定吴某非法占有及实际控制、支配该房屋的证据尚不充分。但该房屋历年来产生的租金被隐匿在账外由吴某实际控制，应当认定其构成贪污罪。第二种观点则认为，涉案房产属于国有公司财产，吴某利用职务便利，在国有公司改制过程中故意隐匿涉案房产，虽然尚未办理产权转移登记，但涉案房产已脱离国有公司控制并由吴某实际控制支配，且国有公司改制已经完成，故对其该行为应与侵吞租金一并以贪污罪既遂处理。

笔者赞同第二种观点。本案中，由于涉案房屋尚未办理产权变更手续，如何认定吴某主观上具有非法占有目的？按照民法上关于物权取得的规定，就房屋等不动产而言，只有行为人办理了产权变更登记，才能在法律上确认其享有所有权，但这只是非法占有目的的客观实现。实践中，往往由于取得方式的非法性或者为了逃避法律追究，行为人并不办理产权变更登记，因此，不能以未办理产权变更登记来否定行为人主观上具有非法占有目的。且非法占有目的形成于产权变更登记之前，根据行为人客观上所采取的欺瞒手段等行为事实，并结合其案发后的表现，可以认定其主观上具有非法占有目的。本案中，吴某利用国有公欣公司账外资金购买涉案房产后加以截留，使涉案房产没有登记，且在公司账上无法显示；改制时其也未就涉案房产向上级单位或者评估单位进行说明，转制后至案发其亦无任何归还房产的行为或者意思表示，足以证明其主观上具有将涉案房屋非法占为己有的故意。

那么，吴某以非法占有为目的，在公欣公司改制过程中隐匿公司名下房产，尽管未办理产权变更登记，其行为是否属于贪污？一般来说，对于房屋等不动产，行为人办理了产权变更登记，将国有资产转移到自己名下是判断侵吞公共财产的一个重要方面，但不是刑法上非法占有的认定标准。根据《国家出资企业职务犯罪意见》第一条的规定，在国家出资企业改制过程中故意隐匿公司、企业财产为行为人所实际控制的，即可认定为贪污既遂。显然，在刑法上对非法占有的认定以行为人对财物的实际控制为标准，注重评价行为客观上所具有的社会危害性，即对财物真正所有权人行使占有、使用、收益、处分权能的侵害，而非考察财物所有权是否在法律形式上发生了转移。换句话说，是否在法律形式上取得了对财物的所有权，并不能对事实上占有某财物的认定构成障碍。贪污罪既未遂的判断标准，应当视不动产是否脱离了产权人的实际控制，并为行为人现实地控制、支配。

在未办理房屋产权变更登记的情况下，如何认定行为人已经实现了实际控制，可以从房产登记所有权人的相关账目上能否反映该房产的存在，行为人是否可以自主使用该房产、自主决定对房产进行事实和法律上的处分，是否通过房产获取收益等方面进行综合判断。本案中，虽然涉案房产产权证上的权利人为公欣公司，但在公欣公司改制前，用于购买涉案房产的资金始终隐于公欣公司账外，事实上涉案房产也未经登记，没有入账；改制时，吴某予以隐匿不纳入评估，致使上级单位以及改制后公欣公司法定代表人均不知晓该套房产的存在，足以说明涉案房产已经脱离了国有资产权利人的控制。相关证据又证实吴某实际掌控公欣公司的公章、改制前的营业执照复印件、原法定代表人的私印及身份证复印件等，吴某完全有条件自行实现对涉案房产的过户更名。而且，公欣公司改制前后，吴某控制涉案房产历年来所产生的房租收益，即实际上享有房屋产权人的收益权。因此，吴某除了在权利文书的形式上并非涉案房产的产权人以外，事实上其已经将涉案房产视同个人财产，符合刑法上非法占有要求的实际控制标准。

综上所述，吴某在国有公司改制过程中，隐匿公司名下价值400余万元的房产，虽未办理产权转移登记，但已实际控制，其行为不仅构成贪污罪，而且为既遂。

四、变卖执法扣押财物占为己有的刑法评价

例如，汪某作为质量技术监督局行政执法科科员，参与执法扣押他人螺纹钢80件，并寄存于一公司仓库内。后汪某以处置扣押的钢材为由，骗取公司保管人的信任，先后两次私自取走价值5万余元的螺纹钢6件予以变卖，并将变卖

款4.5万余元用于赌博和归还债务。

关于执法人员擅自变卖执法扣押财物并占为己有的刑事责任，第一种意见认为，质量技术监督局已将扣押的钢材委托相关公司保管，故钢材的控制权已转移至被委托单位，不属于公共财产；汪某能够占有涉案钢材是基于公司保管人的疏忽以及被汪某的身份所蒙蔽，故汪某的行为不构成贪污罪。第二种意见则认为，行政执法中依法扣押的钢材归单位监管，属于公共财产；将扣押的钢材委托相关公司保管，并未改变财产的性质。汪某利用其从事行政执法活动的职务便利，非法占有其单位依法扣押的涉案财物，其行为构成贪污罪。

笔者赞同第二种观点。具体而言，需要厘清三个问题：第一，行政执法中依法扣押并委托他人保管的财物是否属于公共财产；第二，以处置为由擅自将扣押的财物取出变卖是否利用了职务上的便利；第三，是否将变卖款占为己有。

（一）执法扣押的私人财产以公共财产论

贪污罪的对象为公共财物。根据《刑法》第九十一条的规定，刑法中的公共财产包括：（1）国有财产；（2）劳动群众集体所有的财产；（3）用于扶贫和其他公益事业的社会捐助或者专项基金的财产。在国家机关、国有公司、企业、集体企业和人民团体管理、使用或者运输中的私人财产，以公共财产论。可见，贪污罪的对象不限于国有财产。

本案中，涉案钢材的所有权并未因执法扣押而发生改变，即仍然属于个人，为私人财产，但因为被执法扣押，使之占有权发生了改变，即处于质量技术监督局的管控之下。质量技术监督局将扣押的涉案钢材寄存于相关公司仓库，这是一种等待依法处置的保管存放，从形式上看涉案钢材已转移至被委托单位，但实际上涉案钢材仍处在质量技术监督局的管理、控制之下，受托单位并无处置的权力。这种寄放，也未解除其与涉案钢材所有权人之间民事上的委托保管关系，即仍需承担涉案钢材无故灭失、价值减损以及被他人非法占有的相应赔偿责任。因此，本案执法扣押的钢材属于在国家机关管理中的私人财产，以公共财产论，可以成为贪污罪的对象。

（二）汪某擅自将扣押的钢材取出变卖利用了职务上的便利

“利用职务上的便利”是成立贪污罪的必备要件。如仅利用工作上的便利或者身份上的便利非法占有公共财物的，则不构成贪污罪，可能构成盗窃罪、诈骗罪等。

本案中，汪某利用了职务上的便利。第一，汪某具有管理涉案钢材的职责。汪某原系质量技术监督局行政执法科科员，其岗位职责主要是负责产品质量安全监督工作，依法查处产品质量违法行为，即其负有行政执法、查处质量违法行为的职责。本案中的涉案钢材，因产品质量问题被扣押，汪某参与执法并系主要经办人，对扣押后等待处罚的钢材进行监管自然处于其职责范围之内。第二，如前所述，质量技术监督局尽管将扣押的钢材委托相关公司保管，但其并未失去管控权。汪某作为主要经办人，对涉案钢材仍然具有管理的职责，可以依法处分涉案钢材。第三，汪某先后两次私自取走被扣押的钢材，都应公司保管人要求出具提货证明，说明是对钢材所有人进行行政处罚而处置涉案钢材。可见，汪某貌似利用身份上的便利蒙蔽公司保管人，实则利用其系经办人身份骗取公司保管人的信任，私自将扣押的钢材提走。故此，公司保管人的认识错误是基于汪某行使职权产生的误解而非对其身份的迷信。

（三）汪某具有非法占有目的

贪污罪在主观方面要求行为人具有非法占有公共财物的目的。如不具有非法占有目的，则可能构成挪用公款罪。“主观见之于客观的活动。”实践中，往往需要通过客观行为来推定行为人在主观上是否具有非法占有目的。

本案中，汪某在作案前已欠下大量债务无力偿还，其在明知自己无偿还能力，在未来亦无筹款途径的情况下，利用职务上的便利私自取走扣押的钢材予以变卖，并将变卖款用于赌博和归还债务，结合其行为方式及客观结果，可以推定其主观上具有非法占有涉案钢材的目的。

综上所述，汪某利用职务上的便利，将在国家机关管理中的私人财产非法占为己有，数额较大，其行为构成贪污罪。

五、同时向本人及特定关系人低价出售国有资产的罪数

例如，辛某在担任虹联公司（系国有公司）董事长期间，明知公司的66套商铺已由“库存”转为“其他长期资产”，转让等处置需经过国有资产评估等程序，仍徇私舞弊，违反上述规定，利用其系该公司领导地位，假借集体讨论的形式，决定将上述商铺以每平方米4.3万~4.8万元低价出售。经评估，已完成产权变更的31套商铺成交总价低于市场价2182万余元。其间，辛某利用职务上的便利，借用他人名义低价购买4套商铺，并帮助特定关系人吴某低价购买1套商铺，低于市场价298万余元。

对辛某的行为如何定罪处罚，存在两种不同意见。第一种意见认为，辛某作为国有公司直接负责的主管人员，利用职务上的便利，徇私舞弊低价出售国有资产，致使国家利益遭受特别重大损失，其行为构成徇私舞弊低价出售国有资产罪；同时，其身为国家工作人员，在低价出售国有资产中谋取私利，侵吞公共财物，数额巨大，其行为又构成贪污罪，应两罪并罚。第二种意见则认为，辛某所犯徇私舞弊低价出售国有资产罪和贪污罪系牵连犯，应从一重处，而非两罪并罚。

笔者赞同第一种意见，主要理由如下：

1.国有公司负责人徇私舞弊，将国有资产低价出售给他人，致使国家利益遭受特别重大损失的，以徇私舞弊低价出售国有资产罪定罪处罚。

根据《刑法》第一百六十九条的规定，国有公司、企业或者其上级主管部门直接负责的主管人员，徇私舞弊，将国有资产低价出售，致使国家利益遭受重大损失的，构成徇私舞弊低价出售国有资产罪。再根据2010年《最高人民检察院、公安部关于公安机关管辖的刑事案件立案追诉标准的规定（二）》第十七条的规定，造成国家直接经济损失数额在30万元以上，或者造成有关单位破产，停业、停产6个月以上或被吊销许可证和营业执照、责令关闭、撤销、解散，或者其他致使国家利益遭受重大损失的情形的，应予立案追诉。

本案中，辛某的行为构成徇私舞弊低价出售国有资产罪，且致使国家利益遭受特别重大损失。首先，辛某系国有虹联公司负责人，分管房产分公司、财务审计部门，其属于国有公司直接负责相关事务的主管人员。其次，涉案商铺

出售的原因、商铺的定价较市场价偏低、形式上公开出售实际上主要经辛某决定出售给特定关系户等事实，说明辛某主观上明知低价而出售商铺的徇私目的。最后，辛某未报请国有资产管理部门审批，客观上违反国有资产处置的相关规定，明显低于市场价出售31套商铺，致使国家利益遭受2182万余元的特别重大损失，严重侵害了国有资产管理制度。

《国家出资企业职务犯罪意见》第四条第二款对此作了规定，即国家出资企业中的国家工作人员[1]在公司、企业改制或者国有资产处置过程中徇私舞弊，将国有资产低价折股或者低价出售给其本人未持有股份的公司、企业或者其他个人，致使国家利益遭受重大损失的，以徇私舞弊低价折股、出售国有资产罪定罪处罚。

2.国有公司负责人徇私舞弊，将国有资产低价出售给其本人或者特定关系人，徇私舞弊低价出售国有资产行为转化为贪污行为，以贪污罪定罪处罚。

将国有资产低价出售给本人，以国有资产的流失换取个人的非法利益，实质上是非法占有国有资产，即徇私舞弊低价出售国有资产行为已转化为贪污行为，应以贪污罪定罪处罚。在这种情况下，国有资产的损失数额往往就是个人的非法获利数额，故贪污数额以国有资产的损失数额计算。

将国有资产低价出售给特定关系人，因特定关系人与行为人具有共同的经济利益关系，特定关系人获利与行为人本人获利并无实质不同，故也应以贪污罪定罪处罚，贪污数额以国有资产的损失数额计算。根据2007年"两高"《关于办理受贿刑事案件适用法律若干问题的意见》第十一条的规定，"特定关系人"是指与国家工作人员有近亲属、情妇（夫）以及其他共同利益关系的人。此处的共同利益关系，主要是指经济利益关系。

本案中，辛某作为国家工作人员，利用职务上的便利，借用他人名义低价

---

〔1〕 国家出资企业中的国家工作人员，属于受委派在国有控股、参股公司从事公务的人员，根据2005年《最高人民法院关于如何认定国有控股、参股股份有限公司中的国有公司、企业人员的解释》的规定，以国有公司、企业人员论。国家出资企业中的国家工作人员，如在公司、企业改制或者国有资产处置过程中属于直接负责的主管人员的，符合《刑法》第一百六十九条徇私舞弊低价折股、出售国有资产罪的主体要件，即国有公司、企业直接负责的主管人员。当然，该罪的主体还包括国有公司、企业上级主管部门直接负责的主管人员。

购买4套商铺，并帮助特定关系人吴某低价购买1套商铺，低于市场价298万余元，即辛某徇私舞弊，将国有资产低价出售给其本人和特定关系人，属于贪污，应以贪污罪定罪处罚。国有资产损失298万余元，辛某和其特定关系人共非法获利298万余元，即辛某的贪污数额为298万余元。

事实上，辛某向其本人及特定关系人低价出售5套商铺并致使国有资产损失298万余元的行为，就低价出售而言构成徇私舞弊低价出售国有资产罪，就低价出售给其本人及特定关系人而言，又构成贪污罪，属于想象竞合，应从一重处，即以贪污罪定罪处罚。

值得注意的是，根据《国家出资企业职务犯罪意见》第四条第三款的规定，国家出资企业中的国家工作人员在公司、企业改制或者国有资产处置过程中徇私舞弊，将国有资产低价折股或者低价出售给特定关系人持有股份或者本人实际控制的公司、企业，致使国家利益遭受重大损失的，以贪污罪定罪处罚，贪污数额以国有资产的损失数额计算。结合本案而言，该规定包含以下几层含义：第一，如低价出售给本人及特定关系人以外的其他公司、企业或者个人，说明行为人不具有非法占有目的，不构成贪污罪，而构成徇私舞弊低价出售国有资产罪；第二，如低价出售给本人或者特定关系人，说明行为人具有非法占有目的，构成贪污罪；第三，如低价出售给本人实际控制或者特定关系人持有股份的公司、企业，说明行为人具有非法占有目的，一般也应以贪污罪定罪处罚；对于本人或者特定关系人持有股份比例极低的情况，如非法占有目的不明显的，可以徇私舞弊低价出售国有资产罪定罪处罚。

3.徇私舞弊低价出售国有资产，并将部分出售给本人或者特定关系人的，以徇私舞弊低价出售国有资产罪和贪污罪并罚。

国有公司、企业或者其上级主管部门直接负责的主管人员，徇私舞弊将国有资产低价出售给本人及特定关系人以外的其他公司、企业或者个人，如致使国家利益遭受重大损失的，构成徇私舞弊低价出售国有资产罪。同时，将部分国有资产低价出售给本人或者特定关系人，或者低价出售给本人实际控制或者特定关系人持有股份的公司、企业，数额较大或者有其他较重情节的，构成贪污罪。因将国有资产低价出售给不同对象，且行为人具有不同的主观目的，此时以徇私舞弊低价出售国有资产罪和贪污罪分别评价，不存在重复评价问题。

本案中，辛某低价出售31套商铺，致使国家利益遭受2182万余元的特别重大损失，构成徇私舞弊低价出售国有资产罪；同时还向其本人及特定关系人低价出售5套商铺，致使国家利益遭受298万余元损失，即其非法占有国有资产298万余元，数额巨大，又构成贪污罪，应两罪并罚。

六、贪污款用于公务支出或社会捐赠的处理

2016年"两高"《关于办理贪污贿赂刑事案件适用法律若干问题的解释》第十六条第一款规定："国家工作人员出于贪污、受贿的故意，非法占有公共财物、收受他人财物之后，将赃款赃物用于单位公务支出或者社会捐赠的，不影响贪污罪、受贿罪的认定，但量刑时可以酌情考虑。"由此可知，将贪污、受贿款用于单位公务支出或者社会捐赠的，不影响定罪，但可以作为酌定从宽量刑情节考虑。

"贪污、受贿犯罪既已实施完毕，赃款赃物的事后处分不影响刑事定罪""对于行为时犯罪故意不明确或者不能证明存在贪污或者个人受贿故意的，则应根据案件事实并结合赃款赃物具体去向实事求是地加以认定"。[1]

七、内外勾结共同非法占有单位财物的罪名认定

例如，倪某受国有公司委派至国家出资企业新天地公司担任董事长兼总经理，全面负责新天地公司的行政管理工作。倪某利用职务上的便利，授意并指使行政办公室主任赵某、办公室主任助理蒋某、财务部副经理费某、财务部经理助理栾某利用各自的职务便利，结伙使用虚假业务往来发票冲账，从新天地公司套取20余万元购买世博投资金条，归个人所有。五人各分得一套金条，每套金条价值4万余元。

倪某属于受国有公司委派至国家出资企业新天地公司从事公务的国家工作人员，其利用职务上的便利非法占有国家出资企业财物的行为无疑构成贪污罪。对于赵某、蒋某、费某和栾某，尽管4人在国家出资企业中从事管理工

〔1〕 裴显鼎等：《〈最高人民法院、最高人民检察院关于办理贪污贿赂刑事案件适用法律若干问题的解释〉的理解与适用》，载《人民司法》2016年第19期。

作，但并未受国有单位的委派，不以国家工作人员论。故此，辩护人以四人不属于国家工作人员为由，认为其利用职务上的便利非法占有国家出资企业财物的行为构成职务侵占罪。笔者认为，对于赵某等4人的行为如何定性，其实就是非国家工作人员与国家工作人员勾结，共同非法占有单位财物的行为如何定罪的问题。

（一）刑法、司法解释及规范性文件关于“与国家工作人员勾结共同非法占有单位财物的罪名认定”的相关规定

根据《刑法》第三百八十二条第三款的规定，与国家工作人员和受国家机关、国有公司、企业、事业单位、人民团体委托管理、经营国有财产的人员勾结，伙同贪污的，以共犯论处。

2000年《最高人民法院关于审理贪污、职务侵占案件如何认定共同犯罪几个问题的解释》第一条规定：“行为人与国家工作人员勾结，利用国家工作人员的职务便利，共同侵吞、窃取、骗取或者以其他手段非法占有公共财物的，以贪污罪共犯论处。”第二条规定：“行为人与公司、企业或者其他单位的人员勾结，利用公司、企业或者其他单位人员的职务便利，共同将该单位财物非法占为己有，数额较大的，以职务侵占罪共犯论处。”第三条规定：“公司、企业或者其他单位中，不具有国家工作人员身份的人与国家工作人员勾结，分别利用各自的职务便利，共同将本单位财物非法占为己有的，按照主犯的犯罪性质定罪。”

2003年《全国法院审理经济犯罪案件工作座谈会纪要》规定：“对于在公司、企业或者其他单位中，非国家工作人员与国家工作人员勾结，分别利用各自的职务便利，共同将本单位财物非法占有的，应当尽量区分主从犯，按照主犯的犯罪性质定罪。司法实践中，如果根据案件的实际情况，各共同犯罪人在共同犯罪中的地位、作用相当，难以区分主从犯的，可以贪污罪定罪处罚。”

（二）关于“与国家工作人员勾结共同非法占有单位财物的罪名认定”的相关规定的解读

第一，《刑法》第三百八十二条第三款和《最高人民法院关于审理贪污、职

务侵占案件如何认定共同犯罪几个问题的解释》第一条的规定符合无身份者可以与有身份者构成身份犯的共同犯罪的通说观点。贪污罪的主体为特殊主体，即国家工作人员和受国家机关、国有公司、企业、事业单位、人民团体委托管理、经营国有财产的人员，故贪污罪为身份犯。通说认为，无身份者可以与有身份者构成身份犯的共同犯罪，即无身份者须与有身份者利用有身份者的身份实行犯罪。故此，无身份者即非国家工作人员，与有身份者国家工作人员勾结，利用国家工作人员职务上的便利共同非法占有公共财物，或者无身份者如并非受委托管理、经营国有财产的人员，与有身份者受委托管理、经营国有财产的人员勾结，利用受委托管理、经营国有财产的人员职务上的便利共同非法占有国有财产的，因无身份者与有身份者实施的整个犯罪行为都被打上了职务的烙印，故以贪污罪共犯论处。

第二，职务侵占罪的主体为公司、企业或者其他单位的人员，属于非国家工作人员，故该罪亦为身份犯。《最高人民法院关于审理贪污、职务侵占案件如何认定共同犯罪几个问题的解释》第二条亦体现了无身份者可以与有身份者构成身份犯的共同犯罪的原理。无身份者与公司、企业或者其他单位的人员勾结，利用公司、企业或者其他单位的人员的职务便利共同将该单位财物非法占为已有，整个犯罪行为亦被打上了职务的烙印，但因涉及非国家工作人员的职务便利，故以职务侵占罪共犯论处。

第三，《最高人民法院关于审理贪污、职务侵占案件如何认定共同犯罪几个问题的解释》第三条针对的是公司、企业或者其他单位中既有国家工作人员又有非国家工作人员的场合，如果两者勾结，又分别利用各自的职务便利共同将本单位财物非法占为已有的如何定罪的问题。在国家机关中，大部分为国家工作人员，但也有从事劳务等非职权性、非管理性的非国家工作人员。在国有公司、企业、事业中，除少数从事公务的国家工作人员外，绝大部分为非国家工作人员。在国家出资企业中，往往既有受委派从事公务的国家工作人员，也有大量公司、企业人员，属于非国家工作人员。如此等等，在同一公司、企业或者其他单位中国家工作人员与非国家工作人员并存是客观事实，如果两者并不勾结实施职务犯罪，则按照各自身份定罪即可。同时，如果两者勾结，但仅利用国家工作人员的职务便利或者非国家工作人员的职务便利的，则仍然属于前述以贪污罪共犯或者职务侵占罪共犯论处的范畴，即其中一人相当于无身份者。而解释第三条针对的是，国家工作人员与非国家工作人员勾结，并分别利用各自的职务便利共同将本单位财物非法占为己有。显然，这是两个有身份者的共同犯罪问题。尽管此时往往同时成立贪污罪和职务侵占罪，但根据共同犯罪原理，只能以同一罪名认定。对此，解释第三条规定按照主犯的犯罪性质定罪。换言之，根据两者在共同犯罪中的地位和作用，如果国家工作人员为主犯，全案以贪污罪共犯论处；相反，如果非国家工作人员为主犯，则全案以职务侵占罪共犯论处。

第四，针对《最高人民法院关于审理贪污、职务侵占案件如何认定共同犯罪几个问题的解释》第三条关于国家工作人员与非国家工作人员勾结实施职务犯罪，如各共同犯罪人在共同犯罪中的地位、作用相当，难以区分主从犯的情况下，《全国法院审理经济犯罪案件工作座谈会纪要》提出可以贪污罪定罪处罚。从用语上看，此处是“可以”而非“应当”，意味着也可不以贪污罪定罪处罚，相应地以职务侵占罪定罪处罚。但从实践来看，一般应当以贪污罪定罪处罚，除非例外。相关规范性文件亦如此指引，如2010年《最高人民法院关于处理自首和立功若干具体问题的意见》第八条第二款规定，“具有自首或者立功情节的，一般应依法从轻、减轻处罚；犯罪情节较轻的，可以免除处罚”。而《刑法》第六十七条第一款仅规定“对于自首的犯罪分子，可以从轻或者减轻处罚。其中，犯罪较轻的，可以免除处罚”，即刑法的规定是“可以”从轻或者减轻处罚，而指导性文件规定“一般应”依法从轻、减轻处罚。

上述四点意见仅是对相关刑法、司法解释及规范性文件的解读。关于司法解释第三条中“按照主犯的犯罪性质定罪”的规定及纪要中“在难以区分主从犯的情况下可以贪污罪定罪处罚”的规定，有观点认为：“有其合理因素，但不够科学。故意犯罪的性质，是根据实行犯的实行行为的性质来决定的。如果实行犯是主犯，自然不会发生问题。如果教唆犯是主犯，按教唆犯犯罪性质定罪，就与刑法理论不合，因为实行犯的犯罪性质只能根据其实行行为的性质来决定。如果教唆犯与实行犯都是主犯，根据谁来定罪，就会不知所从。因此，无身份者教唆、帮助有身份者实施或与之共同实施真正身份犯时，应依有身份者的实行犯的实行行为来定罪，即依有身份者所实施的犯罪构成要件的行为来定罪，即使无身份者是主犯，也不影响上述定罪原则”。〔1〕亦有观点认为，都定贪污罪的话无法体现有利于被告人的精神，必然对其中的不具有国家工作人员身份的人不公平。最妥当的做法是按各自的犯罪性质定罪，也就是说，对其中的国家工作人员定贪污罪，对其中不具有国家工作人员身份的人定职务侵占罪，如此才能最大限度地实现罪责刑的均衡。故建议，如果不具有国家工作人员身份的人与国家工作人员都是主犯的，按各自的犯罪性质定罪。〔2〕

笔者认为，司法解释第三条中关于“按照主犯的犯罪性质定罪”的规定是合理的，但纪要中关于“在难以区分主从犯的情况下可以贪污罪定罪处罚”的规定需兼顾罪责刑的均衡，而不能绝对地以贪污罪定罪处罚。主要理由为：

第一，司法解释第三条的规定，要求不具有国家工作人员身份的人与国家工作人员勾结，即具有共同犯罪的故意；同时要求分别利用各自的职务便利共同将本单位财物非法占为己有，即具有共同犯罪的行为，该行为是涉及各自职务的、将本单位财物非法占为己有的实行行为，而不存在其中一方仅实施了教唆、帮助行为、另一方则实施了利用其职务便利将其单位财物非法占为己有的实行行为的情况。也就是说，司法解释第三条规定中的不具有国家工作人员身份的人与国家工作人员，都为实行犯，规定“按照主犯的犯罪性质定罪”，其实质就是按照主要实行犯的犯罪性质定罪，应该具有合理性。虽然“主犯”是量刑情节，但在不具有国家工作人员身份的人与国家工作人员都为实行犯的场合，作为在共同犯罪起主要作用的主犯，将其理解为主要的实行犯并无不妥。故此，在能够区分主从犯的前提下，按照主犯的犯罪性质以贪污罪或者职务侵占罪定罪处罚是合理的。

第二，纪要中关于“在难以区分主从犯的情况下可以贪污罪定罪处罚”的规定，对国家工作人员的贪污行为进行了充分的评价，但因为贪污罪与职务侵

---

〔1〕 马克昌主编：《犯罪通论》，武汉大学出版社2006年版，第584页。

〔2〕 刘宪权：《刑法学名师讲演录》（总论），上海人民出版社2014年版，第277页。

占罪两罪的入罪门槛高低不一，[1]即职务侵占罪入罪门槛高、法定刑存在较大的差异，[2]即职务侵占罪法定刑明显要轻，则有可能导致对不具有国家工作人员身份的人不公平，即数额未达到6万元的情况需承担贪污罪的刑事责任，数额在6万元以上的可能需要承担比职务侵占罪更重的刑罚。事实上，在难以区分主从犯的情况下可以贪污罪定罪处罚，为何就不能从有利于被告人角度以职务侵占罪定罪处罚？显然难以给出满意的答案。在难以区分主从犯的情况下可以贪污罪定罪处罚，如果国家工作人员具有司法解释规定的“曾因贪污、受贿、挪用公款受过党纪、行政处分”“曾因故意犯罪受过刑事追究”等情节的，涉案数额在1万元以上不满3万元的也构成贪污罪，假如不具有国家工作人员身份的人在共同犯罪前对国家工作人员具有上述特定情节并不明知的，此时因为全案以贪污罪定罪处罚也需承担刑事责任，显然是客观归罪，具有不合理性。故此，从有利于被告人及兼顾罪责刑的均衡，实践中可将纪要中关于“在难以区分主从犯的情况下可以贪污罪定罪处罚”的规定细化为：

（1）涉案数额在6万元以上，在难以区分主从犯的情况下全案可以贪污罪定罪处罚，但对不具有国家工作人员身份的人的量刑应兼顾职务侵占罪的规定。此时因涉案数额在6万元以上，同时构成贪污罪和职务侵占罪，故不存在是否应当承担刑事责任的问题，而是承担多大刑事责任的问题。考虑到贪污罪的法定刑为“三年以下有期徒刑或者拘役，并处罚金”“三年以上十年以下有期徒刑，并处罚金或者没收财产”“十年以上有期徒刑、无期徒刑或者死刑，并处罚金或者没收财产”，而职务侵占罪的法定刑为“五年以下有期徒刑或者拘役”“五年以上有期徒刑，可以并处没收财产”，在某些情况下以贪污罪定罪处罚并不意味着对不具有国家工作人员身份的人不公平。如涉案数额为10万元，根据司法解释规定，以贪污罪定罪，属于数额较大，处3年以下有期徒刑或者拘役，并处罚金；而以职务侵占罪定罪，属于数额较大，处5年以下有期徒刑

---

〔1〕 根据2016年“两高”《关于办理贪污贿赂刑事案件适用法律若干问题的解释》第一条、第十一条的规定，贪污数额在3万元以上，或者贪污数额在1万元以上不满3万元但具有特定情节的，构成贪污罪；职务侵占数额在6万元以上的，构成职务侵占罪。

〔2〕 根据《刑法》规定，犯贪污罪，最高法定刑为死刑，并处没收财产；犯职务侵占罪，最高法定刑为15年有期徒刑，可以没收财产。

或者拘役。如涉案数额90万元，以贪污罪定罪，属于数额巨大，处3年以上10年以下有期徒刑，并处罚金或者没收财产；而以职务侵占罪定罪，仍然属于数额较大，处5年以下有期徒刑或者拘役。如涉案数额200万元，以贪污罪定罪，仍然属于数额巨大，处3年以上10年以下有期徒刑，并处罚金或者没收财产；而以职务侵占罪定罪，则属于数额巨大（100万元以上为数额巨大），处5年以上有期徒刑（最高可为15年有期徒刑），可以并处没收财产。再如，涉案数额320万元，以贪污罪定罪，属于数额特别巨大，处10年以上有期徒刑、无期徒刑或者死刑，并处罚金或者没收财产；而以职务侵占罪定罪，仍然属于数额巨大，处5年以上有期徒刑（最高可为15年有期徒刑），可以并处没收财产。

（2）涉案数额在3万元以上不满6万元，在难以区分主从犯的情况下如全案以贪污罪定罪处罚，对不具有国家工作人员身份的人一般应酌情从宽处罚。此时对不具有国家工作人员身份的人可以贪污罪定罪的理由，除了其与国家工作人员属于共同犯罪的因素外，在于其明知国家工作人员的身份且法律法规等对国家工作人员有严格要求的情况下，仍然与国家工作人员勾结实施犯罪，从实践情况看，在同一单位中，国家工作人员往往是利用审批管理权，危害甚大，故此种情况下对不具有国家工作人员身份的人以贪污罪定罪处罚并不违反主客观相统一原则。尽管全案以贪污罪定罪处罚，但一般情况下基于法律法规及社情民意对国家工作人员有更加严格的要求，在量刑上对不具有国家工作人员身份的人一般应酌情从宽处罚，以体现有所区别。

（3）涉案数额在1万元以上不满3万元，在难以区分主从犯的情况下，如果涉案对象系司法解释规定的“救灾、抢险、防汛、优抚、扶贫、移民、救济、防疫、社会捐助等特定款物”，或具有“赃款赃物用于非法活动”“拒不交待赃款赃物去向或者拒不配合追缴工作，致使无法追缴”“造成恶劣影响或者其他严重后果”等情节的，对全案可以贪污罪定罪处罚，对不具有国家工作人员身份的人一般应酌情从宽处罚。对具有以上特定情节的，尽管数额在1万元以上不满3万元，但同样具有严重的社会危害性，对不具有国家工作人员身份的人也可以贪污罪定罪处罚的理由，除了在上述（2）中已论及外，还在于行为涉及特定情节或者其行为造成了特定情节。

（4）涉案数额在1万元以上不满3万元，在难以区分主从犯的情况下，如果国家工作人员具有司法解释规定的“曾因贪污、受贿、挪用公款受过党纪、行政处分”“曾因故意犯罪受过刑事追究”等前科情节的，对国家工作人员无疑可以贪污罪定罪处罚，对于不具有国家工作人员身份的人，如果其明知国家工作人员具有相关前科情节仍然与之勾结的，对其可以贪污罪定罪处罚；反之，如果并不明知，也不涉及司法解释规定的其他情节的，根据主客观相统一原则，对其不以贪污罪定罪处罚，当然也不构成职务侵占罪。

第三，对于共同犯罪，如无实行过限等特殊情况，一般应统一认定罪名，除非刑法有特别规定。故笔者不赞同对在难以区分主从犯的情况下予以分别定罪以实现罪责刑均衡的观点；相反，按照笔者设计的上述四种处理方式，既能确保共同犯罪的罪名同一，也能较好地实现罪责刑的均衡。

（三）关于倪某案的评析

该案中，倪某属于受国有公司委派至国家出资企业从事公务的国家工作人员，其与同单位不具有国家工作人员身份的赵某、蒋某、费某和栾某勾结，利用各自的职务便利，非法占有本单位财物20余万元。显然，倪某与赵某、蒋某、费某和栾某系共同犯罪，属于《最高人民法院关于审理贪污、职务侵占案件如何认定共同犯罪几个问题的解释》第三条规定的情形，应按照主犯的犯罪性质定罪。根据该案事实，在共同犯罪中，倪某起主要作用，系主犯；赵某、蒋某、费某和栾某起次要作用，均系从犯，按照主犯的犯罪性质定罪即按照倪某的犯罪性质定罪，故对该案以贪污罪定罪处罚。

八、截留国有财产的贪污与获取购销差价的非法经营同类营业的区别与认定

例如，王某利用担任国际国贸公司（国有公司）经理的职务便利，将自营的宏联公司与国际国贸公司同时从奇美塑料公司购进的塑料粒子，以高于进价的手法销售给国际国贸公司，宏联公司从中获取非法利益308万余元。

对王某的行为如何定罪处罚，存在不同意见。第一种意见认为，王某作为国家工作人员，利用职务上的便利，通过人为地增设中间环节赚取差价，达到截留国有财产的目的，其行为构成贪污罪。第二种意见则认为，王某没有直接转移财产，而是利用职务便利将任职国有公司的营利性商业机会交由兼营公司经营，获取数额巨大的非法利益，其行为构成非法经营同类营业罪。

笔者赞同第二种观点。对此，需厘清截留国有财产的贪污与获取购销差价的非法经营同类营业的区别。

（一）贪污罪与非法经营同类营业罪之异同

根据《刑法》第一百六十五条的规定，非法经营同类营业罪，是指国有公司、企业的董事、经理利用职务便利，自己经营或者为他人经营与其所任职公司、企业同类的营业，获取非法利益，数额巨大的行为。根据2010年《最高人民检察院、公安部关于公安机关管辖的刑事案件立案追诉标准的规定（二）》第十二条的规定，获取非法利益达到10万元以上的，应予立案追诉。

非法经营同类营业罪与贪污罪的主体有重合之处，国有公司、企业的董事、经理都可以成为两罪的主体，客观方面都要求利用职务上的便利并获取一定数额的非法利益，主观方面均为直接故意。两罪的区别有：第一，客体不同，非法经营同类营业罪侵犯的客体为国有公司、企业的正常管理秩序和利益，而贪污罪侵犯的客体为国家工作人员职务行为的廉洁性和公共财产的所有权。第二，客观方面不同，主要是两罪获取非法利益的手段及非法利益的性质明显不同，非法经营同类营业罪获取非法利益的手段表现为自己经营或者为他人经营与其所任职公司、企业的同类营业，即所获取的非法利益是通过经营产生的，而非现存的已经属于公有的财物；而贪污罪获取非法利益的手段表现为侵吞、窃取、骗取或者其他手段，获取的是已经属于公有的财物。第三，主体范围不同，非法经营同类营业罪的主体为国有公司、企业的董事、经理，而贪污罪的主体为国家工作人员以及受国家机关、国有公司、企业、事业单位、人民团体委托管理、经营国有财产的人员。第四，主观目的不同，非法经营同类营业罪的主观方面是通过非法经营同类营业获取非法利益，而贪污罪的主观方面是通过各种手段非法占有公共财物。

一般看来,贪污罪与非法经营同类营业罪的界限是明显的。但是,如果对非法经营同类营业罪的客观行为“非法经营同类营业行为”进行分类,其中获取购销差价的非法经营同类营业行为与增设中间环节截留国有财产的贪污行为容易混淆。为此,先对非法经营同类营业罪存在的横向竞争和纵向竞争两种行为形态作一探讨。

一种是横向竞争行为,即行为人的经营行为与其任职国有公司、企业的经营行为在市场机会、市场价格等方面进行竞争。也就是国有公司、企业生产、销售或者服务什么,国有公司、企业的董事、经理就兼职生产、销售或者服务什么,然后利用职务便利将任职国有公司、企业的商业机会交给兼营公司、企业进行经营,或者以任职国有公司、企业的名义为兼营公司、企业谋取属于任职国有公司、企业的商业机会,获取非法利益。另一种是纵向竞争行为,即行为人的经营行为与其任职国有公司、企业的经营行为形成纵向关系的竞争。也就是国有公司、企业的董事、经理利用职务便利,将其任职国有公司、企业的购销业务的商业机会交给经营同类营业的兼营公司、企业经营,兼营公司、企业通过低进高出方式获取属于国有公司、企业的经营利润。由于纵向竞争关系的非法经营同类营业行为是通过获取购销差价来获取非法利益的,所以实践中将其称为获取购销差价的非法经营同类营业行为。

但是有观点认为,非法经营同类营业只存在横向竞争行为,这种获取购销差价的行为不属于经营同类营业,也就是不存在纵向竞争行为。笔者认为该观点欠妥,理由为:第一,如果国有公司、企业的董事、经理将其所任职公司、企业的购销业务(因为存在价格差,当然属于盈利业务)交由其亲友经营,致使国家利益遭受重大损失的,构成为亲友非法牟利罪。相反,如果国有公司、企业的董事、经理自己经营或者为他人经营该购销业务,获取数额巨大的非法利益的,其行为性质更为严重,社会危害性更大,理当予以刑法规制。如不能认定非法经营同类营业罪,则只能作无罪处理。第二,这种从事购销业务的纵向竞争行为,直接从国有公司、企业赚取利润,经营风险小、经营成本低;而横向竞争行为往往还伴随着一定的经营风险,需要较多的经营成本,因此,从事经营风险小、经营成本低的纵向竞争行为比横向竞争行为，社会危害性更大，更应该受到刑法规制。第三，从规制效果看，如果将非法经营同类营业罪中的"同类营业"局限于横向竞争关系的话，那么，对于大中型国企的董事、经理私设公司，利用职务便利牟取私利的行为，则可能大多无法规制。因为，他们私设公司的经营规模或者实力，通常不可能与所任职的大中型国企形成横向竞争关系。实践中的绝大多数情形都是对口大中型国企，从事某项经营业务，从中赚取利润或者牟取利益。这就意味着，非法经营同类营业罪事实上只可能规制中小型国企董事、经理的非法牟利行为，这显然与立法精神不符。第四，从刑法解释的角度说，购销业务完全可以看作国有公司、企业的全部经营活动的必要组成部分，故购销业务理应为"同类营业"所包含。综上所述，笔者认为，非法经营同类营业除了典型的经营横向竞争关系的同类营业行为外，还包括获取购销差价的经营纵向竞争关系的同类营业行为。

（二）增设中间环节截留国有财产的贪污行为与获取购销差价的非法经营同类营业行为的区分

结合非法经营同类营业罪的两种行为形态，对于构成横向竞争关系的非法经营同类营业行为与截留国有财产的贪污行为，实践中比较容易区分。例如，某国有造船厂厂长王某，见造船行业有利可图，就筹建了一私营造船厂，将国有造船厂的一些业务交给自己开办的造船厂经营，获取非法利益。显然，王某的行为不是直接侵占国有财产的贪污行为，而是通过非法经营构成横向竞争关系的同类营业获取本来属于国有造船厂的经营利润的行为，符合非法经营同类营业罪的构成要件。

但是，实践中，国有公司、企业的董事、经理利用职务便利增设中间环节、获取购销差价的行为，是属于获取购销差价的非法经营同类营业行为还是属于增设中间环节截留国有财产的贪污行为，由于两行为存在相似之处，争议较大。例如，董某在担任某国有造纸公司总经理期间，以其岳母和母亲的名义注册设立了从事纸品购销业务的私营企业维伦公司，董某先后10次将造纸公司的纸浆低价销售给维伦公司，维伦公司加价后再卖给造纸公司的业务单位，非法获取利润15万余元，以及以造纸公司的名义对外洽定采购纸浆业务，随后以维伦公司名义购进上述纸浆，然后再加价销售给造纸公司，非法获取利润7万余元。有观点认为，在国有公司、企业正常购销业务中增设中间环节，带有主观故意性和客观多余性，即使非法经营了同类营业，其实质目的还是截留侵吞本公司、企业的财产，行为人增设中间环节、获取购销差价的非法经营同类营业行为只不过是贪污国有财产的工具而已，故上述董某的行为应以贪污罪论处。

笔者认为，虽然获取购销差价的非法经营同类营业行为与增设中间环节截留国有财产的贪污行为在增设中间环节、获取购销差价上具有共同性，但仍然存在以下区别：

1.对增设的中间环节是否客观存在要求不同。

虽然两种行为都人为地增设了中间环节，使国有公司、企业原本与业务单位的直接购销关系变成了有兼营公司、企业参与的间接购销关系，这个中间环节不是在经营中自然产生的，本来就不应该存在，具有明显的主观故意性与客观多余性。但是，对获取购销差价的非法经营同类营业行为而言，由于需要从事同类营业，故增设的中间环节必须是客观存在的。而对增设中间环节截留国有财产的贪污行为而言，由于实在的和虚设的中间环节都可以达到截留国有财产的目的，故增设的中间环节可以是虚构的。例如，某国有公司经理吴某，为了截留本公司的利润，在国有公司向其业务单位采购原材料的过程中，采用由业务单位平价将原材料卖给某有限责任公司，某有限责任公司再加价卖给国有公司的方法，将原本应由国有公司获取的利润30万余元转移到某有限责任公司账上，被吴某侵吞。经查，某有限责任公司事实上不存在，系吴某为截留国有财产而虚构的中间环节，对吴某应以贪污罪论处。

2.对增设的中间环节是否具有经营能力要求不同。

如果增设的中间环节都客观存在，则要看增设的中间环节是否具有经营能力。一般而言，贪污罪中为截留国有财产而增设的中间环节的经营，往往是无经营投资、无经营场地和无经营人员的“三无”经营，而非法经营同类营业罪中增设的中间环节的经营，是有投资、有经营场所、有经营人员的经营，即具有经营同类营业的完全能力。实践中，一些国有公司、企业的董事、经理为了截留国有财产而增设的中间环节系“三无”公司、企业，不具有经营能力，只是为变相贪污国有财产掩人耳目。例如，某国有化工印染公司总经理陈某，私自以其侄子的名义设立某南部化工印染有限公司（以下简称南部公司）。公司设立后，陈某利用其主管化工公司采购、销售的职务便利，将一部分业务先交给南部公司经营，再由南部公司与化工公司交易，以低进高出方式使属于化工公司的利润16万余元流入南部公司，被陈某个人获取。经查，南部公司没有经营能力，南部公司“经营”的部分业务是由国有化工印染公司操办的。在此案中，虽然南部公司客观存在，但是没有经营能力，陈某设立南部公司不是为了进行非法经营同类营业，而是为了达到截留国有公司经营利润的目的，其行为构成贪污罪。

3.对增设的中间环节是否进行了实际经营活动并承担一定的经营责任风险要求不同。

如果增设的中间环节都客观存在并具有经营能力，则要看增设的中间环节是否进行了实际经营活动并承担一定的经营责任风险。有经营就有风险，就可能存在盈亏。如果增设的中间环节进行了实际经营活动并承担了一定的经营责任风险，则行为人所获取的购销差价系通过利用国有公司、企业让渡的商业机会所进行的经营所得，属于获取购销差价的非法经营同类营业行为。如果增设的中间环节没有进行实际经营活动，而是由国有公司、企业一手操办，或者进行了相关的经营活动，但只管盈利，而由国有公司、企业承担经营责任风险的，则此时行为人所获取的购销差价不是经营所得而是截留的国有财产，属于增设中间环节截留国有财产的贪污行为。例如，某国有电工器材公司总经理朱某，以其亲属的名义注册成立了某工贸有限公司，在电工器材公司向某电磁线厂等12家单位采购原材料、设备过程中，朱某利用其电工器材公司总经理的职务便利，虚增工贸有限公司供销环节，通过虚开工贸有限公司发票的手法将上述原材料、设备加价销售给电工器材公司，工贸有限公司获取加价款34万余元，由朱某非法占有。经查，工贸有限公司没有实际经营行为。在此案中，朱某设立的工贸有限公司虽然客观存在、具有经营能力，但除了倒账外没有进行实际经营活动，而是为了截留国有公司财产而增设的供销环节，达到变相贪污国有公司财产的目的，故朱某的行为构成贪污罪。

4.对所获取的购销差价是否合理要求不同。

如果增设的中间环节不仅客观存在，具有经营能力，而且进行了实际经营活动并承担了一定的经营责任风险，则要看所获取的购销差价是否合理。获取的购销差价合理的，属于获取购销差价的非法经营同类营业行为；不合理的，则为增设中间环节截留国有财产的贪污行为，因为此时的差价不再是经营行为的对价。当然，在法律没有明确规定的情况下，什么范围才是合理的，需要司法人员根据经验具体把握。

结合以上四个方面可以发现，区分获取购销差价的非法经营同类营业行为与增设中间环节截留国有财产的贪污行为的关键，在于行为人是采取何种方式取得非法利益的。如果行为人直接通过非法手段将国有公司、企业的财产转移到兼营公司、企业中，属于截留国有财产的贪污行为，构成贪污罪。如果行为人没有直接转移财产，而是利用职务便利将任职国有公司、企业的营利性商业机会交由兼营公司、企业经营，获取数额巨大的非法利益的，则构成非法经营同类营业罪。因为国有公司、企业让渡给兼营公司、企业的是商业机会，商业机会本身并非财物，不能成为贪污罪的对象。而且兼营公司、企业所获取的非法利益，系利用让渡的商业机会所进行的经营所得，这种经营行为本身就存在一定的风险，并不意味着百分之百获利，与采取非法手段将国有公司、企业的财产直接转移到兼营公司、企业中去的贪污行为方式不同。故此，两种行为的社会危害性不同，有区分的必要，并给予轻重不同的刑事处罚。对于前述董某案，董某设立的私营企业维伦公司不仅客观存在，具有经营纸业购销能力，而且实际上从事了纸浆销售和采购活动，承担了经营责任风险，所获取的购销差价亦处于合理范围之内。因此，前述董某获取非法利益22万余元的行为属于获取购销差价的非法经营同类营业行为，构成非法经营同类营业罪，而不能以贪污罪论处。

（三）关于王某案的评析

王某通过设立经营与其任职国有公司同类营业的自营公司、获取购销差价方式获取本属于国有公司的经营利润308万余元的行为，是构成贪污罪还是非法经营同类营业罪，存在争议。其实，对于这一问题的争议，就是关于国有公司、企业的董事、经理利用职务便利增设中间环节、获取购销差价的行为是属于增设中间环节截留国有财产的贪污行为还是属于获取购销差价的非法经营同类营业行为的问题。笔者认为，王某利用担任国有公司经理的职务便利，自己经营与其任职国有公司同类的营业，其自营的宏联公司不仅客观存在，具有经营能力，而且进行了实际购销活动，承担一定的经营责任风险，获取非法利益308万余元亦属合理范围，故其行为构成非法经营同类营业罪而非贪污罪。

九、内外勾结型贪污与滥用职权之界分

从《刑法》规定来看，贪污罪与滥用职权类犯罪（主要包括滥用职权罪和国有公司、企业、事业单位人员滥用职权罪）的界限是相对明确的，但实践中国家机关工作人员或者以国家工作人员论的国有公司、企业、事业单位人员，如明知他人意欲骗取公共财产，仍然利用职务上的便利帮助或者共同实施，该行为属于共同贪污还是滥用职权，存在一些争议。对此，下文以三则案例为切入点，就区分内外勾结型贪污与滥用职权进行探讨。

（一）三则案例及引发的思考

1.黄某等贪污案

张某为多获取动迁安置款，请托国有动迁公司经理黄某，欲利用黄某负责审核、审批动迁证明材料的职务便利，通过“做大面积”方式骗取动迁安置款，并承诺事成后分取部分动迁安置款。后黄某授意工作人员，将张某伪造的房地产权证明材料与真实材料调换，致使张某骗得动迁安置款200万余元，后黄某从中分取40万元。

生效判决认为，身为国家工作人员的黄某，与动迁户张某相互勾结，通过虚增动迁房屋面积骗取动迁安置资金，以贪污共犯论。

2.李某等滥用职权案

李某担任某镇政府动拆迁指挥部副总指挥，受所在镇政府委托全面负责该镇农户动迁工作的推进、管理。李某明知刘、周两户不属于动迁安置对象，

仍根据刘、周两户提供的少量材料，授意、指使动迁工作人员汪某、金某违规办理补偿安置手续，并通过他人编造刘、周两户虚假的房屋拆迁估价报告。汪某、金某明知刘、周两户不属于动迁补偿安置对象、李某的行为不符合动拆迁工作要求，仍违规为刘、周两户办理动迁安置补偿手续。后刘、周两户分别获得两套安置房，造成公共财产损失154万余元。

生效判决认为，李某违法向非动迁人员安置动迁配套商品房；汪某、金某受李某指使，明知李某违规安置动迁配套商品房，仍帮助办理动迁安置补偿手续，致使李某违法向非动迁人员安置动迁配套商品房，造成公共财产损失154万余元，三人的行为均构成滥用职权罪。

3.吴某国有公司人员滥用职权、受贿案

吴某先后担任国有单位长桥公司物流运作二部主管及见习经理，主要负责公司库存橡胶等货物的仓储管理工作。海南公司负责人孙某以对外质押融资、扩大海南公司橡胶经营规模为名，利诱唆使吴某利用其在长桥公司橡胶仓储业务中的职务便利，与海南公司总经理李某配合实施，帮助海南公司在对外质押借款过程中提供虚假库存证明。吴某利用上述职务便利，采用在海南公司出具的虚假货转单、库存清单等证明材料上违规加盖长桥公司物流运作二部公章、安排虚假验货等方式，对外虚构海南公司在长桥公司存有足量橡胶、货权转移至合同相对方等事实，使海南公司在与逸鼎公司等多家单位或者个人签订、履行质押借款合同或者购销合同过程中以欺诈方式获得巨额借款或者货款。上述合同还款或者交货期陆续届满之时，因海南公司无法按期履行还款、交货义务，上述借款或者购销合同的相关单位陆续至长桥公司要求提取库存橡胶。吴某又听信孙某、李某短期内即可补齐货物的虚假承诺，在海南公司没有相应实际库存货物的情况下，违规将长桥公司仓储保管的库存橡胶，以海南公司的名义陆续发货。嗣后，吴某多次联系或者赴海口敦促海南公司补仓未果。经查，吴某利用职权为海南公司违规出具货权证明涉及大量库存橡胶数量，并因库存橡胶被提取而造成长桥公司实际损失共计2331.1吨，按照市场同期最低价格计算，累计货值2380万余元，至案发无法弥补。

吴某在利用职权帮助海南公司出具虚假库存证明等过程中，还先后以购房借款、红包、礼金等名义收受海南公司负责人孙某等人给予的钱款共计73万元。

生效判决认为，吴某身为国有公司工作人员，滥用职权，徇私舞弊，造成国有公司严重损失，致使国家利益遭受特别重大损失，其行为构成国有公司人员滥用职权罪；同时其作为国家工作人员，利用职务上的便利，非法收受他人钱款73万元，为他人谋取利益，其行为构成受贿罪，应两罪并罚。

4.引发的思考

黄某等贪污案中，黄某个人最终非法占有动迁安置款40万元，对其以贪污论处应无争议。黄某与动迁户张某勾结，对张某以贪污共犯论。此案属于典型的内外勾结型贪污。但若黄某个人最终未分取任何钱款，对其还能以贪污罪论处？

李某等滥用职权案中，刘、周两户非法获益154万余元，相应地造成公共财产损失154万余元，虽然李某等三人并未从刘、周两户非法获益的154万余元中分取任何钱款，但其明知刘、周两户不属于动迁安置对象，亦明知刘、周两户意欲非法占有公共财产，仍然违法向刘、周两户安置动迁配套商品房，李某等三人滥用职权的行为事实上是在帮助刘、周两户非法占有公共财产，那对李某等三人能否以刑罚较重的贪污罪论处？

吴某国有公司人员滥用职权、受贿案中，就滥用职权部分，违规出具货权证明，尤其在明知海南公司无相应库存货物的情况下，听信孙某、李某的虚假承诺，违规将所在公司仓储保管的库存橡胶，以海南公司名义陆续发货，即其应当知道孙某、李某意欲非法占有公共财产，仍然违规提供帮助，对其同样能否以刑罚较重的贪污罪论处？

（二）内外勾结型贪污与滥用职权的界分要点

贪污也是渎职行为。对于国家机关工作人员或者以国家工作人员论的国有公司、企业、事业单位人员，如明知他人意欲骗取公共财产，仍然利用职务上的便利帮助或者共同实施，该行为属于共同贪污还是滥用职权？或者说该种情形下如何区分贪污与滥用职权？对此，存在不同观点。

第一种观点认为：“国家工作人员利用职务上的便利，为他人的骗补行为提供帮助，是典型的滥用职权行为。但涉嫌具体罪名，应根据国家工作人员有无获取财物，获取财物的过程等具体情况认定。国家工作人员为特定关系人的骗补行为提供帮助或者与实施骗补行为的人约定事后瓜分骗补财物的，应认定为贪污罪；国家工作人员接受他人请托，收受财物后为他人的骗补行为提供帮助的，或者在事先约定的情况下事后收受骗补人财物的，应构成受贿罪；国家工作人员为他人骗补提供帮助但没有获得财物，或者缺乏犯意沟通，故意为他人骗取拆迁补偿款提供帮助，应认定为滥用职权”。〔1〕

第二种观点认为：“当国家工作人员与他人内外勾结，目的都在于侵吞、窃取、骗取或非法占有公共财物时，司法机关只有从整体上将该案评价为共同贪污，才能正确把握案件的性质。相反，如果国家工作人员利用职权行为并非为自己非法占有公共财物或者在价值上不能将其行为评价为等同于国家工作人员自己非法占有公共财物的，刑法再将案件定性为国家工作人员贪污，则难以认为符合案件实际。后者的场合，国家工作人员实施犯罪的贪利性特征缺失，行为的违法性主要体现在对国家公权力和自我职责的亵渎，当造成公共财产等重大损失情况下，认定为构成滥用职权罪或者国有公司、企业、事业单位人员滥用职权罪，更符合案件的性质。所以，实践中当涉案公共财物全部为他人占有，换句话说，国家工作人员没有占有任何公共财物时，全案能否认定为属于内外勾结型贪污，需要十分慎重”。〔2〕

第三种观点认为，贪污罪中的非法占有公共财产，可以是国家工作人员自己占有，也可以是他人占有，还可能是国家工作人员与他人共同非法占有。故此，对于国家工作人员明知他人意欲非法占有公共财产，而利用职务上的便利帮助或共同实施，即使没有占有任何公共财产的，亦属于共同贪污。如以滥用职权类犯罪处理，在涉案数额特别巨大的情形下，容易造成量刑畸轻。〔3〕

关于如何区分贪污与滥用职权，笔者倾向于第二种观点。贪污罪属于贪利性渎职犯罪，而滥用职权犯罪属于典型的渎职犯罪，如谋取私利即徇私舞弊

---

〔1〕 孙国祥：《内外勾结骗补行为的定性研究》，载《人民检察》2017年第15期。

〔2〕 何荣功：《内外勾结型贪污罪与滥用职权罪的区分》，载《人民法院报》2016年1月20日，第6版。

〔3〕 持该观点的如段东鹏：《“内外勾结型”涉农职务犯罪之定性》，载《知与行》2016年第2期。

的，需要从重或者加重处罚。[1]立足贪污罪和滥用职权犯罪的本质特征，对国家机关工作人员或者以国家工作人员论的国有公司、企业、事业单位人员以贪污还是以滥用职权论处，关键在于行为人是否具有非法占有公共财产的故意和行为。

第一，具有非法占有公共财产的故意和行为，行为本质上既贪利又渎职，以贪污论处。第一种观点中"国家工作人员为特定关系人的骗补行为提供帮助"，事实上即第二种观点中"等同于国家工作人员自己非法占有公共财物"，当然以贪污论。第一种观点中"国家工作人员与实施骗补行为的人约定事后瓜分骗补财物"，实质上是内外勾结，伙同贪污，当以共同贪污论处。前述黄某等贪污案就是适例。

因贪污罪中的非法占有并不限于占为己有，故成立贪污罪的前提是具有非法占有公共财产的故意和行为，而不以国家工作人员个人最终非法占有公共财产为必要。对于内外勾结（存在犯意沟通），伙同贪污，即使国家工作人员个人最终没有非法占有任何公共财产的，只要其与他人具有共同的贪污故意和行为，由他人最终非法占有公共财产，就具备了贪污罪中的非法占有，仍以共同贪污论处。依此，对第一种观点中"国家工作人员为他人骗补提供帮助但没有获得财物"的行为属于贪污还是滥用职权，关键还是在于双方是否存在犯意沟通，国家工作人员是否具有非法占有公共财产的故意和行为，如是，以贪污论，如否，属于滥用职权。故该观点得出"应认定为滥用职权"的结论，值得商榷。

第二，不具有非法占有公共财产的故意和行为，行为本质是渎职而非贪利，以滥用职权论处。例如，前述李某等滥用职权案，刘、周二人在主观上意欲利用李某等人的职权为其骗取国家安置房，而未与李某等人预谋事后瓜分骗取的国家安置房。相应地，李某等人是利用职权帮助刘、周二人骗取国家安置房，主观上并无非法占有国家安置房的故意，客观上也未非法占有国家安置

〔1〕　如根据《刑法》第三百九十七条（滥用职权罪、玩忽职守罪）第二款的规定，是加重处罚；而根据《刑法》第一百六十八条（国有公司、企业、事业单位人员失职罪、国有公司、企业、事业单位人员滥用职权罪）第三款的规定，是从重处罚。

房，即李某等人并无非法占有国家安置房的故意和行为。尽管贪污罪中的非法占有并不限于占为己有，但贪污罪属于贪利性犯罪，如对不具有非法占有故意也不具有非法占有行为的以贪污论处，明显不符合主客观相统一原则，也容易造成量刑畸重，此其一。二是如以贪污论处，则应该是内外勾结型，属于共同贪污，但国家工作人员并未与他人形成共同贪污的合意，尤其是缺乏犯意沟通而仅为他人骗取公共财产提供帮助的情况，此时若以共同贪污论处不符合共同犯罪理论。故不敢苟同第三种观点。三是2010年“两高”《国家出资企业职务犯罪意见》中的相关规定亦与上述观点相一致，如根据该意见第四条的规定，国家出资企业中的国家工作人员在公司、企业改制或者国有资产处置过程中徇私舞弊，将国有资产低价折股或者低价出售给其本人未持有股份的公司、企业或者其他个人，致使国家利益遭受重大损失的，以徇私舞弊低价折股、出售国有资产罪定罪处罚；国家出资企业中的国家工作人员在公司、企业改制或者国有资产处置过程中徇私舞弊，将国有资产低价折股或者低价出售给特定关系人持有股份或者本人实际控制的公司、企业，致使国家利益遭受重大损失的，以贪污罪定罪处罚。也就是说，国家出资企业中的国家工作人员“如果没有自己占有的故意和自己占有的行为，仅仅是利用职务上的便利帮助他人占有，不能构成贪污罪而应认定为滥用职权的行为”。[1]

综上所述，前述李某等滥用职权案和吴某国有公司人员滥用职权、受贿案，因李某等人及吴某，并未与他人预谋非法占有公共财产，即其无非法占有公共财产的故意和行为，仅是利用职权帮助他人占有，即行为本质是渎职而非贪利，故应认定为滥用职权而非贪污。

第三，不具有非法占有公共财产的故意和行为，但非法收受他人财物，同时构成受贿罪和相关渎职犯罪的，根据2016年“两高”《关于办理贪污贿赂刑事案件适用法律若干问题的解释》第十七条的规定，除另有规定外，以受贿罪和渎职犯罪数罪并罚。目前，另有规定的主要有：一是《刑法》第三百九十九条规定，司法工作人员收受贿赂，有前三款行为（犯徇私枉法罪、民事、行政枉

---

〔1〕 孙国祥：《内外勾结骗补行为的定性研究》，载《人民检察》2017年第15期。

法裁判罪、执行判决、裁定失职罪、执行判决、裁定滥用职权罪、枉法仲裁罪)，同时又构成受贿罪的，依照处罚较重的规定定罪处罚；二是2010年“两高”《国家出资企业职务犯罪意见》第四条第四款规定，国家出资企业中的国家工作人员因实施第一款、第二款行为(犯国有公司、企业人员失职罪或者国有公司、企业人员滥用职权罪、徇私舞弊低价折股、出售国有资产罪)收受贿赂，同时又构成受贿罪的，依照处罚较重的规定定罪处罚。此外，对于渎职并受贿，同时构成受贿罪和渎职犯罪的，以受贿罪和渎职犯罪数罪并罚。依此，前述第一种观点中关于“国家工作人员接受他人请托，收受财物后为他人的骗补行为提供帮助的，或者在事先约定的情况下事后收受骗补人财物的，应构成受贿罪”的意见，存在片面。

需要提及的是，对国家机关工作人员或者以国家工作人员论的国有公司、企业、事业单位人员以贪污或者滥用职权论处，对“外部人员”如骗补者、请托者等，如何定罪处罚？笔者认为，需要具体情况具体分析。一是内外勾结定性为共同贪污的，当然以贪污共犯论。例如，前述黄某等贪污案中，对“外部人员”即张某以贪污共犯论处。二是对国家机关工作人员或者以国家工作人员论的国有公司、企业、事业单位人员以滥用职权论处，往往基于“内外”并未“勾结”而形成共同犯意，多数是“外部人员”为了骗取公共财产而请托“内部人员”利用职权帮忙，故在“内外”尚未成立共同犯罪的前提下，应予分别定罪。对“外部人员”而言，目的是利用“内部人员”的职权为其骗取公共财产，故行为性质为诈骗。实践中，一般以诈骗罪或者合同诈骗罪论处。

第三章　挪用公款罪论

根据《刑法》第三百八十四条的规定，挪用公款罪是指国家工作人员利用职务上的便利，挪用公款归个人使用，进行非法活动的，或者挪用公款数额较大、进行营利活动的，或者挪用公款数额较大、超过3个月未还的行为。挪用公款罪属于常见多发的职务犯罪。2016年"两高"《关于办理贪污贿赂刑事案件适用法律若干问题的解释》对挪用公款罪的定罪量刑标准作了具体规定。[1]

一、挪用公款"归个人使用"的认定

从1997年《刑法》颁布至今已有3个相关解释，包括两个司法解释即1998年《最高人民法院关于审理挪用公款案件具体应用法律若干问题的解释》（以下简称《1998年挪用公款解释》）、2001年《最高人民法院关于如何认定挪用公款归个人使用有关问题的解释》（以下简称《2001年挪用公款解释》），和一个立法解释即2002年4月28日全国人大常委会《关于刑法第三百八十四条第一款的解释》，对挪用公款"归个人使用"作了具体解释。立法解释的法律效力当然高于司法解释的效力。根据2002年立法解释，挪用公款"归个人使用"包括以下三种情形：（1）将公款供本人、亲友或者其他自然人使用的；（2）以个人名

---

〔1〕 2016年"两高"《关于办理贪污贿赂刑事案件适用法律若干问题的解释》第五条对挪用公款罪的定罪量刑标准作了明确规定，即挪用公款归个人使用，进行非法活动，数额在3万元以上的，应当追究刑事责任；数额在300万元以上的，应当认定为挪用公款"数额巨大"；具有下列情形之一的，应当认定为挪用公款"情节严重"：（1）挪用公款数额在100万元以上的；（2）挪用救灾、抢险、防汛、优抚、扶贫、移民、救济特定款物，数额在50万元以上不满100万元的；（3）挪用公款不退还，数额在50万元以上不满100万元的；（4）其他严重的情节。同时，根据该司法解释第六条的规定，挪用公款归个人使用，进行营利活动或者超过3个月未还，数额在5万元以上的，应当认定为挪用公款"数额较大"。数额在500万元以上的，应当认定为"数额巨大"。具有下列情形之一的，应当认定为挪用公款"情节严重"：（1）挪用公款数额在200万元以上的；（2）挪用救灾、抢险、防汛、优抚、扶贫、移民、救济特定款物，数额在100万元以上不满200万元的；（3）挪用公款不退还，数额在100万元以上不满200万元的；（4）其他严重的情节。

义将公款供其他单位使用的;(3)个人决定以单位名义将公款供其他单位[1]使用,谋取个人利益的。通过比较可以发现:第一种、第二种情形不需要谋取个人利益要件,本身就是公款私用;第三种情形需要谋取个人利益要件,因为以单位名义将公款供其他单位使用,又称为“公对公”借款,系单位间的资金拆借行为,一般不作为犯罪处理,如果谋取个人利益的,则单位间的资金拆借行为转化为公款私用行为。

(一)单位决定将公款给个人使用的不构成挪用公款罪

根据2003年《全国法院审理经济犯罪案件工作座谈会纪要》的规定,经单位领导集体研究决定将公款给个人使用,或者单位负责人为了单位的利益,决定将公款给个人使用的,不以挪用公款罪定罪处罚。上述行为致使单位遭受重大损失,构成其他犯罪的,依照《刑法》的有关规定对责任人员定罪处罚。上述规定的原因在于,挪用公款罪系国家工作人员个人实施的职务犯罪行为,即个人决定将公款归个人使用本质上为公款私用。如果经单位领导集体研究决定,或者单位负责人为了单位利益决定将公款给个人使用,则属于单位行为而非个人行为,不属于公款私用,当然不构成挪用公款罪。如致使单位遭受重大损失,可能构成相关渎职犯罪。

(二)挪用公款“归个人使用”三种情形的理解与把握

上面已经论及,挪用公款罪系个人行为而非单位行为,最本质的特征就是使公款进入流通领域,以便挪用人或者使用人从中牟取私利,故挪用公款“归个人使用”系国家工作人员个人决定将公款供个人使用。

---

〔1〕《公司法》已经明确规定了一人公司的法人主体地位,因此,挪用公款给一人公司使用属于“归单位使用”。例如,公诉机关指控杨某利用负责管理某国有公司行政业务工作的职务便利,挪用该公司资金30万元出借给盖某的绿化工程公司,用于公司经营活动。公诉机关认为杨某的行为构成挪用公款罪。法院经审理认为,虽然绿化工程公司实际为盖某一人经营,但该公司系经工商登记注册成立,成立后进行了正常的经营活动,依法纳税,且杨某挪用的30万元均用于该公司的经营活动,故该公司为实质上的一人公司,应当认定为刑法意义上的单位而非个人。30万元公款既非杨某“以个人名义”出借给绿化工程公司,杨某也未从中谋取个人利益,杨某的行为不构成挪用公款罪。

1.将公款供本人、亲友或者其他自然人使用

将公款供本人、亲友或者其他自然人使用，实质上是将公款非法置于个人的支配之下，公款私用，这是挪用公款“归个人使用”最常见的形式。其中的“私用”，不能局限于本人使用。

无论是以个人名义还是以单位名义，只要将公款供本人、亲友或者其他自然人使用，都是“归个人使用”，即公款私用。因此，将公款供本人、亲友或者其他自然人使用，具体而言，是指国家工作人员个人决定，以个人名义或者以单位名义，将公款供本人、亲友或者其他自然人使用。

根据2003年《全国法院审理经济犯罪案件工作座谈会纪要》的规定，挪用金融凭证、有价证券用于质押，使公款处于风险之中，与挪用公款为他人提供担保没有实质的区别，符合《刑法》关于挪用公款罪规定的，以挪用公款罪定罪处罚，挪用公款数额以实际或者可能承担的风险数额认定。也就是说，挪用有价证券、金融凭证用于质押的行为，属于将公款供本人、亲友或者其他自然人使用。

2010年“两高”《国家出资企业职务犯罪意见》第三条亦规定，国家出资企业的工作人员在公司、企业改制过程中为购买公司、企业股份，利用职务上的便利，将公司、企业的资金或者金融凭证、有价证券等用于个人贷款担保的，以挪用资金罪或者挪用公款罪定罪处罚，即属于将公款或者本单位资金供本人、亲友或者其他自然人使用。

2.以个人名义将公款供其他单位使用

以个人名义将公款供其他单位使用，表明是将公款非法置于个人的支配之下，并未以本单位名义与对方单位建立债权债务关系，“就应看成是出于个人动机、目的，按照自己意志擅自改变公款用途，交给其他单位使用。这实际上是归个人使用的一种特殊形式”。[1]以个人名义还是以单位名义将公款借出是完全不同的两回事，“二者之间的根本区别在于公款的所有权单位对公款的真实去向是否知情，借款人是否隐瞒了款项的真实用途，借出的款项是由单位直接

〔1〕 转引自马克昌主编:《百罪通论》(下卷)，北京大学出版社2014年版，第1154页。

控制还是由借款人背着单位私下控制，借款人是否用公款谋取了个人私利”。[1]

根据2003年《全国法院审理经济犯罪案件工作座谈会纪要》的规定，对于将公款供其他单位使用的，认定是否属于“以个人名义”，不能只看形式，要从实质上把握。对于行为人逃避财务监管，或者与使用人约定以个人名义进行，或者借款、还款都以个人名义进行，将公款给其他单位使用的，应认定为“以个人名义”。

3.个人决定以单位名义将公款供其他单位使用，谋取个人利益

根据2003年《全国法院审理经济犯罪案件工作座谈会纪要》的规定，“个人决定”既包括行为人在职权范围内决定，也包括超越职权范围决定。“谋取个人利益”既包括行为人与使用人事先约定谋取个人利益实际尚未获取的情况，也包括虽未事先约定但实际已获取了个人利益的情况。例如，盛某利用职务上的便利，个人决定以单位名义将公款借给朱某控制的公司用于投资房产项目，挪用之时朱某承诺将会给予盛某30%的利润，案发时尽管盛某未实际获取利益，但盛某和朱某事先约定会给予盛某相关利益，应认定盛某决定以单位名义将公款供其他单位使用，是为谋取个人利益。其中的“个人利益”，既包括不正当利益也包括正当利益；既包括财产性利益也包括非财产性利益，但这种非财产性利益应当是具体的实际利益，如升学、就业等。

个人决定以单位名义将公款供其他单位使用，又称为“公对公”借款，如并未谋取个人利益的，此时，本单位和使用单位之间建立了债权债务关系，系个人违反财经纪律实施的单位间的资金拆借行为，属于挪用公款“归单位使用”，而非公款私用，故不能认定为挪用公款归个人使用。

相反，个人决定以单位名义将公款供其他单位使用，如果谋取个人利益的，则国家工作人员是将公款作为自己牟取私利的工具而使用，此时，单位间的资金拆借行为就转化为公款私用行为，属于挪用公款归个人使用。

实践中，个人决定以单位名义将公款供本人或者与本人有共同经济利益关系人所有或者持有股份的公司、企业使用，显然是为了谋取个人利益，系公

〔1〕《张威同挪用公款案——个人决定以单位名义将公款借给其他单位使用，没有谋取个人利益的不构成挪用公款罪》，载《刑事审判参考》（总第63集），法律出版社2009年版。

款私用，属于挪用公款归个人使用。例如，王某利用职务上的便利，个人决定以单位名义将公款1200万元供其妻子入股的公司用于营利活动。从表面上看，系“公对公”借款，但使用资金单位有王某之妻的股份，故王某的行为无疑是为了谋取个人利益，属于公款私用，其行为构成挪用公款罪。

需要注意的是，个人决定以单位名义将公款供一人公司使用的，如并未否定一人公司人格，则一人公司为单位，属于“公对公”借款。如谋取个人利益的，系公款私用，符合入罪要件的，构成挪用公款罪。其中，如一人公司系本人或者与本人有共同经济利益关系的人所有的，系为谋取个人利益。相反，如果否定一人公司人格的，则属于个人决定以单位名义将公款供本人、亲友或者其他自然人使用，系“归个人使用”即公款私用，符合入罪要件的，构成挪用公款罪。

（三）国有单位领导向其主管的具有法人资格的下级单位借公款归个人使用的认定

根据2003年《全国法院审理经济犯罪案件工作座谈会纪要》的规定，国有单位领导利用职务上的便利指令具有法人资格的下级单位将公款供个人使用的，属于挪用公款行为，构成犯罪的，应以挪用公款罪定罪处罚。

（四）参照立法解释关于挪用公款罪中“归个人使用”的规定认定挪用资金罪中的“归个人使用”

2002年立法解释对挪用公款罪中的“归个人使用”作了具体规定，但目前尚无立法解释、司法解释及其他规范性文件对挪用资金罪中的“归个人使用”作出具体规定，对此，能否参照挪用公款罪的立法解释规定来认定挪用资金罪中的“归个人使用”？笔者认为，挪用公款罪与挪用资金罪属于近似罪名，两罪的主要区别在于犯罪主体和犯罪对象不同，而在客观方面基本一致，故认定两罪中的“归个人使用”，应从体系解释角度作同一解释。而且，挪用公款罪相对挪用资金罪而言属于重罪，从当然解释角度，可以援引挪用公款罪的立法解释规定来理解和把握挪用资金罪中的“归个人使用”。

2018年5月31日，最高人民法院再审改判张文中无罪，其中关于其行为不构成挪用资金罪的理由，即持上述观点。[1]原判关于挪用资金罪部分认定，1997年，张文中与泰康公司董事长陈某、中国国际期货有限公司董事长田某挪用泰康公司4000万元资金申购新股为个人谋利，共盈利1000余万元。原判以挪用资金罪对张文中判处有期徒刑1年。最高人民法院经再审认为，张文中与陈某、田某共谋，并利用陈某职务上的便利，将陈某所在泰康公司4000万元资金转至卡斯特投资咨询中心股票交易账户进行营利活动的事实清楚，证据确实。但在案证据显示，涉案资金均系在单位之间流转，反映的是单位之间的资金往来，没有进入个人账户；在案证据中没有股票账户交易的记录，该账户上的具体交易情况及资金流向不明，无证据证实张文中等人占有了申购新股所得赢利；关于挪用资金归个人使用的证据都是属于言辞证据，且存在供证不一、前后矛盾等问题。因此，原判认定张文中挪用资金归个人使用、为个人谋利的事实不清、证据不足。故原判认定张文中的行为构成挪用资金罪，属于认定事实和适用法律错误，应当依法予以纠正。[2]

（五）典型案例评析

1.基本案情

谢某担任国有公司包装集团公司的副总经理。包装科技公司由包装集团公司全额投资，包装集团公司委派谢某担任包装科技公司董事长、总经理，全面负责包装科技公司的经营管理活动。包装集团公司参股投资包装物资公司、申安印务公司，并先后委派谢某担任包装物资公司董事长和申安印务公司董事长。

2008年年底，包装物资公司的全部业务及外贸部员工已转入包装科技公司。2009年3月起，包装物资公司无主营业务收入，处于停止经营状态，公司账户被总经理蔡某用于个人经营。2011年9月至2012年3月，蔡某以资金紧张为由，向谢某借款。谢某明知包装物资公司的上述情况，仍利用担任申安印务公司董事长、包装科技公司董事长的职务便利，在未与班子成员商量的情况下，

---

〔1〕 详见中华人民共和国最高人民法院刑事判决书，（2018）最高法刑再3号。

〔2〕《依法保护产权和企业家合法权益的“标杆”案件——最高人民法院审判监督庭负责人就张文中案改判答记者》，载新华网，2018年5月31日；《最高人民法院再审改判张文中无罪》，载《人民法院报》2018年6月1日，第1版、第2版。

通过申安印务公司账户将公款180万元、通过包装科技公司账户将公款150万元，共计330万元划款至包装物资公司账户，供蔡某使用。

2.不同观点

(1)谢某个人决定以单位名义将公款供其他单位使用，并未谋取个人利益，其行为不构成挪用公款罪。首先，谢某系个人决定以单位名义。也就是说，将包装科技公司、申安印务公司的钱款借给包装物资公司使用系其个人行为，非集体讨论决定；但并非以个人名义进行，而是以申安印务公司、包装科技公司支付工程款、暂时退税款、代垫货款的名义出借。其次，将公款供其他单位使用。包装科技公司、申安印务公司、包装物资公司均由包装集团公司投资，公司之间互有资金拆借。包装物资公司虽然自2009年3月起无主营业务收入，处于停止经营状态，但包装物资公司也曾于2011年3月14日将92万元借给包装科技公司。故谢某将申安印务公司、包装科技公司的公款借给包装物资公司，属于单位之间的互有资金拆借。最后，谢某将申安印务公司、包装科技公司的公款借给包装物资公司使用，未谋取个人利益。

(2)谢某个人决定以单位名义将公款供个人使用，其行为构成挪用公款罪。首先，谢某擅自决定以单位名义出借公款。其次，公款并非供其他单位使用，而是供个人使用。从包装物资公司的账户使用上分析，自2008年年底，包装物资公司外贸部员工及全部业务已转入包装科技公司。自2009年3月起，包装物资公司无主营业务收入，处于停止经营状态，仅以催收账款及收取房租工作维持。包装物资公司总经理蔡某仍使用包装物资公司的账户，用于个人资金的周转、转账。谢某对上述情况明知。而且，谢某基于蔡某提出生意上资金紧张，让其帮忙的情况下才将包装科技公司、申安印务公司的公款划款至包装物资公司账户，即谢某明知蔡某使用上述公款。事实上，涉案公款至包装物资公司账户后，被转入个人账户，用于支付蔡某的个人支出或归还其个人贷款。

3.评析

笔者赞同第二种意见，即谢某个人决定以单位名义将公款供个人使用，属于挪用公款“归个人使用”，其行为构成挪用公款罪。本案中，谢某将申安印务公司、包装科技公司账户内共计330万元划款至包装物资公司账户内，虽然从形式上看，公款转入单位账户，但从本案中公款的出借目的、用途及包装物资公司账户的使用情况分析，谢某不仅明知包装物资公司处于停止经营状态，而且明知蔡某借款的目的是用于解决其个人生意上的资金紧张。事实上，该330万元并未用于包装物资公司的经营活动，而是由谢某个人决定，用于蔡某个人支出，所获取的利益归蔡某个人所有。故应认定谢某个人决定以单位名义将公款供其他自然人使用而非供其他单位使用，属于挪用公款"归个人使用"。

谢某将申安印务公司的180万元挪给蔡某使用，超过3个月后才归还，符合挪用公款罪的构成要件。谢某还将包装科技公司的150万元挪给蔡某用于个人生意，后蔡某将该钱款用于归还个人贷款，该贷款缘由其个人生意的经营资金周转，故属于用于营利活动，亦符合挪用公款罪的构成要件。

二、挪用公款用于营利活动的界定

挪用公款归个人使用，有的用于非法活动，有的用于营利活动，还有的用于非法活动和营利活动以外的其他活动。由于挪用公款用于三种不同活动所反映的行为人的主观恶性及其社会危害性不同，《刑法》对三种不同活动的入罪门槛作了不同规定，即公款私用进行非法活动的，没有数额和时间的限制；公款私用进行营利活动的，要求数额较大，不受挪用时间和是否归还的限制；公款私用进行其他活动的，不仅要求数额较大，而且还要求自挪用公款之日起至案发之日，超过3个月未还。当然，司法解释对三种不同活动的入罪门槛规定了不同的数额标准，即进行非法活动，数额在3万元以上的，或者进行营利活动，数额在5万元以上的为"数额较大"，或者用于其他活动超过3个月未还，数额在5万元以上的为"数额较大"。

挪用公款用于非法活动，即用于违法犯罪活动。用于营利活动，即用于一切为了获取经济利益所从事的经济行为。仅限于合法的营利活动，如用于非法的营利活动，属于用于非法活动。用于其他活动，主要用于个人消费。根据2003年《全国法院审理经济犯罪案件工作座谈会纪要》的规定，第一，挪用公款归还个人欠款的，应当根据产生欠款的原因，分别认定属于挪用公款的何种情形。归还个人进行非法活动或者进行营利活动产生的欠款，应当认定为挪用公款进行非法活动或者进行营利活动。第二，申报注册资本是为进行生产经营活动作准备，属于成立公司、企业进行营利活动的组成部分。因此，挪用公款归个人用于公司、企业注册资本验资证明的，应当认定为挪用公款进行营利活动。实践中，挪用公款进行营利活动最为常见，下文结合典型案例进行探讨。

（一）挪用公款用于办理银行卡资金证明的是否属于挪用公款进行营利活动

1.基本案情

张某系国家工作人员，其利用职务上的便利，先将单位公款26万元存入其工商银行账户，再转至其子银行账户，用于办理有一定存款数额要求并具有投资理财功能的招商银行“金葵花”钻石卡。不到1个月，张某之子将26万元归还至其工商银行账户，其再归还单位。

2.不同观点

（1）不能认定为挪用公款“进行营利活动”，张某的行为不构成挪用公款罪。首先，涉案招商银行“金葵花”钻石卡具有多种功能，投资理财属于功能之一，办理该卡仅为投资理财营利提供了可能性。办理该卡后可以进行营利活动，但是否进行营利活动不好确定，以后既可以用以投资、申请优惠贷款，也可以仅仅享受银行优质服务，故使用银行卡进行营利活动，是一种期待性利益。张某之子客观上没有使用该卡进行投资理财活动，不能以该卡具有相应功能而认定其行为系进行营利活动。

其次，根据《1998年挪用公款解释》第二条的规定，挪用公款存入银行、用于集资、购买股票、国债等，属于挪用公款进行营利活动。无论是集资、购买股票、国债，还是存入银行获取利息，均是通过该行为直接获利，而挪用公款用作办卡的资金证明，并不能产生经济利益，不能将该行为直接认定为挪用公款进行营利活动。

最后，司法解释规定的“挪用公款存入银行”，就其实质内容而言是为了获取存款利息的活动，对于并非为了获取利息而存入银行用作资金证明的，不能依此认定为“进行营利活动”。本案中，张某主观上是为了办卡，存入银行客观上产生的利息并非其主观追求目的，根据主客观相一致原则，其将公款转入其子银行账户用于办卡资金证明的行为，不属于挪用公款存入银行的营利活动。张某挪用公款系用于其他活动，尽管数额较大，但其挪用时间未超过3个月，其行为不构成挪用公款罪。

（2）应认定为挪用公款“进行营利活动”，张某的行为构成挪用公款罪。首先，挪用公款存入银行客观上有所营利。办理招商银行金葵花卡的要求是“必须达到存款500万元，至少资金停留一周”，张某将公款转入其子账户虽不足一个月，但客观上也会产生利息。根据司法解释规定，张某只要将挪用的公款存入银行，不管定期还是活期，都属于营利活动。

其次，张某将公款存入银行的目的虽不在于获取利息，但其主观上仍有营利的意图。办理招商银行金葵花卡，客户有期待性的经济利益，持有金葵花卡的客户如参与招商银行的投资理财活动，回报率比一般的理财产品高，如短期信贷、透支，利息和手续费更低。张某明知其子办理该卡是为了投资理财更为便利、优惠，而将公款挪给其子办理该卡，虽然该卡尚未被实际使用、获利，但是办卡的意图是为了获得投资理财的优惠和利益，可认定其主观上具有营利意图。

最后，根据2003年《全国法院审理经济犯罪案件工作座谈会纪要》的规定，挪用公款归个人用于公司、企业注册资本验资证明的，应当认定为挪用公款进行营利活动。也就是说，验资行为虽然并非直接营利行为，只是营利性准备，但也认为系进行营利活动。挪用公款作为办卡的资金证明，虽不能直接获得经济利益，但使用该卡可以获得投资理财的优惠利益，使用该卡投资理财获取利益的行为可视为营利活动，办理该卡的行为是营利活动的向前延伸，应认定为进行营利活动。

3.评析

笔者赞同第二种观点，即张某的行为系挪用公款进行营利活动，数额较大，其行为构成挪用公款罪。本案中，张某明知其子办卡的目的是投资理财享受优惠，仍将挪用的公款转入其子银行账户，不仅客观上产生了利息，实际使用中会产生经济利益，而且主观上也具有谋利意图，从主客观相一致角度，应将挪用公款用于办卡资金证明的行为认定为挪用公款进行营利活动。张某挪用公款26万元，属于数额较大，其行为构成挪用公款罪。

(二)将收取的单位业务款违规存入个人银行账户且延时入账的能否认定为挪用公款“进行营利活动”

1.基本案情

王某系国家工作人员,其利用担任外轮供应有限公司综合业务部报关员的职务便利,在本单位免税香烟销售业务过程中,采取收到烟款后延时入账的手法,将收取的香烟销售款共计9万余元存入其个人未签订理财协议的农业银行账户。至案发,存入张某银行账户的销售款基本上未被提现取出,亦未超过3个月,后全部交给外轮供应公司。

另查明,外轮供应公司《供船部登轮业务员岗位职责》明确规定,货款由登轮业务员负责收取并解缴,当日收取的现金货款须于下一个工作日解缴公司财务部;公司按照国际船舶供应商惯例和行业性质,供船销售可有一定时间的赊销期,对于单船单航次免税品销售额在3万元以下的,由登轮业务员自行控制;对于销售款造成损失的,原则上由登轮业务员自行赔偿。

2.不同观点

第一种意见认为,王某的行为符合司法解释中“挪用公款存入银行”的行为方式,其主观上应当认识到该行为会引起银行利息产生,客观上也产生了相应利息,因而属于“进行营利活动”,且挪用的公款数额较大,其行为构成挪用公款罪。另一种意见则认为,王某将收取的公司业务款延时入账并存入个人银行账户,虽然违反了公司的相关制度,但确有客观因素影响,且也无证据显示其具有营利的主观故意,因而不能认定其挪用公款“进行营利活动”,尽管数额较大,但未超过3个月,其行为不构成挪用公款罪。

3.评析

笔者赞同第二种意见。本案中,王某收取的单位业务款无疑属于公款,其将这些公款存入个人银行账户,从客观行为上看,符合司法解释规定的“挪用公款进行营利活动”,但其是否属于“进行营利活动”,不能仅仅根据客观行为进行机械理解,还应结合其主观方面进行综合判断。

首先,王某不具有挪用公款“进行营利活动”的主观故意。司法解释关于挪用公款存入银行属于“进行营利活动”的规定，在客观上存在将公款存入银行的行为，主观上要求行为人系为了获取利息而将公款存入银行，只有主客观相统一才属于挪用公款“进行营利活动”。而不能因为客观上将公款存入银行、获取了利息，就认定行为人在主观上是为了获取利息，所以是进行营利活动。本案中，王某将业务款存入其个人银行账户客观上产生了一定的利息，但无证据表明其将业务款存入个人银行账户是为了获取该利息，缺乏“进行营利活动”所应该具备的主观意图，也无证据证明其为其他经营活动做准备或者构成其他营利性活动的组成部分。

其次，王某将业务款存入其个人银行账户，客观上存在合理的抗辩事由。本案中，根据外轮供应公司《供船部登轮业务员岗位职责》规定，货款由登轮业务员收取，并于规定时间内解缴公司财务，对于货款收取至解缴过程中造成的损失，原则上由登轮业务员自行承担。可见，相应业务款收取后是首先置于登轮业务员的控制之下，其间，资金安全风险由业务员承担。而由于国际船舶供应商行业性质及操作惯例，收取现金被普遍认可，或者在部分情形下由于条件所限只能收取现金，在这种行业背景之下，王某用其个人银行卡收取货款或者收取现金后将货款存入银行账户，并未增加相应业务款的安全风险，其与业务员收取货款放入自己口袋后再转交公司的行为并无本质差异。况且公司也无相关禁止性规定，即使存在也不能作为确定犯罪的依据。货币作为种类物，在作为货款被业务员收取后即失去特定性，业务员的义务就是在规定的时间内向公司解缴与所收取货款同等数额的钱款。而且，正是由于在业务员控制货款期间其需自行承担风险，王某将相应货款及时存入银行账户，不仅没有对国有资产安全造成新的潜在威胁；相反，相应业务款的安全性因为存入银行而一定程度上获得了更好的保障。概言之，王某关于将钱款放入个人银行账户系为了资金安全及收款方便的抗辩理由符合客观实际，具有合理性，足以阻却“挪用公款存入银行”行为的违法性判断。

综上所述，王某收取的业务款存入其个人银行账户，不能认定为挪用公款“进行营利活动”，客观上也未超过3个月，其行为不构成挪用公款罪。

三、挪用非特定公物用于担保的性质

根据《刑法》规定，挪用公款罪的犯罪对象仅包括公款和特定款物，不包括非特定公物。那么，挪用非特定公物用于担保如以单位不动产抵押贷款归个人使用的行为、以单位动产抵押或者质押贷款归个人使用的行为是否属于挪用公款行为？对此，有观点认为，挪用不动产用于抵押贷款不同于一般的挪用公物行为，应以挪用公款论处。具体理由为：

第一，二者追求的终极目的不同。一般的挪用非特定公物行为追求的是对公物本身的消费，也就是非特定公物的使用价值。挪用不动产抵押贷款的行为并不是追求非特定公物本身的效用，而是非特定公物本身所蕴含的价值，也就是非特定公物通过抵押能从银行兑换出来的一定量的货币（公款的通常表现形式）。之所以会出现这种差异，是因为设定了抵押担保这一法律行为，与非特定公物的社会属性、物理属性无关。第二，二者侵害的法益不同。一般的挪用非特定公物行为侵害的是单位对公物的使用权，它只排除了单位在一定时期内即挪用期对非特定公物的占有、使用、收益和处分的权能；而挪用不动产抵押贷款在挪用期间并未排除单位对公物的使用权，单位仍然能够有效地对不动产行使占有、使用、收益权，但单位对公物的处分权能受到一定程度的影响。鉴于它们之间的特殊性，对挪用不动产抵押贷款归个人使用的行为不能与一般的挪用非特定公物行为混为一谈，应该对其单独作出刑事法律评价。第三，挪用不动产抵押贷款与挪用有价证券质押具有法律功能的相似性及追求目的的同一性，挪用不动产抵押贷款也应以挪用公款论。抵押与质押都是担保物权，都具有担保债权实现的功能。无论是挪用不动产抵押还是挪用有价证券质押，都是以国家财产为个人债务提供担保。由于有价证券的特殊物理属性，只有价值而没有使用价值，挪用者之所以挪用有价证券质押，是因为当出现违约时质押权人可以通过转让有价证券换取货币来实现自己的债权；同样，挪用不动产抵押贷款，当实现抵押权时银行可以将不动产抵押物进行拍卖或变卖，兑换成货币来归还贷款。本质上二者挪用的都是以一定的物质媒介表现出来的公款。第四，挪用不动产抵押贷款归个人使用行为具有很大的社会危害性，不但将不动产置于巨大的风险之中，而且助长了市场投机行为，影响了金融市场的健康发展。第五，不动产都是一些价值巨大的公有财产，如果对挪用价值如此巨大的财产抵押贷款归个人使用的行为不追究刑事责任，显然有悖于罪责刑相适应的刑事法律原则，也会造成我国法律对公有财产保护的不平等。[1]

笔者认为，挪用非特定的不动产用于抵押贷款的行为不属于挪用公款行为。第一，如果认为挪用非特定的不动产用于抵押贷款的行为属于挪用公款行为，就意味着非特定的不动产可以成为挪用公款罪的犯罪对象，这显然违反了罪刑法定原则。第二，尽管挪用非特定的不动产用于抵押贷款的行为侵犯了国家工作人员职务行为的廉洁性，也侵犯了单位对非特定不动产的部分所有权权能，但与挪用公款或者挪用特定款物的行为仍然存在性质上的区别。即前者属于挪用一般公物行为，后者属于挪用公款行为。如果认为挪用非特定不动产用于抵押贷款的行为属于挪用公款行为，那么，挪用一般公物的行为也属于挪用公款行为。因为挪用一般公物的行为，同样也侵犯了国家工作人员职务行为的廉洁性和单位对一般公物的部分所有权权能。单从挪用非特定不动产用于抵押贷款行为的社会危害性来说，的确并不逊色于某些挪用公款行为，但基于罪刑法定原则，在挪用公款罪现有立法之下，将挪用非特定不动产用于抵押贷款的行为认定为挪用公款行为，属于违反罪刑法定原则的扩大解释。第三，尽管挪用非特定不动产用于抵押贷款的行为不能以挪用公款论处，但如果致使公共财产遭受重大损失的，如前所述，可能构成相关渎职类犯罪。因此，否定挪用非特定不动产公物用于抵押贷款的行为属于挪用公款行为，并不意味着放纵犯罪。

基于同样的道理，挪用非特定动产抵押贷款归个人使用的行为也不属于挪用公款行为。那么，挪用非特定公物质押贷款归个人使用的行为能否以挪用公款论处？笔者认为，不能以挪用金融凭证、有价证券用于质押的行为属于挪用公款行为，而认为挪用非特定动产质押贷款归个人使用的行为也属于挪

〔1〕 周喜春：《以不动产公物抵押贷款归个人使用应算挪用公款》，载《检察日报》2008年3月6日，第6版。

用公款行为。因为金融凭证、有价证券本身属于公款，将属于公款的金融凭证、有价证券用于质押的行为，也就侵犯了国家工作人员职务行为的廉洁性和对公款的占有、使用、收益权，只要符合挪用公款罪构成要件的，就应以挪用公款罪定罪处罚。而挪用非特定动产质押贷款归个人使用的行为，尽管也侵犯了国家工作人员职务行为的廉洁性和对公物的占有、使用、收益权，但毕竟属于挪用一般公物行为，基于罪刑法定原则，同样不能以挪用公款论处。如果挪用非特定的公物质押贷款归个人使用的行为，造成非特定公物毁损，致使公共财产遭受重大损失的，同样如前所述，可能构成渎职类犯罪。

四、使用变价款为目的挪用非特定公物的定性

挪用公款罪的犯罪对象包括公款和特定款物，显然不包括非特定公物。但是，并不意味着与挪用非特定公物相关的案件一律不能构成挪用公款罪。在实践中，对于以使用变价款为目的挪用非特定公物的行为，其实质就是挪用公款，因为将非特定公物变卖后所得的钱款本来就属于公款，如果符合挪用公款罪的构成要件的，应以挪用公款罪定罪处罚。例如，国有粮食储备库保管员陈某，利用职权擅自销售储备库中的粮食，得款50余万元用于炒股。对于此案，陈某身为国家工作人员，利用职务上的便利，挪用公款归个人使用，进行营利活动，其行为构成挪用公款罪。在本案中，陈某的目的不是直接利用粮食的使用价值或效用，而是将粮食作为商品进入流通领域实现其交换价值，即将粮食换成货币后归个人使用，其行为本质仍然是挪用公款而不是挪用公物（粮食），属于挪用公款的一种特殊形式。因此，对陈某应以挪用公款罪定罪处罚。

那么，对于挪用非特定公物变价款的挪用数额是按原物折价数额认定还是按其实际出售公物所得的数额认定？对此，存在两种观点。一种观点认为，应该按照原物折价数额认定，只有这样才能做到罪责刑相适应，尤其在出售价格明显低于实际价值的情况下，如果按照出售所得数额认定，明显不合理，不利于打击犯罪。另一种观点则认为，应该按照出售所得数额认定，刑法条文所说的挪用数额自然是指公款的数额（刑法有特殊规定者除外），挪用人出售公

物后所得的价款，才是属于公款的范畴。[1]笔者认为，以上两种观点均有一定道理，但欠缺周延，而应具体情况具体分析。如果挪用人按照非特定公物的实际价值出售，此时按照原物折价数额认定和按照出售所得数额认定的结果是一致的，因此无须争辩。而如果挪用人按照低于或者明显低于非特定公物的实际价值出售，此时按照原物折价数额认定和按照出售所得数额认定的结果显然不再一致，甚至出现按照原物折价数额认定构成犯罪而按照出售所得数额认定不构成犯罪，或者按照原物折价数额认定将判处更重刑罚的情况。对此，笔者认为，按照出售所得数额认定较为妥当。一方面，如果按照原物折价数额认定，实际上就是肯定非特定公物可以成为挪用公款罪的犯罪对象，与刑法规定不符。另一方面，由于以低于或者明显低于非特定公物实际价值出售的行为本身损害了单位的财产利益，此时应将该行为作为酌定从重量刑情节考虑，以体现罪责刑相适应。因此，按照出售所得数额认定，既符合刑法规定又能确保量刑合理。当然，如果挪用人故意以明显低价变卖非特定公物，同时构成相关渎职犯罪的，属于牵连犯，一般应从一重处。

值得注意的是，尽管挪用非特定公物的行为不构成挪用公款罪，但如果造成非特定公物毁损，致使公共财产遭受重大损失的，如果挪用人是国家机关工作人员，可能构成玩忽职守罪或滥用职权罪；如果挪用人是国有公司、企业、事业单位人员，则可能构成国有公司、企业、事业单位人员失职罪、国有公司、企业、事业单位人员滥用职权罪。

五、“挪而未用”的司法认定

“挪而未用”，是指行为人将公款从单位挪出后，曾经较长时间占有，但尚未投入实际使用即归还或者案发的情况。例如，张某在担任银行行长（以国家工作人员论）期间，准备购置一套商品房，由于缺少资金，便指使本单位会计取出公款100万元，以备购房时使用。其间，张某一直将该款存放于自己办公室的保险柜内。4个月后，因上级查账，张某不得不将100万元现金全部退还单

---

〔1〕 王作富主编：《刑法分则实务研究》（下）（第4版），中国方正出版社2010年版，第1722页。

位，最终房子也未买成。

关于张某的行为是否构成挪用公款罪，是既遂还是未遂？存在争议。第一种观点认为，“挪用”即“挪+用”，“挪”指移动，“用”指使用，只有既挪又用公款的行为，才能叫作挪用公款，只挪而未用的，不构成挪用公款罪。[1]第二种观点认为，行为人挪用的目的是用，只挪而未用的，构成挪用公款罪的未遂。[2]第三种观点认为，“挪”是前提，“用”是目的，对于“挪用”犯罪而言，并不是以行为人实现了“用”的目的才构成既遂，对于“挪而未用”的情况应该认定为挪用公款罪的既遂形态；[3]“挪用”并不是复合行为，而是单一行为，只有“挪”才是本罪的实行行为，“用”只是“挪”的后续行为，“挪而未用”的行为构成挪用公款罪的既遂。[4]

笔者认为，张某的行为构成挪用公款罪（既遂）。具体分析如下：

上述不同观点从不同的视角审视“挪而未用”，虽然见仁见智，结论有异，但各自的论证方式都有一定道理。不过，对“挪而未用”应当进行辩证分析。首先，对“用”的概念应作广义理解。事实上，人们对款物的使用具有多种形式，诸如用于消费，用于生产，用于借贷，用于馈赠，用于储蓄、收藏、保存等等，这些使用形式都是款物所有人或持有人支配款物的具体表现形态。行为人对款物挪取后的占有，是一种收藏和保存，是款物受持有人支配的一种形式，是一种特殊使用状态。所谓“挪而未用”，只是相对的说法。事实上，行为人一旦挪取和占有公款，就妨碍了公款所有权人对公款的占有和使用，而行为人对公款的占有则使公款处于被非法支配的特殊使用状态。其次，也是更重要的，从犯罪客体被侵害的程度来看，“挪而未用”与挪用并无实质区别。一般认为，挪用公款罪的客体为国家工作人员职务行为的廉洁性和对公款的占有、使用、收益权，行为人挪出了公款，使公款脱离单位的控制，就不仅侵犯了

〔1〕 杨涛：《查处挪用公款犯罪中几个问题的思考》，载《河南省政法管理干部学院学报》2001年第6期。

〔2〕 王振勇、王为明：《办理挪用公款案应注意的问题》，载《刑事司法指南》（2000年第2辑），法律出版社2000年版。

〔3〕 游伟：《挪而未用行为的刑事认定》，载《人民法院报》2008年12月10日，第6版。

〔4〕 陈咏梅：《挪而未用的司法认定》，载《人民法院报》2009年1月14日，第6版。

国家工作人员职务行为的廉洁性，还侵犯了单位对该款项的占有、使用、收益权。因此，“挪而未用”的行为对挪用公款罪客体的侵害已经完成，如果挪取公款数额较大且超过3个月未还，就应该构成挪用公款罪，且为既遂形态。至于是否投入实际使用，使用时间的长短，只是量刑时应考虑的情节。虽然《刑法》对挪用公款罪中的“使用”规定了三种情形，但其目的并非要求行为人实际使用挪取的公款以后才构成挪用公款罪的既遂，而是着眼于这三种情形所反映的行为人之主观恶性及其社会危害性不同，需要作出不同的规定。也就是说，挪用公款罪的规制既不是将是否实际“使用”作为区分罪与非罪的客观构成特征，也不是将其作为区分犯罪既未遂形态的标准，而是因为三种不同的使用情况所反映的行为人的主观恶性及其社会危害性不同，需要在构成犯罪的规格上有所区别。所以，《刑法》设置挪用公款罪注重的是公款是否被挪出以及行为人是否将公款用于非法活动和营利活动，而不是公款是否被投入实际使用。因此，应将“挪”理解为挪用公款罪的必备要件，“用”为选择要件，为了个人生活上使用而“挪”出公款的行为，其实就已经具备了本罪的实行行为。行为人将公款挪出后，从性质上来说，只要符合数额较大、超过3个月未还的要件，就构成挪用公款罪的既遂。那么，对“挪而未用”的行为是按照非法活动型还是按照营利活动型或者一般活动型的规定进行定罪处罚？2003年《全国法院审理经济犯罪案件工作座谈会纪要》就此作了回答，即挪用公款后尚未投入实际使用的，只要同时具备数额较大和超过3个月未还的构成要件，应当认定为挪用公款罪，但可以酌情从轻处罚。可见，该纪要在肯定了“挪而未用”的行为可以构成挪用公款罪（既遂）、“未投入实际使用”仅作为量刑情节考虑外，还认为“挪而未用”的行为在一般情况下应按照一般活动型的规定进行定罪处罚。

笔者认为，该纪要的规定是中肯的。因为在行为人还未将公款投入实际使用的情况下，公款到底是用于非法活动、营利活动还是一般活动，仍处于不确定状态。即使行为人在挪用公款之时确有进行非法活动或者营利活动的意图，也不能排除其以后改变主意，将公款用于一般活动。在难以确定行为人挪用意图的情况下以一般活动型的规定进行定罪处罚，可以防止因主观归罪而加重行为人的刑事责任。这样处理，不仅有利于被告人，而且便于司法操作。当然，按照一般活动型的规定进行定罪处罚，必须同时符合数额较大和超过3个月未还的要件。如果数额尚未达到较大标准，或者挪用时间未超过3个月的，只能认定为无罪。

综上所述，张某挪取公款100万元占有4个月之久，虽未投入实际使用，但其行为已构成挪用公款罪，且为既遂。

需要补充的是，《刑法》第二百七十二条规定的挪用资金罪[1]与挪用公款罪虽然在犯罪客体、犯罪主体与犯罪对象方面有所差异，但在犯罪客观方面非常相似，都属于挪用犯罪。在实践中，不仅挪用公款犯罪中存在“挪而未用”现象，而且挪用资金犯罪中也同样存在“挪而未用”现象。笔者认为，前文对“挪而未用”行为的定性分析，除了适用于挪用公款犯罪外，还应适用于挪用资金犯罪。也就是说，对公司工作人员利用职务上的便利“挪出单位资金未投入实际使用”的行为，只要符合刑法所要求的“数额较大”和“超过三个月未还”之构成要件的，也应认定为挪用资金罪（既遂）。例如，张某在担任英纳雪公司副总经理期间，将该公司的10具空气呼吸器及10只碳纤维气瓶以11.9万元的总价销售给他人。王某在收到上述货款后，虽经英纳雪公司多次催要，但以与该公司存在纠纷为由拒绝交付货款，时间长达一年多。案发后，张某退

---

〔1〕 根据2016年“两高”《关于办理贪污贿赂刑事案件适用法律若干问题的解释》第十一条的规定，挪用资金罪中的“数额较大”、“数额巨大”以及“进行非法活动”情形的数额起点，按照挪用公款罪“数额较大”、“情节严重”以及“进行非法活动”的数额标准规定的2倍执行。即挪用资金进行非法活动的，6万元以上构成犯罪；进行营利活动或者一般活动、超过3个月未还，10万元以上为“数额较大”。挪用资金进行非法活动的，200万元以上为“数额巨大”；进行营利活动或者一般活动、超过3个月未还，400万元以上为“数额巨大”。该解释未对“挪用资金数额较大不退还”中的“数额较大”作出明确规定，系漏洞，但比较挪用资金罪与职务侵占罪的罪刑，为防止刑罚倒挂，挪用资金罪中“挪用资金数额较大不退还”中的“数额较大”应按照“挪用公款情节严重不退还”对应数额标准的2倍执行。如此，挪用资金数额较大不退还，进行非法活动的，100万元以上为“数额较大”；进行营利活动或者一般活动、超过3个月未还，200万元以上为“数额较大”。如挪用资金10万元不退还，如将“数额较大”规定为10万元以上，根据刑法规定则应判处3年以上10年以下有期徒刑。相反，如将该行为认定为较重的职务侵占行为，因职务侵占罪入罪标准“数额较大”为10万元以上，则仅需判处5年以下有期徒刑或者拘役。显然，此时以职务侵占罪处罚一般较轻。故此，为防止两罪的罪刑倒挂，“挪用资金数额较大不退还”中的“数额较大”应按照“挪用公款情节严重不退还”对应数额标准的2倍执行，即上述100万元以上或者200万元以上为“数额较大”。

回部分货款10万元。对于此案，张某身为公司工作人员，本应在收到公司货款11.9万元后及时上交公司，而张某则以与公司存在纠纷为由扣留公司货款，并在公司的多次催要下仍然拒绝交付，时间长达一年多。尽管没有充分证据证实张某有使用的意图且已经使用了该笔款项（所谓的“挪而未用”），但其利用职务上的便利，无理扣留公司货款并拒绝交付的行为，与挪出单位资金转移到自己控制之下的行为在实质上并无二致，已侵犯了单位资金的占有、使用、收益权。而且，张某挪用本单位资金数额较大，超过3个月未还，符合《刑法》关于挪用单位资金进行一般活动的定罪标准。鉴于张某犯罪情节轻微，且案发后已归还绝大部分赃款，依法不需要判处刑罚，法院以挪用资金罪对张某免予刑事处罚，责令退赔被害单位英纳雪公司1.9万元。笔者认为，该判决是正确的。

六、挪用公款用于质押的数额认定

在抵押的担保形式中，担保人提供一定的财产作为抵押物，不转移财产的占有关系。当债务人不履行债务时，债权人有权依照法律规定以抵押物折价或者以变卖抵押物的价款优先得到偿还。在抵押关系中，虽不转移财产的占有关系，但作为抵押物的财产的处分行为已受到限制。一是在同一标的物上设定抵押后，除非抵押物的价值超出被担保债权的价值，抵押人不得在抵押物上再设定抵押权。二是在抵押权设定后，抵押人在通知抵押权人前，不得将抵押物转让给第三人。笔者认为，对于挪用公款或者特定款物用于抵押的情况，尽管此时公款或者特定款物的使用权和处分权的行使已受到一定的限制，但并不转移公款或者特定款物的占有关系。因此，不能将挪用公款或者特定款物用于抵押的行为认定为挪用公款行为。当然，如果行为人因为将挪用公款或者特定款物用于抵押的行为致使公共财产遭受重大损失的，则可能构成玩忽职守罪、滥用职权罪、国有公司、企业、事业单位人员失职罪或者国有公司、企业、事业单位人员滥用职权罪。

例如，林某在担任医药公司（国有公司）经理期间，出于私情擅自以公司名义先后10余次为柯某等人银行贷款25.5万元提供保证担保。后柯某等人无力偿还贷款，医药公司承担连带赔偿责任，致使公司账户被依法划走贷款本息等共计32.5万余元。对于此案，林某以公司名义为他人贷款提供保证担保，其单位账户当时并未冻结。也就是说，公司的资金仍在本单位控制之下，其占有权、使用权和收益权均未因担保而改变，因而其行为不构成挪用公款罪。林某为他人贷款提供保证担保，造成国有公司严重损失，其行为应以国有公司人员滥用职权罪追究刑事责任。

质押是转移对物的占有的担保方式，当债务人不履行义务时，债权人有权依照法律规定以该财产折价或者以其变卖价款优先受偿。由于质押是由债权人占有质物，故以公款为个人提供质押因丧失占有权而同时丧失了使用权、限制了处分权。根据2003年《全国法院审理经济犯罪案件工作座谈会纪要》的规定，挪用金融凭证、有价证券用于质押，使公款处于风险之中，与挪用公款为他人提供担保没有实质的区别，符合《刑法》关于挪用公款罪规定的，以挪用公款罪定罪处罚，挪用公款数额以实际或者可能承担的风险数额认定。同理，挪用货币形态的资金用于质押的情况，也应该如此处理。2010年“两高”《国家出资企业职务犯罪意见》第三条第一款亦规定：“国家出资企业的工作人员在公司、企业改制过程中为购买公司、企业股份，利用职务上的便利，将公司、企业的资金或者金融凭证、有价证券等用于个人贷款担保的，依照刑法第二百七十二条或者第三百八十四条的规定，以挪用资金罪或者挪用公款罪定罪处罚。”也就是说，国家工作人员的上述行为属于挪用公款，非国家工作人员的行为属于挪用资金。

实践中，对挪用公款用于质押的行为以挪用公款罪定性一般没有争议，但如何认定挪用公款数额，却存在一些分歧。

例如，李某、毛某经与兴山公司总经理张某商议后，决定以毛某个人经营的松梅公司名义借钱给兴山公司，以赚取利息。李某为筹措借款，利用其担任枫泾商城（国有公司）总经理的职务便利，将枫泾商城的350万元公款质押给信用社作担保，使毛某以松梅公司名义取得期限1年的300万元短期贷款，后李某、毛某将贷款所得的300万元出借给兴山公司。1年后，李某又将枫泾商城的

500万元公款质押给信用社作担保，使毛某再次以松梅公司名义取得期限1年的400万元短期贷款，用以支付为归还前笔到期的300万元贷款而向其他公司的借款等。该400万元贷款于案发前归还银行。

本案中，李某系国家工作人员，其利用职务上的便利，先后两次将本单位公款共计850万元质押给信用社作担保，为他人获取一年期贷款共700万元用于经营活动，其行为构成挪用公款罪。毛某虽然不是国家工作人员，但与李某共谋，指使或者参与策划取得挪用款，构成挪用公款罪的共犯。显然，对李某、毛某以挪用公款罪定罪一般没有争议，但如何认定二人的犯罪数额即挪用数额，存在两种不同意见。一种意见认为，李某、毛某挪用公款的数额应为实际取得的贷款数额，即700万元，因为其所挪用公款中实际或者可能承担的风险部分仅为700万元。另一种意见则认为，李某、毛某挪用公款的数额应为直接挪用的数额即850万元，因为只要李某、毛某实施了挪用行为，就侵犯了对公款的占有、使用、收益权，犯罪数额应为实际挪用公款的数额。

笔者赞成第二种意见，即李某、毛某挪用公款的数额为850万元。具体分析如下：

无论是挪用货币形态的资金还是挪用有价证券形态的资金用于质押，一方面，就会因为没有依法或者如约履行债务而承担担保责任，致使公款处于风险之中，因此，挪用公款的数额应以实际或者可能承担的风险数额认定。如果用于质押的公款数额与因为质押而产生的债务数额一致，直接以用于质押的公款数额认定没有争议。但是，一般情况下，用于质押的公款数额往往会高于因为质押而产生的债务数额，如前述李某、毛某挪用公款案，用于质押的公款数额为850万元，而因为质押而产生的债务数额（本案中为贷款数额）仅为700万元。对此，尽管贷款数额只有700万元，低于用于质押的公款数额850万元，但此时的担保责任一般包括本息及违约金等，因此，以实际取得的贷款数额即700万元作为李某、毛某挪用公款的数额，显然是不合适的。或者说，李某所在公司因为李某、毛某的挪用行为导致实际或者可能承担的风险数额应该会高于700万元，即处于700万元至用于质押的公款数额850万元之间。这样，李某所在公司实际或者可能承担的风险数额应为用于质押的公款数额850

万元，故认定李某、毛某挪用公款的数额为850万元是符合担保风险责任规定的。

另一方面，挪用公款罪的犯罪客体为国家工作人员职务行为的廉洁性和对公款的占有、使用、收益权。行为人利用职务便利，挪用公款归个人使用，将公款用于质押，就意味着行为人挪出了公款，使公款脱离单位的控制，其行为不仅侵犯了国家工作人员职务行为的廉洁性，而且还侵犯了单位对该款项的占有、使用、收益权。在用于质押的公款数额高于因为质押而产生的债务数额的情况下，即使认为高出的数额部分实际上或者可能没有风险，但也属于被挪用的公款，同样侵犯了挪用公款罪的犯罪客体。如果认为高出的数额部分实际上或者可能没有风险而不认定为挪用公款的数额，那么，就更加不能将“挪而未用”的行为认定为犯罪了。相反，尽管“挪而未用”中被挪用的公款承担的风险小甚至没有风险，但仍然侵犯了挪用公款罪的犯罪客体，如果符合挪用公款罪规定的，应以挪用公款罪定罪处罚，挪用公款数额以实际被挪出的公款数额认定。因此，挪用公款用于质押情形下的挪用数额，应以实际侵犯了挪用公款罪犯罪客体的数额即用于质押的公款数额认定。在李某、毛某挪用公款案中，尽管贷款数额只有700万元，但用于质押的公款数额为850万元，侵害了单位对850万元公款的占有、使用、收益权，故李某、毛某挪用公款的数额应为850万元。可见，无论是从质押的担保风险责任角度来看，还是就挪用公款罪立法所保护的社会关系即法益来说，挪用公款用于质押的挪用数额都应以实际用于质押的公款数额认定。

挪用公款罪的犯罪对象包括公款和特定款物，挪用公款用于质押的挪用数额以实际用于质押的公款数额认定，那么，挪用特定款物用于质押的挪用数额也应以实际用于质押的特定款的数额或者特定物（限于动产）的价值认定。

七、反复挪用同笔公款的数额认定

反复挪用同笔公款，是指先后多次挪用同笔公款，每次使用后均归还的情形。如确有证据证明多次挪用的系同一笔公款,[1]此时是以单次最高挪用数额作为犯罪数额,同时将多次挪用行为作为量刑情节考虑,还是累计每次挪用公款的总数额作为犯罪数额,实践中存在较大分歧。下文以朱某挪用公款案为例,就反复挪用同笔公款如何认定数额这一问题进行探讨。

(一)朱某挪用公款案简介及不同观点

朱某在担任生产资料交易市场(系国有企业,以下简称生资市场)财务经理期间,利用其负责管理单位账外资金的职务便利,单独或者伙同他人,多次挪用公款进行营利活动:(1)从其个人保管的"公款私户"账户内4次划款30万元、一次划款20万元至其个人工商银行银证通账户,用于个人申购新股,每次使用后均很快归还;(2)从其个人保管的"公款私户"账户内划款16万元,提现单位大额存单14万元,一并30万元存入上述银证通账户,用于股票交易,使用

〔1〕 如何界定"同笔公款"?笔者与上海社会科学院法学所魏昌东教授和江西省吉安市中级人民法院张才长法官作了多次交流、沟通。魏昌东教授认为,挪用公款罪的犯罪对象为"公共货币资金",由于货币是种类物,故区分是否为"同笔公款"的标准,应当根据公共资金账户的数量以及资金额度的具体情况加以确定。如挪用不同银行账户中的款项,则不应认定为"同笔公款";如在同一时间段内多次挪用同一银行账户中的款项,存在同时处于挪用状态下的资金的,也不应认定为"同笔公款"。如挪用对象系同一银行账户中的款项,且该账户的款项在被挪用后始终存在结存余额的情况下,行为人将所挪用的款项归还的,由于该归还行为使已受损的公款所有权恢复到了原有状态,此时再行挪用的,应当认定为"同笔公款"。张才长法官认为,从公款的来源和用途区分,一个银行账户内的公款可以是一笔公款,也可以是多笔公款,多笔公款存储在一个银行账户内就可以认定为同一笔公款吗?存、取不断的银行账户存储的是同一笔公款吗?多笔公款由个人混同保管亦可以认定为同一笔公款吗?个人保管的公款若数额不断变动,还是同一笔公款吗?同一笔来源或用途的公款,分别存储或保管在不同的账户或个人手中,算是一笔还是多笔公款呢?无论是从静态还是动态看,尽管公款是种类物,其存在和流动情况都是清晰可观的,因此,可将静态存储于一个银行账户内的同一笔公款界定为"同笔公款"(具体可详见张才长:《反复挪用同笔公款的犯罪数额应累计计算》,载中国法院网,2013年4月15日)。感谢魏教授和张法官为笔者界定"同笔公款"所做的努力。笔者认为,反复挪用处于静止状态的某一笔公款,如存放于单位保险柜内或者存储于某一银行账户中的某笔公款,当然属于"同笔公款"。对于挪用不同账户中的公款,显然不能理解为"同笔公款"。对于挪用存在存、取不断的同一银行账户中的公款,每次使用后均归还的,能否认定为反复挪用"同笔公款",存在不同意见。笔者认为,尽管该账户中的公款处于不断变化之中,但在认定是否属于反复挪用"同笔公款"的问题上,不能一概而论。第一,如账户中公款的变化只有"取"没有"存"的,则应理解为"同笔公款",否则会出现累计的挪用公款数额大于资金总量的情况;第二,如账户中公款的变化有"取"有"存",但资金存、取量不大的,宜理解为"同笔公款",否则也会出现累计的挪用公款数额大于资金总量的情况;第三,如账户中公款的变化有"取"有"存",且资金存、取量大,一般不会出现累计的挪用公款数额大于资金总量的情况,则不宜理解为"同笔公款",累计每次挪用公款的数额作为挪用公款的犯罪数额更为客观。

后很快归还；(3)将从生资市场银行账户内提前领取单位暂扣的职工效益工资共计21万余元，先后用于申购新股、购买理财产品等营利活动，使用后也很快归还。

本案中，对朱某以挪用公款罪定罪没有争议，但对其挪用公款的数额是认定30万元，还是65万余元抑或191万余元，存在以下三种不同观点：

第一种观点认为，朱某在担任生资市场财务经理期间，利用其负责管理单位账外资金的职务便利，单独或伙同他人，多次将单位公款划入个人股票账户，用于申购新股、进行股票交易等营利活动，共计65万余元。

第二种观点认为，本案中，虽然朱某每次挪用公款后都很快归还其单位，但每次挪用公款行为都独立构成挪用公款罪，且为既遂，属于刑法理论上的连续犯，应比照多次盗窃、贪污、受贿犯罪数额累计计算的做法，对每次挪用公款的数额累计计算，以此作为挪用公款的总数额。这样，朱某挪用公款的数额就应该是6次挪用“公款私户”账户内资金156万元和提现的单位大额存单14万元及单位职工效益工资21万余元，共计191万余元。

第三种观点认为，本案中的公款包括“公款私户”内的公款、提现的单位大额存单14万元及单位职工效益工资21万余元。就朱某7次挪用公款行为而言，处于不同时间段，且每次使用后均很快归还，属于反复挪用。尽管7次被挪用的公款共涉及3笔，但都是同一单位的公款，且公款为种类物，因此，其挪用行为对其单位而言，属于间断性地侵犯单位一定数额公款的占有、使用和收益权，而不是同时侵犯了3笔公款的占有、使用和收益权，故在挪用公款数额的认定上，应以单次最高挪用的公款数额即30万元作为挪用公款的数额，其多次挪用公款的行为可作为量刑情节考虑。

（二）多次挪用同笔公款的宜以单次最高挪用公款的数额或者单次挪用公款的数额（每次挪用数额相同的）作为挪用公款的数额，“多次”作为量刑情节

1.挪用公款数额应为公款实际被占用的数额

挪用公款罪的客体为国家工作人员职务行为的廉洁性和对公款的占有、使用、收益权，如此一来，挪用公款数额应为公款实际被占有、使用、收益的

数额。反复挪用同笔公款归个人使用，进行非法活动，或者数额较大，进行营利活动，每次使用后均归还的；或者反复挪用同笔公款归个人使用，数额较大，每次超过3个月后均归还的，尽管每次挪用行为均是已经既遂的独立的犯罪行为，但由于不是同时挪用几笔公款，而是连续或者间断地挪用同笔公款中不同或者相同数额的公款，加之公款属于种类物，因此，实际上被占用的公款数额，或者说侵害公款占有、使用、收益权的数额，仅仅是单次最高挪用的公款数额。如果反复挪用的公款数额相同的，则为单次挪用的公款数额，而不是累计计算的总数额。否则，就可能出现不符合常理现象，甚至造成罪刑不均衡。例如，某单位有一笔公款100万元，国家工作人员利用职务便利先后5次反复挪用100万元用于炒股，每次使用后很快归还，显然，该国家工作人员的行为对于其单位来说，侵害的是100万元公款的占有、使用和收益权，而不是500万元。再如某单位有一笔公款50万元，国家工作人员利用职务便利在两年内先后三次反复挪用50万元用于经商，每次使用后很快归还，或者仅一次挪用50万元用于经商，也于2年内归还。显然，难以评价两种情况下何种行为的社会危害性孰轻孰重，但如果对前种行为的数额累计计算，就会导致不合理。

再从量刑上看，一笔公款2万元，反复挪用5次用于炒股，每次使用后很快归还，如果累计处理就是10万元，构成挪用公款罪，处5年以下有期徒刑或拘役；而如果将公款2万元非法占为己有，属于贪污，因不具有司法解释规定的特定情节，不构成犯罪。从社会危害性角度，贪污行为较之挪用行为具有更严重的社会危害性，在贪污行为都不构成犯罪的情况下将挪用行为作为犯罪处理，显然不合理。再如，一笔公款100万元，反复挪用4次用于炒股，每次使用后很快归还，如果累计处理就是400万元，构成挪用公款罪，处5年以上有期徒刑，即在5~15年有期徒刑范围内量刑；而如果将公款100万元非法占为己有，构成贪污罪，如不具有司法解释规定的特定情节，则处3年以上10年以下有期徒刑。同样，贪污行为较之挪用行为具有更严重的社会危害性，如此处理出现了刑罚轻重倒挂。因此，对于反复挪用同笔公款的，不宜累计反复挪用的数额。

当然，如果反复挪用涉及不同笔公款的，则侵害了不同笔公款的占有、使用和收益权，此时，应累计不同笔公款实际被占用的数额，即累计每笔公款被单次最高挪用数额或者单次挪用数额（挪用数额相同的情况）。而且，上述反复挪用公款，是指反复挪用公款用于某一种活动的情况。对于反复挪用公款用于不同种活动的，由于用于不同种活动在构成挪用公款罪上的要件不同，故不宜直接以单次最高挪用数额或者单次挪用数额作为挪用公款数额，而应以社会危害性最为严重即处刑最重的某次挪用公款行为作为入罪的行为类型，以其数额作为定罪数额。此外，对于反复挪用公款，如果使用公款用于一般活动，每次使用后在3个月内即归还，即使数额较大的，也不构成挪用公款罪。

2.反复挪用公款不同于“多次挪用公款不还”和“以后次挪用的公款归还前次挪用的公款”

根据《1998年挪用公款解释》第四条的规定，多次挪用公款不还，挪用公款数额累计计算。显然，该规定是指多次挪用公款不还的情况，而不包括每次都归还的情形。且多次挪用公款不还，每次挪用公款的行为都侵害了不同公款的占有、使用和收益权，故应累计计算，否则就是轻处犯罪行为。该解释第四条还规定，多次挪用公款，并以后次挪用的公款归还前次挪用的公款，挪用公款数额以案发时未还的实际数额认定。该规定是考虑到后次挪用的公款并没有使公款的占有、使用、收益权受到新的侵害，因为后次挪用的公款又归还了单位，此时公款仍归单位占有，挪用行为所侵害的公款数额只能是实际占有、使用和收益的部分。相形之下，反复挪用公款，每次使用后均归还的情形，比以后次挪用的公款归还前次挪用的公款的社会危害性相对要小，如果在认定数额上反而累计计算，也显得不合理。

3.将反复挪用行为作为从重情节或者“情节严重”考虑

反复挪用同笔公款，每次使用后均归还的，属于多次侵害同笔公款占有、使用和收益权的行为，与一次挪用行为相比，尽管被挪用的公款数额可能相同，但“反复”挪用的事实表明行为人具有更深的主观恶性和更大的社会危害性，从这个意义上来说，应处以较重的刑罚。基于此，应将反复挪用作为量刑情节考虑，确保罪刑均衡。

根据《刑法》规定，挪用公款情节严重的，处5年以上有期徒刑。所谓“情节严重”，根据《1998年挪用公款解释》第三条的规定，是指挪用公款数额巨大，或者数额虽未达到巨大，但挪用公款手段恶劣；多次挪用公款；因挪用公款严重影响生产、经营，造成严重损失等情形。依此，对于反复挪用公款，如果挪用公款的数额为巨大的，将反复挪用作为从重量刑情节考虑即可实现罪刑均衡。而对于挪用公款的数额为较大的情形，是否将反复挪用作为“情节严重”考虑，笔者认为不能一概而论。第一，挪用公款数额接近巨大的起点时，应将反复挪用作为“情节严重”考虑。例如，《1998年挪用公款解释》也规定，挪用公款数额虽未达到巨大，但多次挪用公款的，属于情节严重。显然，“多次挪用公款”应包括多次挪用公款、每次使用后均归还的反复挪用情形。第二，在挪用公款数额较大的情形下，如果反复挪用的次数非常多，判处5年以下有期徒刑或者拘役不足以罚当其罪的，宜将反复挪用作为“情节严重”考虑。第三，在挪用公款数额较大的情形下，如果反复挪用的次数不是很多，且将反复挪用作为从重情节能实现罪刑均衡的，宜作为从重量刑情节考虑。可见，反复挪用公款的事实仅是可以认定为情节严重，而不是必须认定为情节严重。

4.关于朱某案的评析

本案中，朱某挪用的公款涉及3笔。其中，从“公款私户”账户内挪用了6次用于营利活动，每次使用后均很快归还，属于反复挪用同笔公款，宜以单次最高挪用数额即30万元为挪用公款数额。此外，朱某还挪用提现其保管的单位大额存单14万元和单位职工效益工资21万余元，侵害了35万余元公款的占有、使用和收益权。综合起来，朱某的挪用行为共侵害其单位65万余元公款的占有、使用和收益权，属于挪用公款数额较大，其行为构成挪用公款罪，应处五年以下有期徒刑或者拘役。

事实上，该案系在2016年“两高”《关于办理贪污贿赂刑事案件适用法律若干问题的解释》实施前判决生效。依照之前的相关规定，朱某挪用公款65万余元，属于情节严重，其行为构成挪用公款罪，应处五年以上有期徒刑。生效判决考虑朱某具有自首、退赃等情节，且部分系共同犯罪，依法予以减轻处罚，最终以挪用公款罪判处其有期徒刑3年，缓刑4年，应该说定罪准确，量刑适当。

八、多次、多用途挪用公款的数额认定

在入罪上，挪用公款罪属于数额犯；在法定刑升格上，属于情节犯，但数额是重要的情节，故此，挪用公款数额直接影响该罪的定罪与量刑。一般来说，一次挪用数额较大的公款或者多次挪用公款用于一种活动的，比较容易确定挪用数额。但是，在一次挪用数额较大的公款或者多次挪用公款不还用于两种或三种活动、以后次挪用的公款归还前次挪用的公款等情况下，如何认定挪用公款的数额，存在一些分歧，需要进行探讨。[1]

（一）多次挪用公款用于多种活动的数额认定

根据《1998年挪用公款解释》第四条的规定，多次挪用公款不还，挪用公款数额累计计算。笔者认为，如果多次挪用公款不还，只进行非法活动或者营利活动或者一般活动的，不管每次挪用的数额是否达到了立案标准，直接累计每次挪用公款的数额就是挪用公款的总数额。[2]总数额达到立案标准的，构成犯罪，否则，作无罪处理。但是，如果多次挪用公款不还用于两种或三种活动，其中既有一次挪用公款用于两种或者三种活动，多次挪用公款用于两种或者三种活动的情况，也有将每次挪用的公款用于一种活动，但多次挪用公款用于不同种活动的情况，能否与“多次挪用公款不还只用于一种活动”一样直接累计每次挪用公款的数额？笔者认为，挪用同等数额的公款用于不同种用途所反映的社会危害性是不一样的，对于同种用途的数额可以直接累计计算，对于

---

〔1〕 实际上，一次挪用数额较大的公款用于两种或三种活动与多次挪用公款不还用于两种或三种活动，在认定挪用数额的方法上基本一致，故本书只对多次挪用公款不还用于两种或三种活动的数额认定问题作一探讨。

〔2〕 根据《刑法》的有关规定，对于经过行政处罚或者刑事处罚的挪用公款行为，以及超过追诉时效的挪用公款行为，不应再追究刑事责任，因而不能累计该部分的公款数额，下同。

不同种用途的数额，不能直接累计，[1]而应区分不同情况分别处理。

1.用于每种活动的公款数额都没有达到立案标准的数额认定

如多次挪用公款不还，其中挪用2万元用于赌博，4万元用于经商，4.5万元用于购买自住房（超过3个月未还）。对于这种情况，虽然用于每种活动的公款数额都没有达到立案标准，但多次挪用公款的总数额则都超过了不同种用途的挪用公款的立案标准，如果以用于每种活动的公款数额都没有达到立案标准而认为不构成犯罪，则有放纵犯罪之嫌，如果直接累计多次挪用公款的数额，则有过于苛严之嫌。有论者认为，可以按照行为人对公款的主要用途适用法律，即公款主要用于非法活动或者营利活动的，适用《刑法》第三百八十四条关于"挪用公款进行非法活动"或者"挪用公款进行营利活动"的规定；主要用于上述两种活动以外的活动的，适用"挪用公款数额较大，超过三个月未还"的规定。[2]笔者认为，该观点不尽合理。当公款主要用于非法活动或者营利活动的场合，将用于这两种活动以外的一般活动的公款也以非法活动型或者营利活动型挪用公款罪进行处罚，无疑加重了行为人的刑事责任，因为挪用同等数额的公款用于一般活动的社会危害性要小于用于非法活动或者营利活动的社会危害性。对于这种情况，笔者认为，应当按照有利于被告人的原则，就轻不就重。具体为：（1）用于非法活动和营利活动的，累计用于非法活动和营利活动的公款数额，按照营利活动型挪用公款罪进行处罚，非法活动及其数额作为量刑情节考虑；（2）用于非法活动/营利活动和一般活动的，累计用于非法活动/营利活动和一般活动（都应超过3个月未还）的公款数额，按照一般活

---

〔1〕 从同类数额角度，同类数额包括同类同种数额和同类不同种数额。多次挪用公款用于同种用途的多次数额，属于同类同种数额，可以直接累计定罪量刑。而多次挪用公款用于不同种用途的多次数额，属于同类不同种数额。对于同类不同种数额，由于用于不同种用途的同等数额所反映的社会危害性不一样，且用于不同种用途的入罪和法定刑升格数额不同，因此，不能直接累计定罪量刑。一般来说，同类不同种数额可以累计，但必须就轻认定，即以入罪、法定刑升格数额较高的行为为标准进行定罪量刑。如果累计同类同种数额或者同类不同种数额并就轻认定后，导致行为入罪或者法定刑升格的，必须累计，否则放纵犯罪或者轻纵犯罪。如果累计后没有导致行为入罪或者法定刑升格的，则可不予累计。具体可详见沈志先主编：《法官自由裁量精义》，法律出版社2011年版，第128~134页；陈庆安、罗开卷：《同类不同种行为的立法分析与数额认定》，载《郑州大学学报》（哲学社会科学版）2011年第6期。

〔2〕 王作富主编：《刑法分则实务研究》（下）（第4版），中国方正出版社2010年版，第1736页。

动型挪用公款罪（达到数额较大）进行处罚，非法活动/营利活动及其数额作为量刑情节考虑；（3）用于非法活动、营利活动和一般活动的，累计用于非法活动、营利活动和一般活动（都应超过3个月未还）的公款数额，按照一般活动型挪用公款罪（达到数额较大）进行处罚，非法活动、营利活动及其数额作为量刑情节考虑。[1]

2.只有用于一种活动的公款数额达到立案标准的数额认定

如多次挪用公款不还，其中挪用公款3万元用于嫖娼，4万元用于炒股，4万元用于购买自住房，或者挪用公款2万元用于嫖娼，5万元用于炒股，4万元用于购买自住房，或者挪用公款2万元用于嫖娼，4万元用于炒股，6万元用于购买自住房（超过3个月未还）。在只有用于一种活动的公款数额达到立案标准的情况下，笔者认为，应以刑法关于该种活动的规定进行定罪处罚，在数额认定上，不能任意把没有达到立案标准的数额与达到立案标准的数额进行累计，而应当按照有利于被告人的原则作如下处理：（1）只有用于非法活动的公款数额达到立案标准的，按照非法活动型挪用公款罪进行处罚，以用于非法活动的公款数额为定罪数额，营利活动、一般活动及其数额仅作为量刑情节考虑；（2）只有用于营利活动的公款数额达到立案标准的，累计用于非法活动和营利活动的公款数额，按照营利活动型挪用公款罪进行处罚，非法活动、一般活动及其数额作为量刑情节考虑；（3）只有用于一般活动的公款数额达到立案标准的，累计用于非法活动、营利活动（都应超过3个月未还）和一般活动的公款数额，按照一般活动型挪用公款罪进行处罚，非法活动、营利活动及其数额作为量刑情节考虑。

3.用于两种或者三种活动的公款数额达到立案标准的数额认定

如多次挪用公款不还，其中挪用公款3万元用于赌博，5万元用于炒股，5

〔1〕 笔者认为，从兼顾被告人利益与打击犯罪角度，对用于非法活动或者营利活动的公款数额达到立案标准即构成犯罪的，不应有“超过三个月未还”的时间限制，因为将构成非法活动型或者营利活动型犯罪的公款数额累计到用于一般活动的公款数额中，以一般活动型挪用公款罪进行处罚，本身就是有利于被告人的；但是，对用于非法活动或者营利活动的公款数额没有达到立案标准即不构成犯罪的，则只能将超过3个月未还的公款数额与用于一般活动的公款数额（超过3个月未还）进行累计，以一般活动型挪用公款罪进行处罚，否则，就是将违法行为升格为犯罪行为，不利于被告人。

万元用于购买自住房，或者挪用公款3万元用于赌博，5万元用于炒股，10万元用于购买自住房（超过3个月未还）。对用于两种或者三种活动的公款数额达到了立案标准的数额认定，主要有三种观点。第一种观点认为，应按照挪用公款的主要用途适用法律，以总数额计算。第二种观点认为，应按照挪用公款数种活动中最严重的一个进行定罪处罚，其他活动及其数额作为量刑情节考虑。第三种观点认为，主要用途为非法活动的，以非法活动及其数额进行定罪处罚，其他的活动及其数额作为量刑情节考虑；主要用途为营利活动或者一般活动的，适用营利活动或者一般活动的法律规定，以挪用公款的总数额进行处罚。[1]

比较而言，第一种观点存在缺陷。当主要用途为非法活动时，如果将用于营利活动或者一般活动的数额累计到非法活动的数额中，并以非法活动型挪用公款罪进行处罚，则不适当地加重了行为人的刑事责任，导致处刑偏重，尤其是在法定刑升格时更加突出。第二种观点同样存在缺陷，容易导致处刑偏轻。如多次挪用公款不还，5万元用于赌博，5万元用于经商，190万元用于购买自住房。按照第二种观点，应以挪用公款190万元用于一般活动进行定罪处罚，非法活动、营利活动及其数额作为量刑情节考虑的话，就应在五年以下有期徒刑范围内从重处罚。由于挪用同等数额的公款用于非法活动或者营利活动的社会危害性要大于用于一般活动的社会危害性，这样，总共挪用200万元用于三种活动的社会危害性就应该大于挪用200万元仅用于一般活动的社会危害性，而挪用200万元用于一般活动的，属于情节严重（数额巨大），应在五年以上有期徒刑的范围内量刑。可见，第二种观点导致处刑偏轻，不尽合理。第三种观点试图克服第一种、第二种观点的不足，区分不同情况分别处理，避免处刑不当，但其中的“主要用途为营利活动或者一般活动的，适用营利活动或者一般活动的法律规定，以挪用公款的总数额进行处罚”的观点，意味着当主要用途为营利活动时，也要累计用于一般活动的公款数额进行处罚，导致处刑偏重，因而该观点也不尽科学。

---

〔1〕 马长生主编：《经济犯罪热点问题研究》，湖南师范大学出版社2005年版，第328~329页。

笔者认为，用于两种或者三种活动的公款数额达到立案标准的情况下，其数额认定和处理应作以下三种区分：（1）主要用途为非法活动的，按照非法活动型挪用公款罪进行处罚，以用于非法活动的公款数额为定罪数额，营利活动、一般活动及其数额仅作为量刑情节考虑；（2）主要用途为营利活动的，累计用于非法活动和营利活动的公款数额，按照营利活动型挪用公款罪进行处罚，非法活动、一般活动及其数额作为量刑情节考虑；（3）主要用途为一般活动的（至少达到数额较大、超过3个月未还），累计用于非法活动、营利活动（用于非法活动、营利活动的公款数额达到立案标准的，不需要3个月未还的时间限制，否则，必须超过3个月未还）和一般活动的公款数额，按照一般活动型挪用公款罪进行处罚，非法活动、营利活动及其数额作为量刑情节考虑。

（二）多次挪用公款并以后次挪用的公款归还前次挪用的公款的数额认定

根据《1998年挪用公款解释》第四条的规定，多次挪用公款，并以后次挪用的公款归还前次挪用的公款，挪用公款数额以案发时未还的实际数额认定。在司法实践中，对该规定的理解存在一些分歧，需要进一步厘清。

第一，以后次挪用的公款归还前次挪用的公款，也就是“拆东墙补西墙”，这样，就会形成前清后欠，不可能全部还清，肯定有未归还的部分，而且案发时未还的实际数额会等于甚至大于后次挪用公款前的任何一次挪用公款的数额。因此，关于“以后次挪用的公款归还前次挪用的公款，至案发时全部还清，其挪用的数额为零”的观点，[1]其实质是将“使用其他方法归还挪用的公款”也理解为“以后次挪用的公款归还前次挪用的公款”，是对解释第四条的误解。

第二，案发时未还的实际数额，是指案发时挪用公款的总数额减去已经归还的数额。例如，第一次挪用10万元，第二次挪用15万元，用10万元还了前次，第三次又挪用15万元，又还了前面的15万元，案发时行为人未还的实际数额为

---

〔1〕 周琪：《以后次挪用的公款归还前次挪用款，不应以案发时未还的实际数额认定》，载《检察日报》2004年3月1日，第3版。

“10＋15＋15－10－15=15(万元)”。

例如,范某利用担任国有企业财务总监、财务部长的职务便利,虚报下属公司需借用资金2500万元后,将该笔资金划至个人账户进行炒股营利活动,为防止挪用事情败露,又虚构与其他公司之间货物交易的事实,再次挪用公款1200万元,用于归还填补2500万元挪用款中的部分款项,后因炒股亏损无法归还挪用款案发。生效判决认为,范某身为国家工作人员,利用职务上的便利,多次挪用公款用于营利活动,并以后次挪用的公款归还前次挪用的公款,挪用公款数额以案发时未还的实际数额即2500万元认定,属于挪用公款数额巨大不退还,其行为构成挪用公款罪。

第三,挪用公款的时间以挪用公款的数额达到构成犯罪的标准时开始计算。这里的数额,仅指立案标准中三种用途构罪的数额。在挪用公款用于一般活动的情况下,如果行为人每次均在3个月以内以后次挪用的公款归还前次挪用的公款,挪用公款的时间应以挪用公款的数额达到较大的标准时开始计算(有可能是第一次挪用的数额就达到了较大的标准,也有可能是经过几次挪用公款后挪用的数额才达到较大的标准),至案发时如果超过3个月的,构成犯罪,否则,不以犯罪论处。

第四,多次挪用公款,并以后次挪用的公款归还前次挪用的公款,案发前又使用其他方法全部归还挪用的公款的,并不能简单地理解为案发时全还了就不构成犯罪。或者说,使用其他方法全部归还挪用的公款并不意味着已经成立的犯罪就被抵消了。在这种情况下,全部归还所挪用公款之前的未还的实际数额,应认定为挪用公款的数额,只要符合挪用公款罪构成要件的,都要定罪处罚,在案发前全部归还挪用公款的行为仅作为量刑情节考虑。[1]

例如,国家工作人员李某,利用职务上的便利挪用公款20万元用于赌博,之后为了应付检查,于1个月后又挪用第二笔公款20万元归还第一笔挪用的公款,之后又于1个多月后挪用第三笔公款20万元归还其挪用的第二笔公款,3个月后用自己的钱归还其挪用的第三笔公款20万元,后李某因单位会计审核账

〔1〕 在部分归还的情况下,同样不能因为归还了就不再承担刑事责任,但部分归还的行为应作为量刑情节考虑。

目而案发。对于此案，李某身为国家工作人员，利用职务上的便利，多次挪用公款用于非法活动，并以后次挪用的公款归还前次挪用的公款，实际挪用公款的数额应为20万元，其行为构成挪用公款罪。李某于案发前用自己的钱归还了挪用的公款，可酌情从轻处罚。

需要提及的是，在挪用公款进行营利活动的情形中，对于挪用人或者具体使用人通过使用公款所获取的利息、收益等违法所得，是进行营利活动必然产生的一种犯罪后果，不是挪用公款本身，不应计算为挪用公款的数额，但要依法追缴没收。

九、受委托管理、经营国有财产人员挪用公款的性质

根据《刑法》规定，贪污罪的主体除了国家工作人员以外，还包括受国家机关、国有公司、企业、事业单位、人民团体委托管理、经营国有财产的人员。那么，受国家机关、国有公司、企业、事业单位、人民团体委托管理、经营国有财产的人员，利用职务上的便利，挪用公款归个人使用的，能否构成挪用公款罪，即受委托管理、经营国有财产的人员能否成为挪用公款罪的主体？对此，曾争议较大。肯定论者认为，肯定受委托管理、经营国有财产的人员能成为挪用公款罪的主体，有利于强化对国有资金的保护；反之，不仅不利于对国有资金的保护，而且可能在司法实践中引起混乱，如受委托管理、经营国有财产的人员既贪污又挪用公款，分别定贪污罪和挪用资金罪，明显不合适。[1]否定论者认为，《刑法》第三百八十二条第二款的规定属于特殊规定，不能适用于挪用公款罪，否则违反罪刑法定原则，导致挪用公款罪的主体随意扩大。[2]而且，对于受委托管理、经营国有财产的人员挪用国有资金的行为不以挪用公款罪定罪处罚，不等于弱化对国有财产的保护，以挪用资金罪追究其刑事责任同样可以达到惩戒犯罪的目的。[3]

---

〔1〕王志祥：《论挪用公款罪主体的几个问题》，载《法商研究》2004年第2期。

〔2〕熊选国主编：《挪用公款和挪用资金犯罪判解》，人民法院出版社2006年版，第9页。

〔3〕孙军工：《〈关于受委托管理、经营国有财产的人员挪用国有资金行为如何定罪问题的批复〉的理解与适用》，载《刑事审判参考》（总第8辑），法律出版社2000年版。

对此，2000年《最高人民法院关于对受委托管理、经营国有财产人员挪用国有资金行为如何定罪问题的批复》规定："对于受国家机关、国有公司、企业、事业单位、人民团体委托，管理、经营国有财产的非国家工作人员，利用职务上的便利，挪用国有资金归个人使用构成犯罪的，应当依照刑法第二百七十二条第一款的规定定罪处罚。"也就是说，受委托管理、经营国有财产的人员不能成为挪用公款罪的主体，但可以成为挪用资金罪的主体。同理，因此类人员一般为非国家工作人员，故也不能成为受贿罪的主体。

例如，刘某与县有奖募捐委员会办公室签订销售福利彩票协议，取得彩票销售权。某日17时许，刘某认为当日销售的彩票还未出现中奖号码，遂利用自身销售彩票的便利，没有缴纳投注金就从彩票投注机上一次性打出15张总金额为55.692万元的彩票，以期中得大奖，而后再用奖金归还投注金。但中奖号码揭晓后，刘某仅中奖8320元。在当晚开奖前，福彩中心即发现刘某负责销售的投注站销售异常，迅速派人调查。后刘某因无法支付巨额彩票投注金企图逃匿被抓获。对于此案，刘某受彩票机构委托从事销售工作，利用管理、经营福利彩票投注站的便利，违反有关规定，在没有缴纳投注金的情况下，擅自打印并获取巨额彩票，其行为属于利用职务上的便利，变相挪用单位资金，进行投机活动，数额巨大且未退还，其行为构成挪用资金罪。本案中，刘某受彩票机构委托，从事彩票销售经营活动，利用职务上的便利，以应缴而不缴纳投注金的方式挪用巨额资金，用于个人购买彩票，是一种受事业单位委托管理、经营公益财产的人员，挪用公益资金用于营利活动的行为，应以挪用资金罪定罪处罚。

十、挪用公款的共犯认定与责任承担

（一）挪用公款共犯的成立范围

根据《刑法》规定，共同犯罪是指二人以上共同故意犯罪。关于挪用公款罪的共犯认定，《1998年挪用公款解释》第八条规定："挪用公款给他人使用，使用人与挪用人共谋，指使或者参与策划取得挪用款的，以挪用公款罪的共犯定罪处罚”。笔者认为，该规定至少包含以下三层含义：第一，挪用公款犯罪案件存在共同犯罪，而且作为公款的使用人[1]，即便不具有国家工作人员身份，也可以构成挪用公款罪的共犯，即无身份者可以与有身份者构成身份犯的共犯。第二，公款使用人构成挪用公款罪的共犯，必须是在与挪用人共谋的前提下，实施了指使或者参与策划取得公款的行为，即使用人与挪用人之间具有挪用公款的共同故意和行为。这里的“共谋”，可以理解为使用人与挪用人共同谋议，不一定要求是周密细致的谋议，只要双方就挪用公款事宜进行了合意，就可以认定“共谋”成立。“指使”，是指煽动某人去做某事，也就是使用人给挪用人出主意，叫挪用人利用职务便利挪用公款。“参与策划”，可以理解为使用人与挪用人共同设计挪用方案、提供挪用手段、排除挪用障碍、帮助掩盖挪用事实等行为。第三，公款使用人的作用表现在两种场合：一是使用人作为教唆犯，“指使”挪用人非法取得公款归自己使用；二是使用人作为实行犯或者帮助犯，“参与策划”取得挪用款，即与挪用人进行协商、沟通，并积极主动地去参与策划取得挪用款项。

毫无疑问，上述解释规定的挪用公款共同犯罪属于典型的共同犯罪。一方面，构成挪用公款共同犯罪必须具有挪用公款的共同故意和行为。对于实

---

〔1〕 值得注意的是，挪用公款罪主体为特殊身份的自然人，不包括单位。同理，与挪用人构成挪用公款罪共犯的“使用人”，也只能是自然人。对于使用公款主体为单位，并由单位相关负责人与挪用人共谋，指使或者参与策划取得挪用款的情形，则使用公款单位的相关负责人与挪用人构成挪用公款罪的共犯。对此，2014年4月24日《全国人民代表大会常务委员会关于〈中华人民共和国刑法〉第三十条的解释》作了明确规定，即“公司、企业、事业单位、机关、团体等单位实施刑法规定的危害社会的行为，刑法分则和其他法律未规定追究单位的刑事责任的，对组织、策划、实施该危害社会行为的人依法追究刑事责任”。典型案例如黄某、刘某挪用公款案。刘某系私营公司实际控制人，因公司经营需大量资金，遂与国有公司负责人黄某共谋，承诺给予黄某好处，二人还商议先将国有公司钱款1亿余元借给该国有公司出资的一国家出资企业，再由国家出资企业将借得的钱款转给刘某公司用于经营活动。因经营失败，刘某公司至案发尚有4000万元未予归还。本案中，黄某作为国家工作人员，利用职务之便，个人决定以单位名义将公款供其他单位使用，谋取个人利益，构成挪用公款罪（属于“公对公”借款并谋取个人利益，系“挪用公款归个人使用”情形之一，具体见后文分析）。刘某与挪用人黄某共谋，但其不是公款使用人，其经营的公司才是使用人，即刘某经营的公司与黄某构成挪用公款罪的共犯。因挪用公款罪主体不包括单位，而刘某作为公司实际控制人，与黄某共谋，共同策划、实施了挪用公款犯罪行为，故根据立法解释规定，应追究刘某犯挪用公款罪（共犯）的刑事责任。

践中使用人虽未指使或者参与策划取得挪用款，但明知是挪用款仍然使用的行为，由于缺乏成立挪用公款共同犯罪的要件——挪用公款的共同故意和行为，而且这种情况下一般都是国家工作人员受利益驱动，积极主动实施挪用行为，所以对使用人不以挪用公款的共犯论处。另一方面，该解释只是确定了使用人在何种情况下能够成为挪用公款罪的共犯，其主要解决的是如何具体界定使用人的行为性质，何种情况下才构成犯罪，即该解释的中心意思在于界定使用人只有“与挪用人共谋，指使或者参与策划取得挪用款”，才能成为挪用公款的共犯，但该解释属于提示性规定，并没有穷尽构成挪用公款罪共犯的所有情况。也就是说，并没有排除挪用人与使用人之外的第三人也能成为挪用公款罪的共犯。作为挪用人和使用人之外的第三人，是否构成挪用公款罪的共犯，取决于其行为是否符合共同犯罪的原理，即在主观上是否意识到自己是在利用国家工作人员的职务便利实施挪用公款并对挪用公款的后果持积极追求的态度，客观上实施了与挪用人共谋、指使或者参与策划并共同取得公款的行为。对于实践中第三人在国家工作人员和公款使用人之间进行积极撮合，并配合双方最终完成挪用公款行为的，应以挪用公款罪的共犯定罪处罚。

例如，李某、刘某、黄某挪用公款案。刘某因做生意急需资金，找到某公司经理黄某帮忙，因黄某与某国有银行信贷科长李某较为熟悉，于是黄某、刘某共同商议，请求李某挪用公款供刘某做生意使用。后黄某从中穿针引线，积极撮合，李某利用职务之便，挪用公款20万元供刘某做生意使用达一年之久。生效判决认为，李某身为国家工作人员，利用职务上的便利，挪用公款20万元供他人使用，情节严重，其行为构成挪用公款罪。刘某、黄某指使、策划和帮助李某实施挪用公款犯罪行为，其行为构成挪用公款罪的共犯。

在挪用公款犯罪案件中，能否存在作为国家工作人员的挪用人不构成挪用公款罪，而作为非国家工作人员的使用人可能构成挪用公款罪的情况？例如，张某是国家机关工作人员，吴某是个体工商户。吴某谎称其亲属患有重病急需治疗，指使张某利用职务之便从单位中挪用公款供其使用，吴某从张某处得到数额较大的公款后实际上用于炒股。2个月后，吴某将挪用款归还了张某所在单位。

在该案中，从挪用人张某主观上看，因其不知道该款用于营利活动，故只能认定张某挪用公款用于一般活动，但挪用时间没有超过3个月，因而张某的行为不构成挪用公款罪。但是，使用人吴某指使他人实施挪用公款归自己使用，属于教唆行为。因为吴某明知自己行为的营利性质，且数额较大，那么，对吴某的行为能否单独以挪用公款罪追究刑事责任？对此，有观点认为，在挪用人不构成犯罪，而使用人不具有挪用要求的身份的时候，使用人符合间接正犯的规定。也就是说，吴某的行为属于间接正犯，构成挪用公款罪。理由在于：间接正犯的特点是，利用不为罪或者不发生共同犯罪的第三人实行犯罪。虽然我国《刑法》对间接正犯没有明文规定，但根据我国刑法理论，间接正犯是一种客观存在的犯罪现象，应依法承担刑事责任。〔1〕

关于无特定身份的人能否利用具有特定身份的人而成为间接正犯，即身份犯与间接正犯的关系，理论上一直存在不同的观点。肯定说认为，一切犯罪无不可以成立间接正犯。否定说认为，犯罪以一定身份为成立要件的，没有这种身份就与要件不合，不构成犯罪。折中说认为，以一定身份为成立要件的犯罪，无身份者能否成立间接正犯，应视身份对于犯罪的性质而决定。凡依法律的精神，可推知该项处罚规定是针对具有一定身份的人而设的，则无此身份的人不能成为直接正犯，也不能成为间接正犯；如果以身份为要件的犯罪，其身份仅为侵害法益事项发生的要件的，则无身份的人仍可利用有身份的人以完成侵害法益的事实，而无妨于犯罪的成立，应认为可以成立该罪的间接正犯。〔2〕

笔者认为，肯定说与否定说无疑不适当地扩大或者缩小了间接正犯的范围，而折中说是可取的。根据挪用公款罪的立法精神，刑法将该罪主体限定于国家工作人员，意味着挪用公款罪的刑罚仅针对国家工作人员这一特殊身份。除非非国家工作人员构成挪用公款罪的共犯，才会同时针对非国家工作人员。而且，在国家工作人员与非国家工作人员双方互相结合实施职务犯罪的案件中，如果国家工作人员一方的行为不构成犯罪，那么非国家工作人员的行为就

---

〔1〕 王兰玉：《挪用公款罪若干争议问题研究》，载《中国刑事法杂志》2005年第5期。

〔2〕 罗猛：《利用他人挪用公款的定性分析》，载《检察日报》2007年10月18日，第3版。

失去了职务方面的依托，一般不应认定为职务犯罪。因此，非国家工作人员不能成为挪用公款罪的间接正犯。结合前述案例而言，对吴某的行为不能以挪用公款罪定罪处罚。

相反，在折中说中，对于以身份为要件的犯罪如强奸罪，作为无身份者的女子，可以利用有身份者但没有强奸犯意或者没有达到刑事责任年龄的男子来完成强奸的犯罪事实，无身份者的女子成立强奸罪的间接正犯，依法应以强奸罪追究刑事责任。

（二）挪用公款共犯的责任承担

关于挪用公款罪共犯的刑事责任，存在几种不同意见：[1]一是参与额说，即以共犯个人参与共同挪用公款的数额来确定其应承担的刑事责任，然后再根据各共犯在共同挪用公款犯罪中的地位、作用和个人使用额等情节，分别量刑。二是个人使用额说，即以个人参与共同挪用公款犯罪的实际使用额来确定承担的刑事责任，然后再按共同犯罪中的地位和作用裁量决定刑罚。三是参与额和个人使用额结合说，即主犯对参与作案的总额负责，从犯按个人使用额承担刑事责任，参与额作为一个从重情节予以考虑。

笔者认为，参与额说是正确的。因为犯罪构成是承担刑事责任的基础，共同犯罪也不例外。每个共犯对他们参与实施的犯罪，既有共同的故意，又有共同的行为，都具备主客观相统一的犯罪构成，因而应该对他们参与实施的犯罪负责。如果采取个人使用额说、参与额和个人使用额结合说，就会出现挪用人构成犯罪使用人不构成犯罪，或者使用人构成犯罪而挪用人不构成犯罪的现象，违背了共同犯罪共同承担刑事责任的基本规定。此外，还要考虑各共犯在共同犯罪中的地位、作用和个人使用额等情节，准确量刑。如果根据案件的实际情况，各共犯在共同犯罪中的地位、作用相当，难以区分主从犯的，不区分主从犯。对于主犯，应当按照其所参与的或者组织、指挥的全部犯罪处罚。对于从犯，应当从轻、减轻处罚或者免除处罚。

---

〔1〕 王作富主编：《刑法分则实务研究》（下）（第4版），中国方正出版社2010年版，第1741页。

例如，贾某、沈某挪用公款案。贾某原系某镇建设管理办公室出纳，沈某原系某公司法定代表人。贾某伙同沈某经共谋后，利用贾某担任镇办出纳的职务便利，多次擅自挪用公款供个人使用及进行营利活动，总计219万余元。其中，贾某实际使用80万元，沈某实际使用139万余元。至案发，贾某已归还40万元，沈某归还59万元。生效判决认为，贾某伙同沈某经共谋后，利用贾某职务上的便利，多次挪用公款归个人使用和进行营利活动，且数额巨大不退还，其行为均构成挪用公款罪。沈某在共同犯罪中的作用与贾某相当，不宜区分主从犯。本案中，贾某系国家工作人员，沈某系非国家工作人员，二人共谋，利用贾某的职务便利，共同策划取得挪用款219万余元，二人成立挪用公款罪的共犯，均应对219万余元承担刑事责任。由于二人在共同挪用公款犯罪中的地位、作用相当，故不区分主从犯。

十一、“公款私用”“公对公”借款并受贿的罪数

在实践中，对国家工作人员利用职务上的便利，挪用公款归个人使用，事先或者事后索取、收受他人贿赂的，以挪用公款罪和受贿罪数罪并罚还是只认定挪用公款罪或者受贿罪一罪，存在较大争议。笔者认为，只有正确理解挪用公款“归个人使用”的含义，对挪用公款型受贿案件进行具体分析，才能对挪用公款索取、收受他人贿赂行为的性质作出准确认定。

根据2002年4月28日《全国人大常委会关于刑法第三百八十四条第一款的解释》，即2002年立法解释的规定，挪用公款“归个人使用”包括三种情形：(1)将公款供本人、亲友或者其他自然人使用的；(2)以个人名义将公款供其他单位使用的；(3)个人决定以单位名义将公款供其他单位使用，谋取个人利益的。通过比较可以发现：第一种、第二种情形不需要谋取个人利益要件，本身就是公款私用；第三种情形需要谋取个人利益要件，“公对公”借款才转化为公款私用行为。基于这三种情形，可以将挪用公款索取、收受他人贿赂的行为分为两种情况：一种是因公款私用索取、收受他人贿赂的行为；另一种是因“公对公”借款索取、收受他人贿赂的行为。

（一）因公款私用索取、收受他人贿赂的，构成挪用公款罪与受贿罪的牵连犯，应数罪并罚

根据2002年立法解释，将公款供本人、亲友或者其他自然人使用，或者以个人名义将公款供其他单位使用的，都属于挪用公款归个人使用，即公款私用，在成立挪用公款罪上不需要谋取个人利益要件。而受贿罪侧重于国家工作人员是否收受了他人财物，不以行贿人谋取的利益是否实现为必备。因此，因公款私用索取、收受他人贿赂的行为既构成挪用公款罪又构成受贿罪。在两罪的关系上，事先索取、收受他人贿赂而实施挪用公款的，受贿行为属于目的行为，挪用公款行为属于手段行为；挪用公款归个人使用再索取、收受他人贿赂的，受贿行为属于结果行为，挪用公款行为属于原因行为。无论是受贿在先还是挪用公款在先，两罪之间都具有牵连关系。对于具有牵连关系的挪用公款罪与受贿罪，是从一重处、从一重重处[1]还是数罪并罚？对此，关于牵连犯的处断，如法律、司法解释有规定的，包括数罪并罚、从一重处和从一重重处，按照规定处理，如无特别规定的，尽管实践中存在有的数罪并罚有的从一重处等不统一判法，但多数情况下从一重处。

关于挪用公款并索取、收受贿赂的如何定罪处罚，《1998年挪用公款解释》第七条第一款规定："挪用公款索取、收受贿赂构成犯罪的，依照数罪并罚的规定处罚。"故此，因公款私用索取、收受他人贿赂的行为，应以挪用公款罪和受贿罪数罪并罚。

例如，张某原系国有商业银行会计科副科长，利用职务之便挪用银行资金100万元供他人使用，并收受贿赂10万元，索取贿赂6万元。对于此案，张某身为国有商业银行中从事公务的人员，利用职务便利，挪用银行资金100万元，用于营利活动，其行为构成挪用公款罪；又利用职务便利，为他人谋取利益，非法收受他人贿赂10万元，索取他人贿赂6万元，其行为构成受贿罪，应两罪并罚。

〔1〕 例如，《刑法》第三百九十九条第四款规定："司法工作人员收受贿赂，有前三款行为的，同时又构成本法第三百八十五条规定之罪的，依照处罚较重的规定定罪处罚。"该款规定体现的是对牵连犯从一重处。而第三百零七条之一第三款规定："有第一款行为，非法占有他人财产或者逃避合法债务，又构成其他犯罪的，依照处罚较重的规定定罪从重处罚。"该款规定体现的则是对牵连犯从一重处。

（二）因“公对公”借款索取、收受他人贿赂的，构成挪用公款罪与受贿罪的想象竞合犯，应择一重罪处罚

根据2002年立法解释，仅有“公对公”借款而没有谋取个人利益的，不是挪用公款归个人使用，不作为犯罪处理。这里的“谋取个人利益”，既包括谋取财产性利益也包括谋取非财产性利益，当然包括收受他人贿赂的行为。对“公对公”借款索取、收受他人贿赂的行为如何处理，存在一定的争议。例如，包某利用担任国有铁路企业经理的职务便利，先后两次个人决定以单位名义将单位资金各2000万元，借给都利公司用于经营活动，事后收取都利公司经理汤某给予的25万元。对包某行为的定性，有人主张以挪用公款罪和受贿罪数罪并罚，理由是：包某未经单位集体讨论，利用职权个人决定两次将2000万元公款借给都利公司使用，事后收取该公司经理汤某给予的25万元，包某的行为符合“公对公”挪用公款中“个人决定”和“谋取个人利益”的两个要件，其行为符合挪用公款罪的构成要件。同时，包某在明知汤某送给其25万元是借款感谢费的情况下，仍然收取了该笔贿赂款，包某的行为侵犯了国家工作人员职务行为的廉洁性和不可收买性，符合受贿罪的构成要件。[1]根据《1998年挪用公款解释》第七条的规定，包某的行为构成挪用公款罪和受贿罪，应两罪并罚。

笔者认为，因“公对公”借款索取、收受他人贿赂的，行为人构成挪用公款罪与受贿罪的想象竞合，应择一重罪处罚。第一，2002年立法解释将“公对公”借款和“谋取个人利益”拟制为一个犯罪行为即挪用公款归个人使用，谋取个人利益成为（“公对公”）挪用公款罪的一个必要构成要件。索取、收受他

〔1〕关于受贿罪侵犯的客体，存在不同认识。例如，有的认为是“国家工作人员的职务廉洁性”，具体参见高铭暄、马克昌主编：《刑法学》（第9版），北京大学出版社、高等教育出版社2019年版，第630页；有的认为是“国家机关和国有公司、企业、事业单位、人民团体的正常工作秩序和国家的廉政建设制度”，具体参见周道鸾、张军主编：《刑法罪名精释》（下）（第4版），人民法院出版社2013年版，第1046页；有的认为是“国家工作人员职务行为的不可收买性（不可出卖性、无不正当报酬性），也可以说是国家工作人员职务行为与财物的不可交换性”，具体参见张明楷：《刑法学》（下）（第5版），法律出版社2016年版，第1203页；还有的认为是“公职的不可谋私利性”，具体参见劳东燕：《受贿犯罪的保护法益：公职的不可谋私利性》，载《法学研究》2019年第5期；等等。

人贿赂这种谋取个人利益行为与“公对公”借款行为结合，构成(“公对公”)挪用公款罪。个人决定以单位名义将公款供其他单位使用，属于为他人谋取利益，同时，索取、收受他人贿赂的，又构成受贿罪。行为人的一个犯罪行为即“公对公”借款索取、收受他人贿赂的行为，有两个罪过即挪用公款的主观罪过和受贿的主观罪过，侵犯了两个客体即公款的占有、使用和收益权及国家工作人员职务行为的廉洁性和不可收买性，符合两个性质不同的犯罪即(“公对公”)挪用公款罪与受贿罪的犯罪构成。因此，“公对公”借款索取、收受他人贿赂的行为构成了(“公对公”)挪用公款罪与受贿罪的想象竞合。根据我国刑法理论，对于想象竞合犯应择一重罪处罚。当然，这里的择一重罪，并不意味着一律定受贿罪，而需要根据具体案情看两罪可能判处的刑罚轻重，然后择一重罪处罚。前述案例中包某的行为构成挪用公款罪与受贿罪的想象竞合，由于挪用4000万元的法定量刑幅度是五年以上有期徒刑，而受贿25万元的法定量刑幅度是3年以上10年以下有期徒刑。因此，包某的行为应以挪用公款罪处罚。

第二，对“公对公”借款而索取、收受他人贿赂的行为以挪用公款罪和受贿罪两罪并罚，违背了刑法适用中的禁止重复评价原则。“对于同一事实或者情节，在定罪或者量刑上作不利于被告人的重复评价，实际上也有悖于任何人不因同一犯罪再度受罚的原则。因此，应当禁止重复评价。禁止重复评价，包括三个基本要求：其一，在某种因素(如行为、结果等)已经被评价为一个犯罪的事实根据时，不能再将该因素作为另一个犯罪的事实根据。其二，在某种严重或者恶劣情节已经作为构成要件要素予以评价时，不能再将该情节作为从重量刑的根据。其三，在某种严重情节已经作为法定刑升格的条件予以评价时，不能再将该情节作为在升格的法定刑内从重量刑的根据。如果违反这三个基本要求或者其中之一，实际上会导致同一犯罪受到双重处罚”。[1]如果先将索取、收受他人贿赂的行为作为(“公对公”)挪用公款罪中谋取个人利益要件进行一次刑法评价，然后再将索取、收受他人贿赂的行为认定为受贿罪，

---

〔1〕 张明楷：《刑法格言的展开》(第3版)，北京大学出版社2013年版，第526~527页。

反之亦然，都对索取、收受他人贿赂的行为进行了两次刑法评价，违背了不得对同一事实或者行为进行重复评价的原则。结合前述案例，如果已将包某收取25万元好处费的行为作为挪用公款罪的一个构成要件，再将包某收取25万元好处费的行为认定为受贿罪的话，显然是对包某收取25万元好处费的行为进行了重复评价。因此，对因"公对公"借款索取、收受他人贿赂的行为，不能再适用《1998年挪用公款解释》第七条的规定进行数罪并罚，而应择一重罪处罚。

（三）收受贿赂与"公对公"借款关联性的判断

收受贿赂与"公对公"借款之间是否存在关联，其实就是判断行为人实施"公对公"借款是否谋取个人利益。如果存在关联，认定行为人谋取了个人利益，成立挪用公款罪与受贿罪的想象竞合，应从一重处。反之，不成立挪用公款罪，对收受贿赂行为以受贿罪论处。在多次收受贿赂中，如每次受贿与"公对公"借款都存在关联，选择受贿罪或者挪用公款罪从一重处；如某次受贿与"公对公"借款存在关联，而其他受贿与之不存在关联的，则存在挪用公款罪和受贿罪并罚的可能。下面以张某受贿、韩某受贿、挪用公款案为例进行探讨。

1.案情简介

张某在担任某区科学技术委员会党委书记、分管科技创业中心工作期间，同时任科创中心副主任（全面负责该中心工作）的韩某，与郑某就招商问题多次接触后，商定由郑某在科创中心内注册成立星云公司，注册资本为1000万元，科创中心在星云公司注册登记后两年内每年一次性给予135万元的房租补贴作为扶持，星云公司承诺在3年内完成一定的营业额，否则退还相应的扶持资金。之后，郑某以他人名义在科创中心注册成立由其实际控制的星云公司，韩某代表科创中心与星云公司签订企业落户扶持协议，科创中心将135万元扶持资金转入星云公司账户内。事后，张某、韩某商量，由已调任文化广播影视管理局党委书记的张某出面，就发放135万元扶持资金一事向郑某索取财物。后张某、韩某共同收受郑某给予的15万元，张某分得9万元，韩某分得6万元，均用于各自花销。星云公司注册成立后，无任何经营活动，而上述扶持资金至案发未退还，造成135万元国有资产损失。

韩某还在担任科创中心副主任期间，利用其全面负责该中心工作的职务便利，在实地考察星云公司期间，非法收受郑某给予的3000元。事后，韩某应郑某要求，欲从科创中心借款300万元给星云公司用于资金周转，遭到科创中心其他负责人的反对。韩某则利用职务便利，未经集体研究决定，谎称上级领导已同意借款，骗得相关人员在借款凭证上签字。韩某又以个人名义签订该300万元的借款合同担保书。科创中心向星云公司支付300万元，至案发星云公司未归还。

2.争议焦点

本案中，张某、韩某系国家机关中的公务员，担任一定的领导职务，无疑属于国家工作人员，具有受贿罪、挪用公款罪的主体资格。张某、韩某利用职务便利，共同向郑某索取15万元，韩某还收受郑某给予的贿赂款3000元，同时，张某、韩某共同为郑某的星云公司发放135万元扶持资金提供帮助，韩某还个人决定以单位名义将公款300万元挪给星云公司。显然，就索取15万元贿赂款而言，张某和韩某属于共同受贿，二人的受贿金额均为15万元，而非二人实际分得的赃款数额，此处应无争议。本案的争议焦点则是：第一，韩某个人决定以单位名义将公款300万元挪给星云公司的行为是否构成挪用公款罪？第二，韩某另收受郑某给予的贿赂款3000元是否应当和其前次受贿的15万元累加一起以受贿罪处罚？对此，存在不同意见。

第一种意见认为，韩某既受贿又挪用公款，其中，受贿15.3万元，构成受贿罪；挪用公款300万元，构成挪用公款罪，对其应两罪并罚。理由是《1998年挪用公款解释》明确规定，挪用公款并受贿的应当数罪并罚。韩某个人决定以单位名义将公款300万元挪给星云公司，挪用公款数额巨大且不退还，其行为构成挪用公款罪。韩某共有两次受贿行为，应累加一起即15.3万元，以受贿罪处罚。第二种意见认为，韩某存在两次受贿行为，其前次受贿行为系因利用职务便利为郑某的星云公司发放135万元扶持资金而索取的财物，应单独以受贿罪论处，而其后次收受的3000元贿赂与其个人决定以单位名义将公款挪给郑某的星云公司使用存在密切关联，即属于其实施“公对公”借款后所谋取的个人利益，根据立法解释规定，其后次收受贿赂的行为与其“公对公”借款行为相结合构成挪用公款罪。而韩某后次收受的3000元贿赂款，尚不能以受贿罪论处。因此，韩某受贿15万元，构成受贿罪；“公对公”借款300万元并受贿3000元，构成挪用公款罪，对其应两罪并罚。其中已经将韩某受贿的3000元作为成立挪用公款罪的一个构成要件评价，就不得再将其和15万元累加一起以受贿罪论处，否则属于重复评价。

3.解析

笔者同意上述第二种意见，即韩某的行为构成受贿罪和挪用公款罪，应当两罪并罚。具体分析如下：

根据2002年立法解释，“公对公”借款并谋取个人利益的，构成挪用公款罪。未谋取个人利益的，不构成挪用公款罪。如果“谋取个人利益”表现为收受他人贿赂的，根据前文观点，可能成立挪用公款罪和受贿罪的想象竞合，应择一重罪处罚。由于刑法及立法、司法解释未对“谋取个人利益”作定量规定，因此，如果收受他人贿赂的行为尚不构成受贿罪的，则仅构成挪用公款罪。

实践中，对于既有多次受贿又有公款私用行为的，直接以受贿罪和挪用公款罪并罚即可。但对于既有多次受贿又有“公对公”借款行为的，则要区分情况。第一，如多次受贿行为与“公对公”借款都存在关联，即行贿人多次行贿的目的和受贿人多次收受贿赂的理由与“公对公”借款存在关联，此时的多次受贿正是“谋取个人利益”的表现，成立挪用公款罪和受贿罪的想象竞合，应择一重罪处罚。第二，如多次受贿行为与“公对公”借款都不存在关联，则多次受贿行为构成受贿罪，因缺少“谋取个人利益”要件，“公对公”借款行为不构成挪用公款罪，此时仅以受贿罪定罪处罚。第三，如多次受贿中的某次受贿行为与“公对公”借款存在关联，而其他受贿行为不存在关联的，对存在关联的情况选择受贿罪或者挪用公款罪从一重罪处罚，对不存在关联的直接以受贿罪处理，此时则存在挪用公款罪和受贿罪并罚的可能。

本案中，韩某不仅有两次受贿行为，一次是伙同张某向他人索贿15万元，另一次是其个人非法收受他人贿赂3000元；而且还个人决定以科创中心名义将公款300万元挪给星云公司使用，属于“公对公”借款。就其受贿15万元而言，因共犯张某在向行贿人郑某索贿时明确就发放135万元扶持资金一事要求郑某意思，因此，该15万元是针对发放135万元扶持资金而获取的好处费，指向十分明确，故该笔受贿金额不能视为韩某之后的“公对公”借款的“谋取个人利益”。而关于韩某单独收受的3000元，因相关证据证实该钱款是行贿人郑某基于韩某在科创中心所处的位置，为了与其搞好关系，方便获取其对星云公司的扶持、借款等帮助而给予的，事实上，韩某在收受3000元贿赂后不久，即不顾科创中心其他负责人反对，个人决定以科创中心名义将公款300万元挪给星云公司使用，故该3000元应视为韩某实施“公对公”借款所谋取的个人利益。

可见，韩某索贿的15万元与其实施的“公对公”借款行为之间不存在关联，直接以受贿罪论处。而其受贿的另3000元，系其实施“公对公”借款所谋取的个人利益，尽管尚不构成受贿罪，但与“公对公”借款行为相结合构成挪用公款罪。综上所述，韩某实施“公对公”借款并收受郑某给予3000元的事实，仅构成挪用公款罪。结合韩某另索贿15万元构成受贿罪的事实，对韩某应以受贿罪和挪用公款罪并罚。

十二、挪用公款进行非法活动的罪数认定

《1998年挪用公款解释》第七条第二款规定：“挪用公款进行非法活动构成其他犯罪的，依照数罪并罚的规定处罚。”也就是说，挪用公款又进行非法活动如赌博，同时符合挪用公款罪和赌博罪构成要件的，实行两罪并罚。在该种情况下，挪用公款罪与赌博罪成立牵连犯，即挪用公款行为属于手段行为，赌博行为属于目的行为。如前文所述，对于牵连犯，如果刑法或者司法解释规定数罪并罚的，应当数罪并罚。

例如，李某挪用公款、贪污、赌博案。李某原系某市住房公积金管理中心主任，其利用职务便利，擅自用住房公积金管理中心的单位存款作抵押、质押担保获取“银行贷款”，或者与他人串通从住房公积金管理中心获取“政策性住房资金委托借款”的方式，先后作案44次，犯罪金额高达1.18亿余元。其中，

挪用公款5854万余元，贪污公款6038万余元。李某将贪污、挪用的绝大部分公款用于豪赌和个人挥霍，案发时尚有7747万余元未退还。对于此案，李某身为国家机关工作人员，利用担任住房公积金管理中心主任的职务便利，挪用公款5854万余元归个人使用，大部分用于非法活动和个人挥霍，数额巨大又不退还，其行为构成挪用公款罪；贪污公款6038万余元，数额特别巨大，其行为又构成贪污罪。李某将贪污、挪用的部分公款用于赌博，其行为还构成赌博罪。李某犯挪用公款罪、贪污罪和赌博罪，应三罪并罚。

当然，如果挪用公款不构成犯罪但所进行的非法活动构成其他犯罪，或者挪用公款行为构成挪用公款罪但所进行的非法活动不构成其他犯罪的，则不存在数罪并罚的问题，而应当以实际构成的犯罪定罪处罚。

十三、挪用公款用于赌博不退还的罪名认定

对于国家工作人员利用职务便利截留本单位公款，全部用于或者主要用于赌博等高风险活动或者犯罪活动，客观上没有归还或者多数没有归还，且其在犯罪手法上没有采用做假账等方式将账目做平，被害单位通过查账等方式可以发现其截留的公款的，对该行为究竟是定挪用公款罪还是定贪污罪，理论上和司法实务中存在争议，有的认为构成挪用公款罪，有的认为构成贪污罪。司法实务中，有的按挪用公款罪处理，也有的按贪污罪处理。如犯罪数额涉及巨额公款的，争议更大。

案例1：袁某挪用公款案。袁某原系国有企业新新百货公司财审部收银核算员，其利用负责本单位营业收入的保管以及按规定解入银行的职务便利，先后多次将应及时解入银行的单位营业款用于个人赌博，截至案发时，账面合计短缺7万余元。后袁某在家属帮助下退赔了挪用的公款7万余元。生效判决认为，袁某身为国有企业中从事公务的人员，利用职务上的便利，挪用公款用于赌博活动，其行为构成挪用公款罪。

案例2：沈某贪污案。因前面已列举该案，主要案情为：沈某利用职务上的便利，以收缴电费为名，采用收取相关单位向沪北供电公司缴纳的电费不入账的方式，将截留的主要款项用于赌博、小部分用于归还个人债务、套取现金等。

至案发，沈某的上述行为共计造成沪北供电公司损失577万余元。生效判决认为，沈某身为国家工作人员，利用负责收取沪北供电公司相关客户单位电费的职务便利，采用收款不入账的方法，截留多家单位缴纳的电费后用于个人花用，侵吞沪北供电公司577万余元国有资产，其行为构成贪污罪。

（一）观点分歧[1]

1.构成挪用公款罪

贪污罪和挪用公款罪侵犯的客体不同，贪污罪侵犯的是公款的所有权，而挪用公款罪侵犯的不是公款所有权权能的全部，只是其中的占有、使用、收益三项权能，不包括所有权中的处分权能。与侵犯的客体的区别相对应，在犯罪的主观方面，贪污罪的主观故意是永久性地占有本单位的钱款，而挪用公款罪的主观故意是临时性地动用本单位的钱款，并没用对钱款具有永久性占有的主观故意，行为人在实施犯罪行为时，是准备日后归还的，如果事实上没有归还，也是因为客观原因无法归还，而不能由此推导出行为人其实施犯罪行为时主观上不想归还，否则就是客观归罪，违反主客观相一致的定罪原则。在犯罪的客观方面，因为贪污罪的行为人受永久占有本单位财物的主观故意的支配，在实施犯罪行为时一般都会采用做假账等方式将账目做平，使单位通过正常的查账手段无法发现其犯罪行为。即使行为人没有采用做假账等方式将账目做平，那也是因为某种特殊原因，如单位财务制度不健全、财务管理混乱或者基于某种特殊原因导致行为人的截留行为在一般情况下不可能被单位发现。而挪用公款罪的行为人受临时动用本单位公款的主观故意的支配，在实施犯罪行为时一般不会采用做假账等方式将账目做平，被害单位通过一般的查账手段就可以发现行为人的犯罪行为。故如果行为人没有做假账的，一般情况下均应当定挪用公款罪而不是贪污罪。

2.构成贪污罪

行为人虽然没有采用做假账将账目做平用以掩盖其截留本单位公款的行

---

〔1〕 详见肖晚祥：《贪污罪主观故意包括间接故意》，载《人民司法》2010年第2期。

为，但其明知自己没有偿还的经济能力，截留巨额公款用于赌博等高风险活动或者犯罪活动，而这种活动造成公款损失的可能性非常大，就可以推定行为人行为时对公款不能归还持放任态度，如果行为人的行为客观上导致公款确实没有归还，就应当认定行为人行为时对公款具有永久性非法占有的主观故意，构成贪污罪。贪污罪的成立并不以行为人采用做假账等方式将账目做平为必要条件，行为人没有将账目做平，并不必然可以推导出其没有非法占有的主观故意，对于主观故意的认定，关键还是要从全案综合判断。

（二）本书观点

挪用公款用于赌博等高风险活动致使无法归还的，构成挪用公款罪还是贪污罪，不能一概而论，而应结合案情综合分析判断。第一，如果挪用的公款数额特别巨大，存在"赌一把"心态，且从常理判断其本人明显无力归还的，倾向于以贪污罪论处。此时的主观心态是"成功了就还、失败就算了"，具有非法占有公款的间接故意（对公款日后不能归还持放任态度）。[1]可以参考贪污罪的数额标准，将"300万元以上"认定为数额特别巨大。事实上，挪用公款300万元以上，无论用于哪一种活动，都属于数额巨大，如不退还，构成挪用公款罪的，需处10年以上有期徒刑或者无期徒刑。如以贪污罪定罪，则需处10年以上有期徒刑、无期徒刑或者死刑。显然，以贪污罪定罪处罚刑罚相对更重。第二，如果挪用的公款数额并非特别巨大，且从常理判断其本人具有一定归还能力，即使存在"赌一把"心态的，从刑法谦抑角度讲，宜以挪用公款罪论处。

根据前述，如果将公款用于赌博等违法犯罪活动构成犯罪的，则应以贪污

〔1〕 也就是说，贪污罪的主观故意可以包括间接故意。具体可详见肖晚祥：《贪污罪主观故意包括间接故意》，载《人民司法》2010年第2期。事实上，在行为人对截留的公款持间接故意的情况下，行为人是否将账目做平，不是认定贪污罪的一个关键点。因为在这种情况下，行为人事实上对造成公款的损失持一种不计后果、放任自流的态度，对于犯罪行为是否被发现，也往往不是特别在意，如果没有被发现最好，如果被发现也不管。在这种心态的支配下，行为人往往不会刻意去通过作假账等方式掩饰自己的犯罪行为，但不能因此就推定行为人没有非法占有的主观故意。这种情况有点类似于公然地赤裸裸地侵吞公款的行为，而对于公然侵吞公款的行为，理论上和司法实务中均认为是应当定贪污罪的。参见熊选国：《解读〈关于审理挪用公款案件具体应用法律若干问题的解释〉（二）——兼论挪用公款罪的认定与处罚》，载《解读最高人民法院司法解释全书》，人民法院出版社2006年版，第518页。

罪或者挪用公款罪与赌博罪等犯罪并罚；反之，将用于赌博等违法犯罪活动及致使无法归还这一结果作为量刑情节考虑。

值得注意的是，挪用公款罪与挪用资金罪、贪污罪与职务侵占罪的区别，主要在于犯罪主体是否属于国家工作人员。对于非国家工作人员挪用本单位资金用于赌博等高风险活动致使无法归还的，是构成挪用资金罪还是职务侵占罪，可参照上述标准进行分析判断。

（三）对两案的评析

案例1中，袁某挪用公款7万余元用于赌博，该数额尚处于其能够归还的范围，且案发后其家属帮助退赔了全部挪用公款数额，故生效判决对其以挪用公款罪定罪处罚是正确的。

案例2中，沈某挪用公款570余万元，主要用于赌博，一般认为该数额已超出其能够偿还的范围，事实上案发后也没有归还。对此，沈某明知其没有归还能力，利用职务便利截留本单位巨额钱款，多次至澳门用于赌博花用殆尽，不能归还，客观上也没有归还，案发后还潜逃至境外，可以推定其对钱款具有非法占有的间接故意。生效判决对其以贪污罪定罪处罚也是正确的。

十四、不退还情形下挪用公款与贪污的区分

挪用公款罪与贪污罪都属于常见多发的职务犯罪，两罪之间既有相同点，也有明显区别。相同点有：犯罪客体都侵犯了国家工作人员职务行为的廉洁性，犯罪对象都包括公款，客观方面都利用了职务便利，主观方面都是出于故意，犯罪主体都是国家工作人员等。不同点有：第一，犯罪对象有所不同，挪用公款罪的犯罪对象为公款和特定款物，而贪污罪的犯罪对象为一切公共财产，包括一般公物，其范围较之挪用公款罪要大得多。第二，犯罪客体不尽相同。挪用公款罪侵犯的是对公款和特定款物的占有、使用、收益权，不包括处分权，即部分所有权，而贪污罪侵犯的是公共财产所有权的全部权能。第三，犯罪手段不完全相同。挪用公款罪的行为人一般采取私下或者公开未经批准，改变公款既有用途的挪用手段，往往留有挪用痕迹，甚至出具借条，大多

没有平账，比较容易发现公款被挪用；而贪污罪的行为人往往不择手段地通过冲账、平账等手段，达到隐瞒、掩盖其侵吞、窃取、骗取公共财产的犯罪事实，很难发现公共财产已被非法占有。第四，主观故意内容不同。挪用公款罪的行为人以非法占用为目的，准备将来归还；而贪污罪的行为人以非法占有为目的，不准备归还。第五，犯罪主体范围不一样。挪用公款罪的主体为国家工作人员，而贪污罪的主体除了国家工作人员以外，还包括受国家机关、国有公司、企业、事业单位、人民团体委托管理、经营国有财产的人员。

实践中，认定某种犯罪行为是构成挪用公款罪还是贪污罪，一般比较容易。但对于挪用公款不退还的行为，什么情况下构成挪用公款罪，什么情况下构成贪污罪，往往容易混淆。笔者认为，挪用公款罪与贪污罪的主要区别在于行为人主观上是否具有非法占有公款的目的。对于挪用公款是否转化为贪污，应当按照主客观相一致的原则，具体判断和认定行为人主观上是否具有非法占有公款的目的。根据2003年《全国法院审理经济犯罪案件工作座谈会纪要》的规定，具有下列情形之一的，可以认定行为人具有非法占有公款的目的，应以贪污罪定罪处罚。

（一）携带挪用的公款潜逃的，对携带挪用的公款部分以贪污罪定罪处罚

行为人携带挪用的公款潜逃，表明行为人的主观犯意发生了变化，即由暂时使用公款转化为非法占有公款。例如，陈某原系邮政局营业员，在同单位储蓄员张某代班期间，在填写一式三联的汇兑现金报告单时，向某县邮政局报送的两联是填写的真实票据，而留存的一联是伪造的票据，且将留存的一联以数额增大的方式套取公款26万元。当陈某将工作交给张某时，以假汇兑现金报告单为依据将工作移交给张某，从而挪用公款26万元。半年后，陈某携款潜逃。在潜逃十年后，陈某投案自首。对于此案，陈某在担任邮政局营业员期间，利用职务上的便利，挪用单位公款26万元后潜逃，其行为构成贪污罪。

当然，如果行为人不是携带挪用的公款潜逃，而是因挪用公款案发，由于客观原因不能归还，行为人畏罪潜逃的，仍应以挪用公款罪定罪处罚。此外，根据《1998年挪用公款解释》的规定，行为人携带挪用的公款潜逃的，对其携

带挪用的公款部分以贪污罪定罪处罚，对挪用的其他部分仍应以挪用公款罪定罪处罚。例如，孙某利用担任某国有医疗单位药品销售员的职务便利，挪用本单位销售货款60万元用于"百家乐"赌博，输掉45.2万元。两年后，孙某见挪用公款之事败露，便携带剩余的14.8万元公款潜逃，后被抓获。对于该案，对孙某用于赌博活动输掉的部分公款即45.2万元，因客观上无力归还，应认定为挪用公款罪，而对其潜逃时携带的公款14.8万元应认定为贪污罪，即对孙某应以挪用公款罪和贪污罪并罚。

（二）挪用公款后采取虚假发票平账、销毁有关账目等手段，使所挪用的公款已难以在财务账目上反映出来，且没有归还行为的，应当以贪污罪定罪处罚

这种情况下，行为人采取虚假发票平账、销毁有关账目等手段掩人耳目，试图达到侵吞公款的目的。一般来说，如果平账以后没有归还行为的，只能把平账的行为认定为贪污的手段，没有平账的，原则上以挪用公款罪定罪处罚。例如，姜某曾先后任某国有公司的出纳、会计、财务科长助理等职务，姜某为达到为自己增加实发工资的目的，利用负责发放工资的职务便利，通过银行转账或者提取现金的方式，每月为自己多发工资5000元至8000元不等，将单位公款共计49.4万余元用于个人还贷及日常花销等。姜某又利用在该公司从事财务工作的职务便利，私开支票提取现金并占为己有，事后通过虚假发票平账，侵吞公款3.5万元。两年后，姜某主动向单位交代了其侵吞单位公款3.5万元的事实，并退赔上述赃款后被单位辞退。案发前，姜某主动向单位交代了给自己多发工资49.4万余元的事实，并向单位退赔了全部赃款。对于此案，公诉机关认为，姜某侵吞公款52.9万元，其行为构成贪污罪。但生效判决认为，姜某作为国有公司中从事公务的人员，利用职务上的便利，挪用公款49.4万余元归个人使用，超过3个月未还，其行为构成挪用公款罪；又利用职务便利，侵吞公款3.5万元，其行为构成贪污罪，应两罪并罚。公诉机关指控姜某贪污公款3.5万元，事实清楚，定性正确；指控姜某利用职务上的便利给自己多发工资共计49.4万余元，事实清楚，但综合其作案方法、案发前主动归还钱款等情节，对该行为认定为挪用公款罪更为适当。

（三）截取单位收入不入账，非法占有，使所占有的公款难以在单位财务账目上反映出来，且没有归还行为的，应当以贪污罪定罪处罚

例如，沈某先后担任国有企业某供电公司市场部电费账务组账务员、市场开发组营销员、市场开发组组长、市场营销部客户服务等职务，负责收取供电公司相关客户单位的电费。其间，沈某利用职务上的便利，以收缴电费为名，采用收取福德公司、乐凯纸业公司等单位向供电公司缴纳的电费不入账的方式，截留巨额钱款用于个人挥霍。据统计，福德公司累计支付给供电公司电费2262万余元，但供电公司账上反映仅收到福德公司电费1958万余元，沈某截留福德公司电费304万余元，主要用于赌博、归还个人债务、套取现金等。沈某在明知其对已经截留的巨款无法归还的情况下，再次截留福德公司等7家单位电费273万余元，多次至澳门用于赌博花用殆尽。至案发，沈某共计造成供电公司损失577万余元。对于此案，沈某身为国家工作人员，利用在供电公司收取电费的职务便利，以收款不入账的方式，截留并侵吞多家单位缴纳的电费后用于个人花用，其行为构成贪污罪。

（四）有证据证明有能力归还所挪用的公款而拒不归还，并隐瞒挪用的公款去向的，应当以贪污罪定罪处罚

根据《1998年挪用公款解释》第五条的规定，“挪用公款数额巨大不退还的”，是指挪用公款数额巨大，因客观原因在一审宣判前不能退还的。按照该规定，如果行为人挪用公款后，有归还能力，因为主观上不想归还而实际上没有归还的，特别是还隐瞒挪用的公款去向的，表明行为人的犯意发生了转化，即由暂时使用公款转化为非法占有公款，故应以贪污罪定罪处罚。当然，需要证据证明，防止客观归罪。

十五、挪用公款罪与其他挪用类犯罪的界限

其他挪用类犯罪，主要指挪用资金罪和挪用特定款物罪。现对挪用公款罪与挪用资金罪和挪用特定款物罪的界限分别予以探讨。

（一）挪用公款罪与挪用资金罪的界限

根据《刑法》第二百七十二条第一款的规定，挪用资金罪是指公司、企业或者其他单位的工作人员，利用职务上的便利，挪用本单位资金归个人使用或者借贷给他人，数额较大、超过3个月未还的，或者虽未超过3个月，但数额较大、进行营利活动的，或者进行非法活动的行为。前文谈及，挪用资金罪与挪用公款罪都属于挪用犯罪，两罪之间既有相同点，也有明显区别。相同点有：客观上均要求犯罪主体利用职务上的便利，行为方式为挪用；主观方面均为故意。不同点主要有：第一，犯罪客体不同。挪用公款罪不仅侵犯了国家工作人员职务行为的廉洁性，还侵犯了对公款和特定款物的占有、使用和收益权；而挪用资金罪侵犯的仅为公司、企业或者其他单位资金的占有、使用和收益权。第二，犯罪对象不同。挪用公款罪的犯罪对象包括两种即公款和用于救灾、抢险、防汛、优抚、扶贫、移民、救济款物的特定款物；而挪用资金罪的犯罪对象为公司、企业或者其他单位的资金，对于行为人而言，为本单位的资金。尽管也可以将挪用资金罪的犯罪对象称为公款，但与挪用公款罪中的公款在性质上显然不同。第三，客观方面不完全相同。从立法上来看，挪用公款归个人使用，进行非法活动的即构成犯罪，没有数额大小的限制；而挪用资金归个人使用，进行非法活动的，要求数额较大才构成犯罪。第四，犯罪主体不同。挪用公款罪的主体为国家工作人员；而挪用资金罪的主体为公司、企业或者其他单位的工作人员。根据《刑法》第二百七十二条第二款的规定，国有公司、企业或者其他国有单位中从事公务的人员和国有公司、企业或者其他国有单位委派到非国有公司、企业以及其他单位从事公务的人员，挪用其所在的非国有单位的资金归个人使用或者借贷给他人的，以挪用公款罪定罪处罚。该非国有单位，是指含有国有资产的单位。如不含有国有资产，则挪用的资金不属于挪用公款罪中的“公款”，不以挪用公款论，而以挪用资金罪定罪处罚。

根据2000年《最高人民检察院关于挪用尚未注册成立公司资金的行为适用法律问题的批复》的规定，筹建公司的工作人员在公司登记注册前，利用职务上的便利，挪用准备设立的公司在银行开设的临时账户上的资金，归个人使用或者借贷给他人，数额较大、超过3个月未还的，或者虽未超过3个月，但数额较大、进行营利活动的，或者进行非法活动的，应当根据《刑法》第二百七十二条即挪用资金罪的规定，追究刑事责任。根据2000年《最高人民法院关于如何理解刑法第二百七十二条规定的“挪用本单位资金归个人使用或者借贷给他人”问题的批复》的规定，公司、企业或者其他单位的非国家工作人员，利用职务上的便利，挪用本单位资金归本人或者其他自然人使用，或者挪用人以个人名义将所挪用的资金借给其他自然人和单位，构成犯罪的，应当依照《刑法》第二百七十二条第一款即挪用资金罪的规定定罪处罚。根据《最高人民法院关于对受委托管理、经营国有财产人员挪用国有资金行为如何定罪问题的批复》的规定，受委托管理、经营国有财产的非国家工作人员，利用职务上的便利，挪用国有资金归个人使用构成犯罪的，也应以挪用资金罪定罪处罚。此外，参照挪用公款罪的相关规定，对于挪用资金，有能力退还而携款潜逃的，应以职务侵占罪定罪处罚。

可见，挪用公款罪与挪用资金罪的界限是比较清晰的。在司法实践中，对于某种挪用行为是构成挪用公款罪还是挪用资金罪，争议的焦点一般在于行为人是否系国家工作人员。如是，构成挪用公款罪；如否，构成挪用资金罪。

（二）挪用公款罪与挪用特定款物罪的界限

根据《刑法》第二百七十三条的规定，挪用特定款物罪是指挪用用于救灾、抢险、防汛、优抚、扶贫、移民、救济款物，情节严重，致使国家和人民群众利益遭受重大损害的行为。挪用公款罪与挪用特定款物罪也都属于挪用犯罪，两罪在客观行为方式上都表现为“挪用”，主观上都为故意，但仍然存在一些不同之处，主要为：第一，犯罪对象不同。挪用公款罪的犯罪对象为公款和特定款物，而挪用特定款物罪的犯罪对象仅为专款专物专用的特定款物。第二，挪用的含义不同。挪用公款罪中的“挪用”表现为挪用公款归个人使用，其实质是公款私用，以拟归还为前提；而挪用特定款物罪中的“挪用”表现为违反专款专物专用的原则，将特定款物挪作其他公共用途，未能专款专物专用，其实质是公款公物公用。将特定款物挪作他用，“一般是挪用后被消耗或者生成、置换成仍归单位所有的其他动产或者不动产，如挪用特定款物建造宾馆、办公楼，挪用特定款物购买小汽车等。因此，不问事后是否归还仍以挪用特定款物罪论处”。[1]如果国家工作人员挪用特定款物是为了私人使用，以挪用公款罪从重处罚。第三，犯罪客观方面的结果不同。挪用公款罪要求归个人使用，进行非法活动，或者数额较大、进行营利活动，或者数额较大、超过3个月未还的行为；而挪用特定款物罪要求情节严重，达到致使国家和人民群众利益遭受重大损害的结果。第四，犯罪主体不同。挪用公款罪的犯罪主体是特殊主体，即国家工作人员；挪用特定款物罪的犯罪主体也是特殊主体，即主管、经营、经手特定款物的直接责任人员，包括国家工作人员和非国家工作人员，实践中多为国家工作人员。

例如，国家工作人员陈某挪用特定款物案。陈某原系某市劳动局局长，利用职务上的便利，违反国家财经管理制度，先后五次挪用其下属劳动服务公司管理的用于救济的失业保险金共计2000万元，分别用于购买公车和建造办公楼。生效判决认为，陈某违反国家财经管理制度，挪用救济款物，情节严重，其行为构成挪用特定款物罪。

再如，高某、喻某挪用特定款物案。高某原系某村委会支部书记，喻某原系村委会主任，二人在负责村移民建镇工作期间，利用领取和发放移民资金的职务便利，将代领的移民资金25万余元不及时发放给农户，而用于村集体开支，致使群众意见很大，引起群体上访。生效判决认为，高某、喻某违反国家专款专用管理制度，将移民建镇资金用于村集体的其他开支，情节严重，其行为构成挪用特定款物罪。

---

〔1〕 王作富主编：《刑法分则实务研究》（下）（第4版），中国方正出版社2010年版，第1742页。

第四章　受贿罪论

受贿罪是最常见多发的职务犯罪之一。根据《刑法》第三百八十五条、第三百八十八条的规定，受贿罪，是指国家工作人员利用职务上的便利，索取他人财物，或者非法收受他人财物，为他人谋取利益的行为。国家工作人员在经济往来中，违反国家规定，收受各种名义的回扣、手续费，归个人所有的，以受贿论处。国家工作人员利用本人职权或者地位形成的便利条件，通过其他国家工作人员职务上的行为，为请托人谋取不正当利益，索取请托人财物或者收受请托人财物的，以受贿论处。2016年“两高”《关于办理贪污贿赂刑事案件适用法律若干问题的解释》对受贿罪的定罪量刑标准作了具体规定。[1]

一、一般受贿与斡旋受贿之界分

——利用原职务上具有隶属、制约关系的其他国家工作人员职务上的行为为请托人谋取不正当利益并索取、收受财物的定性

例如，被告人原系央企主要领导，后至某省任组织部部长，又至另一央企任主要领导，其在某省任组织部部长、另一央企任职期间，向其原任职的央企下属企业有关领导打招呼，帮助请托人谋取不正当利益，收受请托人钱款的，是一般受贿还是斡旋受贿，争议较大。

---

〔1〕 2016年“两高”《关于办理贪污贿赂刑事案件适用法律若干问题的解释》第一条、第二条、第三条对受贿罪的定罪量刑标准作了明确规定，关于“数额标准”，受贿数额在3万元以上不满20万元的，应当认定为“数额较大”；受贿数额在20万元以上不满300万元的，应当认定为“数额巨大”；受贿数额在300万元以上的，应当认定为“数额特别巨大”。关于“情节”标准，受贿数额在1万元以上不满3万元，具有下列情形之一的，应当认定为“其他较重情节”：(1)曾因贪污、受贿、挪用公款受过党纪、行政处分的；(2)曾因故意犯罪受过刑事追究的；(3)赃款赃物用于非法活动的；(4)拒不交待赃款赃物去向或者拒不配合追缴工作，致使无法追缴的；(5)造成恶劣影响或者其他严重后果的；(6)多次索贿的；(7)为他人谋取不正当利益，致使公共财产、国家和人民利益遭受损失的；(8)为他人谋取职务提拔、调整的；受贿数额在10万元以上不满20万元，具有上述情形之一的，应当认定为“其他严重情节”；受贿数额在150万元以上不满300万元，具有上述情形之一的，应当认定为“其他特别严重情节”。

对该问题的定性，需要厘清被告人是利用其本人职务上的便利，还是利用其本人职权或者地位形成的便利条件。例如，“利用职务上的便利”收受财物的，系《刑法》第三百八十五条规定的一般类型的受贿；相反，如“利用本人职权或者地位形成的便利条件”，通过其他国家工作人员职务上的行为，为请托人谋取不正当利益，并收受财物的，则系《刑法》第三百八十八条规定的特殊类型的受贿，亦称斡旋或者间接受贿。可见，区分一般受贿与斡旋受贿，关键在于国家工作人员是利用了本人的职务便利，还是利用了本人职权或者地位形成的便利条件。

（一）受贿罪中“利用职务上的便利”要件的认定

尽管在贪污罪、挪用公款罪、受贿罪中均有“利用职务上的便利”的罪状表述，但该表述在具体内涵上因三罪的犯罪性质不同而存在差异。贪污罪的犯罪对象为公共财产，故该罪中的“利用职务上的便利”侧重于与公共财产相关的职务便利。挪用公款罪的犯罪对象为公款和特定款物，故该罪中的“利用职务上的便利”侧重于与公款、特定款物相关的职务便利。受贿罪的本质在于权钱交易，故该罪中的“利用职务上的便利”侧重于与某项公共事务相关的职务便利。此处的公共事务，并不限于与公共财产的相关职权，通常包括人权、事权、财权等。

根据2003年《全国法院审理经济犯罪案件工作座谈会纪要》的规定，受贿罪中的“利用职务上的便利”既包括利用本人职务上主管、负责、承办某项公共事务的职权，也包括利用职务上有隶属、制约关系的其他国家工作人员的职权。担任单位领导职务的国家工作人员通过不属自己主管的下级部门的国家工作人员的职务为他人谋取利益的，应当认定为“利用职务上的便利”为他人谋取利益。该规定实际上明确：

1.“利用职务上的便利”不仅包括利用本人职务上便利，也包括利用职务上有隶属、制约关系的其他国家工作人员的职务便利。

所谓“隶属”关系，是指某一单位内部国家工作人员之间或者上下级单位的国家工作人员之间的一种管理和被管理、领导和被领导的关系。所谓“制约”关系，是指行为人虽然不直接领导、管理其他国家工作人员，但其职务范围内的权力能够派生出对于其他国家工作人员行为的约束力。这种“制约”关系，可能表现在单位内部或者某一系统内上下级之间、各职能部门之间的约束关系，也可能表现在担任某种职务的国家工作人员在处理公共事务时，直接与有关单位或者人员之间的约束关系。[1]因其他国家工作人员的职务隶属于国家工作人员，或者国家工作人员对其他国家工作人员有制约关系，即国家工作人员对其他国家工作人员具有领导、管理和监督职权，故利用职务上有隶属、制约关系的其他国家工作人员的职务便利，实质上就是利用本人的职权。单位主要领导如省长、市长、县长、乡（镇）长等，其一般并不主管、负责、承办某项公共事务，如基建承包事项，但其能够利用本人的职权和地位，以明示或者暗示的方式，对其辖区内主管、负责、承办该基建事项的国家工作人员施加影响，甚至起决定作用而将基建事项承包给相关公司或者个人。上述情况，实践中常有之。

以成克杰案为例。成克杰在担任中共广西壮族自治区委副书记、区人民政府主席期间，通过李某接受他人请托，先后向中国建设银行广西分行和中国银行广西分行提出要求，使前者向广西信托投资公司发放贷款600万元，广西信托投资公司将该款借给广西桂信实业开发公司使用；使后者向广西桂信实业开发公司发放贷款1000万元。此后，李某两次收受广西桂信实业开发公司给付的“好处费”共计60万元，并将收受贿赂的情况告诉成克杰。对此，成克杰及其辩护人提出，成克杰为请托人联系银行贷款没有利用职权，上述事实不能认定为受贿罪。生效判决认为，在当时的金融管理体制下，设立于广西壮族自治区内的中国建设银行广西分行、中国工商银行广西分行、中国银行广西分行有关负责人员的任命，要征得自治区党委和政府的同意。成克杰作为自治区党委及政府的主要负责人，对设立于自治区内的上述三家银行及其负责人具有管理制约关系，其帮助请托人从银行获取贷款，属于利用职务上的便利。

---

〔1〕 熊选国等:《如何认定受贿罪构成要件之“利用职务上的便利”？》，载《人民法院报》2005年6月22日，第6版。

2.“利用职务上的便利”也包括利用不属自己主管的下级部门的国家工作人员的职务便利。

也就是说，担任单位领导职务的国家工作人员通过不属自己主管的下级部门的国家工作人员的职务为他人谋取利益的，应当认定为“利用职务上的便利”为他人谋取利益。尽管单位领导并不主管或者分管该下级部门的国家工作人员，但该国家工作人员仍然隶属于单位领导，即单位领导与不属自己主管的下级部门的国家工作人员之间属于领导与被领导关系。故单位领导利用该国家工作人员的职务便利，仍然属于利用其职务便利的范畴。而且，尽管单位领导并不主管或者分管该下级部门的国家工作人员，但其职权和地位却能在人事等方面影响该国家工作人员，加之这种主管或者分管只是暂时的分工，实践中该国家工作人员听命于该单位领导并按照领导要求利用其职务便利为他人谋取利益的，并不鲜见。故上述规定与法理和常理相符。以胡长清受贿案为例。胡长清作为江西省原副省长，并不分管交通运输，但作为省政府领导，其权力是相当宽泛的，对所属区域内一定范围的工作，负有领导、监督或者管理的职责。他通过交通厅对有关运输项目进行干预，收受他人人民币53万元、港元67万元，明显利用了其副省长的职务便利。尽管他不分管交通厅，但交通厅是他的下级部门。

当然，如果国家工作人员索取或者收受他人财物并未利用其职务上的便利的，因不存在权钱交易问题，就不会侵犯国家工作人员职务行为的廉洁性和不可收买性，不以受贿论处，如构成其他犯罪的，以他罪论处。也因此，实践中被告人、辩护人往往会针对起诉指控的受贿事实，辩称被告人未利用职务上的便利，或者索取或者收受财物的行为与职务无关，故被告人的行为不构成受贿罪，或者要求将指控事实中与职务无关的数额从受贿数额中扣除。对此，需要结合案情，就被告人是否利用职务上的便利进行权钱交易进行实事求是的判断分析。

案例1：汤某受贿案。公诉机关指控汤某作为集电公司（系国有公司）总经理，利用职务便利为他人谋取利益，收受他人钱款共计703万元。其中，关于收受朱某485万元一节，汤某及其辩护人认为汤某并未利用职务上的便利，为朱某谋取利益属于投资回报性质。

经查明的事实为：集电公司与万源公司签订协议，约定合资成立万波公司，共同从事房地产开发业务。万波公司注册资金为6000万元，其中集电公司投入资金5400万元，占90%股份；万源公司出资600万元，占10%股份。双方约定一年内集电公司可出售其所持90%股份，万源公司可以优先收购80%，对其余10%也可由万源公司安排第三方收购，收购价均为原股本金的110%，所需资金均由万源公司负责支付。后万源公司总裁朱某了解到集电公司有可能不实施前述股权转让方案，由于朱某预测万波公司的项目前景良好，为了顺利收购集电公司所持万波公司的股份，朱某就与汤某谈妥，由汤某找杰思公司出面收购万波公司10%的股份，从而使汤某能从中获取好处。汤某、朱某、刘某三人还就此事碰面，商谈由杰思公司出资为汤某收购10%股份一事。为此，集电公司与万源公司、杰思公司等单位签订股权转让协议，约定集电公司将其所持万波公司50%的股权转让给万源公司、30%转让给源鸿公司、10%转让给杰思公司。但到了需要支付股权转让款时，杰思公司未如约支付660万元转让款。朱某为了完成整个股权转让，就用万源公司的资金为杰思公司支付了660万元股权转让款。至此，集电公司收到了全部股权转让款5940万元，万源公司、源鸿公司、杰思公司则分别受让50%、30%、10%的万波公司股份。之后，朱某又与汤某商定，由朱某收购杰思公司所占万波公司10%的股权。为此，朱某应支付485万元股权补偿款。经朱某、汤某操作，朱某以其公司员工杨某的名义向杰思公司收购了万波公司10%的股权。此后，万源公司支付给杰思公司钱款共计485万元，后者则将上述钱款全部支付给汤某，汤某得款后用于其本人以傲邑公司名义购买办公用房、开办公司、划款至国外亲属等。

结合查明的事实，汤某利用职务上的便利为朱某谋取利益，其收受朱某的485万元属于受贿而非投资回报性质。首先，从职务便利及为他人谋取利益方面来看，相关证据证实，汤某系在万波公司中占有绝对控股权的集电公司总经理，负责经办与万源公司商谈转让万波公司股权一事；而万源公司由于了解到集电公司可能不实施股权转让方案，急于提前收购万波公司股权，故有求于汤某。其次，从主观故意方面来看，相关证据证实，汤某与朱某谈妥由杰思公司收购股权的真实意图在于收购之后又出售给万源公司，然后由万源公司以股权补偿款的名义给予汤某好处费。故该笔485万元的实质是汤某利用职务之便，收受他人以股权补偿权名义给予的贿赂，汤某收受该款的行为构成受贿罪。

案例2：孙某受贿案。起诉指控孙某利用担任某县房地产开发经营总公司（系国有公司）工程部经理的职务便利，为工程承包方谋取利益，收受杨某等人财物共计5万余元。孙某及其辩护人认为，孙某应行贿人杨某之邀至澳门旅游期间收受的港元1万元，系二人赌博赢钱的分成，与孙某职务无直接关系，不能以受贿认定。

经查明的事实为：孙某应杨某之邀至澳门游玩期间，于某日凌晨，杨某与孙某二人至澳门一赌场，由杨某出资进行赌博，孙某始终在场，后杨某赢得港元2万余元（包括赌资港元0.4万元），二人离场后在赌场门口，杨某即将赢得的港元1万元交孙某，孙某予以收受。

结合查明的事实，杨某将赌博赢得的部分钱款港元1万元（大约一半）分给孙某，其中既存在孙某职务的因素，也存在孙某陪同赌博的因素，难以排除杨某将港元1万元送给孙某是对赌博赢利的分成，故对孙某收受杨某赌博赢利的港元1万元不以受贿认定为宜。

（二）斡旋受贿中“利用本人职权或者地位形成的便利条件”要件的认定

在斡旋受贿或者间接受贿中，因请托事项不属于国家工作人员的职权范围，国家工作人员不能直接利用其职务便利为请托人谋取利益，故而利用其职权或者地位形成的便利条件，通过其他国家工作人员职务上的行为为请托人谋取（不正当）利益，并索取或者收受请托人财物。

根据2003年《全国法院审理经济犯罪案件工作座谈会纪要》的规定，“利用本人职权或者地位形成的便利条件”，是指行为人与被其利用的国家工作人员之间在职务上没有隶属、制约关系，但行为人利用了本人职权或者地位产生的影响和一定的工作联系，如单位内不同部门的国家工作人员之间、上下级单位没有隶属或者制约关系的国家工作人员之间、有工作联系的不同单位的国家工作人员之间的关系等。显然，“利用本人职权或者地位形成的便利条件”不同于“利用职务上的便利”，两者的主要区别在于：如果国家工作人员与其他国家工作人员之间存在职务上的隶属、制约关系，则直接认定国家工作人员"利用职务上的便利"；反之，因不存在职务上的隶属、制约关系，只是国家工作人员的职权或者地位对相应的其他国家工作人员的职务行为有一定的影响，或者两者之间有一定的工作联系，此时则属于"利用本人职权或者地位形成的便利条件"。[1]

例如，张某原系国有独资企业徐房集团公司下属全资子公司永福物业第二小区经理。房产中介纪某请托张某帮忙解决非其直接管辖的房屋更户事宜，张某明知上述房产属于代管产、更户具有严格限制的情况下，一方面要求他人准备虚假的户籍资料等待通知；另一方面为使上述更户手续顺利通过审核，利用其系单位小区经理的身份，在通知递交材料时向时任永福物业副总经理汪某、经租部一门式管理员吴某打招呼，要求加快更户手续的办理速度，从而帮助请托人违规办理了更户手续。事后，张某收受纪某给予的好处费20万元。本案中，辩护人辩称张某接受请托后向经办人打招呼，系基于其与对方的私交，张某的行为构成利用影响力受贿罪而非受贿罪。但生效判决认为张某的行为构成受贿罪。

笔者认为，该判决是正确的。本案中，张某、汪某、吴某均为国家工作人员，三者之间属于同事关系，而不存在职务上的隶属、制约关系。张某接受他人请托，需为他人谋取不正当利益，但请托事项不属于其职权范围，故其向同事汪某、吴某打招呼，后汪某、吴某利用其职务上的便利为请托人谋取了不正当利益，张某收受了请托人的好处费。汪某、吴某之所以给张某"面子"而利用其职务上的便利为请托人谋取不正当利益，其中既不能排除张某与汪某、吴某之间的私交因素影响，但也不可否认张某利用了其职权或者地位形成的便利条件。事实上，这种情况下难以区分是利用了权力性影响还是非权力性影响，往往两者兼而有之。故此，应认定为斡旋受贿，以受贿罪论处，而非利用影响力受贿罪。

当然，如果有证据确信或者从常理分析，国家工作人员没有利用其职权或

---

〔1〕 熊选国等:《如何认定受贿罪构成要件之"利用职务上的便利"？》，载《人民法院报》2005年6月22日，第6版。

者地位形成的便利条件，而纯粹基于私交或者亲友等因素，通过其他国家工作人员的职务行为为请托人谋取不正当利益，并收受贿赂，数额较大或者有“其他严重情节”的，不以斡旋受贿论处，可能构成利用影响力受贿罪。上述情况下，如果国家工作人员属于其他国家工作人员的特定关系人，国家工作人员索取、收受他人财物，其他国家工作人员知道后未退还或者上交的，根据2016年“两高”《关于办理贪污贿赂刑事案件适用法律若干问题的解释》第十六条的规定，应当认定两者构成受贿罪的共同犯罪。

（三）一般受贿与斡旋受贿的区分——国家工作人员利用原职务上具有隶属、制约关系的其他国家工作人员职务上的行为为请托人谋取不正当利益并索取、收受财物的，以斡旋受贿论处

尽管斡旋受贿也以受贿论处，但斡旋受贿与常态的一般受贿相比，存在差异。一般受贿中，国家工作人员系利用其本人的职务便利为请托人谋取利益，所谋取的利益不问正当与否；而在斡旋受贿中，国家工作人员并非利用其本人的职务便利，而是利用其职权或者地位形成的便利条件，通过其他国家工作人员职务上的行为为请托人谋取利益，且要求谋取不正当利益，如谋取正当利益的，不成立斡旋受贿。这正是一般受贿与斡旋受贿的不同之处。

关于前述案例中国家工作人员利用其原职务上具有隶属、制约关系的其他国家工作人员职务上的行为，为请托人谋取不正当利益，收受请托人财物的定性，笔者认为，应以斡旋受贿论处。首先，尽管国家工作人员的原职务对相关国家工作人员的职务具有隶属、制约关系，但因为岗位调动等原因，其现任职务不再对其他国家工作人员的职务具有隶属、制约关系，故利用曾经具有职务上的隶属、制约关系但现已不具有职务上的隶属、制约关系的其他国家工作人员职务上的行为，并非利用其本人职务上的便利，但是利用其本人现有职权或者地位形成的便利条件还是利用其原职务的影响力，或者兼而有之，这是一个复杂的问题，难以切割。或许两者兼而有之更加科学。一般而言，理应“人走茶凉”，但也存在“人走茶不凉”现象，其中有原职务影响力的因素，也有看新职务“面子”的问题。其次，通过利用其他国家工作人员职务上的行为为请

托人打招呼，谋取了不正当利益，而且收受了请托人财物。最后，国家工作人员属于现职人员，即使认定其除了利用本人现有职权或者地位形成的便利条件外也利用了原职务的影响力，也符合斡旋受贿的成立要件。

当然，如果离职的国家工作人员，利用原职权或者地位形成的便利条件，通过与其原职务上具有隶属、制约关系的其他国家工作人员职务上的行为，为请托人谋取不正当利益，索取请托人财物或者收受请托人财物，数额较大或者有其他较重情节的，则构成《刑法》第三百八十八条第三款规定的利用影响力受贿罪。

（四）斡旋受贿人将部分行贿款给予其他国家工作人员的性质认定

例如，行贿人甲为谋取不正当利益，给予国家工作人员乙20万元，乙利用其职权或者地位形成的便利条件，斡旋其他国家工作人员丙，意欲通过丙的职务行为为甲谋取不正当利益，并给予丙10万元。本案中，甲为谋取不正当利益而行贿20万元，其行为构成行贿罪；丙利用职务上的便利非法收受他人财物10万元，为他人谋取不正当利益，其行为构成受贿罪。对于乙如何定罪处罚，存在三种不同意见。第一种意见认为，乙斡旋受贿20万元构成受贿罪，其将其中10万元给予丙，属于斡旋的手段，不予定罪，但作为量刑情节考虑。第二种意见认为，乙斡旋受贿20万元构成受贿罪，其受贿既遂后将其中10万元给予丙，为甲谋取不正当利益，属于行贿，即对乙以受贿罪和行贿罪两罪并罚。第三种意见认为，乙受贿20万元，其中10万元与丙构成受贿共犯，即对乙以受贿罪定罪处罚。

笔者认为，第二种意见相对合理，即对乙以受贿罪和行贿罪并罚。主要理由为：第一，乙是斡旋受贿，非法收受甲给予的钱款20万元即构成受贿罪且为既遂。第二，乙为甲谋取不正当利益而给予丙10万元，属于向丙行贿，其行为又构成行贿罪。第三，乙犯受贿罪和行贿罪，属于独立的两罪，应予并罚。第四，如果认为乙、丙共同受贿10万元，那么，乙、丙有共同的受贿故意？显然，该10万元属于乙斡旋受贿既遂后处理部分赃款的行为，乙、丙无共同的受贿故意和行为。再如，认定乙、丙是受贿共犯，那谁是行贿人？显然，甲并无向丙行贿的打算。因此，第三种观点欠妥。第五，斡旋受贿体现的是斡旋人与行贿人之间的权钱交易，对于斡旋受贿后将部分钱款给予其他国家工作人员的行为，属于新的权钱交易，而非斡旋的手段，故第一种观点也欠妥当。

当然，第一，如果行贿人甲明知斡旋人乙需要找其他国家工作人员丙才能为其谋取不正当利益，于是告知乙，如向丙打招呼的也请乙代其表示感谢，乙拿了甲20万元后给丙10万元，且丙对乙收受甲20万元不明知的，此时则宜认定乙受贿20万元，其中10万元与丙构成受贿共犯，因向丙行贿也在甲的犯意之内。第二，如果甲为谋取不正当利益，请求乙和丙帮忙，给予乙20万元，并明确告知乙，乙、丙各10万元，由乙向丙转交10万元。此时，如果乙将请托事项及收受钱款情况均告知丙，丙知悉后收受乙转交的10万元，并为甲谋取不正当利益的，则乙、丙系共同受贿，受贿数额均为20万元，其中乙不再属于斡旋受贿，而属于一般受贿。

二、性贿赂的行为性质

——兼论贿赂犯罪中的“财物”

我国刑法将贿赂的内容限定为财物。一般认为，财物即金钱和物品。对于可以通过金钱计算价值的财产性利益，当属于财物的范畴。故此，2008年《商业贿赂意见》第七条规定：“商业贿赂中的财物，既包括金钱和实物，也包括可以用金钱计算数额的财产性利益，如提供房屋装修、含有金额的会员卡、代币卡（券）、旅游费用等。具体数额以实际支付的资费为准。”2016年“两高”《关于办理贪污贿赂刑事案件适用法律若干问题的解释》第十二条又进一步规定：“贿赂犯罪中的‘财物’，包括货币、物品和财产性利益。财产性利益包括可以折算为货币的物质利益如房屋装修、债务免除等，以及需要支付货币的其他利益如会员服务、旅游等。后者的犯罪数额，以实际支付或者应当支付的数额计算。”房屋装修、债务免除等，本质上是一种物质利益；会员服务、旅游等，就其性质而言不属于物质利益，但由于取得这种利益需要支付相应的货币对价，故应当在法律上视同为财产性利益。实践中提供或者接受“需要支付货币的其他利益”主要有两种情形：一是行贿人支付货币购买后转送给受贿人消费；二是行贿人将在社会上作为商品销售的自有利益免费提供给受贿人消费。两种情形实质相同，均应纳入贿赂犯罪处理，但因表现形式不同有可能导致第二种情形数额认定上的意见分歧，故明确犯罪数额以实际支付或者应当支付的数额计算。[1]

（一）非财产性利益不能成为我国刑法中贿赂的内容

非财产性利益主要包括介绍职业、提职晋级、入党入团、调换工作、授予荣誉称号、提供性服务等。使用非财产性利益进行贿赂的并不鲜见，与使用财物进行贿赂一样同样侵犯了国家工作人员职务行为的廉洁性和不可收买性，具有严重的社会危害性。那么，国家工作人员利用职务上的便利，索取、收受非财产性利益的，如性服务，能否以受贿论处？问题的实质在于非财产性利益能否成为贿赂的内容。对此，根据我国目前《刑法》的规定，答案应该是明确的，即非财产性利益不能成为贿赂的内容，对于索取、收受非财产性利益的，不以受贿论处。主要考虑是：

第一，财物包括财产性利益，但难以解释包括非财产性利益。如行贿人（女性）为国家工作人员提供性服务，难道她是在使用财物进行行贿，相应地国家工作人员接受了她人财物？显然，既不符合法理也不符合常理。尽管有时使用非财产性利益作为贿赂内容，在收买国家工作人员职务方面效果可能更好，社会危害性可能更大，但基于财物难以涵盖非财产性利益，索取、收受非财产性利益的也不能以受贿论处。否则，违反罪刑法定原则。

在域外司法中，之所以接受性服务等非财产性利益的也属于受贿，是因为域外国家或者地区刑法规定的贿赂内容并不限于财物。例如，在日本刑法中，贿赂的内容并不限于财物，包含能满足人之需要或者欲望的一切利益。除金钱、物品、不动产等有形物之外，诸如代为偿还债务、金融利益、给艺伎的“花钱”等招待、高尔夫俱乐部会员权、以公开价格获得确实会涨价的尚未公开的股票而获取的利益等财产性利益，以及诸如就斡旋就职的约定、异性之间的肉体关系等也属于贿赂。[2]在我国台湾地区“刑法”中，贿赂犯罪的行为对象为贿赂或者其他不正当利益。贿赂系指金钱或者其他可以金钱计算的财物，包

---

〔1〕 裴显鼎等：《〈最高人民法院、最高人民检察院关于办理贪污贿赂刑事案件适用法律若干问题的解释〉的理解与适用》，载《人民司法》2016年第19期。

〔2〕 [日]西田典之：《日本刑法各论》，刘明祥、王昭武译，武汉大学出版社2005年版，第342~343页。

括假借馈赠等各种名义的变相给付在内。其他不正当利益则指贿赂以外的一切足以供人需要或者满足欲望的有形或者无形的不正当利益而言，不以经济上的利益为限，包括物质上的利益与非物质利益，前者如设定债权、免除债务、给予无息或者低利贷款；后者如给予地位、允与性交或者其他性行为等。[1]《联合国反腐败公约》规定贿赂犯罪的贿赂内容亦为不正当好处。[2]

第二，受贿罪的定罪量刑标准为"数额标准"或者"较低数额+情节标准"，如贿赂内容为非财产性利益的，客观上难以量化，亦容易导致裁判标准不一。域外国家或者地区刑法，包括《联合国反腐败公约》，之所以规定贿赂犯罪的贿赂内容包括财物、财产性利益及非财产性利益在内的一切不正当好处，除了有严密贿赂犯罪法网的因素外，也与采用立法定性司法定量的刑事立法模式有关。而我国刑法采取立法定性又定量的模式，以贪污受贿犯罪为例，"数额较大"或者有"其他较重情节"的才以犯罪论处。而"贪污受贿犯罪是贪利型职务犯罪，犯罪数额是其社会危害程度的基本决定因素"，[3]故司法解释又将立法规定的"其他较重情节""其他严重情节""其他特别严重情节"具化为"较低数额+情节"标准。据上，在非财产性利益难以量化的前提下，只能将非财产性利益确定为不能体现数额的情节，在无具体犯罪数额的情况下如何确定罪与非罪、如何精准量刑？显然，难以给出答案。

当然，尽管根据当前刑法规定，贿赂的内容不包括非财产性利益，索取、收受非财产性利益的不以受贿论处。但是，索取、收受非财产性利益的行为，同样反映了贿赂犯罪"权钱交易"的本质特征，与以"财物、财产性利益"为内容的贿赂具有同等的社会危害性。甚至在特定情形下，因非财产性利益具有隐蔽性，难以查处，其危害性会更加严重。从严密法网、从严惩治贿赂犯罪角度，有必要通过修改立法，将非财产性利益纳入贿赂的内容，并对索取、收受非财产性利益的以受贿论处。具体而言，第一，将贿赂犯罪中的"财物"修改为"不正当好

---

〔1〕 林山田：《刑法各罪论》（下册）（修订5版），北京大学出版社2012年版，第14页。

〔2〕 详见郑勇、罗开卷：《职务犯罪立法比较与借鉴》，载《法治论丛》2014年第3期。

〔3〕 赵秉志：《略谈最新司法解释中贪污受贿犯罪的定罪量刑标准》，载《人民法院报》2016年4月19日，第3版。

处”，即能满足人的欲望或者需要的一切不正当利益，具体包括财物、财产性利益和非财产性利益。[1]第二，将贿赂犯罪的“数额标准”“情节标准”贯彻到底。将非财产性利益纳入贿赂的内容后，对于索取、收受财物、财产性利益的，继续采用当前的“数额标准”或者“较低数额+情节标准”；而对于索取、收受非财产性利益的，因难以量化非财产性利益，故只能采用不包含数额的纯“情节标准”。为什么说贯彻到底呢？其实《刑法修正案（九）》已将贿赂犯罪的定罪量刑标准修改为“数额标准”兼“情节标准”，但未对贿赂的内容“财物”作出修改，既然是“财物”，当然能够量化，故司法解释理所当然地将“情节标准”具化为“较低数额+情节标准”。如果通过立法修改将非财产性利益纳入贿赂的内容，则贿赂犯罪的定罪量刑标准除了“数额标准”“较低数额+情节标准”外，还存在一个纯“情节标准”。如此而言，是将贿赂犯罪的“数额标准”“情节标准”贯彻到底。

（二）性贿赂的性质认定

通常可以将性贿赂分为两种情况：第一种是行贿人自己为了本人或者他人利益向国家工作人员提供性服务；第二种是雇佣其他女性为国家工作人员提供性服务，并以此与国家工作人员进行交易。第一种属于“直接”性贿赂，第二种属于“间接”性贿赂，两种性贿赂的性质不同。

1.“直接”性贿赂的不以行受贿论处

“直接”性贿赂不是卖淫嫖娼，其中不乏存在感情因素，涉及道德问题，该“性”既不属于财物，也难以将其折算为货币，或者认定需要支付多少货币，即不属于财产性利益而属于非财产性利益。故性贿赂属于权色交易，而非权钱交易、权财交易。从本质上看，性贿赂属于贿赂。但在目前刑法框架内，成立贿赂犯罪限于权钱交易，故国家工作人员接受他人提供性服务的，不以受贿论处，而属于违纪行为。相应地，用自身姿色与国家工作人员发生或者保持不正当性关系的性行贿当事人，不论谋取的利益是否正当，或者获得的利益是否正当，均不以行贿论处。

---

〔1〕 郑勇、罗开卷：《职务犯罪立法比较与借鉴》，载《法治论丛》2014年第3期。

2.“间接”性贿赂的对国家工作人员以受贿论处，对雇佣性服务提供者可能以行贿论处

在“间接”性贿赂中，往往涉及三方当事人，即国家工作人员、性服务提供者和雇佣女性者（通常为行贿人）。第一，国家工作人员与性服务提供者之间，一般不认识，既不涉及权色交易也不涉及权钱交易，该女性为国家工作人员提供性服务，是因为他人（行贿人）向其支付了对价即嫖资（一般是金钱，但不排除财物和财产性利益，如提供旅游等）。第二，性服务提供者与雇佣者（行贿人）之间，属于“买卖”关系，也不涉及权色交易和权钱交易。第三，国家工作人员与雇佣性服务提供者（行贿人）之间，国家工作人员客观上接受了行贿人雇佣的女性提供性服务，主观上明知行贿人支付了一定对价即嫖资，而行贿人之所以投国家工作人员所好为其雇佣女性提供性服务，目的在于收买国家工作人员的职务行为，以便为其谋取利益，故国家工作人员与行贿人之间存在权钱交易，行贿人付出了嫖资，国家工作人员收受的是可以用金钱计算的、实际上是行贿人已经支付了嫖资的性服务，属于收受了财产性利益，如符合受贿罪构成要件的，对国家工作人员以受贿论处。对行贿人而言，如果系谋取不正当利益，或者被勒索而获得不正当利益的，如符合行贿罪构成要件的，对其以行贿论处；反之，不以行贿论处。

典型案例如晏某贪污、受贿案。晏某受贿金额93.7万元中，包含郭某为其支付的60万元嫖资。[1]大致案情为：郭某为晏某安排嫖娼200多次，每名卖淫女的嫖资为3000元或者5000元。根据存疑时有利于被告人的原则，从低认定嫖娼次数200次，每次嫖资3000元，故嫖资共计60万元，即从低认定60万元嫖资系受贿款（属于财产性利益）。

三、索取、收受商业机会的刑法评价

商业机会，即通常所说的“商机”，是预期能够产生利润的机会。实践中，国家工作人员利用职务上的便利，向他人索取或者收受商业机会的，是否属于

〔1〕 详见广东省中山市中级人民法院刑事判决书，（2016）粤20刑初74号。

受贿？存在不同观点。肯定论者认为，商业机会本身属于一种经济利益，实践中也存在买卖商业机会的情形，故商业机会属于可以用金钱进行衡量的财产性利益，对索取、收受商业机会的以受贿论处。否定论者则认为，商业机会属于非财产性利益，对索取、收受商业机会的不以受贿论处。对此，笔者认为需要具体情况具体分析。

（一）商业机会属于非财产性利益，索取、收受商业机会的一般不以受贿论处

商业机会显然不属于财物，那么，是否属于财产性利益？所谓财产性利益，是指可以折算为货币的物质利益，或者需要支付货币的其他利益，即财产性利益在货币对价上具有相对确定性。不可否认，商业机会本身具有一定的经济利益，甚至存在一定的交换价值，但最终能否获利、获取多少经济利益，因为市场环境等因素，具有不确定性。事实上，也难以相对客观地评估商业机会的价值，故商业机会不属于财产性利益而属于非财产性利益，根据我国刑法规定，索取、收受商业机会的不以受贿论处，而属于一般违纪行为。

（二）索取、收受的商业机会系明显抬高利润的以受贿论处

国家工作人员利用职务便利，在向他人索取、收受商业机会过程中要求抬高利润空间，且明显高于市场行情的；或者为谋取不正当利益，向国家工作人员给予抬高利润空间的商业机会，或者被勒索给予国家工作人员抬高利润空间的商业机会，国家工作人员明知的，正如国家工作人员明显高于市场价格向请托人出售房屋、明显低于市场价格向请托人购买房屋一样，属于以交易形式索取、收受贿赂，故以受贿论处。因一般性索取、收受商业机会行为不以受贿论处，故该情形下的受贿数额应以抬高利润部分对应的钱款认定。如房产销售业务，一般市场行情是销售一套房子给予佣金10万元，后故意抬高利润如销售一套房子给予佣金15万元，显然，抬高利润部分对应的5万元属于贿赂款。

（三）索取、收受商业机会后自己进行经营并获取收益的不以受贿论处

国家工作人员利用职务便利，索取或者收受商业机会，之后通过实质性

的经营活动获取收益的，因获取的收益系通过市场经营行为所得，而非直接索取、收受他人财物，故不属于受贿，而属于一般违纪行为。

（四）索取、收受商业机会后没有付出实质性经营活动而获取收益或者所获取的收益明显高于相应经营活动应得收益的以受贿论处

收益与付出应该基本相当，否则就可能是不法之财。国家工作人员没有付出实质性经营活动而获取收益的，或者所获取的收益明显高于相应经营活动应得收益的，对国家工作人员不应该获取的收益部分，因与其职务存在关联，性质上属于权钱交易，即国家工作人员利用职务便利以索取、收受商业机会为名行索取、收受他人财物之实，属于变相索取、收受他人贿赂，故应以受贿论处。

例如，王某利用担任某区住宅发展局综合计划科副科长，具体负责新建住宅配套费征收、管理、返回及空调外机设置审核等工作的职务便利，向辖区内开发房产的延铁公司索要“延铁家园”企划、广告设计与楼盘包装服务，并由其妻寿某控制的天雍公司和延铁公司签订协议。与延铁公司签订“企划服务合同”后，寿某并没有对该楼盘销售提供实质性工作，先后分三次共计向延铁公司索取“利润”60万元。王某还向辖区内开发房产的彭浦公司索取“宝联新苑”的代理销售业务。由于“宝联新苑”20套房产早于王某索要代理销售业务前已经内定销售完毕，但迫于受制于王某的职务影响，彭浦公司还是与其妻寿某控制的天雍公司签订代理销售合同。后寿某指派一人到彭浦公司，为彭浦公司填写几份内定的商品房销售合同，彭浦公司被迫支付30万余元“利润”。本案中，延铁公司与王某之妻寿某控制的天雍公司签订企划合同是受制于王某的职务影响，所谓的企划服务合同实为掩盖索贿而签订，天雍公司并未提供实质性服务。因天雍公司与寿某本人无从事房产企划的相关专业知识与经验，也未进行相关企划服务合同规定的实质性工作，寿某获取的60万元应认定为贿赂款。另外，“宝联新苑”楼盘的销售比较紧俏，且彭浦公司已有销售人员，彭浦公司之所以同意由寿某进行代销是因为受制约于王某的职务。在彭浦公司与天雍公司签约后，天雍公司只有一名销售员，主要协助办理相关手续，并未提供实质性服务，与彭浦公司支付的佣金不等价，故寿某所获取的29

万余元也应认定为贿赂款。综上所述，王某利用职务上的便利，伙同寿某，以向他人索要并承担房屋销售、策划业务为名，变相收受贿赂，其行为均构成受贿罪，数额巨大，且系索贿。

（五）将索取、收受的商业机会交予具有职务制约关系的他人经营并获取收益的以受贿论处

经营该商业机会所获取的收益应该归属经营单位或者个人所有，而不应该由国家工作人员不劳而获。但国家工作人员利用对商业机会经营者的职务制约关系，索取或者收受本该属于商业机会经营者所获取的全部或者部分收益的，实质上系国家工作人员利用职务便利向商业机会经营者索取、收受财物，故属于受贿。其中，行贿人（不一定构成行贿罪）为商业机会经营者，而非提供商业机会的单位或者个人。

再以上述王某案的部分事实为例。王某利用职务便利，向辖区内开发房产的星苑公司索要房产销售代理业务，指定辖区内的民强公司与星苑公司签订"星际公寓"代理销售合同，并要求民强公司扣除成本后将所得利润给予王某之妻寿某。在楼盘销售期间，星苑公司共支付65万余元，民强公司将扣除成本后的27万余元汇入寿某控制的天雍公司账户内。本案中，王某向星苑公司索取的房产销售代理业务属于商业机会，该索取行为本身不构成受贿。但王某指定由民强公司经营房产销售代理业务，如此，扣除成本后的27万余元经营利润无疑应该属于民强公司，而非属于王某。王某利用对民强公司的职务制约关系不劳而获27万余元，实质上是向民强公司索取27万余元，故其行为构成受贿罪，数额巨大，且系索贿。

（六）索取、收受商业机会后交予无职务制约关系的他人经营并获取收益的宜以受贿论处

前面已述，将索取、收受的商业机会交予具有职务制约关系的他人经营并获取收益的以受贿论处。对于将索取、收受的商业机会交与无职务制约关系的他人经营并获取收益的，其实也是不劳而获，但区别在于前者所获取的收益

与职务存在关联，故以受贿论处，而后者所获取的收益与职务无关联，如将索取、收受的商业机会转卖他人获利一般，此时能否以受贿论处？再以上述王某案为例。王某利用职务便利，向辖区内开发房产的杰旺公司索要“崇文园”小区项目的门窗制作业务，并安排其朋友刘某去寻找承揽方。后刘某将门窗制作业务交予他人承揽，并从承揽方获取收益10万元。对该案及类似案件如何定性，存在不同意见。

第一种意见认为，不以受贿论处。索取、收受商业机会行为本身不构成受贿，再将商业机会交予他人经营，因所获取的相关收益与职务行为无关，而系“提供”商业机会所分取的利润，显然不是权钱交易，故不以受贿论处。而且，如果认定为受贿，那谁是行贿人？因索取、收受商业机会行为本身不构成受贿，故提供商业机会者并非行贿人。商业机会经营者即承揽方，其将部分利润给予国家工作人员是对“提供”商业机会行为的分成，而与职务行为无关，故商业机会经营者也非行贿人。贿赂犯罪属于对向犯，尽管受贿罪与行贿罪的成立要件存在差异，即成立受贿罪未必成立行贿罪，如行贿人并非谋取不正当利益的；成立行贿罪未必成立受贿罪，如为谋取不正当利益向多人行贿但每名受贿人的受贿金额不满1万元的。但从行为方式看，有受贿必有行贿，无行贿人何来受贿？

第二种意见认为，可以受贿论处。国家工作人员将索取、收受的商业机会交予无职务制约关系的他人经营并获取收益的，商业机会经营者是按照市场行情将部分利润分与国家工作人员，并非行贿国家工作人员，国家工作人员亦非受贿，故国家工作人员尽管分取了商业机会经营者的部分利润，但因与职务无关，而是按照市场行情获益，双方之间不存在受贿和行贿关系。就国家工作人员向他人索取、收受商业机会而言，尽管商业机会属于非财产性利益，国家工作人员的行为不构成受贿罪，商业机会提供者即使为谋取不正当利益也不构成行贿罪，即从刑法规定来看双方都不构成犯罪，但受贿、行贿的客观事实存在。国家工作人员将索取、收受的商业机会交予他人经营并获取收益，即兑现了商业机会的价值，获取了不应该获取的收益，而该收益正是其索取、收受商业机会所要达到的目的。具体而言，即以索取、收受商业机会为名行获取相关收益为实，故此时应将所获取的收益视为受贿的数额。但需要注意的是，商业机会提供者向国家工作人员行贿的仅是非财产性利益，国家工作人员获取的收益系其将所索取、收受的商业机会通过其他人员兑现所得，故商业机会提供者即使为谋取不正当利益的，其行为也不构成受贿罪。在这种情况下，仅追究国家工作人员受贿的刑事责任。

笔者倾向第二种观点，即可以受贿论处。尽管该观点可能导致这样的后果，即索取、收受商业机会后自己经营并获取收益的不以受贿论处，而交予他人经营获取收益的反而以受贿论处。笔者认为并不矛盾：第一，索取、收受商业机会后自己经营，所获取的收益系经营利润，此时也难以区分和认定商业机会的对价，故不以受贿论处。第二，将索取、收受的商业机会交予无职务制约关系的他人经营并获取收益，属于不劳而获，与索取、收受商业机会后没有付出实质性经营活动而获取收益或者所获取的收益明显高于相应经营活动应得的收益，属于类似情形，应定性为受贿。如此一来，上述王某案中，王某从房产公司索取门窗制作业务的商业机会后，交予从市场中寻找到的承揽方承揽，后从承揽方处获取收益10万元，应视为其索取商业机会后的变现，具有贿赂款性质，即王某的行为构成受贿罪。

（七）利用职务便利为请托人获取商业机会并索取、收受其财物的以受贿论处

实践中，国家工作人员利用职务便利，为请托人获取商业机会，事后索取、收受请托人财物的，其实质是利用职务便利为请托人谋取利益，之后索取、收受他人财物的行为属于典型的受贿。

四、收受财物但未实际谋利对定罪量刑的影响

以最高人民法院指导案例3号潘玉梅、陈宁受贿案为例。其中潘玉梅利用担任江苏省南京市栖霞区迈皋桥街道工委书记的职务便利，为南京某发展有限公司受让金桥大厦项目减免100万元费用提供帮助，并在购买对方开发的一处房产时接受该公司总经理许某为其支付的房屋差价款和相关税费61万余元（房价含税费121万余元，潘支付60万元）。对该节受贿事实，潘玉梅及其辩护人提出潘没有为许某实际谋取利益，故潘的行为不构成受贿罪。

上述案例涉及收受财物但并未实际谋利的行为是否构成受贿罪；如构成受贿罪，既遂还是未遂？事实上，该问题涉及受贿罪中“为他人谋取利益”要件的认定。

（一）受贿罪中“为他人谋取利益”要件的认定

受贿罪分为索取型和被动型，被动型受贿罪的成立要求“为他人谋取利益”。至于该要件是主观要件还是客观要件，存在争议。根据2016年“两高”《贪污贿赂解释》第十三条第一款的规定，应当认定为“为他人谋取利益”的情形包括：（1）实际或者承诺为他人谋取利益的；（2）明知他人有具体请托事项的；（3）履职时未被请托，但事后基于该履职事由收受他人财物的。第十三条第二款还规定，国家工作人员索取、收受具有上下级关系的下属或者具有行政管理关系的被管理人员的财物价值3万元以上，可能影响职权行使的，视为承诺为他人谋取利益。第十三条第二款规定的是受贿犯罪与“感情投资”的界限划分问题，其中关于“为他人谋取利益”，表述为“视为承诺为他人谋取利益”，后文将详细探讨。下文重点分析第十三条第一款中“为他人谋取利益”的认定与把握。

1.实际或者承诺为他人谋取利益

实际为他人谋取利益，无疑属于“为他人谋取利益”。根据2003年《全国法院审理经济犯罪案件工作座谈会纪要》的规定，“为他人谋取利益”包括“承诺、实施和实现三个阶段的行为”，只要实施其一即可认定。也就是说，承诺为他人谋取利益就可认定为为他人谋取利益，是否着手为他人谋取利益以及为他人谋取利益事项是否已经完成，既不影响定罪也不影响既遂的认定。承诺“为他人谋取利益”的意思表示，可以是明示也可以是默示。实施和实现“为他人谋取利益”属于实际为他人谋取利益。

2.明知他人有具体请托事项

2003年《全国法院审理经济犯罪案件工作座谈会纪要》亦规定，明知他人有具体请托事项而收受其财物的，视为承诺为他人谋取利益，即“只要收受财物与职务相关的具体请托事项建立起关联，即应以受贿犯罪处理。具体包括两种情况：一是行贿人告知受贿人具体请托事项，或者受贿人基于客观情况能够判断出行贿人有请托事项，受贿人收受对方财物的，虽然尚未实施具体谋取利益行为，也应认定为受贿人‘为他人谋取利益’；二是受贿人知道或应当知道行贿人的具体请托事项，但并不想具体实施为对方谋取利益的行为，此种情形同样属于基于具体职务行为的权钱交易行为，公职人员职务行为的廉洁性同样受到侵害，故也应认定为受贿人‘为他人谋取利益’”。〔1〕

例如，某司法人员在承办案件中，明知张某系案件代理人，仍然收受其财物，尽管张某并未告知具体请托事项，但双方均心知肚明。也就是说，司法人员根据其掌握的情况，即使张某未告知具体请托事项，其也知道或者应当知道张某给予财物是因为案件上有求于他，应认定司法人员“为他人谋取利益”。

3.履职时未被请托，但事后基于该履职事由收受他人财物

履行职责时没有受贿故意，双方亦未就请托事项进行意思沟通，但在履行职责后收取他人财物的，只要该收受财物与其先前职务行为存在关联，其收受财物的行为同样侵犯了国家工作人员职务行为的廉洁性和不可收买性，故认定国家工作人员“为他人谋取利益”，构成受贿罪的，即事后受贿。

（二）收受财物但并未实际谋利的不影响受贿罪的成立且为既遂

“履职时未被请托但事后基于该履职事由收受他人财物”的事后受贿，显然已经谋取了利益，故不在探讨之列。

就一般受贿而言，无论是索取财物还是收受他人财物，都是基于对方有具体请托事项，即有求于己。国家工作人员在收受财物之时或者前后，明知他人有具体请托事项，有的在承诺为请托人谋取利益后并未实际去谋取利益，有的在承诺为请托人谋取利益后实际去谋取利益但不一定实现。因在明知他人有具体请托事项的前提下，承诺为请托人谋取利益，权钱交易即已完成，完备了受贿罪的构成要件，如要求实际为请托人谋取利益，则不当地限缩了受贿罪的处罚范围，不足为取。因此，收受财物但并未实际谋利的不影响受贿罪的成

〔1〕 裴显鼎等：《〈最高人民法院、最高人民检察院关于办理贪污贿赂刑事案件适用法律若干问题的解释〉的理解与适用》，载《人民司法》2016年第19期。

立，而且属于受贿既遂。当然，如果国家工作人员不明知他人有具体请托事项，则不存在承诺为请托人谋取利益的问题，不成立一般受贿。但如果符合感情投资型受贿罪（具体见后文分析）要件的，“视为承诺为他人谋取利益”，以（感情投资型）受贿罪论处。否则，属于一般违纪行为。

就前述潘玉梅、陈宁受贿案而言，请托人许某向潘玉梅行贿时，要求在受让金桥大厦项目中减免100万元的费用，潘玉梅明知许某有请托事项而收受贿赂61万余元。虽然该请托事项没有实现，但“为他人谋取利益”包括承诺、实施和实现三个阶段的行为，只要具有其中一项，就属于为他人谋取利益。潘玉梅明知他人有请托事项而收受其财物，应视为承诺为他人谋取利益，至于是否已实际为他人谋取利益或者谋取到利益，只是受贿的情节问题，不影响受贿罪的认定，且为既遂。

值得注意的是，在斡旋受贿和利用影响力受贿中，对“为请托人谋取不正当利益”要件的认定，应参照一般受贿中“为他人谋取利益”要件的认定，即“为请托人谋取不正当利益”也应包括承诺、实施和实现三个阶段的行为，只要实施其一即可认定。意即索取请托人财物或者收受请托人财物后，未实际为请托人谋取不正当利益的，不影响斡旋受贿和利用影响力受贿的成立且为既遂。

当然，无论是一般受贿中的“为他人谋取利益”，还是斡旋受贿和利用影响力受贿中的“为请托人谋取不正当利益”，对未实际利用职务上的便利为他人谋取利益（不正当利益）的行为，在量刑上应当区别于收受同样数额财物且实际利用职务上的便利为他人谋取利益（不正当利益）的行为。

五、感情投资型索取、收受财物的入罪要件

无论是索取还是收受贿赂，一般基于对方有求于己或者存在具体请托事项。如对方暂未有求于己或者无具体请托事项，但索取、收受财物行为又与国家工作人员的职务行为存在关联的所谓“感情投资”，能否直接以受贿论处，曾争议较大。为从严惩治腐败犯罪，统一法律适用，2016年“两高”《贪污贿赂解释》第十三条对受贿罪中“为他人谋取利益”要件做了扩张解释，该条第一款明确：“实际或者承诺为他人谋取利益的”“明知他人有具体请托事项的”，

或者“履职时未被请托，但事后基于该履职事由收受他人财物的”，均应认定为“为他人谋取利益”；第二款还明确：“国家工作人员索取、收受具有上下级关系的下属或者具有行政管理关系的被管理人员的财物价值3万元以上，可能影响职权行使的”，视为承诺为他人谋取利益。“视为承诺为他人谋取利益”是“推定”为他人谋取利益，同样体现了权钱交易的本质特征，从而属于受贿行为，因此而构成受贿罪的亦称感情投资型受贿罪。尽管感情投资型受贿亦属于受贿，但较之于一般受贿存在明显差异。基于此，下文结合《贪污贿赂解释》，着重探讨感情投资型索取、收受财物行为所特有的入罪要件，以准确区分构罪的受贿行为与不构罪的一般违纪行为。

（一）感情投资型索取、收受财物行为入罪之三要件解读

感情投资型索取、收受财物行为无疑属于违纪行为，但并不当然属于受贿行为。故此，不能简单地将“感情投资型索取、收受财物行为”等同于“感情投资型受贿行为”。事实上，也只有部分感情投资型索取、收受财物行为最终以受贿论处。根据《贪污贿赂解释》的规定，感情投资型索取、收受财物行为如具备“国家工作人员索取、收受具有上下级关系的下属或者具有行政管理关系的被管理人员的财物”“索取、收受的财物价值3万元以上”“可能影响职权行使”三要件的，视为承诺为他人谋取利益，从而满足受贿罪的构成要件，即对该索取、收受财物行为以感情投资型受贿论处。

“视为承诺为他人谋取利益”，属于“为他人谋取利益”的情形之一。根据《贪污贿赂解释》的文字表述，感情投资型索取、收受财物行为的入罪要件，除了三要件外还要求“视为承诺为他人谋取利益”，那么，“视为承诺为他人谋取利益”能否视为另一个要件？对此，笔者认为，“视为承诺为他人谋取利益”系基于同时具备三要件的一种推定，即同时具备三要件的即视为承诺为他人谋取利益。故此，感情投资型索取、收受财物行为的入罪要件应为三要件而非四要件。

1.“对象要件”：国家工作人员索取、收受具有上下级关系的下属或者具有行政管理关系的被管理人员的财物

在感情投资型受贿中，要求国家工作人员索取、收受的财物源于与其具有

上下级关系的下属或者具有行政管理关系的被管理人员，笔者将之称为“对象要件”。而在一般受贿中，对索取、收受“谁”的财物并无特别限制，只要是“他人”财物即可。

(1)与国家工作人员“具有上下级关系的下属”之解读。“上下级关系”[1]强调人在组织系统中的角色与定位，可以是领导与被领导关系，也可以是指导与被指导关系。“下属”即下级，同一组织系统中等级低的组织或者人员。[2]上级人员对应下级人员，上级单位对应下级单位，故国家工作人员的下属应指下级人员。关于与国家工作人员“具有上下级关系的下属”的范围，实践中主要存在狭义说与广义说两种理解。

狭义说认为，与国家工作人员“具有上下级关系的下属”，是指同一单位中处于该国家工作人员领导之下的工作人员。此处的“下属”与该国家工作人员系同事关系。广义说则认为，“下属”即下级，除了狭义说所称人员外，还应包括处于该国家工作人员领导或者指导之下的下级单位工作人员。下级单位工作人员对于上级单位领导而言本就属于下级，而且实践中下级单位工作人员对上级单位领导进行感情投资的并不鲜见，故将下级单位工作人员纳入上级单位领导的下属范畴，有利于惩处感情投资型受贿行为。故此，广义说中的下属既包括属于同事关系的下属，也包括不属于同事但系下级单位的工作人员。例如，在同一县内，很难说乡(镇)长是县长的同事，但乡(镇)长无疑是县长的下属(下级)。

笔者赞同广义说，即与国家工作人员具有上下级关系的下属，既包括同一单位中处于该国家工作人员领导之下的工作人员，也包括处于该国家工作人员领导或者指导之下的下级单位工作人员。具体而言，第一，同一单位中该国家工作人员的下级工作人员，当然包括该国家工作人员主管或者分管的工作人员，也应包括不属于该国家工作人员主管或者分管的下级工作人员。例如，

---

〔1〕 上下级关系是一种非常重要的人际关系，如有的界定为“在某一时刻存在于上下级之间的基于利益、情感和身份义务的连结”(详见郭晓薇、李成彦:《中国人的上下级关系：整合构念的建立与初步检验》，载《管理学报》2015年第2期)；“管理者与其下属之间的一种互惠交换”(详见真柏:《各类上下级关系点评》，载《领导科学》2000年第5期)；等等。

〔2〕 《现代汉语词典》(第6版)，商务印书馆2012年版，第1404页。

并未主管或者分管林业的副省长，利用职务上的便利，索取林业部门工作人员的财物，或者非法收受其财物为其谋取利益的，无疑属于受贿。第二，上下级关系是一种纵向关系，在同一单位内国家工作人员与其具有上下级关系的下属之间属于领导与被领导的关系。但国家工作人员与其下级单位工作人员之间，有的属于领导与被领导的关系，如省长与其辖区内的地级市市长之间；有的属于指导与被指导的关系，如教育部部长与省教育厅厅长之间。

(2)与国家工作人员“具有行政管理关系的被管理人员”之解读。行政管理通常是指政府管理，即“国家统治阶级通过其所组织的政府，依法对国家事务、社会公共事务和政府机关事务的管理活动”。[1]随着社会的发展，行政管理的对象日益广泛，包括经济建设、文化教育、市政建设、社会秩序、公共卫生、环境保护等各个方面。例如，食品药品监管部门依法依规对其辖区内的食品、药品企业具有监管职责，相关食品、药品企业中的负责人于负责监管该企业的国家工作人员而言，就属于具有行政管理关系的被管理人员。再如，住房保障和房屋管理部门依法依规对其辖区内的房地产经营开发公司具有监管职责，相关房地产经营开发公司中的负责人于负责监管该公司的国家工作人员而言，就属于具有行政管理关系的被管理人员。

与国家工作人员具有行政管理关系的被管理人员和与国家工作人员具有上下级关系的下属，显然属于不同的范畴，不存在交集。“下属”与国家工作人员属于同一单位人员或者同一组织系统内的人员，而“被管理人员”于国家工作人员而言属于外部人员。因此，感情投资型受贿将索取、收受内部人员以及外部人员财物均纳入打击范围，严密了贿赂犯罪的法网。

2.“数额要件”：索取、收受的财物价值3万元以上

在感情投资型受贿中，要求索取、收受的财物价值在“3万元以上”，这是一个量化标准，笔者将之称为“数额要件”。

(1)“3万元以上”是一般违纪行为上升到受贿犯罪行为的界分数额，即国家工作人员索取、收受的财物价值3万元以上的，社会危害性达到了可能构成

---

〔1〕 李青山编著：《行政管理学》(第2版)，中国农业大学出版社2002年版，第4页。

受贿罪的程度。此处的“可能”，基于感情投资型索取、收受财物行为的入罪，除了要求“3万元以上”的数额要件外，还要求具备其他要件。反之，不满3万元的，则不能构成受贿罪，属于一般违纪行为。因此，国家工作人员索取、收受的财物价值是否达到3万元以上，将涉及行为的不同性质。

（2）“3万元以上”可以是单笔数额也可以是累计数额。“贪污受贿犯罪是贪利型职务犯罪，犯罪数额是其社会危害程度的基本决定因素”。[1]对多次受贿未经处理且需要继续追诉的，累计计算受贿数额。同理，在感情投资型受贿中，不要求索取、收受的财物价值单笔达到3万元以上，而可以是二次以上索取、收受的财物价值累计达到3万元以上。例如，国家工作人员利用职务上的便利，在中秋、元旦、春节三个节日期间每次向其下属索取或者收受1万元以上的财物，尽管每次索取或者收受的财物价值未达3万元，但累计达到3万元以上的，满足成立感情投资型受贿的数额要件。

（3）“3万元以上”可以是索取、收受一人财物的价值数额，也可以是索取、收受二人以上财物的价值数额。对于向二人以上索取、收受财物的价值累计在3万元以上，但向每人索取、收受财物的价值不满3万元的，能否满足成立感情投资型受贿的数额要件？例如，春节期间，6个下属先后给具有国家工作人员身份的领导拜年，每人送红包5000元，领导问：“有没有什么事情”？下属均答：“没什么，就来看看领导”。但事实上双方心知肚明，领导知道下属的来意即“希望在工作上给予关照”，下属亦并非简单的“看看领导”，其目的是拉近和领导的距离，建立感情，希望领导能在未来的工作上给予关照。显然，这属于感情投资型收受财物。尽管每个下属仅送5000元，但6人累计共向领导送了3万元。

笔者认为，“3万元以上”可以是索取、收受一人财物的价值数额，也可以是索取、收受二人以上财物的价值数额。主要理由为：

第一，受贿罪侵犯的客体是国家工作人员职务行为的廉洁性和不可收买性。与其他类型的受贿一样，在感情投资型受贿中，国家工作人员是否构成受

---

〔1〕 赵秉志：《略谈最新司法解释中贪污受贿犯罪的定罪量刑标准》，载《人民法院报》2016年4月19日，第3版。

贿罪，关键看其索取、收受了多少财物，而不在于索取、收受了多少人的财物。如索取、收受的财物价值在3万元以上，其社会危害性即达到了构成受贿罪的程度。事实上，《贪污贿赂解释》也只强调索取、收受的财物价值在3万元以上，至于索取、收受了多少下属、被管理人员的财物，没有特别限制。

第二，向二人以上索取、收受价值3万元以上的财物，往往比向一人索取、收受相同价值财物的社会危害性要大。因涉及行贿人越多，不良社会影响愈烈，对国家廉政制度的破坏愈大。也因此，刑法和司法解释不仅在受贿罪亦在其他罪名中，将涉及"多人""多次"的犯罪行为规定了较低的入罪门槛，[1]或者将其作为从重、加重量刑情节。[2]

第三，如将"3万元以上"限制为向一人索取、收受财物的价值数额，既不合理也不符合从严惩处贿赂犯罪的精神。实践中，感情投资型索取、收受财物，往往涉及多名下属或者被管理人员，尽管每人给予的财物价值不满3万元，但全部人员给予的财物价值累计可能达到数额巨大甚至数额特别巨大。例如，30名下属，每人给予国家工作人员2万元，共计60万元，如果以每人给予的财物价值须达到3万元以上才成立感情投资型受贿，显然不合理，也不符合从严惩处贿赂犯罪的精神。

（4）"3万元以上"须排除正常人情往来的财物价值数额。对属于正常人情往来的财物，因"礼尚往来"，即使价值在"3万元以上"，因与国家工作人员的职权行使无关，不能视为承诺为他人谋取利益，即不应计入感情投资型受贿的数额。参照2008年"两高"《商业贿赂意见》第十条的规定，区分感情投资型受贿与正常人情往来，主要应当结合以下因素全面分析、综合判断：①发生财物往来的背景，如双方是否存在亲友关系及历史上交往的情形和程度；

---

〔1〕 例如，根据《贪污贿赂解释》第一条的规定，受贿数额在3万元以上的，构成受贿罪；受贿数额在1万元以上不满3万元，具有"多次索贿"等情节的，构成受贿罪。再根据第七条的规定，为谋取不正当利益，向国家工作人员行贿，数额在3万元以上的，以行贿罪追究刑事责任。行贿数额在1万元以上不满3万元，向三人以上行贿的，以行贿罪追究刑事责任。

〔2〕 例如，根据《刑法》第二百六十三条的规定，以暴力、胁迫或者其他方法抢劫公私财物的，处3年以上10年以下有期徒刑，并处罚金；具有"多次抢劫"等情形的，处10年以上有期徒刑、无期徒刑或者死刑，并处罚金或者没收财产。

②往来财物的价值;③财物往来的缘由、时机和方式,提供财物方对于接受方有无职务上的请托;④接受方是否利用职务上的便利为提供方谋取利益。例如张某受贿案。公诉机关指控张某在担任上海某航务管理所航道科科长、海事科科长期间,利用职务上的便利,为他人谋取利益,收受打捞工程公司负责人陆某给予的财物21万余元,其行为构成受贿罪。但张某辩称,21万余元中有两笔0.88万元共计1.76万元,系亲朋好友间人际交往的礼金而非贿赂,应予扣除。生效判决认为,张某在其生日和在其儿子婚礼上分别收受陆某的0.88万元是属于受贿还是属于正常的人情往来,需要结合以下几个方面进行判断:第一,从背景上看,张某与陆某系多年朋友,二人有正常的人情往来基础。第二,从礼金数额上看,受贿的数额一般明显高于正常人情往来的数额,人情往来的数额虽然没有标准,但应根据当地经济发展水平及一般常识来判断,根据当时上海的实际情况,0.88万元并未明显高过一般礼金的水平。第三,从礼金往来缘由看,张某的生日及其儿子婚礼也是人情交往的正常时机。第四,尽管张某收受两笔0.88万元前后利用职务上的便利为陆某谋取了利益,并收受陆某给予的其他财物,但综合判断,张某收受的两笔0.88万元并未明显超出正常人情往来的范围,不宜认定为受贿款,应从指控的受贿金额21万余元中予以扣除。

对于兼具感情投资因素与正常人情往来因素的情形,如国家工作人员曾经参加其下属婚宴,送红包1000元,后该国家工作人员乔迁新居,该下属还人情,送红包1万元。显然,下属送红包1万元既有还人情因素更有向领导进行感情投资的意思。对此,应当分析两者所占的比重。如主要系正常人情往来因素的,以全部不计入感情投资型受贿数额为宜,可以通过党纪政纪手段处理;如主要系感情投资因素的,则以全部计入感情投资型受贿数额为宜,构成犯罪的,量刑时需考虑正常人情往来因素,如刚达到入罪起点数额3万元或者导致法定刑升格的,从刑法谦抑角度来看,一般以不计入感情投资型受贿数额为宜。

3.“职权要件”:须可能影响职权行使

国家工作人员索取、收受其下属或者被管理人员的财物价值3万元以上,“须可能影响职权行使的”,才视为承诺为他人谋取利益,即存在权钱交易,从而成立感情投资型受贿罪，笔者将之称为“职权要件”。若不可能影响职权行使的，即使索取、收受的财物价值在3万元以上，也不存在利用职务便利为他人谋取利益的问题，当然不成立感情投资型受贿罪。例如，某教育部门领导乔迁新居，其辖区内教师100余人通过各种形式进行祝贺，并送礼金1000元至2000元不等，该领导共收礼金15万余元。该案中，尽管领导收受下属礼金累计超过3万元，但涉及众多下属，每个下属所送礼金均处于正常人情往来范围，且乔迁新居是人情往来的较好时机，亦不排除该领导和部分下属之间具有亲友关系或者历史上有交往的情形，故难以认定该领导收受100余名下属礼金共15万余元可能会影响其职权的行使。

国家工作人员与其下属、被管理人员之间关系特殊，容易因职务行为产生行贿、受贿，实践中也是贿赂犯罪的高发区。国家工作人员本应恪守职务行为的廉洁性和不可收买性，如无正当理由索取、收受下属或者被管理人员的财物，正如“瓜田李下”，容易引起怀疑，一般应推定“可能影响其职权的行使”，除非以正当理由进行反证。实践中，应综合各种因素，全面客观地分析国家工作人员索取、收受财物后是否可能影响其职权的行使，其中需要重点考察国家工作人员与其下属或者被管理人员之间是否存在正常人情往来等因素。一般而言，国家工作人员与其下属之间，特别是与属于同事关系的下属之间，很可能基于“人情”而发生财物往来，尤其涉及众多下属的情形，需要甄别是否存在正常人情往来因素，而不能简单地“唯数额论”。相较而言，国家工作人员与其被管理人员之间，很可能基于“事情”而发生财物的往来，此时除了需要判断是否属于正常人情往来外，更需要分析判断被管理人员与国家工作人员之间是否存在谋利事项的可能性，或者推断被管理人员给付财物是否有对国家工作人员的职务行为施加影响的意图。

至于国家工作人员索取、收受其下属或者被管理人员价值多少的财物后才有可能影响其职权的行使，因人因事因时而异，难以量化。例如，有的几百元就可能影响职权的行使，有的可能需要上千元甚至更多才可能影响职权的行使。

（二）感情投资型索取、收受财物行为是否构成受贿罪取决于三要件是否同时具备

三要件即“对象要件”、“数额要件”和“职权要件”之间，属于并列关系而非递进关系，亦无主次之分，三者同时具备才能视为承诺为他人谋取利益，即同时具备三个要件的，推定国家工作人员承诺为其下属或者被管理人员谋取利益。同时考虑国家工作人员对其下属或者被管理人员具有职务上的制约关系，即具有职务上的便利，且索取、收受其下属或者被管理人员财物价值在3万元以上的，符合《刑法》关于受贿罪的构成要件，成立感情投资型受贿罪。事实上，《贪污贿赂解释》在关于感情投资型索取、收受财物行为能否以受贿论处存在理论分歧和不同实践做法的背景下，通过三个要件的规定，实质上限缩了此类行为的入罪范围。笔者认为，《贪污贿赂解释》并未超越“司法解释的权力”去创制一个新的犯罪行为类型，故对于该解释施行前的感情投资型索取、收受财物行为，如符合解释规定的，应以受贿罪论处，而不存在以2016年4月18日施行之时为界，之前的行为仅属于一般违纪，之后的行为达到3万元以上的可构成受贿罪的问题。

“视为承诺为他人谋取利益”是一种推定。既然是推定，就应该允许反驳。在感情投资型受贿中，同时具备限定的“对象要件”、“数额要件”和“职权要件”的，即视为承诺为他人谋取利益。反之，如果并不同时具备的即只具备其中之一或者之二的，均不能视为承诺为他人谋取利益，当然就不符合受贿罪的构成要件，不以受贿论处，而属于一般违纪行为。

1.无具体请托事项，国家工作人员索取、收受其下属、被管理人员以外的“其他人员”的财物，即使价值3万元以上的，也不能视为承诺为他人谋取利益，不以受贿论处

如存在具体请托事项，国家工作人员利用职务上的便利，索取其下属、被管理人员以外的“其他人员”的财物，或者非法收受其财物为其谋取利益，数额3万元以上，或者具有《贪污贿赂解释》规定的情节，数额1万元以上的，构成受贿罪。

如不存在具体请托事项，因国家工作人员与“其他人员”之间不具有上下级关系或者行政管理关系，即不具有职务上的制约关系，也就是未利用职务上的便利，故难以认定双方之间是否存在权钱交易，不能认定为受贿，属于一般违纪行为。例如，企业主为了谋取不正当利益，宴请税务局长及与其业务上并无关联的政府研究室主任，席间给每人送红包3万元。显然，税务局长收受红包3万元构成受贿罪；但研究室主任与企业主之间并不存在职务上的制约关系，如该研究室主任并未利用其职权或者地位形成的便利条件，通过其他国家工作人员为企业主谋取不正当利益，就不能认定其行为构成受贿罪，只能以违规收受礼金论处。当然，根据《贪污贿赂解释》第十五条第二款即“国家工作人员利用职务上的便利为请托人谋取利益前后多次收受请托人财物，受请托之前收受的财物数额在一万元以上的，应当一并计入受贿数额”的规定，如果该研究室主任后因人事变动，最终与企业主之间存在职务上的制约关系，此时如果利用职务上的便利为企业主谋取利益并继续收受其财物，受请托之前收受的财物数额在1万元以上的，应当一并计入受贿数额。具体理由详见后文分析。

2.无具体请托事项，国家工作人员索取、收受其下属或者被管理人员的财物价值不满3万元，即使可能影响职权行使的，也不能视为承诺为他人谋取利益，不以受贿论处

感情投资型索取、收受财物是否构成受贿罪，财物价值达到3万元以上是必要条件。不满3万元，即使可能影响职权行使的，也不能视为承诺为他人谋取利益，故不属于感情投资型受贿，不构成受贿罪，而属于一般违纪行为。

（1）感情投资型索取、收受财物价值2万元与存在具体请托事项而收受其他人员贿赂1万元（无《贪污贿赂解释》规定的情节，不构成受贿罪），或者感情投资型索取、收受财物价值1万元与存在具体请托事项而收受其他人员贿赂2万元（无《贪污贿赂解释》规定的情节）并存的案件中，能否累计为3万元以受贿论处？

对此，存在两种不同观点。第一种观点认为，感情投资型索取、收受财物价值须达到3万元以上才可视为承诺为他人谋取利益，构成受贿罪，故索取、收受财物价值2万元或者1万元仅属于一般违纪的感情投资行为，而基于具体请

托事项收受其他人员的1万元或者2万元属于典型的受贿行为。显然，前者的“2万元或者1万元”与后者的“1万元或者2万元”性质不同，故不能累计为3万元以受贿罪论处。第二种观点则认为，感情投资型索取、收受财物价值达到3万元以上的可视为承诺为他人谋取利益，构成受贿罪，举轻以明重，在既有感情投资型索取、收受财物行为又存在具体请托事项的一般受贿行为的场合，如果两种行为数额累计达到3万元以上，社会危害性更严重，理当更应该视为承诺为他人谋取利益，构成受贿罪，如不累计以受贿罪处理，显然不合理。

笔者赞同第一种观点，即不能累计以受贿罪处理。主要理由为：第一，《贪污贿赂解释》明确了感情投资型索取、收受财物行为的性质，限缩了处罚范围，具化了入罪条件，“将收受财物的对象限制在具有上下级关系的下属或者行政管理关系的被管理人，并加以金额3万元以上、可能影响职权行使的限制，较好地区分了受贿犯罪与正常人情往来以及违纪行为的政策法律界限”，[1]即财物价值达到3万元以上，是感情投资型索取、收受财物行为入罪的必备要件，如不满3万元，即使具备“对象要件”和“职权要件”，也不足以视为承诺为他人谋取利益，不以受贿论处，如排除正常人情往来的，属于违规收受礼金行为。质言之，应将“3万元以上”视为一个整体，具有不可分割性；不满3万元的，至多是违纪，显然在性质上不同于受贿行为。具体而言，感情投资型索取、收受财物“2万元或者1万元”，如排除正常人情往来的，属于违纪行为，对存在具体请托事项而收受的其他人员的“1万元或者2万元”属于受贿行为，两种行为属于不同种类的行为。在刑法中，“同类同种数额、同类不同种数额，不论是违法数额还是犯罪数额，只要未经处理的，可以累计计算”，[2]但对不同种类的数额，不能累计处理，故不能将前述两种数额累计为3万元以受贿罪论处。第二，在感情投资型索取、收受财物行为与一般受贿行为并存的场合，如果累计数额达到3万元以上的，显然较之单一的感情投资型索取、收受财物价值3万元以上

〔1〕 裴显鼎等：《〈最高人民法院、最高人民检察院关于办理贪污贿赂刑事案件适用法律若干问题的解释〉的理解与适用》，载《人民司法》2016年第19期。

〔2〕 陈庆安、罗开卷：《同类不同种行为的立法分析与数额认定》，载《郑州大学学报》（社会科学版）2011年第6期。

的行为，社会危害性更严重，但由于《贪污贿赂解释》是将感情投资型索取、收受财物价值达到3万元以上的行为才纳入刑法评价，这样规定实质上限缩了处罚范围，有利于被告人，体现了刑法的谦抑精神，应予肯定。

同理，如无《贪污贿赂解释》规定的情节，在感情投资型索取、收受财物价值2万元与存在具体请托事项而收受其他人员贿赂19万元的场合，不能累计为21万元而升格判处3年以上10年以下有期徒刑（受贿数额在3万元以上不满20万元的，依法判处3年以下有期徒刑或拘役）。在感情投资型索取、收受财物价值20万元与存在具体请托事项而收受其他人员贿赂290万元的场合，不能累计为310万元而升格判处10年有期徒刑以上刑罚（受贿数额在20万元以上不满300万元的，依法判处3年以上10年以下有期徒刑）。

当然，如果感情投资型索取、收受财物达到3万元以上，此时因行为性质已变为受贿，则应当和其他类型的受贿数额累计处理。例如项某受贿案。项某经联华超市公司（国家出资企业）党委、总经理室研究决定，在担任联华超市公司商品管理总部常务副部长期间，利用该职务便利帮助京糖万达酒业公司参加联华超市公司的加盟订货会，以茅台、五粮液搭售京酒的方式向联华超市公司一次性供应酒类商品，后收受京糖万达公司给予的价值18万余元的购物卡。项某还利用职务便利，先后多次收受其下属联华超市公司家百采购部经理金某给予的好处费共计7万元。生效判决认为，项某系国家出资企业中从事公务的国家工作人员，利用职务上的便利，非法收受他人财物18万余元，为他人谋取利益；又利用职务上的便利，收受其下属公司负责人金某的财物7万元，明显超出正常人情往来范围，尽管金某暂无具体请托事项，但其目的是让项某关照其负责的家百部业务，故项某收受金某财物的行为可能影响其职权行使，应视为承诺为金某谋取利益，其行为构成受贿罪，且数额巨大（两笔受贿金额累计达25万余元）。

（2）感情投资型索取、收受财物价值1万元以上不满3万元，如具有《贪污贿赂解释》规定的情节，能否以受贿论处，即感情投资型索取、收受财物行为的入罪标准是否存在情节标准？

一般受贿的入罪标准，包括数额标准和情节标准。感情投资型索取、收受财物的入罪标准除了“3万元以上”的数额标准外，是否还存在情节标准?[1]例如，在一般受贿中，存在多次索贿行为的，根据《贪污贿赂解释》的规定，索取的财物价值1万元以上也可构成受贿罪。在感情投资型受贿中亦存在索取财物的情形，如多次索取财物，价值1万元以上的，是否构成受贿罪，存在争议。笔者认为，不构成受贿罪，主要理由是：第一，《贪污贿赂解释》明确规定，不论是主动索取还是被动收受他人财物，只有价值3万元以上的，才视为承诺为他人谋取利益，以受贿论处。显然，该解释并未对索取财物的情形降低入罪门槛。第二，《贪污贿赂解释》如此规定，具有实质合理性。存在具体请托事项的索贿行为中，如涉及多次索贿的，社会危害性严重，应依法从重处罚，故具有多次索贿情节的，财物价值1万元以上即可构成受贿罪。而在感情投资型受贿中，因尚不存在具体请托事项，即使具有多次索取财物情节的，社会危害性相对较轻，只有当财物价值达到3万元以上，而且可能影响职权行使的，才能视为承诺为他人谋取利益，以受贿罪论处，这也是罪责刑相适应原则的内在要求。第三，因尚不存在具体请托事项，国家工作人员利用职务便利向其下属或者被管理人员多次索取财物的情形，实践中鲜有发生，故“3万元以上”的数额标准足以规制此类行为。

在感情投资型受贿中，因尚不存在具体请托事项，案发时就不会存在“为他人谋取不正当利益，致使公共财产、国家和人民利益遭受损失”“为他人谋取职务提拔、调整”等司法解释规定的情节。此外，即使国家工作人员具有“曾因故意犯罪受过刑事追究”“赃款赃物用于非法活动”“拒不交待赃款赃物去向或者拒不配合追缴工作，致使无法追缴”或者索取、收受财物后“造成恶劣影响或者其他严重后果”等情节，但同样因不存在具体请托事项，与一般受贿相比，在数额及情节相同或者近似的情况下，社会危害性相对较轻，故也不宜降低入罪门槛。综上，感情投资型索取、收受财物的入罪仅有“3万元以上”的数额标准，即使具有《贪污贿赂解释》规定的情节，从实质合理性角度也不

---

〔1〕 根据《贪污贿赂解释》的规定，如不具有特定的情节，受贿罪的入罪数额为3万元以上；如具有特定的情节，入罪数额则为1万元以上。这些情节，既是定罪情节，也是加重处罚情节。详见罗开卷：《贪污受贿罪中从重情节的适用——以〈贪污贿赂解释〉为切入点》，载《法律适用》2017年第1期。

应存在“较低数额1万元以上+情节”的情节标准。既然入罪上只有数额标准，那么量刑中也只有数额标准。

当然，尽管感情投资型索取、收受财物的定罪量刑标准不存在情节标准，但在量刑中应充分考虑《刑法》及《贪污贿赂解释》等规定的各种情节。如索取财物具有索贿情节的，依照《刑法》第三百八十六条的规定应从重处罚；如具有其他情节的，也应在量刑上予以充分体现。

3.无具体请托事项，国家工作人员索取、收受其下属或者被管理人员的财物价值3万元以上，但不可能影响职权行使的，也不能视为承诺为他人谋取利益，不以受贿论处

感情投资型受贿仍然体现了权钱交易的本质。国家工作人员索取、收受其下属或者被管理人员的财物，尽管价值3万元以上，但不可能影响其职权行使的，当然就不存在承诺为他人谋取利益的权钱交易问题，故不构成受贿罪。如属于违规收受礼金的，按违纪处理。

（三）感情投资型索取、收受财物向一般受贿转化的处理

国家工作人员的下属或者被管理人员，如无具体请托事项，首先对国家工作人员进行感情投资，之后基于具体请托事项继续给予国家工作人员财物，或者国家工作人员明知其有具体请托事项而继续索取、收受其财物的，此时，感情投资型索取、收受财物行为已向一般受贿行为转化。一般而言，之前的感情投资是为之后的具体请托做准备、做铺垫，即“放长线、钓大鱼”，相应地应将国家工作人员的行为整体认定为一般受贿。此时，超出正常人情往来的感情投资型索取、收受财物数额，无论3万元以上还是不满3万元，都应计入一般受贿数额以受贿论处。因整体认定为一般受贿，故在入罪标准上既有“3万元以上”的数额标准，也有“较低数额1万元以上+情节”的情节标准。相应地，量刑中既有数额标准，也有“较低数额+情节”的情节标准。

当然，如果下属或者被管理人员提出具体请托事项或者国家工作人员明知下属或者被管理人员有具体请托事项后予以拒绝并不再索取、收受其财物的，则感情投资型索取、收受财物行为并未向一般受贿行为转化，只能评价之

前的感情投资型索取、收受财物行为，如财物价值不满3万元的，不构成受贿罪，属于一般违纪行为；如财物价值3万元以上且可能影响其职权行使的，视为承诺为他人谋取利益，成立感情投资型受贿，构成受贿罪。

（四）感情投资型受贿中下属及被管理人员的刑事责任

根据《刑法》规定，成立行贿类犯罪，除了需要给予国家工作人员一定数额的财物外，还要求行为人或者单位系谋取不正当利益，否则，不构成行贿类犯罪。在感情投资型受贿中，尽管下属或者被管理人员给予国家工作人员一定数额的财物，但暂无具体请托事项，也许希望国家工作人员未来给予关照的事项包括谋取不正当利益的问题，但就给予国家工作人员财物之时，尚不存在谋取不正当利益的问题，故下属或者被管理人员即使给予国家工作人员价值3万元以上的财物，其行为也不构成（单位）行贿罪。

当然，如果下属或者被管理人员先向国家工作人员进行感情投资，之后为谋取不正当利益，提出具体请托事项，并继续给予国家工作人员财物，或者提出具体请托事项后，因被勒索给予国家工作人员以财物，获得不正当利益的，与将国家工作人员的行为整体认定为一般受贿一样，也因下属或者被管理人员之前的感情投资是为之后谋取不正当利益的行贿做准备、做铺垫，也应整体认定为（单位）行贿，即将感情投资给予的财物数额和为谋取不正当利益给予的财物数额累计以（单位）行贿论处。因整体认定为行贿，故在入罪标准上既有“3万元以上”的数额标准也有“较低数额1万元以上+情节”的情节标准。相应地，量刑中既有数额标准，也有“较低数额+情节”的情节标准。参照《最高人民检察院关于人民检察院直接受理立案侦查案件立案标准的规定（试行）》的规定，如整体认定为单位行贿，在入罪标准上既有“20万元以上”的数额标准，也有“较低数额10万元以上+情节”的情节标准。主要包括以下情节：“为谋取非法利益而行贿”“向三人以上行贿”“向党政领导、司法工作人员、行政执法人员行贿”“致使国家或者社会利益遭受重大损失”。尽管尚无关于单位行贿罪量刑的情节标准，但如果具有以上情节的，应在量刑上予以充分体现。

六、事前事后受贿及历史性收受财物的处理

事前受贿和事后受贿都属于受贿，但历史性收受财物的未必以受贿论处，下文具体分析。

(一)事前受贿与事后受贿之异同

事前受贿，即根据2000年《最高人民法院关于国家工作人员利用职务上的便利为他人谋取利益离退休后收受财物行为如何处理问题的批复》及2003年《全国法院审理经济犯罪案件工作座谈会纪要》的规定，国家工作人员利用职务上的便利为请托人谋取利益，并与请托人事先约定，在其离退休后收受请托人财物，构成犯罪的，以受贿罪定罪处罚。

事后受贿，即根据2016年“两高”《贪污贿赂解释》第十三条第一款的规定，履职时未被请托，但事后基于该履职事由收受他人财物的，应认定为“为他人谋取利益”，构成犯罪的，以受贿罪定罪处罚。

事前受贿与事后受贿存在异同。相异之处，事前受贿中，双方就请托事项进行了意思沟通，即履行职责时具有受贿故意；而在事后受贿中，双方未就请托事项进行意思沟通，即履行职责时没有受贿故意。相同之处，都收受了财物、谋取了利益，尽管收受财物与谋取利益之间存在时间差，但均强调收受财物与具体职务行为存在关联，即收受财物行为均侵犯了国家工作人员职务行为的廉洁性和不可收买性。故此，尽管事前受贿与事后受贿存在一些差异，但并无实质差异。

(二)历史性收受财物的处理

《贪污贿赂解释》第十五条第二款规定：“国家工作人员利用职务上的便利为请托人谋取利益前后多次收受请托人财物，受请托之前收受的财物数额在一万元以上的，应当一并计入受贿数额。”该规定对历史性收受财物行为作了明确处理，“针对的是行贿人长期连续给予受贿人超出正常人情往来范围的财物，收受财物与具体请托事项不能一一对应情况下受贿数额如何计算的问

题。……期间只要发生过具体请托事项，则可以把这些连续收受的财物视为一个整体行为，全额认定受贿数额”。[1]

受请托之前收受的财物数额在1万元以上的一并计入受贿数额，意味着不满1万元的不计入受贿数额。此处的“一万元以上”，应与感情投资型受贿中的“3万元以上”作同一理解，既可以是单笔数额也可以是多笔的累计数额，但须排除正常人情往来的财物价值数额。

（三）感情投资型索取、收受财物向一般受贿转化的处理与历史性收受财物处理方式存在差异的合理性分析

感情投资型索取、收受财物行为向一般受贿行为转化的，之前的感情投资型索取、收受财物行为，事实上也属于历史性收受财物行为；《贪污贿赂解释》关于历史性收受财物即受请托之前收受的财物，事实上也涉及行贿人对国家工作人员进行感情投资的问题，故两者容易混淆。那么，两者之间属于什么关系？有观点认为，感情投资型索取、收受财物行为向一般受贿行为转化的，应适用《贪污贿赂解释》第十五条第二款的规定，即受请托之前因感情投资型索取、收受的财物数额在1万元以上的一并计入受贿数额，不满1万元的无须计入受贿数额。

笔者并不赞同上述观点。因为在感情投资型索取、收受财物行为向一般受贿行为转化的情形下，存在具体请托事项之前的感情投资型索取、收受财物行为，不同于《贪污贿赂解释》第十五条第二款规定的历史性收受财物行为，故在处理方式上存在差异，即对于前者，将感情投资型索取、收受财物的数额一并计入受贿数额处理；而对于后者，仅将之前收受的财物数额在1万元以上的一并计入受贿数额。尽管两种处理方式存在差异，但具有合理性。

第一，感情投资型索取、收受财物行为发生在国家工作人员与其下属或者被管理人员之间，与国家工作人员的职务行为存在密切关联，将存在具体请托事项之前的感情投资型索取、收受财物的全部数额一并计入受贿数额，既符合权钱交易的本质特征，也体现了依法从严惩处腐败犯罪的精神，警示国家工作

---

〔1〕 裴显鼎等：《〈最高人民法院、最高人民检察院关于办理贪污贿赂刑事案件适用法律若干问题的解释〉的理解与适用》，载《人民司法》2016年第19期。

人员应当严格规范与其具有上下级关系的下属和具有行政管理关系的被管理人员之间的关系。

第二，《贪污贿赂解释》关于处理历史性收受财物的规定，意在规制国家工作人员与其下属或者被管理人员之外的“其他人员”之间的、超出正常人情往来范围的连续给予或者收受财物行为。因国家工作人员与“其他人员”之间不具有职务上的制约关系，如果并未基于具体请托事项而发生财物往来，即使超出正常人情往来范围，也即使涉案财物价值3万元以上，因难以证明该行为与国家工作人员的职务有关即存在权钱交易，故不能以受贿论处，而属于违规收受礼金。但是，在国家工作人员利用职务上的便利为“其他人员”谋取利益前后多次收受其财物的，尽管之前收受的财物与具体请托事项难以一一对应，但只要能够证明与具体请托事项相关，而且超出正常人情往来范围，数额在1万元以上的，说明之前收受的财物与职务行为存在关联，符合权钱交易的本质特征，故应一并计入受贿数额。而对于不满1万元的，因国家工作人员与“其他人员”之间不具有上下级或者行政管理等特殊关系，即使能够证明收受的该财物与之后的具体请托事项存在一定关联，但基于我国人情社会的现状，不排除可能存在人情往来等因素，故《贪污贿赂解释》作了限缩规定，即不予以计入受贿数额，体现了刑法的谦抑精神。

七、涉房屋等交易型受贿的认定要点

2007年“两高”《关于办理受贿刑事案件适用法律若干问题的意见》第一条对以交易形式收受贿赂问题作了明确规定，[1]即国家工作人员利用职务上的便利为请托人谋取利益，以下列交易形式收受请托人财物的，以受贿论处：(1)以明显低于市场的价格向请托人购买房屋、汽车等物品的；(2)以明显高于市场的价格向请托人出售房屋、汽车等物品的；(3)以其他交易形式非法收受请托人财物的。受贿数额按照交易时当地市场价格与实际支付价格的差额计

〔1〕 需要注意的是，对于交易型受贿，根据《最高人民法院关于刑事裁判涉财产部分执行的若干规定》等规定，对赃款赃物及其收益，应当一并追缴。以涉房屋的交易型受贿为例，第一，对于受贿款应予追缴没收；第二，对于受贿款对应的房屋增值收益部分属于赃款的收益，应予以追缴没收。当然，如果涉案房屋并未增值甚至贬值的，则仅追缴没收受贿款。

算。前款所列市场价格包括商品经营者事先设定的不针对特定人的最低优惠价格。根据商品经营者事先设定的各种优惠交易条件，以优惠价格购买商品的，不属于受贿。

例如，姜某向剑桥置业公司法定代表人姚某提出以优惠价购买一套别墅（建筑面积347.96平方米），姚某同意以7折左右价格销售。后姜某授意其子办理购房手续，以其儿媳、孙子作为产权人，以156.1275万元的价格购得上述别墅。经鉴定，姜某购买该房产时的市场价格为233.39万元，姜某以交易形式收受差价77.2625万元。后姜某利用职务便利，接受姚某请托，为剑桥置业公司筹建疗养院项目谋取利益。公诉机关指控姜某利用职务上的便利，非法收受他人贿赂77万余元，为他人谋取利益，其行为构成受贿罪。姜某的辩护人认为，姜某与姚某约定以7折房价购买涉案房产，结合领导干部8折购房不认定为受贿犯罪的情形，应当以7折房价款和8折房价款之间的差价，认定姜某受贿的数额。

对于此案，生效判决认为，辩护人关于领导干部8折购买房屋不构成受贿犯罪，应以7折与8折之间的差价认定姜某受贿数额的辩护意见无事实和法律依据。另查明，因剑桥置业公司未能提供涉案房产交易时的市场价格，故委托价格认证中心对涉案房产进行价格鉴定。价格鉴定人员对鉴定标的进行了现场实地勘验，并查阅了基准日期间相关房地产交易案例和资料，开展了市场调查，采用市场比较法进行价格鉴定，认定涉案房产交易时的市场价格为233.39万元，并根据该价格与姜某实际支付的156.1275万元，计算得出姜某优惠购房的折扣约为6.7折，与姚某所称的7折左右能够相互印证。该鉴定程序合法，结论客观、公正，应予采纳。因此，应将鉴定价格233.39万元认定为交易时的市场价格，以该价格与姜某实际支付的购房款156.1275万元之间的差价77.2625万元认定为姜某收受姚某的贿赂金额。姜某利用职务上的便利，非法收受他人贿赂77万余元，为他人谋取利益，其行为构成受贿罪。

实践中，认定交易型受贿需要把握以下要点：

（一）交易价格必须“明显”低于或者高于市场价格

交易型受贿主要涉及房屋、汽车等大宗物品，尤其以低价购房居多。市场交易中的房屋，一般可分为新房、二手房和特价房，交易型受贿主要涉及新房。

因房价本身高，且容易波动（上涨的居多），新房销售过程中亦存在各种名目的优惠和折扣，故要求“明显”低于或者高于市场价格，否则难以区分市场行为和以交易形式实施的行受贿行为。例如，某小区新房单价为每平方米11万元，房屋90平方米，总价990万元；某国家工作人员要求房企老总给予优惠价，最后以每平方米10.8万元、总价972万元成交。从优惠的单价来看，仅优惠2000元每平方米，但从优惠的总价来看，优惠了18万元，达到了构成受贿罪的数额标准。那么，该国家工作人员购买房屋的价格是否明显低于市场价格，是否需要追究刑事责任？显然，一般不会认定这是低价，并未明显偏离市场价格，其他人往往通过“砍价”也能以此价格成交。但是，如果以10万元每平方米、总价900万元成交，则明显偏离市场价格，一般人是“砍不到”这个价格的。此时，则应认定交易价格“明显”低于市场价格。

据上，如果仅低于或者高于市场价格即认定为交易型贿赂，则不当地扩大了打击范围，容易将市场行为变异为行受贿行为，过于严苛。只有“明显”低于或者高于市场价格，即一般人拿不到这个价格的，才可认定为有权力影响的权钱交易，如构成犯罪的，应当追究刑事责任。那么，如何认定和把握“明显”的范畴？有的提出既要考虑绝对数额，也要考虑比例问题。在绝对数额上应该高于一般受贿犯罪的数额标准，在比例上以高于或者低于市场价格的10%作为比例标准。当然也不能绝对，有时绝对数额巨大但比例未达到标准，故更应该结合受贿罪权钱交易的本质特征及其社会危害性来考虑，这才是罪刑法定原则的本质上的要求。〔1〕也有的认为，对提高入罪门槛、以高于或者低于市场价格的一定比例为标准的观点无事实和法律依据，可以综合考虑“优惠打折”的绝对数额大小、折扣率的高低、低价购房等的次数多少、房屋等大宗商品的实际用途与归属，以及滥用职权造成的不良社会影响的大小等，如确属“情节严重”，具有严重社会危害性的，应予以定罪处罚。〔2〕

笔者同意上述观点。何为“明显”低于或者高于市场价格，显然没有标

〔1〕 刘宪权：《刑法学名师讲演录》（分论），上海人民出版社2014年版，第731页。

〔2〕 黄祥青：《低价购房类受贿犯罪司法认定若干问题探讨》，载《法律适用》2007年第12期。

准，也难以给出一个明确具体的标准。实践中，主要但不限于考虑房产开发商内部的优惠销售记录，特定地区、特定时期的经济发展水平，房产市场交易规则，低于或者高于市场价格的绝对数额，低于或者高于市场价格的比例等因素，如权钱交易特征明显，社会危害性严重的，即应以受贿论处。相反，如果权钱交易特征不明显，更符合市场行为的，则不宜以行受贿论处，给予必要的党纪、政纪处分即可。

此外，“以其他交易形式非法收受请托人财物的”系交易型受贿的兜底规定，何为“其他交易形式”，应与“明显低于或者高于市场价格进行交易”具有相当性。

（二）受贿数额按照“交易时”当地市场价格与实际支付价格的差额计算

交易型受贿中，实际支付价格是确定的，受贿数额应该是“交易时”当地市场价格与实际支付价格的差额，而非案发时当地市场价格与实际支付价格的差额。因为交易之时就是贿赂之时，故受贿数额应以交易之时的差额计算。如以案发之时当地市场价格与实际支付价格的差额计算，就会不当地导致受贿数额变大（如房价上涨）或者变小（如房价下跌、房屋老化贬值等），而且不同的案发时间会导致受贿数额不一，明显不足为取。

对以明显低于或者高于市场价格交易汽车，以交易之时涉案汽车的鉴定价格与实际支付价格的差额计算受贿数额。例如，冯某在与其具有职务制约关系的朱某交谈时，欲将其妻陈某名下以70万元购入的奥迪A5轿车出售，朱某表示由其购买，后以100万元购入。经鉴定，该车当时市场价格为39万元，即冯某受贿数额为61万元。

对以明显低于或者高于市场价格交易房屋的，如何确定“交易时”当地市场价格？一般而言，如果能够调查核实交易时当地市场价格的，可以调查核实的价格为依据；如果不能调查核实的，则由法定的价格评估机构对交易时市场价格进行鉴定确定。实践中，房屋交易涉及签订预售合同（期房）、签订购房合同（现房）、办理过户手续等多个交易时间节点，加之市场价格容易波动，故确定价格鉴定的时间节点对科学客观地鉴定涉案房屋的市场价格具有重要意义。

笔者认为，应以行受贿双方签订预售合同（期房）、出售合同（现房）并按照合同约定支付对价的购房合同时间，作为“交易时”当地市场价格的时间节点。主要理由为：第一，签订购房合同是房屋买卖中最重要的一环，意味着房屋交易基本达成。相应地，通过交易形式进行贿赂也基本完成，即受贿人通过交易形式以明显低于市场的价格“购买”了涉案房屋、行贿人通过交易形式以明显低于市场的价格“出售”了涉案房屋。第二，通过签订购房合同即达成了交易型贿赂，此时行受贿数额已经确定，行受贿双方亦心知肚明，当然，涉案房屋的价格也已确定，故以此时确定涉案房屋的市场价格较为合理。第三，通过交易形式进行贿赂，一般不存在行贿人毁约要回行贿房屋的情形，故以签订购房合同时间作为“交易时”当地市场价格的时间节点，具有相对稳定性。第四，因签订购房合同即完成了交易型贿赂，即在办理过户手续、受贿人实际取得控制房屋之前贿赂已经成立，如以过户、交房时间作为“交易时”当地市场价格的时间节点，则明显延后，可能因为市场房价的波动而不当地导致贿赂数额发生变化，难以客观反映贿赂之时的行受贿数额，不足为取。

（三）市场价格包括商品经营者事先设定的不针对特定人的最低优惠价格；根据商品经营者事先设定的各种优惠交易条件，以优惠价格购买商品的不属于受贿

优惠打折是商品购销中的让利，是一种营销策略。商品经营者事先设定的不针对特定人的最低优惠价格和各种优惠交易条件，国家工作人员只要愿意支付相应对价都可以参与商品买卖、享受优惠交易条件，不存在行受贿问题。认定“最低优惠价格”“优惠交易条件”需要把握以下要点：

第一，事先设定，即商品经营者并非针对国家工作人员而临时设定给予最低优惠价格或者优惠交易条件，否则，该“让利”可能涉及交易型受贿。

第二，针对不特定人，即优惠对象的不特定性。[1]在商品购销领域，国家工作人员也是不特定人。如商品经营者仅针对国家工作人员而给予最低优惠价

〔1〕 黄祥青：《低价购房类受贿犯罪司法认定若干问题探讨》，载《法律适用》2007年第12期。

格或者优惠交易条件，说明该“让利”不是针对不特定人的商品促销策略，而是针对国家工作人员这一特定主体的贿赂手段，即仅针对国家工作人员设定的“最低优惠价格”和“优惠交易条件”，可能涉及交易型受贿。“对于相对特定的优惠交易价格来说，相对特定的受众群体在优惠幅度内进行合法交易，如内部职工购买房屋的内部价明显低于市场价，国家工作人员不符合优惠条件或者不具有优惠身份而享受优惠价的，可以构成交易型受贿罪”。〔1〕

八、收受（按揭）房屋的既未遂标准及数额认定

近年来，房屋成为重要的贿赂物（不包括以交易形式收受房屋的情形），少数案件还涉及按揭房屋。对收受房屋的，如何把握既未遂标准？对收受按揭房屋的，除涉及既未遂标准外，如何认定受贿数额？

（一）收受房屋的既未遂标准——收取房屋钥匙即收受了房屋？

例如，杨某收受汪某给予的房屋一套，价值1900余万元。杨某将此事告诉其妻侯某，后汪某将钥匙、门禁卡交给侯某，侯某一直住在该房屋六年多。该房屋没有过户，登记在汪某之子名下。对于本案，杨某的行为构成受贿罪无争议，但其受贿行为属于既遂还是未遂存在意见分歧。

实践中，实际控制说处于通说地位，即认定受贿罪的既遂与未遂以受贿人是否实际获取财物为区分标准。当收受的财物为房屋等不动产时，“以受贿人实际控制房屋作为判断标准，受贿人收受了房屋即实现了控制，受贿犯罪行为即已经完成”。〔2〕如此，对收受房屋行为，即使没有变更权属登记或者借用他人名义办理权属变更登记，只要有证据证明受贿人和行贿人就涉案房屋达成了贿赂的合意，受贿人或者其指定的相关人员仅收取房屋钥匙等凭证的，从生活常理判断，交付钥匙即交付房屋，收取钥匙即收受房屋，故应当认定受贿人实现了对该房屋的控制，属于受贿既遂。至于该房屋是否顺利转入受贿人或者

---

〔1〕 刘宪权：《刑法学名师讲演录》（分论），上海人民出版社2014年版，第732页。

〔2〕 曹坚、徐灵菱：《以实质化标准认定收受房屋型受贿犯罪》，载《检察日报》2017年5月7日，第3版。

其指定的他人名下，行贿人是否要回行贿房屋，对成立受贿罪既遂并无影响。

2007年“两高”《关于办理受贿刑事案件适用法律若干问题的意见》第八条亦持实际控制说观点，该条规定：“国家工作人员利用职务上的便利为请托人谋取利益，收受请托人房屋、汽车等物品，未变更权属登记或者借用他人名义办理权属变更登记的，不影响受贿的认定。”与此相类似，2003年《全国法院审理经济犯罪案件工作座谈会纪要》关于“贪污罪既遂与未遂的认定”规定：“贪污罪是一种以非法占有为目的的财产性职务犯罪，与盗窃、诈骗、抢夺等侵犯财产罪一样，应当以行为人是否实际控制财物作为区分贪污罪既遂与未遂的标准。对于行为人利用职务上的便利，实施了虚假平帐等贪污行为，但公共财物尚未实际转移，或者尚未被行为人控制就被查获的，应当认定为贪污未遂。行为人控制公共财物后，是否将财物据为己有，不影响贪污既遂的认定。”

据上，杨某受贿案中，杨某和汪某就贿赂房屋达成了合意，汪某按照杨某要求将房屋钥匙、门禁卡交给其妻侯某，后侯某一直住在该房屋，至案发长达六年多，应认定汪某已将房屋交付给杨某，杨某已实际控制了该房屋。尽管案发前该房屋没有过户至杨某或者杨某指定的他人名下，但杨某的行为已构成受贿罪，且为既遂。

（二）收受按揭房屋的数额认定及既未遂标准

1.存在类案不同判

（1）受贿数额为涉案房屋价值，未还清的贷款本金为未遂

例如，杨某收受按揭房屋一套，价款606万余元，由行贿人负责还款，至案发有315万余元贷款本金尚未还清。生效判决认为，杨某未取得涉案房屋的完全所有权，未还贷金额对应部分属于犯罪未遂，即杨某受贿数额为606万余元，其中315万余元系未遂。

（2）受贿数额为已支付的首付款和归还的贷款总额

例如，吴某收受按揭房屋一套，房屋价款112万余元，由行贿人负责还款，至案发时共支付首付款30万元、银行贷款26万余元，尚有贷款本金70万余元未还。生效判决认为，吴某的受贿数额应按案发前行贿人已经支付的首付款、归

还的贷款总额来认定，即吴某受贿数额为56万余元。

2.存在四种不同观点

对收受按揭房屋的，如行贿人仅付首付款，明确由受贿人承担按揭还贷义务的，受贿数额即为首付款，受贿人自行承担的房贷当然不能认定为受贿数额，对此无争议。实践中，鲜见由受贿人承担按揭还贷义务的情形，比较常见的是行贿人不仅支付首付款还明确承担按揭还贷义务，对此，如何认定受贿数额及把握既未遂标准，分歧较大，也致使类案不同判。

第一种意见认为，如案发时已经全部还清的，受贿数额以收受该房屋时的价值全额认定；如案发时尚有部分贷款本金未还清的，则应以案发时行贿人已经实际支付的首付款和银行贷款认定受贿数额，不存在未遂情节。

第二种意见认为，如案发时尚有部分贷款本金未还清的，受贿数额以收受该房屋时的价值扣除尚未还清的贷款本金计算，不存在未遂情节。

第三种意见认为，如案发时已经全部还清的，受贿数额以收受该房屋时的价值全额认定无争议，如案发时尚有部分贷款本金未还清的，则应以收受该房屋时的价值全额认定，案发时尚未还清的贷款本金以未遂认定。

第四种意见认为，房屋有贷款既不影响对受贿犯罪形态的认定，也不影响对受贿数额的认定，应当以行贿人实际购买房屋的合同价作为受贿金额的认定标准。行贿人偿还贷款的行为实际上就是代替受贿人承担了购房资金的压力与责任。无论是一次性全款支付房款还是以贷款方式偿还房款，其实质是行贿人选择使用不同的渠道筹措购房资金，以达到行贿目的。当然，考虑到受贿人收受的房屋在产权上存在不完整性，房屋的未来处置在理论上存在一定的市场风险，在具体裁量刑罚时可将房屋附带有未偿还贷款的情况予以酌情考虑，但不能以此为理由扣除未偿还的贷款金额而影响到对受贿犯罪行为及受贿数额的完整认定。[1]

3.评析

笔者倾向第三种意见，即受贿数额应以收受房屋时该房屋的价值全额认定，案发时尚未还清的贷款本金作为未遂情节考量。主要理由为：第一，行受

〔1〕 曹坚、徐灵菱：《以实质化标准认定收受房屋型受贿犯罪》，载《检察日报》2017年5月7日，第3版。

贿双方进行权钱交易之时，涉案房屋就是贿赂物，尽管是按揭房屋，但双方都明知后续按揭还贷义务由行贿方负责，直到还清为止，故此，以收受该房屋时的价值全额认定受贿数额符合主客观相统一原则。第二，尚未还清贷款本金就已案发，违背了行受贿双方的意志，受贿人也因此未取得房屋的完全所有权，这是事实，银行作为抵押权人可以主张部分权利，故尚未还清的贷款本金属于受贿未遂。第三，将案发前尚未还清的贷款本金认定为受贿未遂，既实事求是，有利于确保量刑均衡，也是追赃数额与受贿数额一致的要求。如以收受房屋时的价值全额认定受贿数额，没有未遂情节，特别是在收受房屋后不久即案发的情形，如房屋价值300万元，贷款200万元，收受房屋后一年即案发，因该种情况下大部分贷款本金未还清（以150万元计），认定受贿数额300万元，则判决时需追赃300万元上缴国库，显然不可行。事实上，在处理该房屋时，需要归还银行贷款，银行作为抵押权人也有权要求归还尚未归还的贷款，否则银行成为了受害者。相反，如认定受贿数额300万元，其中150万元为未遂，即仅追赃150万元，就解决了上述矛盾。

故此，上述杨某受贿案的判决值得肯定，即以收受房屋时该房屋的价值全额606万余元认定为受贿数额，将至案发未还清的贷款本金315万余元认定为未遂。按照笔者观点，吴某案中，吴某收受的房屋价款112万余元，即受贿112万余元，至案发未还清的贷款本金70万元为未遂。

九、借款借用型受贿的认定思路

具体可分为借款型受贿和借用型受贿，下面从认定思路角度分别进行探讨。

（一）借款型受贿的认定思路

国家工作人员也有人情往来，也会因为资金紧张向他人借款，这本是人之常情。但是，有的以借款为名索取或者非法收受财物，此时就不再是借款而是受贿。因为借款是要归还的，而受贿型“借款”名义上是借款但事实上已经用所借的款购买了国家工作人员手中的“权力”，不需要归还，属于权钱交易，故以受贿论处。

实践中，需要区分真借款和假借款。具体认定时不能仅仅看是否有书面借款手续，因为有的为了避免事情“暴露”会事先准备好借条，也有的在事情暴露后会“补写”借条掩盖假借款事实，对此，可以参照2003年《全国法院审理经济犯罪案件工作座谈会纪要》的规定，综合以下因素判定是真借款还是以借款为名索取或者非法收受他人财物：（1）有无正当、合理的借款事由；（2）款项的去向；（3）双方平时关系如何，有无经济往来；（4）出借方是否要求国家工作人员利用职务上的便利为其谋取利益；（5）借款后是否有归还的意思表示及行为；（6）是否有归还的能力；（7）未归还的原因；等等。纪要建立了借款型受贿的认定规则，下面结合不同案例展开探讨。

1.无借条、有还款能力但因职务因素长时间不予归还

（1）张某受贿案。本案中，指控张某在担任某区航务管理所航道科科长、海事科科长期间，利用职务便利，为他人谋取利益，收受打捞公司负责人陆某给予的财物21.26万元，收受其他人给予的财物1.9万元，共计23.16万元。对此，张某及其辩护人辩称：张某从陆某处拿取的21.26万元中，16万元系借款而非受贿。

经审理查明：第一，从资金往来的背景分析，张某与陆某系多年朋友关系，但对于16万元这样的大额资金，二人之间没有借条，没有约定还款日期，至案发长达8年之久，这些都不符合一般民间借贷的特征。第二，从双方对资金的认知来看，陆某陈述在其将16万元给张某时就不准备让张归还，事实上张也的确没有归还。第三，从是否有归还资金的意思表示及行为分析，根据张某的财务状况，其完全有能力有机会还款而未归还。第四，从接受资金的国家工作人员是否利用职务上的便利为对方谋取利益看，陆某的打捞公司没有《水上水下活动许可证》，张某为不具备相关资质的公司介绍业务，符合利用职务便利为他人谋取利益。综上，张某收受的16万元属于贿赂款而非借款。

（2）吴某受贿案。本案中，指控吴某利用担任药业公司总经理、董事长等职务便利，接受承包建设药业公司办公楼改造等项目的郭某的请托，为郭某谋取利益，先后4次索取、收受郭某的贿赂共计184.6万元。其中，吴某以借为名向郭某索要钱款100万元，用于购置房产。对此，吴某辩称涉案100万元系正常借款而非受贿款。

经审理查明，第一，从借款用途看，吴某为购买自住用房以外的房产而提出借款，并非出于生活亟需，不具有合理的借款事由。第二，从双方关系看，存在吴某利用职务便利为郭某谋取利益的情况，而非单纯的亲友关系。第三，从归还情况看，吴某具有归还能力，但至案发长达6年的时间里，既无归还的意思表示也无归还的客观行为。综上，吴某的行为有别于正常借款，应认定为受贿。

2.为掩盖受贿事实而补签借条并转款制造还款假象——以戴某受贿案为例

在戴某受贿案中，指控戴某应朱某请托，为其承接国有控股公司工程项目提供帮助，后朱某承接了多项工程项目，合同总价3.9亿余元。为此，戴某共计收受朱某钱款800余万元。其中，戴某先后购买两套房产，总价780万余元，朱某按照与戴某的事先约定，用银行汇票为戴支付购房款780万元。

对此，戴某及其辩护人辩称，朱某为戴某购买房产支付的780万元系正常借款，不能认定为受贿，主要理由是：第一，戴某购买相关房产时购房款不足，有正当、合理的借款理由，且戴某与朱某之间关系较为密切，相关钱款也确实用于购房。第二，朱某为戴某购买第一套房产所支付的480万元系借款，之后戴某为归还钱款曾将该套房产转给朱某夫妇，房产证已交给了朱某，朱某夫妇也已出租该房屋，三年后戴某又出资回购了该套房产。第三，朱某为戴某购买第二套房产支付的300万元同样系借款，已将借款本息全部归还；且从戴某妻子吕某账户转至朱某妻子张某账户的19万余元系归还部分借款。第四，朱某出资给戴某购买房产时，当时戴某出具了借条等协议，而非之后为掩盖受贿事实补签的协议。第五，戴某不明知朱某采用挂靠方式承接工程，并没有在工程发包和工程款支付方面为朱某提供过帮助，没有为朱某谋取利益，双方之间不存在权钱交易事实。

经审理查明，朱某为戴某购买房产支付的780万元应当认定为受贿款。主要理由是：第一，戴某多次供述证明，相关借条、收条、房产转让协议等系戴某在办案机关调查期间伪造并安排朱某、吕某、张某补签，相关协议内容虚假，协议日期系倒签，戴某收受朱某的780万元系受贿款。朱某、吕某、张某的证言与戴某的供述内容能相互印证。

第二，戴某及其辩护人辩称朱某为戴购买第一套房产支付的480万元系借款，其主要理由是：戴某曾为归还460万元而将该套房产转给了朱某夫妇，房产证已交给了朱某，朱某夫妇已将该套房产出租。经查，戴某多次供述、证人朱某、吕某、张某的证言均证明，戴某系委托朱某夫妇代为出租该房产，并非将该套房产转给了朱某夫妇，且朱某夫妇帮助收取的租金部分用于支付戴某购买的两套房产的物业管理费。此外，戴某关于已将该套房产转给了朱某夫妇的辩解，与其获知被办案机关调查后又将朱某所支付房款连本带息并考虑房价上涨因素归还给朱某的做法相矛盾。

第三，戴某及其辩护人辩称朱某为戴购买第二套房产支付的300万元系借款，其主要理由是：从戴某之妻吕某账户转至朱某之妻张某账户的19万余元系归还部分借款。经查，戴某多次供述、证人朱某、吕某、张某的证言均证明，吕某向张某银行账户转账的19.801476万元系用于支付该房产的进户费。而且，吕某转款给张某的日期与办理房产进户手续的时间非常接近。此外，在借款数额为300万元的情况下，还款数额竟然会精确到角与分，显然与常理相悖。

第四，戴某获知其被办案机关调查后，与朱某、吕某等人串供，去房产交易中心咨询办理房产过户给朱某的手续，又分多次将984万余元钱款转给张某，并采用签订虚假借条、协议等方式掩盖事实的行为，从反面印证了戴某收受的780万元系受贿款。

第五，戴某将984万余元转给朱某后，朱某又应戴某要求将150万元转至戴某指定的账户内；戴某出售房产给沈某用于归还朱某的200余万元，实际上亦系朱某支付，上述事实也从侧面印证了戴某为掩盖受贿事实而实施所谓的还款行为。

第六，从戴某转给朱某984万余元钱款的来源看，除借款150万元外，其余钱款系从戴某与吕某的股票、银行账户中提取以及两套房产的出售款，而且戴某一家在购买两套时已有多套房产，说明戴某早已具备能力归还所谓的“借款”。但戴某在相关受贿事实被办案机关调查后才转款给朱某，亦证明戴某是为掩饰犯罪事实而退还。

3.为掩盖受贿事实而补写借条——以殷某受贿案为例

在殷某受贿案中，指控殷某接受卢某请托，为其开发房地产谋取利益，后殷某购买商铺向卢某索要31万元，卢某将31万元的银行本票交给殷某，作为上述商铺的购房款。对此，殷某的辩护人提出，殷某收受卢某的31万元系正常借款而非受贿款。

经审理查明，殷某从卢某处获取的31万元，应当认定为以借款为名而收受的贿赂。主要理由为：第一，殷某在获得31万元之初并没有履行借款手续，在之后长达一年多的时间里也从未提及还款。第二，殷某在完全有能力归还的情况下至案发未还，可见其主观上无意还款。第三，在关联案件案发后，殷某向卢某出具所谓的借条，其实质是为了掩饰受贿罪行。

4.有借条且有归还能力但因职务因素不予归还——以王某受贿案为例

在王某受贿案中，王某曾经利用职务便利为陈某谋取不正当利益，并多次接受陈某吃请，收受贿赂。后王某为置换购房，向陈某提出借款400万元，出具借条，约定在出售自有住房3套后于年底归还。同年，王某出售3套房产得款500万余元。王某未提出归还借款，陈某亦未要求还款，后王某将大部分钱款用于投资理财，至案发长达4年多时间未归还。公诉机关指控王某以借款为名收受贿赂400万元。

王某及其辩护人认为，王某收受陈某的400万元系借款而非受贿。主要理由为：第一，王某确因置换房屋需要资金，有借款的必要性及正当合理的借款事由，且事后确实购买了房产。第二，有书面的借款手续，并非事后为掩盖事实而补写。第三，未归还的原因系王某将大部分钱款用于投资理财，后该投资理财平台被定性为非法集资，大部分投资未能要回，客观上不具有还款能力，而并非不想归还。

经审理查明：第一，王某与陈某并非普通的朋友关系，在借款前后王某应陈某请托，利用职务便利为陈某谋取利益，且接受陈某安排的吃请，收受陈某给予的贿赂50余万元。第二，王某出售自有住房三套后具有归还400万元的能力。第三，王某在具备还款能力的情况下并未主动还款，至案发实际未归还，说明王某无归还的意思表示和行为，致使借条成为一纸空文。因借款人陈某有求于王某，希望利用王某的职务便利谋取更多的利益，故不能以陈某未提出还款要求为借口来解释王某未归还借款具有正当理由。第四，王某在具备归还能力的情况下未归还借款，不能以其之后因为投资失败而不再具备还款能力来解释其未归还借款具有正当理由。

综上所述，尽管王某向陈某借款有借条，有正当、合理的借款事由，所借款项亦用于购买房产，但出借方陈某有求于国家工作人员王某，事实上王某利用其职务上的便利为陈某谋取了利益；借款后王某在规定还款时间已具有归还能力，但其并无归还的意思表示和行为，至案发长达四年多时间实际未归还，应认定王某不想归还，加之陈某有求于王某，未提出归还要求，说明双方对该400万元的认识不再是借款，而是贿赂，故应认定该400万元系受贿款而非借款。

需要注意的是，借款型受贿的犯意往往产生于不同阶段，如有的先有受贿犯意，然后提出向他人“借款”，之后即使具有归还能力和条件，自然无归还的意识表示和行为；有的本无犯意，基于合理事由提出借款，后因职务影响，如出借方有求于已或者为出借方谋取利益，故而产生受贿犯意，尤其在出借方未要求还款的情况下，即使具有归还能力和条件也无归还意识表示和归还行为；也有的本无犯意，基于合理事由提出借款，之后尽管因为职务影响，如出借方有求于已或者为出借方谋取利益，在具有归还能力和条件的情况下提出还款，但因为出借方明确要求不需还款或者暂时拒绝接受还款，从而产生受贿犯意不想归还借款，实际也未归还借款。上述情况，不论受贿犯意产生于何阶段，都不影响借款型受贿的成立。

此外，根据后文关于索贿的认定标准，如国家工作人员凭借本人职权对他人利益的制约关系，主动向对方借钱，实际上根本不打算归还，对方也明知借钱是假、索钱是真，但慑于国家工作人员的职权，不得不出“借”，而且也根本不打算要回的情形，不仅应认定国家工作人员的行为系借款型受贿，而且具有索贿情节。但是，基于合理事由借款，之后因为与对方的职务制约关系而产生受贿犯意，最终在具备归还条件和能力的前提下也无归还意思和归还行为的，则不应认定为索贿，而为非法收受他人钱款。

（二）借用型受贿的认定思路

国家工作人员以借为名，长期占有、使用他人给予的未办理权属变更的财物，能否以受贿论处？如何认定受贿数额？是既遂还是未遂？下文以李某受贿案为例，并对借用型受贿的认定思路作一探析。

在该案中，指控李某受贿1000余万元，其中李某利用职务上的便利，承诺为朱某的企业经营发展提供帮助。后李某向朱某提出借用一辆汽车，朱某遂以其实际控制的安绥公司名义专门为李某购置价值46万余元的奥迪牌Q5新车一辆，此后长期供李某免费使用。5年后，李某在得知其正被组织调查的情况下将该车归还朱某。

李某的辩护人认为，指控李某收受安绥公司实际控制人朱某给予的价值46万余元的奥迪牌Q5汽车一辆的事实不能成立。一方面，李某主观上没有非法占有车辆的故意，自始至终均称是向朱某借用车辆；另一方面，朱某也从未说过将车辆送给李某，仅表示将车辆交给李某免费使用，且涉案车辆始终登记在安绥公司名下，安绥公司及朱某对涉案车辆没有失去控制。因此，李某仅是借用车辆而不是受贿，价值46万余元的奥迪牌Q5汽车不应计入李某的受贿数额。

1.不同观点

第一种观点认为，不应认定为受贿，主要理由如辩护人所言。第二种观点认为，应认定为受贿，但受贿金额应当按照租金而非车辆自身价值来计算。换言之，李某收受的非奥迪车，而是因免费使用车辆所带来的消极的财产性利益，即本应支出的租金因朱某行贿而得以免除，实质上等同于李某获得了一定的金钱或者财物。第三种观点认为，应认定为受贿，但应当按照汽车的折旧额来计算受贿金额，即以车辆购买价值减去案发时车辆价值，差额部分属于折旧额。如以租金计算，如何计算租金，不具有可操作性。第四种观点认为，应认定为受贿，按照车辆的自身价值来计算受贿金额。该观点从主客观相一致的原则出发，主张综合双方平时的关系、李某有无借用的合理事由、借用时间的长短、有无归还的条件与能力、有无归还的意思表示及行为等因素予以考虑。

2.认定受贿的理由和思路

笔者认为，国家工作人员以借为名，长期占有、使用他人给予的未办理权属变更的财物，具有权钱交易特征的，应以受贿论处，按照借用之始的财物价值认定受贿数额，且为既遂。如出借方还支付车辆保险、年检等费用的，一并计入受贿数额。当然，如果基于生产、生活的一般借用；或者借用时间短、借用次数少、借用后及时归还，权钱交易特征不明显的；或者借用他人之物涉嫌违规，但权钱交易特征不明显的，均不能以受贿论处。

（1）属于以借为名索取或者非法收受他人财物的受贿

借款型受贿与借用型受贿具有相同性质，主要区别在于借款型受贿中的“款”属于种类物，无须办理权属变更手续，而借用型受贿中的“物”属于特定物，尽管国家工作人员长期占有、使用，但权属仍然属于行贿人。也正因如此，受贿人及辩护人往往以涉案物的权属属于行贿人为由，辩称是借用而非受贿。当然，如果权属已属于受贿人，则不是借用。例如，指控吴某利用职务上的便利，2003年12月收受郭某以吴某名义购买的价值51.8万元的丰田牌越野车一辆，为郭某谋取利益。2005年9月，吴某将车过户给郭的亲戚，2005年10月又将该车转至郭某名下并由郭某使用；约2008年，吴某又向郭某借用该车，然后提供给他人使用至案发。对此，吴某及其辩护人提出，指控吴某收受郭某丰田牌越野车一辆不符合事实，吴某仅是借用该车而非受贿，理由是郭某有时也使用该车，且吴某在2005年将该车的所有权变更至郭某名下并实际归还了车辆。生效判决认为，对收受财物后及时退还或上交的，可以不认定为受贿。本案证据证实，购置涉案车辆时即登记在吴某名下，且吴实际使用了一年多时间，并未及时归还，故仍应认定其受贿行为已经完成，吴某及其辩护人的相关意见不能成立。

区分借用还是借用型受贿，需参照2007年“两高”《关于办理受贿刑事案件适用法律若干问题的意见》第八条的规定，即认定以房屋、汽车等物品为对象的受贿，应注意与借用的区分。具体认定时，除双方交代或者书面协议之外，主要应当结合以下因素进行判断：①有无借用的合理事由；②是否实际使用；③借用时间的长短；④有无归还的条件；⑤有无归还的意思表示及行为。

就本案而言，第一，既无正当、合理的借车事由也无借用的具体约定。案发前，李某有公务用车，其以与前妻矛盾激化，不能再开前妻的汽车为借口，向朱某提出借车。朱某为此专门购买一辆奥迪牌Q5新车交给李某，李某仅将该车作为私家车使用。可见，李某借车并无正当、合理的事由，而是为了满足个人之私欲。而且，李某和朱某之间既无书面借用合同，也未就借用期限、费用负担、违约责任等事项达成口头协议。第二，出借方要求国家工作人员利用职务上的便利为其谋取利益。朱某是一名商人，认识李某后即请托李某对其企业发展提供支持和关心，李某亦利用职务上的便利实际或者承诺为朱某的企业发展提供帮助。李某提出借车要求后，朱某即答应，朱某正是看中李某手中的权力能为其带来利益，事实上也利用李某职务上的便利为其谋取利益。第三，出借方为国家工作人员专门购置新车，而非临时出借。李某提出借车后，朱某特意购置了一辆新车交给李某占有使用。朱某是为了讨好李某，李某也因此利用职务便利关照其企业发展。第四，长期借用不还。李某实际占有、使用涉案车辆长达5年时间，后在得知被组织调查的情况下才将车辆予以退还。如未被查处，李某应该会继续占有、使用涉案车辆。第五，长期借用不还是主观上不想归还。李某本身有公务用车，其将涉案车辆退还朱某后不久即购入一辆名牌二手车，说明其具有归还的条件和能力，其长期借用不还系主观上不想归还。

综上所述，李某明知朱某有求于己仍然向其提出借车，并长期占有、使用涉案车辆不予归还，将涉案车辆视为“己物”而非“他物”；朱某为讨好李某，为其购置新车，并无要回涉案车辆的打算，本意就是将购置的新车“送”给李某。显然，李某与朱某之间存在权钱交易，系以借车为名行受贿之实，应以受贿论处。相应地，朱某系以出借为名行行贿之实，如谋取不正当利益的，以行贿论处。

（2）按照借用之始的财物价值认定受贿数额，如出借方还支付车辆保险、年检等费用的一并计入受贿数额

对借用型受贿，在“借”与“出借”达成协议并实际履行之时，贿赂犯罪既已成立。以本案为例，受贿人即收受了涉案车辆，行贿人即行贿了涉案车辆。既然贿赂犯罪已经成立，且涉案车辆为贿赂物，就应当以“借用”之始涉案车辆的价值认定为受贿数额。如“借用”之物系新购置的，在无明显偏离市场价格的情形下，一般直接以购置价格认定受贿数额相对客观；如“借用”之物并非新购置的，则需要鉴定评估，确定“借用”之始涉案财物的价值，从而认定受贿数额。

"借用"之物为贿赂之物。为使用贿赂之物，相应的支出应由受贿人承担。对涉及车辆等借用型受贿，因车辆保险、年检等需要支出一定费用，该费用本应由受贿人承担，如由行贿人承担的，应一并计入受贿数额。在核定车辆保险、年检等费用时，如有发票凭证的，直接以发票载明的金额认定相对客观；如无发票凭证的，可以向保险公司和汽车检测中心调取涉案车辆相关保险、年检等的费用清单，从而确定应一并计入受贿的数额。

（3）未办理权属变更手续不影响受贿既遂的成立

在借用型受贿中，虽然"借用"之物未登记于受贿人名下，但并不能否定受贿人已经占有、使用"借用"之物、贿赂犯罪已经成立的客观事实。对此，2007年"两高"《关于办理受贿刑事案件适用法律若干问题的意见》第八条规定："国家工作人员利用职务上的便利为请托人谋取利益，收受请托人房屋、汽车等物品，未变更权属登记或者借用他人名义办理权属变更登记的，不影响受贿的认定。"也就是说，未办理权属变更手续的不影响受贿的成立，且为既遂。

类似案例再如吴某受贿案。指控2003年至2007年，吴某利用担任某国有药业公司董事长等职务便利，接受黄某请托，为其谋取利益，索取、收受黄某贿赂280万余元。其中，2006年8月，吴某要求黄某提供一辆越野车用于打高尔夫球，后者就以其控制的安耀公司名义，花费75.6万余元购买了一辆沃尔沃越野车，然后送给吴某使用直至案发。对此，吴某及其辩护人提出，指控吴某收受黄某沃尔沃牌越野车一辆不当，理由是该车的产权人是黄某，吴某仅是借用该车。生效判决认为，吴某在没有合理借用理由的情形下长期使用涉案车辆，且在近4年的使用期内无归还的行为和意思表示，明显有异于正常的借用，应认定以借为名的受贿行为。

综上，在借用型受贿中，受贿人以借为名行受贿之实，收受的是财物而非财产性利益，故以租金或者折旧额认定受贿数额的观点均不可取。

此外，与借款型受贿一样，一方面，借用型受贿的犯意往往产生于不同阶段，有的先有受贿犯意而借用某物，有的基于合理事由借用某物后因职务制约关系而产生受贿犯意，不论受贿犯意产生于何阶段，都不影响借用型受贿的成立；另一方面，如国家工作人员凭借本人职权对他人利益的制约关系，主动向对方借用某物，实际上根本不打算归还，对方也明知借物是假、索物是真，但慑于国家工作人员的职权，不得不出“借”，而且也根本不打算要回的情形，不仅应认定国家工作人员的行为系借用型受贿，而且具有索贿情节。但是，对基于合理事由借用某物，之后因为与对方的职务制约关系而产生受贿犯意，最终在具备归还条件和能力的前提下也无归还意思和归还行为的，则不应认定为索贿，而为非法收受他人财物。

十、合作投资中超过比例分红的性质认定

2007年“两高”《关于办理受贿刑事案件适用法律若干问题的意见》第三条规定：“国家工作人员利用职务上的便利为请托人谋取利益，由请托人出资，‘合作’开办公司或者进行其他‘合作’投资的，以受贿论处。受贿数额为请托人给国家工作人员的出资额。国家工作人员利用职务上的便利为请托人谋取利益，以合作开办公司或者其他合作投资的名义获取‘利润’，没有实际出资和参与管理、经营的，以受贿论处。”上述规定明确了以开办公司等合作投资名义收受贿赂的问题。

实践中，认定合作投资型受贿，需要厘清与领导干部违规经商办企业获取利益的界限，同时对合作投资中超过比例分红的行为如何定性，也值得探讨。

（一）合作投资型受贿与领导干部违规经商办企业获取利益的界限

1.既实际出资又参与管理、经营而获取利润的并非受贿而系违规经商办企业

根据“两高”《关于办理受贿刑事案件适用法律若干问题的意见》规定，国家工作人员利用职务上的便利为请托人谋取利益，和请托人合作开办公司或者进行其他合作投资，如无实际出资和参与管理、经营，则所获取的所谓利润没有任何正当理由，属于打着合作开办公司或者其他合作投资的名义进行权钱交易的变相受贿行为，以受贿论处。相反，如果国家工作人员既有实际出资又参与管理、经营，从而获取利润的，因所获取的利润具有正当理由，体现“谁投资，谁受益”的原则和劳有所获的精神，而非权钱交易的结果，故不以受贿论处，而属于领导干部违规经商办企业，以违纪处理（下同）。

2.有实际出资但未参与管理、经营从而获取利润或者没有实际出资但参与管理、经营从而获取利润的并非受贿而系违规经商办企业

第一，关于有实际出资但未参与管理、经营从而获取利润的行为性质。“具有真实投资成分的情形，即便国家工作人员未实际参与管理、经营活动，也将被排除受贿罪的认定。以合作开办公司或者进行其他合作投资，是否构成受贿的认定，关键在于国家工作人员本人有无实际出资。《意见》之所以强调这一点，主要是因为该问题在现实生活中较为复杂，对于具有真实投资成分的情形不易细分和作出具体认定”。[1]笔者亦认为，该种情形仍然体现了谁投资谁受益的原则和劳有所获的精神，而非权钱交易，故不以受贿论处，而属于领导干部违规经商办企业。

第二，关于没有实际出资但参与管理、经营从而获取利润的行为性质。“规定不参与管理、经营，是以确认名义投资而非真实投资为前提的，不参与管理、经营是判断是否名义投资诸多可资判断因素的一个方面，同时，管理、经营行为在一定情况下也可能成为出资方式的一种。所以，《意见》关于此种情形是否成立受贿的认定，坚持的标准仍然是名义投资抑或实际投资”。[2]笔者认为，没有实际投资，当然就不应当获取相关收益。但在未实际投资的情况下，如实际参与管理、经营的，一方面，参与管理、经营可以成为出资的一种方式；另一方面，通过管理、经营行为而获取相应的收益系劳动所得，而非索取或者收受他人财物的权钱交易，故对没有实际出资但参与管理、经营从而获取相应利润的，不以受贿论处，属于领导干部违规经商办企业。

(二)合作投资中超过比例分红的定性

国家工作人员与他人合作投资，实际出资并参与管理、经营，或者实际出资并未参与管理、经营，或者未实际出资但参与管理、经营，从而获取收益的，

---

〔1〕 刘为波:《〈关于办理受贿刑事案件适用法律若干问题的意见〉的理解与适用》，载《人民司法》2007年第15期。

〔2〕 刘为波:《〈关于办理受贿刑事案件适用法律若干问题的意见〉的理解与适用》，载《人民司法》2007年第15期。

因不具有权钱交易特征，不以受贿论处，属于领导干部违规经商办企业。

众所周知，投资与收益、付出与收益应当大致相当，即遵循比例原则。在实际出资并参与管理、经营，或者实际出资并未参与管理、经营的场合，一般按照出资比例分取利润，往往容易区分出资回报与合作投资型受贿的界限。但在未实际出资但参与管理、经营并获取收益的场合，因分取利润的方式与按照出资比例分取利润的方式相比，往往欠缺明确具体的标准，致使劳动回报容易变异为合作投资型受贿，故需要认真甄别，如劳动回报过高，明显具有权钱交易特征的，则应认定为合作投资型受贿，在受贿数额认定上需扣除劳动回报部分。

对国家工作人员在合作投资中超过比例分取了收益，超出比例部分无疑不具有正当理由，对该行为如何定性？以一案例为切入点进行探讨。

张某时任某县建委副主任，其与孙某、刘某、胡某等人商议在县内共同投资房地产开发项目。张某向相关部门打招呼，竞得土地并办理规划许可证。几人签订合伙投资开发协议书，注册成立了诚发公司，并约定首期投资总额约1000万元，其中孙某和刘某二人各出资21%；张某、王某二人各出资20%；胡某出资8%；许某出资10%，并按出资比例承担风险、分享利润。张某考虑到自己是党员领导干部，安排其胞弟代替他在协议书上签名。协议签订后，几人以该分公司的名义投资开发了“太和世家”商住小区。后各股东均未完全出资，实际投资总额为897万余元，其中，张某实际交纳投资款139万余元后，向王某表示再也拿不出钱投资，王某与刘某商议，开发过程中有很多事情需张某关照解决，不再让张某继续投入资金，将来仍按20%分红。刘某和孙某等人商量后表示同意。2008年年底，张某等人分别收回各自的投资本金后，将“太和世家”剩余的75间门面房作为利润以5份予以分配。投资较少的胡某、许某二人作为1份，张某等其余4人每人1份，即每人分到利润总额的20%。根据当时房屋的实际市场销售价格计算，几人作为利润分配的门面房总价值为3254万余元。张某按照20%的比例分到的门面房，在找补差价后，实际价值为650万余元。而按其实际投资占总投资比例的15.51%计算，其应得利润为504万余元，即张某获得超额利润146万余元。生效判决认为，张某身为国家工作人员，利用职务之便，为合作投资人谋取利益，获取明显高出投资比例应得收益146万余元，其行为构成受贿罪。

笔者认为，该判决是正确的。主要理由为：国家工作人员与他人合办公司，实际出资并参与管理、经营，同时利用职务便利为公司谋取利益，如未超过出资比例分红的，体现“谁投资，谁受益”的原则和劳有所获的精神，属于领导干部违规经商办企业，不以受贿论处；如超过出资比例分红，则超出部分系国家工作人员利用职务便利为合办的公司谋取利益的对价，属于权钱交易，应以受贿论处。其他股东明知应该按照比例分红，则因为国家工作人员利用职务便利为合办的公司谋取利益的因素，给该国家工作人员多分取红利，实质系其他股东为感谢国家工作人员利用职务便利为公司谋取利益而让渡部分红利，应认定相关股东向该国家工作人员行贿。如此一来，国家工作人员索取或者收受超过比例分取的红利，如符合构罪要件的，以受贿罪定罪处罚；相关股东如为谋取不正当利益，其行为符合构罪要件的，以行贿罪定罪处罚。

十一、收受财物后退还或者上交的出罪条件

实践中，对国家工作人员利用职务上的便利，为他人谋取利益，并收受他人财物，但在案发前退还或者如实说明情况上交所收财物的，是否一律以受贿罪处理，还是存在出罪的可能，又如何把握出罪条件？[1]

（一）关于收受财物后出罪规定的解读

2016年“两高”《贪污贿赂解释》第十六条第二款规定：“特定关系人索取、

〔1〕 实践中存在这样的情况，国家工作人员收受他人贿赂后出于各种原因会回馈行贿人一定物品或者钱款，其行为是否构成受贿罪？或者说，何种情况下可以出罪？对此，笔者认为需要具体情况具体分析：第一，如果国家工作人员收受行贿人的物品或者钱款后，用价值相当的物品或者钱款“打发”行贿人的，说明其并无受贿故意，不以受贿论处。第二，如果国家工作人员仅收受行贿人的部分物品或者钱款，而拒收其他部分贿赂的，说明其仅对收受的部分具有受贿故意，故仅将收受的部分认定为受贿，对拒收部分不以受贿论处。第三，如果国家工作人员收受行贿人的物品或者钱款后，出于掩饰受贿行为的心态用价值相差较大的物品或者钱款“打发”行贿人的，说明其具有受贿故意，但此时是否应从受贿数额中扣除“打发”的部分，应视“打发”部分的价值大小。如果价值不大，可视为犯罪成本，不予扣除；相反，如果价值较大，虽不及或者远不及受贿数额，但予以扣除更加合理。实践中，对于犯罪成本较高的，如“套路贷”犯罪，在计算犯罪数额时需要扣除支付给被害人的本金。例如，2019年4月9日开始实施的《最高人民法院、最高人民检察院、公安部、司法部关于办理“套路贷”刑事案件若干问题的意见》第六条第二款规定，犯罪嫌疑人、被告人实际给付被害人的本金数额，不计入犯罪数额。

收受他人财物，国家工作人员知道后未退还或者上交的，应当认定国家工作人员具有受贿故意。”该条明确：国家工作人员知道后及时退还或者上交的，不应当认定国家工作人员具有受贿故意，当然就不构成受贿罪。同理，也不应当认定特定关系人具有受贿故意，不构成受贿罪。

2007年“两高”《关于办理受贿刑事案件适用法律若干问题的意见》第九条“关于收受财物后退还或者上交问题”规定：“国家工作人员收受请托人财物后及时退还或者上交的，不是受贿。国家工作人员受贿后，因自身或者与其受贿有关联的人、事被查处，为掩饰犯罪而退还或者上交的，不影响认定受贿罪。”该条明确：第一，国家工作人员虽然收受了请托人的财物，但主观上无受贿故意，如碍于情面不宜当场拒收等情形，之后及时退还或者上交的，因无受贿故意，当然不构成受贿罪。“此种情形下，国家工作人员收下他人财物后，或者发现暗中所送财物、家属代收财物后，及时退还或者上交的，因其主观上没有接受财物的受贿故意，不能以犯罪论处”。〔1〕相反，如果在具备退还、上交的条件下未及时退还、上交的，此时主观上已产生了受贿故意，构成受贿罪。当然，如果国家工作人员向请托人索取财物，无疑具有受贿故意，之后即使退还、上交的，也不影响受贿的成立。第二，国家工作人员受贿后因自身或者与其受贿有关联的人、事被查处，为掩饰犯罪而退还或者上交的，说明具有受贿故意，已构成受贿罪，之后的退还或者上交系为掩饰犯罪行为，不影响受贿罪的成立且为既遂。

例如，最高人民法院指导案例3号潘玉梅、陈宁受贿案。潘玉梅2004年上半年从请托人许某处低价购房，后得知许某因为其他案件被检察机关约谈，检察机关从许某公司账上掌握其低价购房的情况，于2006年4月退给许某55万元；陈宁2003年、2005年下半年先后收受请托人高某21万元，后得知高某案发，于2007年年初委托他人将18万元上交其所在区的廉政账户。显然，潘玉梅、陈宁收受财物后并没有及时退还和上交，其认为的所谓“退还和上交”属于为掩饰受贿而被迫退赃，不影响构成受贿罪。

〔1〕 最高人民法院案例指导工作办公室：《指导案例3号〈潘玉梅、陈宁受贿案〉的理解与参照》，载《人民司法》2012年第7期。

综上所述，无论是2016年“两高”《贪污贿赂解释》还是2007年“两高”《关于办理受贿刑事案件适用法律若干问题的意见》的规定，都是针对特殊情形下国家工作人员本无受贿故意收受他人财物（包括特定关系人收受他人财物），后在具备退还、上交的条件下及时退还、上交的，阻却了受贿故意的产生，故不构成受贿罪。

（二）“及时”的认定

何时退还、上交才属于“及时”？目前尚无明确规定。显然，“不能限于当时当场，如果国家工作人员主观上有退还或者上交的意思，但因为客观原因未能立即退还或者上交，在客观障碍消除后立即退还或者上交的，也应当视为‘及时’”。[1]那么，在具备退还、上交的条件下何时退还、上交才能够表明没有受贿的故意？对此，有观点认为，“只能从行为人是否具有受贿故意的角度判断‘及时’与否，不可能有一个具体明确的期限或者期间”。[2]但也有观点认为，“一般情况下，可以参考公务活动收受礼物、礼品上交的规定，以一个月为时间界限，[3]即一般可以确定收受财物后一个月内退还或者上交的为‘及时’，有证据证明确实存在例外情况、特殊理由的，可以延长”。[4]

笔者认为，在具备退还、上交的条件下理应及时退还、上交，而且退还、上交的时间越早越表明没有受贿的故意。在具备退还、上交的条件下明确一个具体的期限为“及时”，实践中更具有可操作性。鉴于“一个月内”的时间规定系针对公务活动收受礼物、礼品的情形，对于收受财物后退还或者上交的出罪时间宜适当延长，可参考挪用公款用于一般活动如在3个月内归还不构成犯罪的规定，将收受财物后在“三个月内”退还或者上交的视为及时退还或者上

---

〔1〕 最高人民法院案例指导工作办公室：《指导案例3号〈潘玉梅、陈宁受贿案〉的理解与参照》，载《人民司法》2012年第7期。

〔2〕 张明楷：《刑法学》（下）（第5版），法律出版社2016年版，第1217页。

〔3〕 例如，《关于中央党政机关工作人员在国内交往中收受礼品登记和处理办法》第五条第一款规定：“中央党政机关工作人员按规定必须登记、上交的礼品，自收受礼品之日起（在外地接受礼品的，自回单位之日起）一个月内由本人如实填写礼品登记表，需要上交的连同礼品一并上交所在单位负责礼品登记和处理的部门，并向行政领导报告。”

〔4〕 沈志先主编：《职务犯罪审判实务》，法律出版社2013年版，第151页。

交，即“行为人收受他人财物后，在三个月之内，并于案发或被检举之前，主动将财物退还或者上交的，不以受贿犯罪论处，或者将该部分财物从受贿数额中扣除”。相反，如果在具备退还、上交的条件下未在3个月内退还或者上交，后因担心被人举报等原因而在案发前退还或者上交的，不能视为“及时退还或者上交”，不影响受贿的成立且为既遂，但该“退还或者上交”属于案发前积极退赃，应作为酌定量刑情节考虑。

例如，阮某受贿案。阮某系某镇镇长，指控其先后六次收受刘某给予的贿赂款共计19万元。阮某辩称，案发前其上交有关部门的11万元应从受贿数额中扣除。经审理查明，阮某2010年1月6日上交纪委的3万元，系在收受财物后3个月以内上交纪委，属于及时上交，应从受贿数额中扣除；其余上交的8万元，部分系在纪委接到对其举报之后而上交，其目的在于规避法律制裁，部分系在收受财物后3个月以外上交纪委，不符合及时上交的要求，故不能否认其受贿该8万元的意图，不从受贿数额中扣除。生效判决认为，阮某利用担任国家工作人员的职务便利，为他人谋取利益，非法收受他人财物共计16万元，其行为构成受贿罪。

值得注意的是，国家工作人员虽然未及时退还或者上交财物，但在案发前退还或者上交的，虽然不影响受贿罪的成立，但是否属于可以从宽处罚的“积极退赃”？对此，根据退还或者上交的态度、原因可以分为两种情况，即“因悔罪主动退还或者上交的，属于积极退赃；因逃避法律追究或者因对方索要而被动退还、上交的，不属于积极退赃”。[1]

十二、受贿并渎职的罪数

国家工作人员利用职务上的便利，收受他人财物，为他人谋取利益，同时构成受贿罪和渎职犯罪的，从一重处还是受贿罪和渎职犯罪数罪并罚？如数罪并罚的，能否将收受他人财物行为视为“徇私舞弊”，从而从重处罚或者适用更重的法定刑？

---

〔1〕 最高人民法院案例指导工作办公室：《指导案例3号〈潘玉梅、陈宁受贿案〉的理解与参照》，载《人民司法》2012年第7期。

（一）受贿并渎职同时构成受贿罪和渎职犯罪的系牵连犯，如无特别规定，以受贿罪和渎职犯罪数罪并罚

受贿与渎职行为并存，有的是先受贿再滥用职权为他人谋取利益；有的则是先实施渎职行为，事后索取或者收受他人贿赂。无论是先受贿还是先渎职，如同时构成受贿罪和渎职犯罪的，一般认为是牵连犯。如为索取或者收受他人贿赂而渎职的，则受贿行为属于目的行为，渎职行为属于手段行为；如先实施渎职行为，后索取或者收受他人贿赂的，则渎职行为属于原因行为，受贿行为属于结果行为。

对于同时构成受贿罪和渎职犯罪的牵连犯，从一重处、从一重重处〔1〕还是数罪并罚？学界见仁见智，刑法和司法解释有不同规定，实践中亦有不同判法。对此，笔者认为，如法律、司法解释有规定的，按照规定处理，如无特别规定的，多数情况下从一重处。关于受贿并渎职的如何定罪处罚，2016年“两高”《关于办理贪污贿赂刑事案件适用法律若干问题的解释》第十七条亦规定：“国家工作人员利用职务上的便利，收受他人财物，为他人谋取利益，同时构成受贿罪和刑法分则第三章第三节、第九章规定的渎职犯罪的，除刑法另有规定外，以受贿罪和渎职犯罪数罪并罚。”也就是受贿并渎职，同时构成受贿罪和相关渎职犯罪的，除《刑法》第三百九十九条第四款规定外，两罪并罚。实践中，受贿并渎职并罚的情形如受贿罪和滥用职权罪、受贿罪和帮助犯罪分子逃避处罚罪、受贿罪和放纵走私罪、〔2〕受贿罪和徇私舞弊减刑假释罪、受贿罪和国有公司、企业、事业单位人员滥用职权罪，等等。

例如，殷某受贿、帮助犯罪分子逃避处罚案。殷某系派出所副所长，李某等人因开设赌场聚众赌博，为逃避公安机关的查处，与殷某商议借用警用无线电台。殷某明知李某将所借警用无线电台用于赌场逃避公安机关查处的情况

---

〔1〕 例如，《刑法》第三百九十九条第四款规定：“司法工作人员收受贿赂，有前三款行为的，同时又构成本法第三百八十五条规定之罪的，依照处罚较重的规定定罪处罚。”该款规定体现的是对牵连犯从一重处。而第三百零七条之一第三款规定：“有第一款行为，非法占有他人财产或者逃避合法债务，又构成其他犯罪的，依照处罚较重的规定定罪从重处罚。”该款规定体现的则是对牵连犯从一重重处。

〔2〕 例如，根据2002年《最高人民法院、最高人民检察院、海关总署关于办理走私刑事案件适用法律若干问题的意见》的规定，海关工作人员收受贿赂又放纵走私的，应以受贿罪和放纵走私罪数罪并罚。

下，仍授意民警施某将其使用的警用无线电台出借给李某使用，李某则安排赌场人员负责监听该电台，掌握群众向“110”举报及公安机关查处该赌场的相关信息，从而多次逃避了公安机关的查处。殷某利用上述职务之便，在出借警用无线电台期间，先后4次收受李某给予的好处费7万元。殷某的辩护人认为，殷某帮助犯罪分子逃避处罚行为与受贿行为成立牵连关系，应从一重论处。生效判决认为，殷某身为负有查禁犯罪活动职责的公安民警，违反规定出借警用电台，为犯罪分子逃避处罚提供了便利，构成帮助犯罪分子逃避处罚罪。同时，殷某身为国家机关工作人员，利用职务便利，非法收受他人财物，为他人谋取利益，数额较大，构成受贿罪，应数罪并罚。再如，闫某受贿、贪污、滥用职权案。闫某系养路费征稽员，应麻某请求，利用养路费稽征环节的漏洞，为麻某少征养路费。两年多时间内，闫某累计少征麻某300万余元，获取好处费30万余元，私下侵吞6万余元。生效判决认为，闫某的行为构成受贿罪、贪污罪和滥用职权罪，应三罪并罚。笔者认为，上述判决是正确的。

（二）受贿并渎职的数罪并罚应尽量避免重复评价

1.适用受贿罪定罪量刑情节“为他人谋取不正当利益，致使公共财产、国家和人民利益遭受损失的”应尽量避免重复评价

2016年“两高”《贪污贿赂解释》第一条明确了受贿罪的八种定罪量刑情节，其中之一为“为他人谋取不正当利益，致使公共财产、国家和人民利益遭受损失的”。根据《刑法》及该司法解释规定，当受贿数额达不到“数额较大”、“数额巨大”或者“数额特别巨大”的起点数额，但具有特定情节的，则可能属于有“其他较重情节”、“其他严重情节”或者“其他特别严重情节”，从而作为犯罪处理或者升格法定刑判处更重的刑罚。

笔者认为，司法解释将“为他人谋取不正当利益，致使公共财产、国家和人民利益遭受损失的”作为受贿罪的定罪量刑情节，该情节可以起到入罪或者升格法定刑的作用，但不是成立受贿罪的必要要件，因此，如果不考虑该情节的受贿行为成立受贿罪，该情节（致使公共财产、国家和人民利益遭受重大损失的情况，下同）又构成相关渎职犯罪的，即使予以并罚，并未重复评价。但

是，如果“为他人谋取不正当利益，致使公共财产、国家和人民利益遭受损失的”这一情节已经在受贿罪入罪或者升格法定刑中发挥了作用，再将该情节以相关渎职犯罪认定，从而两罪并罚的，此时该情节被评价了两次，违反禁止重复评价原则。其实，在该情节同时被受贿罪和相关渎职犯罪评价之时，成立受贿罪和相关渎职犯罪的想象竞合犯，[1]应从一重处，这样既没有重复评价，又不致罪刑失衡。例如，某国家机关工作人员受贿2万元，为他人谋取不正当利益，致使公共财产、国家和人民利益遭受了重大损失。该案中，不考虑渎职因素不构成受贿罪，考虑渎职因素构成受贿罪；仅考虑渎职因素，构成滥用职权罪（徇私舞弊型）。显然，如果两罪并罚，对渎职因素进行了重复评价，故从一重处较为合理。当然，如果受贿数额为3万元，则同时构成受贿罪和滥用职权罪，予以两罪并罚，就不存在重复评价问题。

2.受贿并渎职予以数罪并罚的不应再将受贿行为评价为“徇私舞弊”情节

国家机关工作人员或者国有公司、企业、事业单位人员（属于国家工作人员的情形）利用职务便利为他人谋取利益，收受对方财物，其行为构成受贿罪；其为他人谋取利益时滥用职权，致使国家和人民利益造成重大损失，或者造成国有公司、企业破产或者严重损失，致使国家利益遭受重大损失的，其行为还构成滥用职权罪或者国有公司、企业、事业单位人员滥用职权罪，对其进行数罪并罚。在评价其滥用职权犯罪时，是否需要适用《刑法》第三百九十七条第二款“国家机关工作人员徇私舞弊，犯前款罪的，处五年以下有期徒刑或者拘役；情节特别严重的，处五年以上十年以下有期徒刑。本法另有规定的，依照规定”，[2]或者第一百六十八条第三款“国有公司、企业、事业单位的工作人

〔1〕 类似情况如公款私用并受贿，同时构成挪用公款罪和受贿罪的，属于原因与结果的牵连犯，根据《1998年挪用公款解释》第七条的规定，两罪并罚。但如果是个人决定以单位名义将公款供其他单位使用，谋取个人利益的，即“公对公借款”并谋取个人利益的，较为普遍的如公对公借款并收受贿赂的情况，收受贿赂成为构成挪用公款罪的一个要件，如果此时以挪用公款罪与受贿罪并罚，则收受贿赂行为被评价了两次，故认为该种情形下的挪用公款罪与受贿罪之间为想象竞合犯，应从一重处。具体可参见罗开卷：《因挪用公款收受他人贿赂的行为如何处理》，载《人民司法》2009年第8期。

〔2〕 《刑法》第三百九十七条第一款规定：“国家机关工作人员滥用职权或者玩忽职守，致使公共财产、国家和人民利益遭受重大损失的，处三年以下有期徒刑或者拘役；情节特别严重的，处三年以上七年以下有期徒刑。本法另有规定的，依照规定。”

员，徇私舞弊，犯前两款罪的，依照第一款的规定从重处罚”？

笔者认为，受贿并渎职予以数罪并罚的不应再将受贿行为评价为“徇私舞弊”情节，即以受贿罪和滥用职权罪并罚，或者受贿罪和国有公司、企业、事业单位人员滥用职权罪并罚后，不得将受贿行为评价为“徇私舞弊”情节，从而适用《刑法》第三百九十七条第二款判处更重的法定刑，或者适用第一百六十八条第三款从重处罚。主要理由是：以受贿罪和滥用职权罪（国有公司、企业、事业单位人员滥用职权罪）并罚，已全面评价了犯罪行为。如将受贿行为评价为“徇私舞弊”情节，则对受贿行为进行了两次评价：一次是评价为犯罪，予以定罪处罚；另一次是作为滥用职权犯罪的加重和从重量刑情节，明显是重复评价，不足为取。

例如，金某受贿、滥用职权案。[1]金某在国土资源和房屋管理局下属事业单位房地产交易中心（属于受国家机关委托代表国家机关行使职权的组织）担任受理员期间，利用其受理、审核房屋过户登记材料的职务便利，接受房屋买卖中介公司人员刘某的请托，在刘某已告知其所提交的过户房屋并未实际缴纳税款的情况下，滥用职权，违反规定，给刘某请托的多处房屋办理过户登记手续，致使上述房屋未缴纳应缴税款即办理过户，造成国家税款损失共计233万余元，金某因此收受刘某给予的好处费共计36万余元。一审法院认为，金某在受国家机关委托代表国家机关行使职权的组织中从事公务，应视为国家机关工作人员。金某的行为构成受贿罪和滥用职权罪，且金某在滥用职权犯罪中徇私舞弊，故对金某以受贿罪和滥用职权罪第二款并罚。公诉机关提出抗诉，认为一审判决认定金某所犯滥用职权罪具有徇私舞弊情节，系基于其收受贿赂的同一事实，属于重复评价，致使量刑失当，加重了金某的刑罚，应当以受贿罪与滥用职权罪第一款并罚。二审法院支持抗诉并改判，认为金某的行为构成受贿罪和滥用职权罪，但应以受贿罪和滥用职权罪第一款并罚。

当然，如果受贿并渎职的行为同时构成受贿罪和特别法条规定的滥用职权犯罪，如私放在押人员罪、徇私舞弊减刑、假释、暂予监外执行罪、徇私舞弊不移

---

〔1〕 详见刘亮、何珊：《因受贿而徇私舞弊应如何进行数罪并罚》，载《中国检察官》2018年第8期。

交刑事案件罪等，根据定罪中特别法条优先于一般法条（滥用职权罪）的原则，应以受贿罪和特别法条规定的滥用职权犯罪（如上）并罚。尽管特别法条规定的部分罪名中含有“徇私舞弊”的表述和相关内容，[1]但因为受贿并渎职的行为同时构成了受贿罪和特别法条规定的滥用职权犯罪，故以受贿罪和特别法条规定的滥用职权犯罪（即使徇私舞弊减刑、假释、暂予监外执行罪等部分罪名含有“徇私舞弊”的表述和相关内容）并罚，不存在上文所说的重复评价问题。

值得注意的是，如果受贿并渎职的行为同时构成受贿罪和特别法条规定的滥用职权犯罪的，以受贿罪和特别法条规定的滥用职权犯罪并罚。如同不得再将受贿行为评价为“徇私舞弊”情节一样，也不得再将受贿行为评价为特别法条规定的滥用职权犯罪中的加重法定刑“情节严重”的内容。例如，《刑法》第四百一十七条“帮助犯罪分子逃避处罚罪”规定：有查禁犯罪活动职责的国家机关工作人员，向犯罪分子通风报信、提供便利，帮助犯罪分子逃避处罚的，处3年以下有期徒刑或者拘役；情节严重的，处3年以上10年以下有期徒刑。在受贿并帮助犯罪分子逃避处罚同时构成受贿罪和帮助犯罪分子逃避处罚罪的场合，不得再将受贿行为评价为帮助犯罪分子逃避处罚罪中“情节严重”的内容，从而认定为情节严重，就帮助犯罪分子逃避处罚部分适用“处三年以上十年以下有期徒刑”的法定刑。

十三、受贿共犯与利用影响力受贿的区分

特定关系人索取、收受他人财物的，可能与国家工作人员构成受贿罪共犯，也可能单独构成利用影响力受贿罪。实践中，如何区分受贿共犯与利用影响力受贿，下文结合相关规定及典型案例进行探讨。

（一）关于共同受贿犯罪的规定

2003年《全国法院审理经济犯罪案件工作座谈会纪要》关于“共同受贿犯

---

〔1〕 其他类似罪名如徇私舞弊不征、少征税款罪、徇私舞弊发售发票、抵扣税款、出口退税罪、动植物检疫徇私舞弊罪、招收公务员、学生徇私舞弊罪等。

罪的认定”规定：“根据刑法关于共同犯罪的规定，非国家工作人员与国家工作人员勾结，伙同受贿的，应当以受贿罪的共犯追究刑事责任。非国家工作人员是否构成受贿罪共犯，取决于双方有无共同受贿的故意和行为。国家工作人员的近亲属向国家工作人员代为转达请托事项，收受请托人财物并告知该国家工作人员，或者国家工作人员明知其近亲属收受了他人财物，仍按照近亲属的要求利用职权为他人谋取利益的，对该国家工作人员应认定为受贿罪，其近亲属以受贿罪共犯论处。近亲属以外的其他人与国家工作人员通谋，由国家工作人员利用职务上的便利为请托人谋取利益，收受请托人财物后双方共同占有的，构成受贿罪共犯。国家工作人员利用职务上的便利为他人谋取利益，并指定他人将财物送给其他人，构成犯罪的，应以受贿罪定罪处罚。”

2007年“两高”《关于办理受贿刑事案件适用法律若干问题的意见》第七条规定：“关于由特定关系人收受贿赂问题”规定：“国家工作人员利用职务上的便利为请托人谋取利益，授意请托人以本意见所列形式，将有关财物给予特定关系人的，以受贿论处。特定关系人与国家工作人员通谋，共同实施前款行为的，对特定关系人以受贿罪的共犯论处。特定关系人以外的其他人与国家工作人员通谋，由国家工作人员利用职务上的便利为请托人谋取利益，收受请托人财物后双方共同占有的，以受贿罪的共犯论处。”第十一条“关于‘特定关系人’的范围”规定：“本意见所称‘特定关系人’，是指与国家工作人员有近亲属、情妇（夫）以及其他共同利益关系的人。”

2016年“两高”《贪污贿赂解释》第十六条第二款规定：“特定关系人索取、收受他人财物，国家工作人员知道后未退还或者上交的，应当认定国家工作人员具有受贿故意。”

（二）受贿共犯与利用影响力受贿的界分

1.利用影响力受贿罪的认定

根据《刑法》第三百八十八条之一的规定，利用影响力受贿罪，是指国家工作人员的近亲属或者其他与该国家工作人员关系密切的人，通过该国家工作人员职务上的行为，或者利用该国家工作人员职权或者地位形成的便利条件，通过其他国家工作人员职务上的行为，为请托人谋取不正当利益，索取请托人财物或者收受请托人财物，数额较大或者有其他较重情节的行为；或者离职的国家工作人员或者其近亲属以及其他与其关系密切的人，利用该离职的国家工作人员原职权或者地位形成的便利条件，通过其他国家工作人员职务上的行为，为请托人谋取不正当利益，索取请托人财物或者收受请托人财物，数额较大或者有其他较重情节的行为。

其中，关于"近亲属"，根据《刑事诉讼法》的相关规定，指夫、妻、父、母、子、女、同胞兄弟姊妹；根据《最高人民法院关于贯彻执行〈中华人民共和国民法通则〉若干问题的意见（试行）》第十二条的规定，指配偶、父母、子女、兄弟姐妹、祖父母、外祖父母、孙子女、外孙子女；根据《最高人民法院关于执行〈中华人民共和国行政诉讼法〉若干问题的解释》第十四条的规定，指配偶、父母、子女、兄弟姐妹、祖父母、外祖父母、孙子女、外孙子女和其他具有扶养、赡养关系的亲属。显然，三种规定的范围不同。笔者认为，本罪中的"近亲属"系刑事法律中的"近亲属"，根据罪刑法定原则，当然应采用《刑事诉讼法》的规定，即指夫、妻、父、母、子、女、同胞兄弟姊妹。对此之外的亲属，如果与国家工作人员关系密切的，认定为与该国家工作人员关系密切的人，不会放纵犯罪。

与国家工作人员"关系密切的人"，〔1〕不同于2007年"两高"《关于办理受贿刑事案件适用法律若干问题的意见》中的"特定关系人"。从字面含义看，"特定关系人"是从关系性质的角度进行界定，其包含的身份关系与利益关系指称的对象均是关系的性质。而"关系密切的人"是从关系程度的角度进行界定，关系的性质可能是身份关系也可能是利益关系抑或其他关系，即只要该种关系紧密到一定的程度就可归入"关系密切的人"的范畴。因此，"关系密

〔1〕 根据《刑法》规定，内幕交易、泄露内幕信息罪的犯罪主体包括证券、期货交易内幕信息的知情人员和非法获取证券、期货交易内幕信息的人员。根据"两高"《关于办理内幕交易、泄露内幕信息刑事案件具体应用法律若干问题的解释》第二条的规定，非法获取证券、期货交易内幕信息的人员包括三类人员，即非法手段型获取内幕信息的人员、特定身份型获取内幕信息的人员和积极联系型获取内幕信息的人员。其中，特定身份型获取内幕信息的人员是指内幕信息知情人员的近亲属或者其他与内幕信息知情人员关系密切的人员。笔者认为，与内幕信息知情人员"关系密切的人员"，应与利用影响力受贿罪中的"关系密切的人"作同一解释。可详见罗开卷：《新型经济犯罪实务精解》，上海人民出版社2017年版，第159页。

切的人”不等同于“特定关系人”，两者存在交叉，交集部分如情妇（夫）以及其他共同利益关系的人，也存在不同部分，“关系密切的人”还包括除了存在共同利益关系的人之外的其他关系密切的人，“特定关系人”还包括近亲属。当然，“关系密切的人员”仍然是一个比较模糊的概念，在相关规定明确界限前，需要采取实质审查标准，即根据社会一般人的观念，认定行为人与国家工作人员的关系是否密切。实践中，“关系密切的人”主要存在于以下几种常见的关系：一是基于血缘产生的关系，如除了近亲属之外的其他亲属；二是基于学习、工作产生的关系，如同学、师生、校友、同事关系；三是基于地缘产生的关系，如同乡；四是基于感情产生的关系，如朋友、恋人、情人关系；五是基于利益产生的关系，如客户、合同、共同投资人、债权债务关系；六是在任何情况下相识并产生互相信任、相互借助的其他关系。〔1〕

例如，朱某利用影响力受贿案。朱某原系一公司股东、银河KTV股东，与时任某公安分局副局长叶某相识多年，时常往来，关系密切。朱某朋友白某受陈某（因涉嫌容留卖淫罪被执行逮捕）家属的委托，请朱某帮忙为陈某办理取保候审强制措施。朱某接受请托后，利用与公安人员关系密切的便利条件，向叶某征询为陈某办理取保候审相关事宜，在经叶某向办案部门了解案情并审批同意后，公安机关为陈某变更强制措施为取保候审。其间，白某送给朱某10万元作为酬谢。生效判决认为，朱某与国家工作人员叶某关系密切，通过叶某职务上的便利，为请托人谋取不正当利益，收受请托人财物，数额较大，其行为构成利用影响力受贿罪。

2.构成受贿罪共犯还是利用影响力受贿罪取决于双方有无共同受贿的故意和行为

例如，国有企业总经理冯某，多次为陆某的公司谋取利益，陆某则利用探病、过春节和家庭聚会等机会，事先与冯某联系后向其妻子陈某行贿，陈某收到钱款后均告知冯某。其中，陆某多次送给陈某钱款共计美元16万元和港元20万元；陆某三次宴请冯某夫妇时将美元4万元、港元10万元、港元10万元分别

---

〔1〕 袁剑波：《如何界定“利用影响力受贿罪”中“关系密切的人”》，载《中国检察官》2010年第22期。

直接交给陈某。陈某共计收受陆某所送钱款折合人民币160万余元。

本案中，国有企业总经理冯某系国家工作人员，其妻子陈某系特定关系人，冯某多次为陆某的公司谋取利益，陈某亦明知陆某向其送钱是为了“感谢”或者有求于其丈夫冯某，且其在收到陆某所送钱款后均告知冯某，或者冯某夫妻在接受陆某宴请时，陈某当着冯某收受陆某所送钱款，冯某当然知道，冯某在知道后未退还或者上交，说明其夫妻具有共同受贿的故意和行为，构成共同受贿犯罪。

实践中，对特定关系人明知行贿人与国家工作人员所在单位有业务关系或者有求于国家工作人员的情况下，单独收受财物后告知国家工作人员，或者受国家工作人员指使单独收受财物，或者在国家工作人员在场的情况下收受财物的行为，均构成共同受贿犯罪；国家工作人员单独收受财物，或者国家工作人员在特定关系人在场的情况下收受财物，之后由特定关系人保管、转存、使用的，不以共同受贿犯罪论处。

据上，如果陈某收受陆某钱款后未告知冯某，冯某则对陈某收受陆某钱款的行为欠缺主观认知，当然就不可能及时退还或者上交，之后陈某利用冯某职务上的行为，或者利用冯某职权或者地位形成的便利条件，通过其他国家工作人员职务上的行为，为陆某谋取不正当利益的，则陈某单独构成利用影响力受贿罪。

十四、受贿与非法经营同类营业的界限

国有公司、企业的董事、经理利用职务便利为他人经营同类营业获取数额巨大的非法利益的行为，与国有公司、企业内发生的受贿行为颇为相似。如犯罪主体有重合之处，国有公司、企业的董事、经理都可以成为受贿罪和非法经营同类营业罪的主体；客观方面都利用了职务便利为他人谋取利益，并因此获得了一定数额的非法利益；主观方面均为直接故意。但两罪的界限也是明显的。

（一）从构成要件区分受贿罪与非法经营同类营业罪

两罪的主要区别有：第一，客观行为不尽相同。虽然两罪都要求利用职务上的便利，但受贿罪是索取或者收受他人财物的行为，而非法经营同类营业罪

必须有非法经营同类营业行为。第二，非法利益的性质不同。受贿罪中的非法利益是对职务上作为或者不作为的“酬谢”，而非法经营同类营业罪中的非法利益带有经营利润性质。第三，主体范围不同。非法经营同类营业罪主体仅为国有公司、企业的董事、经理，而受贿罪主体既包括前述人员，还包括其他从事公务的国家工作人员。第四，定罪数额不同。非法经营同类营业的，获取非法利益达到10万元以上的构成犯罪；而受贿的，数额在3万元以上或者1万元以上不满3万元且具有司法解释规定的情节的，构成犯罪。

（二）国有公司、企业的董事、经理利用职务上的便利为他人经营与其任职公司、企业同类的营业，并从中收取对方给付的“报酬”“辛苦费”的定性

有观点认为，这种情况是非法经营同类营业罪与受贿罪的法规竞合，即国有公司、企业的董事、经理，利用职务便利为他人经营与其任职公司、企业同类营业（为他人谋取利益的一种方式）的行为，既是非法经营同类营业罪所规定的内容，又是受贿罪所规定的内容，因而此类行为同时违反这两个法律规定。但从非法经营同类营业罪的立法本意及增设时间（后于受贿罪）来看，应适用复杂法优于简单法的原则。[1]也有观点认为，这种情况下，如果行为人谋取利益是通过为他人经营而实现的，行为人在此过程中付出了劳务，则其获取非法利益数额达到巨大的，应以非法经营同类营业罪论处；如果行为人事实上并未为他人进行经营活动，没有付出劳务，则其所获得的所谓“报酬”“辛苦费”等只不过是为了掩人耳目而使用的各种名目，其行为在性质上仍然是收受贿赂的行为，应按照受贿罪的规定定罪处罚。[2]笔者赞同后种观点，即非法经营同类营业罪与受贿罪并不存在法规竞合的情况。对于受贿罪来说，行为人利用职务便利为他人谋取利益与获得他人财物之间是直接的，没有中间环节。而对于本罪来说，行为人利用职务便利为他人谋取利益与获得他人财物之间不是直接的，其中有行为人参与他人公司、企业的经营行为，即行为人非法经

---

〔1〕 王作富主编:《刑法分则实务研究》(下)(第4版)，中国方正出版社2010年版，第388页。

〔2〕 赵秉志主编:《刑法相邻相近罪名界定与运用》(上)，吉林人民出版社1999年版，第296页。

营同类营业的收入中部分为自己的经营收入。由此可见，如果说受贿罪体现的是“权—钱”关系，那么非法经营同类营业罪体现的是“权—经营—钱”的关系。可见，非法经营同类营业罪与受贿罪是有本质区别的，两者社会危害性不同，这也解释了为什么非法经营同类营业罪的定罪标准比受贿罪要高而法定刑反而要轻的原因。

因此，国有公司、企业的董事、经理利用职务上的便利为他人经营与其任职公司、企业同类的营业，从中收取对方给付的“报酬”“辛苦费”的，是构成非法经营同类营业罪还是构成受贿罪，关键是要看行为人是否有为他人经营同类营业的行为。如果国有公司、企业的董事、经理利用职务便利为他人经营了同类营业并获取了数额巨大的非法利益的，构成非法经营同类营业罪。如果不存在为他人经营同类营业的行为，而是直接通过职务便利索取或者非法收受他人财物的，则构成受贿罪。例如，某国有钢铁公司总经理丁某，应经营同类营业的私营钢铁公司老板王某的要求，将国有钢铁公司一份近百万元的订单交给王某公司经营，王某公司因此获取了巨额利润，事后，王某给付丁某10万余元的感谢费。在此案中，丁某虽然利用了职务便利将本属于国有钢铁公司的商业机会（订单）交给王某进行经营，并事后获取了数额巨大的非法利益，但没有参与王某公司的经营，故其行为不构成非法经营同类营业罪，而应以受贿罪论处。但是，如果丁某既利用了职务便利将国有钢铁公司的商业机会提供给王某公司，又参与了王某公司的经营，获取数额巨大的非法利益的，则丁某的行为属于利用职务便利为他人公司经营同类营业的行为，应以非法经营同类营业罪论处。

此外，由于非法经营同类营业罪的主体限于国有公司、企业的董事、经理，国有公司、企业中董事、经理以外的人员利用职务便利经营同类营业的，即使获取了数额巨大的非法利益，也不构成非法经营同类营业罪。那么，是否可以将其利用职务便利为他营公司、企业提供商业机会的行为视为为他人谋取利益的一种方式，索取或者非法收受他人财物的，以受贿罪论处？如果这样处理，就会出现一个问题：国有公司、企业的董事、经理非法经营同类营业的构成非法经营同类营业罪，国有公司、企业的董事、经理以外的人员非法经营同类营业的反而构成受贿罪，由于定罪量刑上非法经营同类营业罪的追诉标准为10万元，最高法定刑为7年有期徒刑，而受贿罪的追诉标准为3万元，1万元以上不满3万元且具有司法解释规定的情节的，也可追诉，最高法定刑为死刑，导致“官大罪轻、官小罪重”现象的发生。显然，这样处理不公平，而且也违背了刑法解释的基本原理。如果国有公司、企业的董事、经理以外的人员确实利用职务便利为他人经营了同类营业，并获取他人公司、企业给予的非法利益的，根据上文论述，既不构成非法经营同类营业罪也不构成受贿罪，如果符合国有公司、企业人员渎职类犯罪构成要件的，可以该类犯罪追究其刑事责任。但是，如果经营同类营业特征不明显，而直接利用职务便利为对方谋取利益特征明显的，则这种情况下符合受贿罪权钱交易的本质特征，有认定为受贿罪的余地。

十五、受贿与敲诈勒索、诈骗之区分

国家工作人员利用职务上的便利向请托人勒索财物的，是受贿还是敲诈勒索，抑或受贿和敲诈勒索的想象竞合？国家工作人员收受请托人财物后，在未实际利用职务上的便利为请托人谋取利益的情况下，虚构事实、隐瞒真相，向请托人谎称已经或者正在为其谋取利益，只是结果尚未兑现的，是受贿还是诈骗？

（一）勒索财物情形下受贿与敲诈勒索的界分

1.受贿罪与敲诈勒索罪的界限

一般情况下，受贿罪与敲诈勒索罪的界限是明晰的。例如，敲诈勒索罪是指以非法占有为目的，采取威胁、要挟等手段，强行勒索公私财物的行为。两罪的主要区别在于：第一，侵犯的客体不同。受贿罪侵犯的客体是国家工作人员职务行为的廉洁性和不可收买性，而敲诈勒索罪侵犯的客体是公私财物的所有权。第二，客观表现不同。受贿罪在客观方面表现为利用职务之便索取他人财物，或者非法收受他人财物并为他人谋取利益；敲诈勒索罪在客观方面不要求利用职务上的便利，系采取威胁、要挟等手段，如以杀死、伤害被害人及其亲属或者毁坏财产、揭发隐私手段进行恐吓，给被害人造成精神上的恐惧，使其不得不交出财物。敲诈勒索罪的行为构造一般可表述为：“对他人实施威胁、要挟等—对方产生恐惧心理—对方基于恐惧心理处分财产—行为人或者第三人取得财产—被害人遭受财产损失”。第三，犯罪主体不同。受贿罪的主体是特殊主体，即国家工作人员；敲诈勒索罪的主体是一般主体，包括但不限于国家工作人员。

2.勒索财物情形下受贿与敲诈勒索的界分关键在于国家工作人员是否利用了职务上的便利

实践中，对索贿型受贿，特别是勒索贿赂，可见后文分析，不仅是主动要求对方给予财物还需要给对方形成心理强制，故勒索贿赂行为是以受贿还是以敲诈勒索论处，容易产生争议。如有的认为，两罪的本质特征截然不同，区分两罪的关键在于行为人是否利用职务上的便利；[1]在他人有求于国家工作人员的事项必须利用职务上的便利才能实现的条件下，行为人利用他人所处的困境，索取财物的，属于索贿行为。[2]还有的认为，如果勒索贿赂同时构成其他犯罪如敲诈勒索罪，可以按照想象竞合来处理。[3]

笔者认为，虽然勒索型受贿与勒索型敲诈勒索具有相似之处，但两者具有本质的不同，关键在于国家工作人员勒索财物是否利用了职务上的便利。详言之，被勒索者有求于国家工作人员，请托事项在国家工作人员职权范围之内，即国家工作人员对被勒索者具有利益上的直接制约关系和权钱交易的可能性，国家工作人员利用其职务上的便利向其勒索财物的，无论是否给对方形成心理强制，于双方而言都意识到这是一种权钱交易，而非国家工作人员以非法占有为目的强行勒索财物，成立受贿。相反，不具有国家工作人员身份或者未利用职务上的便利向他人勒索财物的，不成立受贿，符合敲诈勒索罪构成要件的，以该罪定罪处罚。

事实上，在勒索型受贿、行贿场合，行贿人（未必构成行贿罪，除非获得不正当利益的）尽管被勒索给予国家工作人员财物，但其有求于国家工作人员，

〔1〕 马克昌主编：《百罪通论》（下卷），北京大学出版社2014年版，第1190页。
〔2〕 高铭暄、马克昌主编：《刑法学》（第9版），北京大学出版社、高等教育出版社2019年版，第633页。
〔3〕 刘艳红主编：《刑法学》（下）（第2版），北京大学出版社2016年版，第450页。

其行为动机具有不法性，且也意识到其给予国家工作人员财物是为了换取该国家工作人员的权力，故行贿人不是被害人。因此，即使认为勒索财物情形下可成立受贿罪与敲诈勒索罪的竞合，也应属于法条竞合，即特殊法条优先于一般法条适用，以受贿论处。关于可成立想象竞合犯的观点，则值得商榷。因成立想象竞合犯，需从一重处，尽管受贿罪的最高法定刑为死刑，敲诈勒索罪的最高法定刑为十五年有期徒刑，但根据“两高”《关于办理敲诈勒索刑事案件适用法律若干问题的解释》的规定，敲诈勒索罪“数额较大”“数额巨大”“数额特别巨大”的标准均远低于受贿罪的相应标准，[1]故多数情况下将以敲诈勒索罪定罪处罚。如以敲诈勒索罪定罪处罚，行贿人则成了被害人，需将被勒索给予国家工作人员的财物返还给行贿人，此举显然不合逻辑。

按照区分的关键在于国家工作人员勒索财物是否利用了职务上的便利的观点，实践中相关案例可作为参考。例如，李万、唐自成受贿案。《经济日报》（农村版）报社是国有事业单位，《经济日报》（农村版）报社广西记者站是该报社的派出机构。李万、唐自成在分别担任《经济日报》（农村版）报社广西记者站副站长、工作人员期间，利用职务之便，在采访广西全区“对农民直接补贴与储备粮订单挂钩试点工作”过程中，利用各粮食系统因粮食直补工作中存在一些问题害怕上报、曝光的心理，共同索取来宾市的象州县、兴宾区粮食局各1万元、贵港市覃塘区粮食局6万元、桂平市粮食局6万元和河池市环江县粮食局8万元，以上共计现金22万元，得款后二人均分，各分得11万元。生效判决认为，李万、唐自成作为国有事业单位《经济日报》（农村版）报社聘用的记者和工作人员，代表报社对广西粮食系统直补工作进行调查采访，履行社会舆论监督职能，行使对国家公共事务的管理监督权力，属于国有事业单位中从事公务的人员，应以国家工作人员论。李万、唐自成在采访过程中，利用相关单位工作中存在问题，向相关单位索取钱款，得款后二人平分，其行为构成受贿罪。

---

〔1〕 例如，根据“两高”《贪污贿赂解释》的规定，受贿数额在3万元以上不满20万元的，应当认定为“数额较大”，构成受贿罪，对应法定刑“处三年以下有期徒刑或者拘役，并处罚金”。而根据“两高”《关于办理敲诈勒索刑事案件适用法律若干问题的解释》的规定，敲诈勒索公私财物2000元至5000元的，为“数额较大”，构成敲诈勒索罪，对应法定刑“三年以下有期徒刑、拘役或者管制，并处或者单处罚金”。

本案中，记者从事的新闻报道等工作，是履行职务的行为。国有媒体记者对国家和社会公共事务进行新闻报道和舆论监督，是国家赋予的权力，是从事公务的一种表现形态。故此，国有媒体记者利用采访报道等实现舆论监督的手段，索取他人财物，符合受贿罪的构成特征。〔1〕

再如，刘维安、胡亚柱受贿、敲诈勒索案。国有事业单位法治网广东频道原主编刘维安、南方日报地方新闻中心原主任助理胡亚柱，多次收受某公司法人代表魏某的贿赂款共计31.5万元，二人按照魏某的意思，在报业或者网络平台上发表有关报道，利用舆论向法院施加压力，为其在案件审理中谋取利益。刘维安、胡亚柱还以报道广东省茂名市某旅馆"内幕"新闻、韶关市某镇非法开采稀土矿、河源市某镇非法开采稀土矿为要挟，向他人共索取财物16万元；以删除南方网关于深圳市某局公款旅游的报道为由，向他人索取财物1.8万元。生效判决认为，刘维安、胡亚柱利用职务便利，共同收取魏某钱款共计31.5万元，为其谋取利益，二人的行为均构成受贿罪；刘维安、胡亚柱还以非法占有为目的，伙同他人利用媒体采访新闻的权力，以所谓"新闻曝光"或删除处理网络信息为由，勒索他人财物共计17.8万元，二人的行为又构成敲诈勒索罪。〔2〕

上述李万、唐自成受贿案中，二人作为《经济日报》(农村版)报社广西记者站副站长、工作人员，代表报社对广西粮食系统直补工作进行调查采访，其对被勒索者即相关粮食局在履行社会舆论监督职能方面具有利益上的直接制约关系和权钱交易的可能性，故其系利用职务上的便利向相关粮食局勒索财物，对二人应以受贿论处。刘维安、胡亚柱受贿、敲诈勒索案中，刘维安、胡亚柱属于国有事业单位中从事公务的人员，应以国家工作人员论。其中受贿部分系非法收受他人贿赂，故以受贿论处无争议。关于敲诈勒索部分，刘维安、胡亚柱利用媒体采访新闻的权力，以所谓"新闻曝光"或者删除处理网络信息为由向他人勒索财物，与李万、唐自成受贿案相比，被勒索者并非其履行社会舆论监督的相对特定的对象，即其对被勒索者不具有利益上的直接制约关系

〔1〕《李万、唐自成受贿案——国有媒体记者能否构成受贿罪的主体》，载《刑事审判参考》(总第72集)，法律出版社2010年版。

〔2〕 张文：《两记者以曝光为由受贿敲诈勒索被判刑》，载《羊城晚报》2014年6月23日，第1版。

和权钱交易的可能性，其实质是利用新闻工作者身份而非利用职务上的便利，滥用媒体采访新闻的权力，以非法占有为目的向他人勒索财物，故其行为不具有权钱交易的本质特征，不构成受贿罪，但符合敲诈勒索罪的构成要件。

（二）国家工作人员虚假承诺为请托人谋取（不正当）利益情形下受贿与诈骗的界分

受贿罪与诈骗罪具有明显的区别。但是，国家工作人员虚假承诺利用职务上的便利为请托人谋取利益，或者虚假承诺利用本人职权或者地位形成的便利条件，通过其他国家工作人员职务上的行为，为请托人谋取不正当利益，索取或者收受请托人财物的行为，属于受贿还是诈骗，存在分歧。

有观点认为："实践中首先应当区分谋取正当利益和谋取不正当利益两种情形。对国家工作人员帮助请托人谋取正当利益情形，如果国家工作人员向请托人谎称已打招呼或者已推进实施，只是结果未兑现，同时可以构成诈骗罪，按照诈骗罪和受贿罪从一重处罚原则处断；对国家工作人员帮助请托人谋取不正当利益情形，不应认定请托人为被害人，因为请托人追求的一般是违法犯罪目的，不应保护，对行贿款不可能返还，故不应认定诈骗罪。国家工作人员的虚构、隐瞒行为可以作为受贿罪的从重处罚情节"。[1]

笔者认为，区分受贿罪与诈骗罪，第一，就一般受贿而言，区分的关键在于国家工作人员作出虚假承诺时是否具有职务上的便利，如有，不论作出的承诺是否真假，也不论事实上是否为请托人谋取了利益，其职务行为的廉洁性和不可收买性即受到侵害，所索取或者收受的财物系权钱交易的结果，而非请托人陷于错误认识后交付财物。因请托人认识到国家工作人员具有职务上的便利，能够为其谋取利益，不存在认识错误，那怎么又成为被骗者？故此，如认定为诈骗罪，明显不合逻辑。当然，如果不具有职务上的便利，就不是权钱交易，系利用国家工作人员身份骗取他人财物，属于诈骗；于请托人而言，其误

---

〔1〕 刘晓虎：《司法疑难之77：谎称已向其他国家工作人员打招呼或推进实施的能否认定诈骗罪》，载微信公众号"刑水浮萍"，2019年7月17日。

以为该国家工作人员具有职务上的便利而给予财物，系被骗。第二，就斡旋受贿而言，区分的关键在于国家工作人员有无利用本人职权或者地位形成的便利条件，通过其他国家工作人员职务上的行为，为请托人谋取不正当利益的可能。如有可能，按照上述逻辑，系受贿；如无可能，则不是权钱交易，系利用国家工作人员身份骗取他人财物，属于诈骗。

例如，葛某、喻某、张某受贿案。葛某、喻某、张某均系某公安分局民警，该公安分局对钱某非法倒卖外汇立案侦查，并对钱某开设或者代理的B股股东账户以及资金账户予以冻结。葛某接受何某等人的请托，答应设法帮助解冻钱某的上述账户，并与张某、喻某共谋后，由喻某出面寻找他人帮忙。其间，喻某以支付罚款、好处费等为由，通过葛某并由张某经手先后向何某索得420万元。后何某多次催问请托事项的处理结果。葛某、喻某、张某三人又经共谋，在葛某办公室内，由喻某望风，葛某将单位空白的《解除冻结犯罪嫌疑人存款通知书》复印后，让张某按葛某的口述填写虚假的解冻内容。葛某再复印后交何某阅看，谎称解冻事宜即将解决，再次从何某处索得150万元。葛某、喻某、张某三人共计从何某处索得570万元。对此此案，公诉机关指控葛某、喻某、张某三人的行为构成伪造国家机关公文罪。生效判决则认为，葛某、张某、喻某身为国家工作人员，利用本人地位形成的便利条件，意图通过其他国家工作人员职务上的行为，为请托人谋取不正当利益，从而索取请托人570万元，其行为均构成受贿罪。本案中，葛某、张某、喻某均系公安机关民警，在索取钱财过程中虽有虚假承诺和欺诈因素（故意使用伪造的虚假解除冻结通知书骗取请托人信任），但前提是请托人为谋取不正当利益而求助于三人帮忙（主要是葛某出面），并出于对三人的信任而给予钱财；三人也承诺利用其职权或者地位形成的便利条件，在为请托人谋取不正当利益的过程中索取贿赂。三人之所以能够从何某处索取570万元，完全取决于其民警身份和民警的职权及影响，而非请托人误以为真。也就是说，三人是以权换钱，请托人是以钱换权，其行为在本质上具有权钱交易特征，故法院作出受贿罪的判决。

第五章　行贿犯罪论

从行为方式看，有受贿必有行贿，有行贿才有受贿。从刑法规定来看，因受贿类犯罪与行贿类犯罪在入罪要件上存在差异。例如，为谋取不正当利益而行贿的方可构成行贿罪，而国家工作人员为请托人谋取利益是否正当并不影响受贿罪的成立，故构成受贿类犯罪未必构成行贿类犯罪，构成行贿类犯罪也未必构成受贿类犯罪。例如，为谋取正当利益而给予国家工作人员财物的，不构成行贿罪但可能构成受贿罪；为谋取不正当利益向3名国家工作人员各行贿1万元，构成行贿罪但可能不构成受贿罪。

受贿罪是最常见多发的职务犯罪之一，相应地，行贿类犯罪也是常见多发的与职务犯罪紧密相关的犯罪。行贿类犯罪包括行贿罪，对有影响力的人行贿罪，对单位行贿罪，单位行贿罪，对非国家工作人员行贿罪，对外国公职人员、国际公共组织官员行贿罪等6个罪名。例如，根据《刑法》第三百八十九条的规定，行贿罪是指为谋取不正当利益，给予国家工作人员以财物的行为。在经往来中，违反国家规定，给予国家工作人员以财物，数额较大的，或者违反国家规定，给予国家工作人员以各种名义的回扣、手续费的，以行贿论处。因被勒索给予国家工作人员以财物，没有获得不正当利益的，不是行贿。根据《刑法》第三百九十条之一的规定，对有影响力的人行贿罪是指为谋取不正当利益，向国家工作人员的近亲属或者其他与该国家工作人员关系密切的人，或者向离职的国家工作人员或者其近亲属以及其他与其关系密切的人行贿的行为。根据《刑法》第三百九十一条的规定，对单位行贿罪，是指为谋取不正当利益，给予国家机关、国有公司、企业、事业单位、人民团体以财物的，或者在经济往来中，违反国家规定，给予各种名义的回扣、手续费的行为。根据《刑法》第三百九十三条的规定，单位行贿罪，是指单位为谋取不正当利益而行贿，或者违反国家规定，给予国家工作人员以回扣、手续费，情节严重的行为。

根据《刑法》第一百六十四条的规定，对非国家工作人员行贿罪是指为谋取不正当利益，给予公司、企业或者其他单位的工作人员以财物，数额较大的行为；对外国公职人员、国际公共组织官员行贿罪是指为谋取不正当商业利益，给予外国公职人员或者国际公共组织官员以财物的行为。

一、行贿类犯罪的定罪量刑标准

根据2016年“两高”《贪污贿赂解释》等的规定，行贿罪、对有影响力的人行贿罪、对单位行贿罪、单位行贿罪、对非国家工作人员行贿罪、对外国公职人员、国际公共组织官员行贿罪的定罪量刑标准如下：

（一）行贿罪的定罪量刑标准

1.入罪标准

行贿罪的入罪标准包括“数额”标准和“较低数额+从重情节”标准。根据2016年“两高”《贪污贿赂解释》第七条的规定，行贿数额在3万元以上的，应追究刑事责任。行贿数额在1万元以上不满3万元，具有下列情形之一的，应追究刑事责任：（1）向三人以上行贿的；（2）将违法所得用于行贿的；（3）通过行贿谋取职务提拔、调整的；（4）向负有食品、药品、安全生产、环境保护等监督管理职责的国家工作人员行贿，实施非法活动的；（5）向司法工作人员行贿，影响司法公正的；（6）造成经济损失数额在50万元以上不满100万元的。

也就是说，犯行贿罪，行贿数额在3万元以上的，或者行贿数额在1万元以上不满3万元，但具有特定情节的，应追究刑事责任，处5年以下有期徒刑或者拘役，并处罚金。

2.量刑标准

根据《刑法》第三百九十条的规定，犯行贿罪，因行贿谋取不正当利益，情节严重的，或者使国家利益遭受重大损失的，处5年以上10年以下有期徒刑，并处罚金；情节特别严重的，或者使国家利益遭受特别重大损失的，处10年以上有期徒刑或者无期徒刑，并处罚金或者没收财产。

根据2016年“两高”《贪污贿赂解释》第八条、第九条的规定，犯行贿罪，具有下列情形之一的，应当认定为“情节严重”：(1)行贿数额在100万元以上不满500万元的。(2)行贿数额在50万元以上不满100万元，并具有司法解释规定的情形之一的(向三人以上行贿的；将违法所得用于行贿的；通过行贿谋取职务提拔、调整的；向负有食品、药品、安全生产、环境保护等监督管理职责的国家工作人员行贿，实施非法活动的；向司法工作人员行贿，影响司法公正的)。(3)其他严重的情节。为谋取不正当利益，向国家工作人员行贿，造成经济损失数额在100万元以上不满500万元的，应当认定为“使国家利益遭受重大损失”。

犯行贿罪，具有下列情形之一的，应当认定为“情节特别严重”：(1)行贿数额在500万元以上的。(2)行贿数额在250万元以上不满500万元，并具有司法解释规定的情形之一的(向三人以上行贿的；将违法所得用于行贿的；通过行贿谋取职务提拔、调整的；向负有食品、药品、安全生产、环境保护等监督管理职责的国家工作人员行贿，实施非法活动的；向司法工作人员行贿，影响司法公正的)。(3)其他特别严重的情节。为谋取不正当利益，向国家工作人员行贿，造成经济损失数额在500万元以上的，应当认定为“使国家利益遭受特别重大损失”。

(二)对有影响力的人行贿罪的定罪量刑标准

根据2016年“两高”《贪污贿赂解释》第十条的规定，对有影响力的人行贿罪的定罪量刑适用标准，参照行贿罪的规定执行。

1.入罪标准

行贿数额在3万元以上的，或者行贿数额在1万元以上不满3万元，但具有特定情节的，应追究刑事责任，处3年以下有期徒刑或者拘役，并处罚金。

特定情节主要是指：向3人以上行贿的；将违法所得用于行贿的；通过行贿谋取职务提拔、调整的；影响力来自负有食品、药品、安全生产、环境保护等监督管理职责的国家工作人员或者曾经从事该工作的离职国家工作人员，并实施非法活动的；影响力来自现职或者离职的司法工作人员，影响司法公正的；

造成经济损失数额在50万元以上不满100万元的。

单位对有影响力的人行贿数额在20万元以上的，应追究刑事责任，即对单位判处罚金，对其直接负责主管人员和其他直接责任人员，处3年以下有期徒刑或者拘役，并处罚金。

2.量刑标准

根据《刑法》第三百九十条之一的规定，犯对有影响力的人行贿罪，情节严重的，或者使国家利益遭受重大损失的，处3年以上7年以下有期徒刑，并处罚金；情节特别严重的，或者使国家利益遭受特别重大损失的，处7年以上10年以下有期徒刑，并处罚金。

具有下列情形之一的，应当认定为“情节严重”：(1)行贿数额在100万元以上不满500万元的。(2)行贿数额在50万元以上不满100万元，并具有司法解释规定的情形之一的（向3人以上行贿的；将违法所得用于行贿的；通过行贿谋取职务提拔、调整的；影响力来自负有食品、药品、安全生产、环境保护等监督管理职责的国家工作人员或者曾经从事该工作的离职国家工作人员，并实施非法活动的；影响力来自现职或者离职的司法工作人员，影响司法公正的）。(3)其他严重的情节。为谋取不正当利益，向国家工作人员的近亲属或者其他与该国家工作人员关系密切的人，或者向离职的国家工作人员或者其近亲属以及其他与其关系密切的人行贿，造成经济损失数额在100万元以上不满500万元的，应当认定为“使国家利益遭受重大损失”。

具有下列情形之一的，应当认定为“情节特别严重”：(1)行贿数额在500万元以上的。(2)行贿数额在250万元以上不满500万元，并具有司法解释规定的情形之一的（向3人以上行贿的；将违法所得用于行贿的；通过行贿谋取职务提拔、调整的；影响力来自负有食品、药品、安全生产、环境保护等监督管理职责的国家工作人员或者曾经从事该工作的离职国家工作人员，并实施非法活动的；影响力来自现职或者离职的司法工作人员，影响司法公正的）。(3)其他特别严重的情节。为谋取不正当利益，向国家工作人员的近亲属或者其他与该国家工作人员关系密切的人，或者向离职的国家工作人员或者其近亲属以及其他与其关系密切的人行贿，造成经济损失数额在500万元以上的，应当认定为“使国家利益遭受特别重大损失”。

值得注意的是，单位犯对有影响力的人行贿罪的，入罪门槛明显高于自然人犯该罪的入罪门槛，但司法解释并未就单位犯该罪的量刑标准即法定刑升格标准作出规定，对此，依照实践中的通常做法，参照自然人犯该罪的相关标准执行，即单位犯该罪的法定刑升格标准与自然人犯该罪的升格标准相同。

（三）对单位行贿罪的定罪量刑标准

目前，关于对单位行贿罪的定罪量刑标准，仅1999年《最高人民检察院关于人民检察院直接受理立案侦查案件立案标准的规定（试行）》“（六）对单位行贿案”有明确规定，即涉嫌下列情形之一的，应予立案：（1）个人行贿数额在10万元以上、单位行贿数额在20万元以上的。（2）个人行贿数额不满10万元、单位行贿数额在10万元以上不满20万元，但具有下列情形之一的：①为谋取非法利益而行贿的；②向3个以上单位行贿的；③向党政机关、司法机关、行政执法机关行贿的；④致使国家或者社会利益遭受重大损失的。

犯该罪的，处3年以下有期徒刑或者拘役，并处罚金。单位犯该罪的，对单位判处罚金，并对其直接负责的主管人员和其他直接责任人员，处3年以下有期徒刑或者拘役，并处罚金。

（四）单位行贿罪的定罪量刑标准

目前，关于单位行贿罪的定罪量刑标准，也仅1999年《最高人民检察院关于人民检察院直接受理立案侦查案件立案标准的规定（试行）》“（八）单位行贿案”有明确规定，即涉嫌下列情形之一的，应予以立案：（1）单位行贿数额在20万元以上的。（2）单位为谋取不正当利益而行贿，数额在10万元以上不满20万元，但具有下列情形之一的：①为谋取非法利益而行贿的；②向三人以上行贿的；③向党政领导、司法工作人员、行政执法人员行贿的；④致使国家或者社会利益遭受重大损失的。

单位行贿的，对单位判处罚金，并对其直接负责的主管人员和其他直接责任人员，处5年以下有期徒刑或者拘役，并处罚金。

（五）对非国家工作人员行贿罪及对外国公职人员、国际公共组织官员行贿罪的定罪量刑标准

根据2016年“两高”《贪污贿赂解释》第十一条第三款的规定，对非国家工作人员行贿罪中的“数额较大”“数额巨大”的数额起点，按照行贿罪相应数额标准的2倍执行。对非国家工作人员行贿罪为数额犯，按照行贿罪相应数额标准的2倍，即行贿数额在6万元以上不满200万元的为“数额较大”，处3年以下有期徒刑或者拘役，并处罚金；行贿数额在200万元以上的为“数额巨大”，处3年以上10年以下有期徒刑，并处罚金。

根据2010年《最高人民检察院、公安部关于公安机关管辖的刑事案件立案追诉标准的规定（二）》第十一条的规定，为谋取不正当利益，给予公司、企业或者其他单位的工作人员以财物，单位行贿数额在20万元以上的，应予立案追诉。也就是说，单位对非国家工作人员行贿，数额较大为20万元以上，需对单位判处罚金，并对其直接负责的主管人员和其他直接责任人员，处3年以下有期徒刑或者拘役，并处罚金。

因目前无司法解释和规范性文件就单位犯对非国家工作人员行贿罪的法定刑升格标准作出明确规定，依照实践中的通常做法，参照自然人犯该罪的相关标准执行，即单位对非国家工作人员行贿，数额在200万元以上的，为“数额巨大”。

值得注意的是，目前尚无关于对外国公职人员、国际公共组织官员行贿罪定罪量刑标准的具体规定，但鉴于该罪与对非国家工作人员行贿罪属于近似罪名，且规定于同一法条之中，可参照对非国家工作人员行贿罪的相应标准执行。

二、“谋取不正当利益”的认定与否定

——“给钱”不等于刑法意义上的“行贿”

为谋取不正当利益而行贿的，才可能成立行贿类犯罪，如为谋取正当利益

而行贿,即使具备其他要件的,也不成立行贿类犯罪。[1]简言之,“给钱”不等于刑法意义上的“行贿”。“这是考虑到,在我国大多数当事人送礼是不得已而为之,主观上并不是出于谋取不正当利益的目的,如果取消这一前提条件,势必扩大打击面”。[2]故此,准确把握“谋取不正当利益”的内涵,是认定行贿类犯罪的前提。

(一)“谋取不正当利益”之要义

何为“谋取不正当利益”?2008年“两高”《关于办理商业贿赂刑事案件适用法律若干问题的意见》第九条规定:“在行贿犯罪中,‘谋取不正当利益’,是指行贿人谋取违反法律、法规、规章或者政策规定的利益,或者要求对方违反法律、法规、规章、政策、行业规范的规定提供帮助或者方便条件。在招标投标、政府采购等商业活动中,违背公平原则,给予相关人员财物以谋取竞争优势的,属于‘谋取不正当利益’。”2012年“两高”《关于办理行贿刑事案件具体应用法律若干问题的解释》第十二条规定:“行贿犯罪中的‘谋取不正当利益’,是指行贿人谋取的利益违反法律、法规、规章、政策规定,或者要求国家工作人员违反法律、法规、规章、政策、行业规范的规定,为自己提供帮助或者方便条件。违背公平、公正原则,在经济、组织人事管理等活动中,谋取竞争优势的,应当认定为‘谋取不正当利益’。”

上述规定中的“规章”,包括部门规章和地方政府规章;其中的“政策”,包括党的政策和国家政策;其中的“行业规范”,是指“在国家法律、法规、政策、规章没有规定或者规定不明确的情况下,根据法律授权或者依职责制定的行业规范,对公司、企业、事业、团体或者其他单位工作人员的某些行为作出

---

〔1〕 事实上,行贿人是谋取正当还是不正当利益,均侵犯了国家工作人员职务行为的廉洁性和不可收买性,故此,在行贿罪中规定“为谋取不正当利益”要件,限缩了处罚范围,强化了所谓“目的正当,不择手段”的社会观念。对此,关于建议取消行贿罪中“为谋取不正当利益”要件,以实现对行贿、受贿行为处理相对平衡的观点,具有一定的合理性。另根据《联合国反腐败公约》及日本、我国台湾地区等诸多域外刑法规定,成立行贿罪不要求“为谋取不正当利益”,只要有提供、申请、约定贿赂的行贿行为即可。具体可详见郑勇、罗开卷:《职务犯罪立法比较与借鉴》,载《法治论丛》2014年第3期。

〔2〕 周道鸾、张军主编:《刑法罪名精释》(下)(第4版),人民法院出版社2013年版,第1059页。

规定，实际上是对法律、法规、政策、规章规定的进一步延伸、细化，与法律、法规、政策、规章的原则、精神是一致的。这些人员如果违反行业规范的规定提供帮助或者方便条件，应当认定其为请托人谋取不正当利益。例如，通过向一些行业协会或者公司、企业人员行贿，获取有关经营信息或者其他有关帮助，以便有利于自己的经营活动。又如，通过向证券投资基金从业人员行贿，获取证券投资基金从业人员所在机构的投资信息等”，且因“单位各不相同，有关规定也不一致，同样的行为，有的单位作了规定，有的则没有规定，甚至有的规定背离政策法律规定，在涉及犯罪认定的司法性规范中将层级如此之低、差别如此之大的单位制度作为认定不正当利益的根据不妥”。〔1〕故不能将行业规范理解为单位制度。

结合上述规定，行贿类犯罪中行贿方谋取的“不正当利益”包括两种情况：一是利益本身不正当，即谋取的利益本身不符合法律、法规、规章、政策规定；二是谋取利益的手段不正当，即要求国家工作人员提供违反法律、法规、规章、政策、行业规范规定的帮助或者方便条件，国家工作人员为请托人谋取利益的手段不正当，但利益本身可能是正当的。

此外，违背公平、公正原则，在经济、组织人事管理等活动中，谋取竞争优势的，属于“谋取不正当利益”，这是对“谋取不正当利益”的特别规定。笔者认为，“谋取不正当利益”要件核心的判断基础在于行贿人是否通过给付财物“以谋取竞争优势”。例如，招投标法与政府采购法属于公平竞争法的范畴，其法益在于保护公开竞标的合理竞争秩序。投标单位符合投标条件，尽管其向招标单位负责人、评标小组成员等送去了财物，但如果职务人员并没有泄露投标秘密，或者没有暗中提供帮助，或者没有实施倾向性的投票行为，行贿单位在竞标中符合最优中标条件，投标单位就不能属于“给予相关人员财物以谋取竞争优势”。因为其竞争优势是客观存在的，与行贿没有因果关系，故中标结果就不是不正当商业利益。以行贿手段的非法性来推论谋取商业利益的不正当性，等于完全否定了行贿犯罪“谋取不正当利益”的构成要件，故不能采纳

〔1〕 逄锦温：《〈关于办理商业贿赂刑事案件适用法律若干问题的意见〉的理解与适用》，载《人民司法》2008年第23期。

该种认定规则。

（二）"谋取不正当利益"并不要求实际谋取了不正当利益

实践中，行贿人为谋取不正当利益而行贿，有的最终谋取了不正当利益，有的尚未谋取到不正当利益就已案发。尚未谋取到不正当利益的情况，可能是国家工作人员不想为行贿人谋取不正当利益，也可能是国家工作人员正在谋取不正当利益而案发，还有可能是国家工作人员想谋取但谋取不到不正当利益。行贿人为谋取不正当利益并最终谋取了不正当利益的，当然以行贿论处。对行贿人为谋取不正当利益但尚未谋取到不正当利益的，能否以行贿论处？

笔者认为，正如受贿罪中的"为他人谋取利益"不要求实际谋取了利益一样，行贿类犯罪中的"谋取不正当利益"也不要求实际谋取了不正当利益，即为谋取不正当利益而行贿，即使尚未谋取到不正当利益的，也应以行贿论处。主要理由为：第一，即使尚未谋取到不正当利益，为谋取不正当利益而行贿的，也同样侵害了国家工作人员职务行为的廉洁性和不可收买性，故应以行贿论处。第二，如将"谋取不正当利益"解释为谋取了不正当利益，则人为地限缩了行贿类犯罪的处罚范围。实践中有相当部分受贿案件尚未为请托人实际谋取到利益就案发，意味着有相当比例的行贿案件实际未谋取到不正当利益就案发，在立法规定行贿类犯罪的成立要求谋取不正当利益致使实践中此类犯罪案件远少于受贿类犯罪案件的背景下，〔1〕如再明确行贿类犯罪中的"谋取不正当利益"要求谋取了不正当利益，则进一步限缩了处罚范围。受贿和行贿就像一根藤上的两个"毒瓜"，只有坚持受贿和行贿一起查，才能有效惩治贿赂犯罪。

（三）经济往来中的行贿行为是否需要以"谋取不正当利益"作为构罪要件

《刑法》第三百八十九条第二款对"经济往来中的行贿犯罪"作了规定，即在经往来中，违反国家规定，给予国家工作人员以财物，数额较大的，或者违

---

〔1〕 例如，2015年全国共查办受贿犯罪13，210人、行贿犯罪8217人，参见《2016年最高人民检察院工作报告》；2016年全国共查办受贿犯罪10，472人、行贿犯罪7375人，参见《2017年最高人民检察院工作报告》；2017年共查办受贿犯罪59，593人、行贿犯罪37，277人，参见《2018年最高人民检察院工作报告》。

反国家规定，给予国家工作人员以各种名义的回扣、手续费的，以行贿论处。显见，从刑法条文规定来看，并没有“谋取不正当利益”的表述，那么，经济往来中的行贿行为是否需要以谋取不正当利益作为构罪要件？对此，存在不同意见。但笔者认为，需要以谋取不正当利益作为构罪要件。理由如下：

第一，《刑法》第三百八十九条第一款是关于行贿罪的基本规定，第三百八十九条第二款与该条第一款的关系应当理解为是注意规定而不是法律拟制的关系，在经济往来中的行贿行为构成行贿罪不能脱离第一款的基本要件。第二，鉴于在经济往来中给予对方好处的复杂性和普遍性，如果不作“谋取不正当利益”的限制，将导致把一些违规违法行为均作为犯罪处理，使打击的范围过于宽泛，不符合刑法谦抑原则。第三，《刑法》第三百八十九条第一款规定的行贿行为，其社会危害性一般要大于在经济往来中给予国家工作人员财物或者回扣、手续费的行为，而前者构成犯罪需要“谋取不正当利益”这一要件，故后者就不可能不需要。第四，《刑法》第一百六十四条规定的对非国家工作人员行贿罪需要“谋取不正当利益”这一要件，而对非国家工作人员的行贿行为很大一部分就发生在经济往来中。一般认为，行贿罪和对非国家工作人员行贿罪的区别体现在行贿对象的不同，其余要件是相同的。如果同样在经济往来中构成对非国家工作人员行贿罪需要“谋取不正当利益”这一要件，而构成行贿罪就不需要这一要件，既不合理，也不符合刑法系统解释的基本原理。〔1〕

（四）“谋取不正当利益”的实践展开

1.属于“谋取不正当利益”的情形

以兆盼公司、曹某单位行贿案为例。曹某系兆盼公司法定代表人，自公司成立后从上海石化芳烃部、炼油部、物资供应公司承接检维修业务及采购业务，兆盼公司及曹某为谋取不正当利益，先后多次向上海石化芳烃部经理吴某、炼油部副经理弓某及物资供应公司原副总经理周某行贿，共计91万元。曹

〔1〕 肖晚祥、罗开卷：《行贿犯罪中的若干疑难问题探析》，载《人民法院报》2008年11月26日，第6版。

某辩称，其送吴某、弓某、周某钱款均基于多年同事、朋友关系的人情往来，主观上不是为了谋取竞争优势，客观上也未影响其他公司的公平竞争，其行为不构成单位行贿罪。生效判决认为，本案吴某、弓某、周某等三名受贿人均在上海石化各相关部门担任领导职务，均明知曹某送钱的目的是希望三名受贿人在业务方面为兆盼公司给予照顾。且事实上三人所在部门确与兆盼公司都有业务关系，结合曹某供述其送钱给三人是为了与他们搞好关系和让公司业务能得到他们的支持和关照，可认定曹某是为了谋取不正当利益。曹某作为兆盼公司直接负责的主管人员，其多次向3名国家工作人员行贿共计91万元，兆盼公司及曹某的行为均构成单位行贿罪。

显然，上述案例中的曹某，其之所以给予3名国家工作人员以财物，目的是希望三人能够在业务方面对兆盼公司给予照顾，即要求3人违反法律、法规、规章、政策或者行业规范规定，为自己提供帮助或者方便条件，属于“谋取不正当利益”。

2.不属于“谋取不正当利益”的情形

以2018年5月31日最高人民法院对张文中诈骗、单位行贿、挪用资金再审改判无罪案为例。[1]单位行贿罪部分，原判认定：2002年，在物美集团收购中国国际旅行社总社（以下简称国旅总社）持有的泰康人寿保险股份有限公司（以下简称泰康公司）5000万股股份过程中，张文中向国旅总社总经理办公室主任赵某（另案处理）提出让其提供帮助，并承诺给其一笔好处费。在赵某的积极协调、帮助下，2002年年底，物美集团以其关联公司和康友联公司的名义顺利收购了国旅总社持有的5000万股泰康公司股份。张文中遂指派张某给付赵某30万元。2003年1月至2004年2月，张某通过物美集团的关联公司卡斯特经济评价中心以报销费用的方式向赵某支付了30万元。2002年，在物美集团收购广东粤财信托投资公司（以下简称粤财公司）持有的泰康公司5000万股股份过程中，张文中向粤财公司总经理梁某承诺事成之后给予梁某个人500万元好处费。2003年年底，物美集团以其关联公司华美现代流通发展有限公司（以下简

[1] 详见中华人民共和国最高人民法院刑事判决书，（2018）最高法刑再3号。

称华美公司）的名义收购了粤财公司持有的5000万股泰康公司股份，张文中遂指使张某通过北京敬业和康投资咨询中心（以下简称敬业和康中心）向梁某支付500万元。原判认为，物美集团在收购泰康公司股权过程中，违反国家规定，给予国家工作人员好处费，其行为已构成单位行贿罪，张文中作为物美集团直接负责的主管人员，应当承担相应的刑事责任。遂以单位行贿罪判处物美集团罚金530万元，判处张文中有期徒刑3年。

最高人民法院再审查明：2002年，张文中获悉国旅总社欲转让所持有的5000万股泰康公司股份，即通过国旅总社总经理办公室主任赵某（另案处理）向国旅总社负责人明确表达了物美集团收购该股份的意向。张文中请赵某提供帮助，并表示事成后不会亏待赵。物美集团与国旅总社经多次谈判就收购股份达成一致。2002年6月26日，物美集团以其关联公司和康友联公司的名义与国旅总社签订了股权转让协议。根据张文中的安排，2003年1月至2004年2月，张某通过物美集团的关联公司卡斯特经济评价中心以报销费用的方式分三次向赵某支付了30万元。2002年，粤财公司为缓解经营困难，决定转让所持有的5000万股泰康公司股份。泰康公司董事长陈某将这一信息告知张文中并建议其收购，张文中表示同意。为促成股权转让，陈某向粤财公司总经理梁某提出，股权转让后给梁500万元好处费，并向张文中提出此要求，张文中表示接受。梁某的校友李某（广州市华艺广告有限公司和广州市华艺文化有限公司董事长）应陈某、张文中要求，为帮助物美集团收购股份，也找梁某做工作。之后，物美集团提出以每股1.35元的价格受让粤财公司持有的泰康公司股份，梁某没有同意。经梁某提议，粤财公司按规定委托广州产权交易所挂牌转让，挂牌价为每股1.45元。在无人摘牌的情况下，粤财公司与物美集团经多次谈判，最终以每股1.4元的价格达成一致。2003年3月20日，物美集团以其关联公司华美公司的名义与粤财公司签订了股权转让协议。数月后，李某在梁某不知情的情况下，通过陈某向张文中索要500万元。张文中应陈某的要求，安排张某将500万元汇至李某公司账户。梁某事后得知，明确表示与其无关，并拒绝接受该笔款项，该款一直被李某公司占有。

最高人民法院再审认为，物美集团实施了给予赵某30万元和向李某公司支付500万元的行为，但该行为依法不构成单位行贿罪。根据《刑法》第三百九十三条的规定，单位为谋取不正当利益而行贿，或者违反国家规定，给予国家工作人员以回扣、手续费，情节严重的，构成单位行贿罪。物美集团给予赵某30万元好处费，属于违反国家规定，在经济活动中账外给予国家工作人员手续费的情形。但根据在案证据，本起事实具有以下情节：(1)国旅总社为缓解资金紧张意欲转让所持泰康公司股份，经泰康公司董事长陈某沟通联系，物美集团决定收购并与国旅总社多次谈判后就股权转让达成一致，其间没有第三方参与股权收购，不存在排斥其他买家、取得竞争优势的情形，双方的交易没有违背公平原则。(2)在没有第三方参与、双方自愿达成收购意向的情况下，物美集团承诺给予好处费并非为谋取不正当利益。(3)国旅总社将其所持泰康公司股份转让给物美集团以及具体的转让价格等，均系国旅总社党政领导班子联席会议多次讨论研究决定，双方最终成交价格也在国旅总社预先确定的价格范围内，物美集团没有获得不正当利益，国旅总社的利益亦未受到损害。(4)赵某作为国旅总社总经理办公室主任，其在股权交易过程中仅起到沟通联络作用，没有为物美集团谋取不正当利益。综合考虑上述情况，可以认定物美集团的行为尚不属于情节严重，依法不构成单位行贿罪。

物美集团向李某公司支付500万元的行为也依法不构成单位行贿罪。第一，在粤财公司意欲转让股份的情况下，陈某向梁某提出由物美集团收购，并让张文中给梁500万元好处费，后又向张文中提出该要求。因此，股权转让前，给梁某好处费系陈某提出，张文中只是被动接受了陈某的要求。第二，在案证据证实，梁某并没有同意物美集团提出的受让价格，且提议按高于该价格挂牌转让；物美集团与粤财公司最终的股权交易价格，是在粤财公司挂牌转让未果的情况下，经多次谈判而确定的，且高于物美集团提出的受让价格。因此，梁某在股权转让过程中没有为物美集团提供帮助，物美集团也没有因此获取任何不正当利益。第三，在案证据证实，签订股权转让协议后，物美集团并没有向梁某支付500万元好处费，梁某也未提及此事。直至数月后，在梁某并不知情的情况下，李某通过陈某向张文中索要该500万元，张文中才安排张某将款汇至李某公司的账户。梁某事后得知，明确表示与其无关，并拒绝接受该笔款项。该款一直被李某公司占有。因此，股权转让后，物美集团支付500万元系被李某索要，并没有为谋取不正当利益而行贿的主观故意。

最高人民法院认为，物美集团在收购国旅总社所持泰康公司股份后，给予赵某30万元好处费的行为，并非为了谋取不正当利益，亦不属于情节严重，不符合单位行贿罪的构成要件；物美集团在收购粤财公司所持泰康公司股份后，向李某公司支付500万元系被索要，且不具有为谋取不正当利益而行贿的主观故意，亦不符合单位行贿罪的构成要件，故物美集团的行为不构成单位行贿罪，张文中作为物美集团直接负责的主管人员，对其亦不应以单位行贿罪追究刑事责任。原判认定物美集团及张文中的行为构成单位行贿罪，属于认定事实和适用法律错误，应当依法予以纠正。判决如下：原审被告单位物美控股集团有限公司无罪、原审被告人张文中无罪。

三、单位行贿罪中"单位""单位行贿"的界定
——单位行贿与个人行贿的区分

单位行贿罪，是指单位为谋取不正当利益而行贿，或者违反国家规定，给予国家工作人员以回扣、手续费，情节严重的行为。犯单位行贿罪的，对单位判处罚金，并对其直接负责的主管人员和其他直接责任人员，处5年以下有期徒刑或者拘役，并处罚金。[1]根据《刑法》第三十条的规定，刑法意义上的单位，包括单位行贿罪中的"单位"，指公司、企业、事业单位、机关、团体。单位犯罪主要是法人犯罪，故并未排除非法人组织可以成为单位犯罪主体。实践

---

〔1〕 2016年"两高"《贪污贿赂解释》第十九条第二款规定，"对刑法规定并处罚金的其他贪污贿赂犯罪，应当在十万元以上犯罪数额二倍以下判处罚金"，即犯单位行贿罪的，应判处10万元以上罚金。对此，是对单位和单位中直接负责的主管人员、其他直接责任人员均判处10万元以上罚金，还是整体判处10万元以上罚金，存在不同意见，刑法及司法解释也未明确。笔者认为，罪责刑应当相适应，对于单位犯罪，单位和单位直接负责的主管人员、其他直接责任人员应该作为一个整体来承担刑事责任。就自由刑而言，刑法有明确规定，依法判处即可；对于罚金刑，由于无明确规定，且此类犯罪多为经济犯罪，为防止一个犯罪行为之下承担责任主体越多而无限额判处罚金的现象，可参考共同犯罪判处罚金的做法，即由单位及单位直接负责的主管人员、其他直接责任人员共同承担10万元以上的罚金，也就是说整体判处10万元以上罚金，而非对单位和单位直接负责的主管人员、其他直接责任人员均判处10万元以上罚金。

中，单位设立过程中为单位谋取不正当利益而行贿的属于单位行贿还是个人行贿？单位犯罪后，单位法人或者主管人员为请托对单位、主管人员等从轻处罚而行贿的，属于单位行贿还是个人行贿？[1]

（一）单位设立过程中为单位谋取不正当利益而行贿的属于单位行贿

例如，在公司成立前后，为了得到某国家工作人员对公司的支持和帮助，公司成立前送给该国家工作人员20万元，公司成立后又送30万元。毫无疑问，公司成立后为谋取不正当利益所送的30万元属于单位行贿，那么公司成立前所送的20万元属于单位行贿还是个人行贿？

根据1999年《最高人民法院关于审理单位犯罪案件具体应用法律有关问题的解释》及2001年《全国法院审理金融犯罪案件工作座谈会纪要》的规定，以单位名义实施犯罪，违法所得归单位所有的，是单位犯罪。为单位谋取不正当利益而行贿的，显然是以单位名义实施，且为单位谋取不正当利益即违法所得归单位所有，属于单位行贿，而非个人行贿。但问题的关键在于，行贿之时单位尚处于设立过程中，即为即将设立的单位谋取不正当利益而行贿。笔者认为，该种情况应认定为单位行贿。主要理由为：第一，从行为特征看，属于单位行贿，即以即将设立的单位名义而非以个人名义行贿，且为即将设立的单位谋取不正当利益，即违法所得归属即将设立的单位而非归个人，属于单位犯罪，故为单位行贿。第二，从单位设立过程看，应当由单位承担责任。设立单位有个过程，在设立过程中以单位名义、为了单位利益而实施的行为，应该由单位承担后果。而且作为具体实施者，也明知是以单位名义、为了单位利益而实施相关行为，如由其个人承担后果，显然不公平。第三，刑法注重实质，对尚未正式成立但又实际运作的单位应纳入其他单位范畴。虽然单位尚未依法成立，但已经具有一定的组织性质，可将其纳入“其他单位”范畴。例如，根据2008年“两高”《关于办理商业贿赂刑事案件适用法律若干问题的意见》第二条的规定，“其他单位”既包括事业单位、社会团体、村民委员会、居民委员会、

[1] 这两个问题源于刘晓虎博士微信文章的思考，在此表示感谢！

村民小组等常设性的组织，也包括为组织体育赛事、文艺演出或者其他正当活动而成立的组委会、筹委会、工程承包队等非常设性的组织。既然工程承包队等非常设性组织都可以纳入其他单位范畴，对尚未正式成立但又实际运作的单位，理应纳入其他单位的范畴。

据上，前述案例中公司成立前所送的20万元属于单位行贿，加上公司成立后又行贿30万元，该公司共行贿50万元。因为得到了国家工作人员对公司的支持和帮助而行贿，系为了谋取不正当利益，故该公司的行为构成单位行贿罪。

需要提及的是，单位设立过程中为单位谋取不正当利益而行贿，最终单位未成立的，仍应认定为单位行贿罪，但因单位最终未成立，故无须对单位判处罚金，只对成立单位过程中直接负责的主管人员和其他直接责任人员判处刑罚即可。

相应地，对于实践中受贿行为发生在公司营业执照颁发之前，行为人是否构成非国家工作人员受贿罪的问题，根据上文论述，应将行为人视为其他单位工作人员，其非法收受他人财物，构成犯罪的，应以非国家工作人员受贿罪论处。

（二）单位犯罪后单位法人或者主管人员为请托对单位、主管人员等从轻处罚而行贿的属于单位行贿

例如，单位犯罪后，单位实际控制人被刑事拘留，为确保单位能够持续经营，经单位主管人员集体决定，由相关主管人员出面，请托办案人员对单位实际控制人办理取保候审强制措施，并使用单位资金向相关办案人员行贿的，认定为单位行贿无争议。但单位犯罪后，单位法人或者主管人员将单位资金送给承办该案的相关司法人员，请托对单位、主管人员及其他直接责任人员从轻处罚，如不认定为单位犯罪、对主管人员不采取刑事拘留等强制措施，因该行贿行为既是为单位谋取不正当利益，也包括为自己谋取不正当利益，此时属于单位行贿还是个人行贿？存在争议。

对于该问题，因为既是为了单位从轻处罚，也包括为了自己从轻处罚，系为个人谋取不正当利益，故在单位行贿还是个人行贿上容易引起争议。笔者认为，应以单位行贿论处。主要理由为：第一，符合单位行贿的构成要件。如单位法人或者主管人员决定，代表单位意志；使用单位资金，并以单位名义送

钱；请托对单位从轻处罚，即违法所得归属单位。第二，对单位从轻处罚自然涵盖对主管人员及其他直接责任人员从轻处罚。也就是说，对主管人员及其他直接责任人员是否追究刑事责任，追究多大的刑事责任，前提在于单位是否构成犯罪、构成多大的罪。因此，没有必要人为地割裂系为了单位利益和为了个人利益两个方面。依此，上述案例中，单位为谋取不正当利益而行贿100万元，应认定为单位行贿罪。

四、通过多家公司行贿的刑事责任

例如，一人经营的多家公司都为谋取不正当利益向国家工作人员行贿，每家公司的行贿数额均未达到单位行贿罪的起刑点数额（一般为20万元以上），但累计数额达到起刑点数额的，是否追究刑事责任？对此，存在不同意见。例如，有意见认为，一人控制的每家公司的行贿数额均未达到单位行贿罪的起刑点数额，系为规避法律制裁，故此，应视为一人利用多种公司进行行贿，如累计数额达到行贿罪起刑点的，应累计数额以行贿罪追究行为人的刑事责任。

笔者认为，应具体情况具体分析。第一，如确有证据否定公司人格的，应视为行为人以公司行贿为名行个人行贿之实，认定为自然人犯行贿罪，如符合构罪要件的，以行贿罪定罪处罚。第二，如无确凿证据否定公司人格，但有证据证明行为人利用控制的多家公司行贿并企图逃避法律责任的，应将公司视为行贿的犯罪工具，同样认定为自然人犯行贿罪，如符合构罪要件的，以行贿罪定罪处罚。第三，既无确凿证据否定公司人格，又无确切证据证明行为人利用控制的多家公司行贿并企图逃避法律责任的，因行贿行为系每家公司独立实施的行为，又因每家公司的行为都不构成单位行贿罪，在没有单位构成犯罪的情况下，就无从追究单位负责人的刑事责任，故不能为了追究单位负责人的刑事责任而累计每家公司的行贿金额。

五、单位与个人共同行贿的罪名选择

单位和个人结伙，为谋取不正当利益共同向国家工作人员行贿，构成犯罪的，统一认定单位行贿罪还是行贿罪，抑或对单位认定单位行贿罪、对个人认定行贿罪？

例如任某，原为派出所民警，在得知国有企业隆信置业名下的地块被法院查封并公告准备拍卖后，与正太医疗负责人盛某约定由盛出资购买，由其垫付请客送礼等“前期费用”，事成之后盛给予其好处费。之后，任某和盛某在与隆信置业实际负责人常某（属于受委派从事公务的国家工作人员）洽谈地块转让过程中，为了达到收购目的，分两次向常某行贿共计34万元。上述钱款均由任某先行垫付。在常某帮助下，隆信置业与正太医疗签订了相关协议，将涉案地块转让给正太医疗，正太医疗实际支付1000万元（该地块系隆信置业以1600余万元价格购得）。协议签订后，任某从盛某处得到好处费150万元（含行贿的34万元）。对于该案，是否构成犯罪？如构成犯罪，构成何罪？

（一）系个人伙同单位为单位谋取不正当利益而行贿

任某伙同正太医疗负责人盛某，在涉案地块已进入公告拍卖程序后，为了让正太医疗收购，违反公平原则，给国家工作人员常某钱财，施加不当影响，谋取竞争优势，使正太医疗最终优先购买了该地块，尽管任某是为了让正太医疗收购后而获取好处费，但其行贿的目的首先是为正太医疗谋取不正当利益，故应认定任某伙同正太医疗系为正太医疗谋取不正当利益；且常某收受贿赂后将该地块低于购入价转让给正太医疗，应当认定任某及正太医疗实际获取了不正当利益。本案中，任某伙同正太医疗负责人盛某，为正太医疗谋取不正当利益而行贿国家工作人员。

（二）共同为单位谋取不正当利益而行贿的应统一认定为单位行贿罪

任某伙同正太医疗负责人盛某，为正太医疗谋取不正当利益，向国家工作人员行贿34万元，情节严重，任某与正太医疗系共同犯罪。[1]显然，从自然人犯罪角度，本案符合行贿罪的构成要件；从单位犯罪角度，本案又符合单位行贿罪的构成要件。那么，本案是统一认定为单位行贿罪还是行贿罪，抑或对单位

〔1〕 共同犯罪的主体有三种形式：两个以上的自然人、两个以上的单位、一个以上的单位和一个以上的自然人。具体参见刘宪权：《刑法学名师讲演录》（总论），上海人民出版社2014年版，第271页。

认定为单位行贿罪、对个人认定为行贿罪?

笔者认为,对于共同犯罪,如无实行过限等特殊情况,一般应统一认定罪名,除非《刑法》有特别规定。本案中,任某与正太医疗系共同犯罪,行贿的目的是为正太医疗谋取不正当利益,且以正太医疗名义实施,所谋取的不正当利益归属正太医疗,故应认定为单位行贿的共同犯罪。正太医疗犯单位行贿罪,对正太医疗判处罚金,对正太医疗负责人盛某判处5年以下有期徒刑或者拘役,并处罚金。任某也犯单位行贿罪,那么如何判处刑罚?应参照对正太医疗负责人盛某判处刑罚,即判处5年以下有期徒刑或者拘役,并处罚金。事实上,即使认定任某犯行贿罪,也要判处5年以下有期徒刑或者拘役,并处罚金。而且,单位行贿罪的入罪门槛(一般为20万元以上,特定情形为10万元以上)远高于行贿罪的入罪门槛(一般为3万元以上,特定情形为1万元以上),故以单位行贿罪对任某定罪处罚,事实上有利于任某。

(三)个人伙同单位为个人谋取不正当利益而行贿的应认定为行贿罪

假如前述案件,系任某伙同正太医疗负责人盛某,为任某、盛某谋取不正当利益,以正太医疗名义向国家工作人员行贿34万元,如何定性?

这种情况下应统一定性为行贿罪。根据《刑法》第三百九十三条的规定,因行贿取得的违法所得归个人所有的,依照行贿罪的规定定罪处罚。尽管任某、盛某以单位名义行贿,但并非为单位谋取不正当利益,故不属于单位犯罪,而系任某、盛某以单位之名行个人犯罪之实,故应认定任某与盛某构成行贿罪的共同犯罪。1999年《最高人民法院关于审理单位犯罪案件具体应用法律有关问题的解释》第三条亦规定:“盗用单位名义实施犯罪,违法所得由实施犯罪的个人私分的,依照刑法有关自然人犯罪的规定定罪处罚。”

六、对特定关系人行贿中行贿罪与对有影响力的人行贿罪的界限

为谋取不正当利益向特定关系人行贿,明确由特定关系人办理相关请托事宜,但特定关系人收受财物后告知了国家工作人员,国家工作人员知道后未退还或者上交,特定关系人和国家工作人员构成受贿罪的共同犯罪,如行贿人

构成犯罪的，构成受贿罪的对合犯行贿罪，还是构成对有影响力的人行贿罪？

（一）常态模式：行贿罪（单位行贿罪）对应受贿罪、对有影响力的人行贿罪对应利用影响力受贿罪

定罪需要坚持主客观相统一原则。例如，自然人（单位）向国家工作人员行贿，均构成犯罪的，自然人（单位）构成行贿罪（单位行贿罪），国家工作人员构成受贿罪。同样，如自然人（单位）向国家工作人员的近亲属或者其他与该国家工作人员关系密切的人，或者向离职的国家工作人员或者其近亲属以及其他与其关系密切的人行贿，均构成犯罪的，自然人（单位）构成对有影响力的人行贿罪；国家工作人员的近亲属或者其他与该国家工作人员关系密切的人，离职的国家工作人员或者其近亲属以及其他与其关系密切的人，构成利用影响力受贿罪。

（二）非常态模式：对有影响力的人行贿罪可能对应受贿罪、行贿罪（单位行贿罪）可能对应利用影响力受贿罪

例如，自然人（单位）明确对有影响力的人行贿，有影响力的人收受财物后告知了国家工作人员，国家工作人员知道后未退还或者上交，有影响力的人和国家工作人员构成受贿罪的共同犯罪，那么对自然人（单位）如何定罪？是否要求受贿罪对应的行贿罪（单位行贿罪）？

笔者认为，因自然人（单位）明确对有影响力的人行贿，故对其以对有影响力的人行贿罪定罪更符合主客观相统一原则。当然，如果并未明确的，则应以受贿罪对应的行贿罪（单位行贿罪）定罪。同理，如自然人（单位）明确对国家工作人员行贿，有影响力的人收受财物后并未告知国家工作人员的，国家工作人员不构成犯罪，有影响力的人构成利用影响力受贿罪。如此一来，似乎对自然人（单位）定性对有影响力的人行贿罪。但因为行贿之时明确针对国家工作人员，故如此定性不符合主客观相统一原则，定性为行贿罪（单位行贿罪）更为妥当。当然，如果并未明确的，则应以利用影响力受贿罪对应的对有影响力的人行贿罪定罪。

第六章 其他贪污贿赂罪论

本章主要对介绍贿赂罪、隐瞒境外存款罪、私分国有资产罪等其他贪污贿赂罪中的疑难复杂问题进行探讨。

一、介绍贿赂与行受贿共犯之界分

根据《刑法》第三百九十二条的规定，介绍贿赂罪，[1]是指在行贿人与受贿人之间进行沟通、撮合，使行贿与受贿得以实现，情节严重的行为。介绍贿赂罪在客观方面具体包括两种形式：一是为受贿人寻找索贿对象，转告索贿人的要求等；二是受行贿人之托，为其物色行贿对象，疏通行贿渠道，引荐受贿人，转达行贿的信息，为行贿人转交贿赂款物等。介绍贿赂罪具有独立的犯罪构成。从法定刑看，受贿罪和行贿罪是重罪，受贿罪的最高法定刑为死刑，行贿罪的最高法定刑为无期徒刑；而介绍贿赂罪是轻罪，最高法定刑为3年有期徒刑。故此，须准确区分介绍贿赂与行受贿共犯，既不能人为地将介绍贿赂升格为行受贿共犯从重处罚，也不能将行受贿共犯降格为介绍贿赂从轻处理。

（一）介绍贿赂罪不以相应受贿罪和行贿罪的成立为前提

从社会危害性角度，介绍贿赂人在行贿人与受贿人之间进行撮合，促成贿赂的成功，是导致贿赂现象蔓延的一个重要因素，其社会危害性有独立于受贿罪和行贿罪的内涵，有进行独立评价的必要。从法律规定来看，《刑法》第

---

〔1〕 1999年《最高人民检察院关于人民检察院直接受理立案侦查案件立案标准的规定（试行）》对介绍贿赂罪的追诉标准作了规定，即涉嫌下列情形之一的，应予立案：（1）介绍个人向国家工作人员行贿，数额在2万元以上的；介绍单位向国家工作人员行贿，数额在20万元以上的。（2）介绍贿赂数额不满上述标准，但具有下列情形之一的：①为使行贿人获取非法利益而介绍贿赂的；②3次以上或者为3人以上介绍贿赂的；③向党政领导、司法工作人员、行政执法人员介绍贿赂的；④致使国家或者社会利益遭受重大损失的。2016年“两高”《贪污贿赂解释》未明确介绍贿赂罪的定罪量刑标准。但在该解释施行前，介绍贿赂罪的入罪标准明显高于受贿罪、行贿罪的入罪标准，故从与该解释衔接的角度来看，有必要对该罪尽快制定新的入罪标准。

三百九十二条规定，向国家工作人员介绍贿赂，“情节严重”的，构成介绍贿赂罪。1999年《最高人民检察院关于人民检察院直接受理立案侦查案件立案标准的规定（试行）》将“介绍贿赂”界定为“在行贿人和受贿人之间沟通关系、撮合条件，使贿赂行为得以实现的行为”，也没有要求以相应的行贿、受贿构成犯罪为前提。故在行贿人和受贿人分别不构成行贿罪和受贿罪的情况下，如果介绍贿赂行为达到“情节严重”的程度，如职业贿赂掮客多次介绍贿赂的，仍然可以构成介绍贿赂罪。

（二）介绍贿赂罪并非行受贿的共犯

以张某介绍贿赂案为例，就如何认定介绍贿赂罪或者如何区分其与行受贿共犯进行探讨。

1.案情简介

张某经医疗设备经销商王某的请托，介绍其与时任某区卫生局局长宋某结识。为此，王某请托宋某关照其医疗设备的销售生意、帮助其相关公司在招投标中竞标成功等事项。后经王某请托，宋某以透露医院工程项目、医疗设备采购计划信息等方式为王某中标提供帮助。此后，王某的相关公司先后中标并承接该区中心医院迁建工程手术部净化系统工程、区卫计委采购数字化X线摄影装置、高档彩色多普勒超声波诊断仪、全数字彩色多普勒超声系统等项目。其间，经张某出面联系邀请，宋某先后多次接受王某的宴请并收受王某给予的现金共计160万元。同时，张某也收受王某给予的钱款合约80万元。生效判决认为，张某向国家工作人员介绍贿赂，情节严重，其行为构成介绍贿赂罪。鉴于张某到案后如实供述自己的罪行，积极退赃，能认罪悔罪，依法从轻处罚。以介绍贿赂罪判处张某拘役6个月，缓刑6个月。

2.评析

（1）从主观认识区分介绍贿赂与行受贿共犯。行受贿的帮助犯认识到自己是在帮助行贿一方或者受贿一方，仅有单纯帮助行贿或者帮助受贿的故意；而介绍贿赂者在主观上必须有向国家工作人员介绍贿赂的故意，认识到自己处于“中间人”地位，并非仅有帮助行贿或者帮助受贿的意思。本案中，行贿人王某从事医疗设备销售工作，希望与卫生局相关领导搭上关系，欲通过中间人为其牵线搭桥。王某与张某本不相识，后得知张某人脉深厚，交际甚广，便伺机在一次聚会上与张某结识，之后向张某提出请托，引荐自己与卫生局局长宋某相识。根据张某供述，其多次出面安排三人聚餐，因宋某与其私交较好，若非其出面安排，宋某不会接受陌生人邀约。王某及宋某的供述也证实了张某的这一说法。从三人关系来看，张某主要处于中间人角色，其主观上明知行贿人王某为谋取不正当利益，想向卫生局领导宋某行贿，而在王某、宋某之间牵线搭桥，并凭借与宋某的私交向宋某推荐了王某，具有介绍贿赂的故意。

（2）从客观行为区分介绍贿赂与行受贿共犯。行受贿的帮助犯仅是帮助行贿人或者受贿人一方，积极策划或者参与实施向他人行贿或者索贿，为其中一方谋取利益；而介绍贿赂者不是单纯帮助某一方，而是在双方之间起到提供信息、进行引荐、沟通关系、撮合条件的作用。本案中，王某意图向宋某行贿，但苦于找不到中间人，之后通过张某的引荐和撮合成功“围猎”宋某。张某并未就向宋某行贿的时间、地点、方式、金额、目的等与王某进行策划或者提出建议，也未就具体请托事项直接代替王某出面向宋某进行请托，其行为更符合“受行贿人之托，为其引荐受贿人、转交贿赂款物”等介绍贿赂的情形。

（3）是否拿到、从何处拿到好处不影响介绍贿赂罪的成立。行为人介绍贿赂，不论是否从行贿人或者受贿的国家工作人员中拿到好处，不论是否已得到“介绍费”，也不论拿到的钱物多少，均不影响介绍贿赂罪的成立。[1]实践中，不能以“中间人”的获利来源判定其属于介绍贿赂抑或行受贿共犯，介绍贿赂人可能从行受贿一方获利，也可能从双方处均获利。本案中，王某知晓张某人脉深厚，交际甚广，在介绍贿赂成功后，还意图与张某深交，遂通过直接给付钱款、合作投资等名义先后给予张某约80万元。张某的获利虽来自行贿方，但不能因此认定其为行贿共犯。

二、“截贿”的性质及对贿赂犯罪的影响

实践中，“骗贿”案、“截贿”案时有发生。关于“骗贿”案，一般以诈骗类

---

〔1〕 周道鸾、张军主编：《刑法罪名精释》（下）（第4版），人民法院出版社2013年版，第1064~1065页。

犯罪论处，基本无争议。关于“截贿”案，是否予以刑法评价、如何进行刑法评价，“截贿”行为能否为行受贿犯罪的共犯或者介绍贿赂犯罪所吸收等，均存在较大争议。对此，下文先界定“截贿”的内涵并予以类型化分析，再重点就截贿的性质及对贿赂犯罪的影响进行探讨。

（一）“截贿”的内涵及类型

1.“截贿”的内涵

“截贿”即截取贿赂。具体而言，是指利用受托转交贿赂款或者索取贿赂的便利，截取部分或者全部贿赂款的行为。从行为方式看，只有行受贿方的受托人或者介绍贿赂人才有可能截取贿赂。

“截贿”不同于“骗贿”。“骗贿”是骗取贿赂，即骗取行贿人用于行贿的款物。主要表现为：以利用帮助行受贿或者以介绍贿赂之名，或者冒充国家（机关）工作人员身份以能为行贿人谋取（不正当）利益为名，骗取行贿人拟用于行贿的款物。实践中，如本无能力却谎称有能力通过相关国家工作人员“办事”而收取行贿人钱款；或者确有能力但不想通过相关国家工作人员“办事”而收取行贿人钱款；或者冒充国家（机关）工作人员身份，以能“办事”为由收取行贿人钱款等，无论表现形式如何，“收钱”是真，“帮忙办事”是假，实为诈骗。冒充国家机关工作人员实施骗贿的，属于招摇撞骗。

例如，某县委书记田某，因涉嫌犯受贿罪和巨额财产来源不明罪而接受调查，其间交代曾向中组部处长杜某行贿47万元。经查实，中组部根本没有所谓的处长杜某，其真实身份为农村包工头。后杜某因冒充中组部处长骗取田某行贿款，被以招摇撞骗罪判处有期徒刑6年。[1]

当然，如系国家工作人员骗贿的，根据笔者关于区分受贿罪与诈骗罪的观点（详见前文中受贿罪部分），即国家工作人员作出虚假承诺时如具有职务上的便利，为受贿，如否，为诈骗；或者国家工作人员作出虚假承诺时如具有利用本人职权或者地位形成的便利条件，通过其他国家工作人员职务上的行为，

---

〔1〕 丁一鹤、马宏玉：《玩官玩出天下大乱 贪官书记47万元馅饼砸晕包工头》，载《法庭内外》2008年第3期。

为请托人谋取不正当利益的可能，为受贿，如不具有可能，属于诈骗。

据上，尽管截取的贿赂和骗取的贿赂均属于行贿人拟用于行贿的款物，但两者存在本质区别，即“截贿”系行受贿方的受托人或者介绍贿赂人利用向受贿人转交贿赂款的便利截取部分或者全部贿赂款，而“骗贿”系以帮忙办事等之名行骗取他人财物之实。例如，甲谎称能和组织部领导疏通关系，帮助乙调到实权部门，在得到乙的信任后，从乙处获取“打点费”10万元，后甲销声匿迹。显然，甲是骗贿而非截贿。再如，甲有求于国家工作人员乙，乙欲向甲索贿，委托丙具体实施并明确索取20万元；丙为了截贿，编造理由要求甲给予30万元，后丙从中截取10万元，仅送给乙20万元，甲最终谋取了不正当利益。显然，丙是在索贿过程中向行贿人编造理由多索取贿赂，之后截取部分贿赂占为己有，属于截贿。

2.截贿的类型

有学者将“截贿”分成诈骗型“截贿”行为、侵占型“截贿”行为、事后不可罚的“截贿”行为和不构成罪的“截贿”行为。[1]笔者认为，根据“截贿”的客观表现形态，主要可分为“多要少给”型、“多收少给”型和“收了未给”型等三种类型。

（1）“多要少给”型截贿。例如，编造理由从行贿人处多收取行贿款，少给予受贿人，从而截取部分行贿款的。此类截贿主要见于介绍贿赂和帮助索贿案件中。例如，甲有求于乙，经丙撮合，甲、乙商定费用为20万元；后丙与乙单独沟通，以甲存在经济困难为由将费用降为15万元；丙仍然要求甲给予20万元，送给乙15万元，从中截取5万元。

（2）“多收少给”型截贿。例如，受托人收取行贿人的行贿款后，在向受贿人转交行贿款过程中截取部分行贿款的，或者因为受贿人仅愿意收受部分款物从而截取剩余行贿款的。例如，甲为谋取不正当利益欲向乙行贿，委托丙送给乙50万元，丙从中截取10万元，送给乙40万元。

（3）“收了未给”型截贿。例如，受托人在转交行贿款过程中，因受贿人拒

〔1〕孙国祥：《“截贿”行为的刑法性质辨析》，载《法治研究》2016年第1期。

收等原因[1]而无须给予财物，从而截取全部行贿款的。

（二）“截贿”的行为性质

根据截贿的不同类型，对其行为性质作具体分析。

1. “多要少给”型截贿可构成诈骗罪

行受贿方的受托人或者介绍贿赂人在帮助贿赂或者介绍贿赂过程中，意图通过帮助贿赂或者介绍贿赂将部分贿赂款占为己有，而非用于行贿，其主观上具有非法占有他人财物的目的。客观上，行为人在帮助贿赂或者介绍贿赂过程中，编造理由使行贿人信以为真而按照要求多给予钱款，之后仅将部分贿赂款给予受贿人而截取剩余贿赂款，事后往往向行贿人谎称已将全部贿赂款转交受贿人，其“多要少给”的行为明显具有诈骗性质，如截取的“贿赂”数额较大，符合诈骗罪构成要件的，以诈骗罪论处。

2. “多收少给”型截贿可构成诈骗罪、侵占罪，亦可无罪

（1）可构成诈骗罪。行为人受托在帮助贿赂或者介绍贿赂过程中，虽无编造理由要求行贿人多给予贿赂款，但其在获取贿赂款后截取部分贿赂款，如在行贿人的问询下谎称已将全部贿赂款转交受贿人，或者主动明确告知行贿人已将全部贿赂款转交受贿人，其“多收少给”行为在主观上具有非法占有目的，客观上隐瞒真相将占有的部分贿赂款变为己有，如数额较大，符合诈骗罪构成要件的，以诈骗罪论处。

上述情形中，因行为人隐瞒真相，致使行贿人误以为行为人已将全部贿赂款转交受贿人，因此，就不太可能存在行贿人要求行为人退还的问题，即此时一般不会成立侵占罪。当然，如果行贿人得知行为人截贿而要求其退还，行为人以各种理由拒不退还，数额较大的，则可构成侵占罪。

（2）可构成侵占罪。如果行为人“多收少给”，既无行贿人的问询，当然“不问不答”，又无向行贿人主动“谎称”，此时将占有的部分贿赂款变为己有

---

〔1〕 如受托人基于与受贿人的私交关系而无须给予贿赂并为行贿人谋取不正当利益的，是否属于截贿？笔者认为，如果受托转交贿赂过程中因受贿人考虑私交关系而不接受贿赂，从而截取贿赂，则属于“收了未给”型截贿。

的，因不具有诈骗性质不能认定为诈骗罪。而成立侵占罪的前提是要求退还而拒不退还，因无人提出退还要求，故不存在拒不退还问题，也不能认定为侵占罪。但是，如果行贿人要求行为人退还而拒不退还，数额较大的，则可构成侵占罪。

当然，因为截取的贿赂系用于行贿，即属于不法原因给付的财物。对于不法原因给付的财物能否成为侵占罪的对象，存在较大的争议。德、日的刑事司法判例一般认为，基于不法原因给付而委托的财物同样可能成为侵占罪的对象。但在德、日刑法理论上则存在肯定说、否定说、折中说及区别说之争。[1]我国学界基本上存在肯定说和否定说两种观点。肯定说认为，不法原因给付的财物可以成为侵占罪的对象。主要理由为：第一，设立侵占罪的立法目的在于惩治非法侵占他人财物所有权的行为，任何人只要基于非法占有目的，将不属于自己的他人财物非法占为己有，拒不退还，达到数额较大的就应该以犯罪论处；第二，民法和刑法具有不同的调整对象和调整方法，民法虽然否定了委托人的返还请求权，但并未对财物的所有权放弃保护，受托人占有不法原因给付的财物违反了刑法的禁止性规定；第三，不法原因给付的财物也属于侵占罪中的“他人财物”，将不法原因给付的财物占为己有的行为符合侵占罪的定性。[2]我国台湾地区学者林山田亦认为，“交付人虽有不法行为，对其给付之物纵然未能依法请求返还，但取得持有之受托人并不因之而取得所有权，受托人易持有为所有，自可成为侵占罪”。[3]

否定说认为，不法原因给付的财物不能成为侵占罪的对象。主要理由为：第一，基于不法原因而给付财物，委托人与受托人之间不存在法律上的委托信任关系；第二，因不法原因而给付财物，委托的非法性决定了委托人对交付给对方的财物已丧失返还请求权，即对委托物不再拥有所有权；第三，因丧失返还请求权，法律不要求受托者向委托者返还财物，故不存在拒不返还的问题；

---

〔1〕 刘明祥：《财产罪比较研究》，中国政法大学出版社2001年版，第340~344页。

〔2〕 马克昌主编：《百罪通论》（下卷），北京大学出版社2014年版，第833页；赵秉志：《侵犯财产罪》，中国人民公安大学出版社2003年版，第265~266页；刘志伟：《侵占犯罪的理论与司法适用》，中国检察出版社2000年版，第79~82页。

〔3〕 林山田：《刑法各罪论》（上册），北京大学出版社2012年版，第294页。

第四，因为不法原因给付，并非被害人，就没有告诉者，侵占罪是自诉罪，当然就不可能成立；第五，可以通过共犯等处理，并不会让行为人逍遥法外。[1]

尽管实践中鲜有因截贿而以侵占罪定罪处罚的，但笔者在理论上还是赞同肯定说。需要补充的理由是：第一，基于不法原因获得的财物也属于“他人财物”，且从事实层面不可否认受托人接受了委托人的委托，即其明知是他人财物，需用于约定的用途，如未用于约定用途的应返还委托人，即使认为涉案财物具有非法性而不应返还给委托人，但也要上缴国家没收，故其将涉案财物非法占为己有的行为违反了刑法的禁止性规定；第二，受托人事实上接受了委托人的委托，如委托人要求其退还涉案财物的，理应退还，即使认为委托人无返还请求权，但也要基于涉案财物的不法性上缴国家没收，而不是非法据为己有，尤其在司法机关介入后要求退还而拒不退还，如数额较大的，当然可构成侵占罪；第三，正如不法财物可以成为抢劫罪、盗窃罪等侵财犯罪对象一样，不法原因给付的财物也可成为侵占罪的对象。

（3）不构成犯罪。正如前面所提，如果行为人“多收少给”，既无行贿人的问询，也无向行贿人主动“谎称”，此时将占有的部分贿赂款变为己有的，既不能认定为诈骗也不能认定为侵占。即使认为行为人不应将涉案财物返还给委托人，但其将之占为己有行为本身是非法的，而应上缴国家没收。尽管有上缴国家的义务，但并不意味着未上缴的就当然违反刑法禁止性规定；相反，如要构成侵占罪，至少提出退还要求在先，只有拒不退还的，才有可能成立侵占罪。

对于不作为犯罪认定的截贿行为，考虑该行为具有非法性，在构成其他犯罪的情况下，可作为酌定从重量刑情节。

3.“收了未给”型截贿可构成诈骗罪、侵占罪，亦可无罪

如果行为人受托转交贿赂款，但其主观上不想转交而截取全部贿赂款的，事实上就是骗贿，一般以诈骗论处。相反，行为人并非主观上不想转交，而是因为受贿人拒收等客观原因无须给予贿赂而截取全部贿赂的，此时，行为人不得将贿赂据为己有，要么退还行贿人，要么上缴国家没收。但从刑法规范而

---

〔1〕 张明楷：《刑法学》（下）（第5版），法律出版社2016年版，第967页；刘明祥：《财产罪比较研究》，中国政法大学出版社2001年版，第344~346页。

言，与前述“多收少给”型截贿的性质一样，可根据不同情形构成诈骗罪、侵占罪，亦可无罪。

值得注意的是，如果国家工作人员的近亲属或者其他与该国家工作人员关系密切的人员，明知无须转交贿赂即可通过该国家工作人员职务上的行为，或者利用该国家工作人员职权或地位形成的便利条件，通过其他国家工作人员职务上的行为，为行贿人谋取不正当利益，仍然接受行贿人委托转交贿赂款或者向行贿人索取贿赂，事实上并未将贿赂款给予该国家工作人员即截取全部贿赂款的，属于利用影响力受贿，构成犯罪的，以利用影响力受贿罪论处。

（三）受托转交贿赂或者索取贿赂的行为性质

受托转交贿赂款或者索取贿赂的行为，属于帮助贿赂或者介绍贿赂行为，如构成犯罪，可构成行受贿犯罪的共犯或者介绍贿赂罪。

1.帮助贿赂行为可构成行贿罪或者受贿罪的共犯

行贿人或者受贿人的受托人，明知他人行贿而帮助转交贿赂款，或者明知他人索贿而帮助实施索贿行为，受托人的行为属于帮助贿赂行为，如行受贿方构成犯罪的，受托人显然系行受贿犯罪的帮助犯，构成行贿罪或者受贿罪的共犯。例如，甲明知乙欲向国家工作人员行贿而接受委托转交贿赂款，乙构成行贿罪的，甲构成行贿罪的共犯。再如，甲明知国家工作人员乙向他人索贿而帮助实施，乙构成受贿罪的，甲构成受贿罪的共犯。当然，如果受托人对行受贿事实欠缺明知，即不明知转交款物属于贿赂款的，就不能以共犯论处，否则违反主客观相统一原则。

2.介绍贿赂行为可构成介绍贿赂罪

对于受托人并非仅帮助一方，而是在行贿人和受贿人之间进行撮合、牵线搭桥的，则其处于中间人角色，属于介绍贿赂，其行为构成犯罪的，以介绍贿赂罪论处。例如，甲为谋取不正当利益欲向国家工作人员乙行贿，委托丙撮合，丙在甲、乙之间牵桥搭线，从甲处拿到100万元后从中截取20万元，送给乙80万元，后丙向甲谎称已送乙100万元。丙就是介绍贿赂人，其行为构成介绍贿赂罪。

（四）"截贿"对贿赂犯罪的影响

截贿致使贿赂犯罪没有按照预定的轨道发展下去，故截贿既会影响贿赂犯罪的成立，也会影响贿赂犯罪数额、既未遂的认定。

1.对行受贿犯罪成立的影响

例如，"多要少给""多收少给""收了未给"型截贿中，受贿人最终只收受或者索取一部分贿赂，数额不满3万元，或者1万元以上不满3万元但无司法解释规定的特定情节的，不构成受贿罪。对行贿人而言，其将行贿款交予他人转交，行贿即已着手，[1]之后受托人是否截贿不影响犯罪的成立，只影响犯罪的既未遂。

2.对行受贿犯罪数额的影响

如无截贿行为，行贿数额就是受贿数额。如存在截贿行为，受贿人最终收受或者索取到的贿赂款就是受贿款，即截贿行为影响受贿数额的认定。具体而言，"行贿数额-截贿数额=受贿数额"。因行贿人委托他人向某国家工作人员转交行贿款，在其将行贿款交予他人后，行贿即已着手。也就是说，交予受托人之时行贿数额业已确定，之后的截贿只影响犯罪的既未遂，并不影响犯罪数额的认定。

3.对行受贿犯罪既未遂的影响

受贿人最终收受或者索取到的贿赂款即为受贿款，且为既遂。对于行贿人而言，如无截贿行为，行贿款全部转交受贿人的，当然就是行贿既遂。如存在截贿行为的，基于前面所述，行贿即已着手，故所截取的行贿款，对于行贿人而言，因意志以外的因素而未被受托人转交受贿人，属于未遂，即转交的行贿款为既遂，截取的行贿款为未遂。

下文结合案例说明。例如，甲为谋取不正当利益欲向国家工作人员乙行贿，委托丙送给乙100万元，丙从中截取20万元，送给乙80万元。此案中，甲委托丙转交行贿款100万元，行贿行为已经着手，故甲的行贿数额为100万元，其

---

〔1〕 有观点认为，此种情形属于犯罪预备而非犯罪未遂。笔者认为，受托人根据行贿人要求，明确向某国家工作人员行贿的情形下，在拿到行贿款后按照要求去转交国家工作人员的过程中，行贿行为即已着手，而非处于预备阶段。当然，如果受托人接受委托后，需要按照行贿人要求去"物色"国家工作人员的，此时认定为行贿着手尚为时过早，属于预备。

中80万元已转交受贿人乙，为既遂，另20万元被丙截取，系甲意志以外的因素而未被转交乙，属于未遂，即甲为谋取不正当利益向国家工作人员行贿100万元，其中80万元为既遂，20万元为未遂，其行为构成行贿罪。对于国家工作人员乙而言，其受贿80万元，构成受贿罪，且为既遂。当然，如果乙拒收，丙全部截取，则乙未收受他人贿赂，其行为不构成受贿罪；甲的行贿数额仍为100万元，但全部为未遂。

4.截贿构罪的对贿赂犯罪数额的影响

如将受托人的截贿行为评价为诈骗罪或者侵占罪，则不能将截取的贿赂数额再评价为行受贿犯罪的共犯数额或者介绍贿赂罪的犯罪数额，否则重复评价。就截贿对应数额而言，受托人原是帮助贿赂或者介绍贿赂的犯意，后意欲将之占为己有，即为诈骗、侵占等犯罪的犯意，存在犯意转化。[1]笔者认为，无论是犯意升高还是降低，从新意可能更具有司法操作性，即犯意转化后以诈骗、侵占等犯罪论处。如此一来，扣除另构成诈骗、侵占等犯罪的数额，在构成行受贿犯罪共犯的情况下，尽管会导致共犯数额不一致，但符合共同犯罪原理，即构成行受贿犯罪共犯的情况下一般为从犯，主犯数额不能少于从犯数额，但从犯数额可少于主犯数额。

5.截贿不构罪的对贿赂犯罪形态及量刑的影响

如未将截贿行为评价为诈骗、侵占等犯罪的，主要针对“多收少给”“收了未给”型截贿，如果其帮助贿赂行为构成行受贿犯罪共犯的，在无实行过限的情况下，共犯数额本应一致，但截贿，有其特殊性，受托人在接受委托之时即成立共犯，理应对承诺转交的全部数额承担责任，即与行贿人的犯罪数额一致，但之后如无受贿人拒收等客观原因而截贿的，说明其犯意发生变化，至少包含不想将截取的贿赂用于行贿的意思，实为犯罪中止。故此，第一，对“多

〔1〕 犯意转化主要分为两种情形：第一种情形是行为人以此犯意实施犯罪的预备行为，却以彼犯意实施犯罪的实行行为。在该种情形下，通常以实行行为吸收预备行为认定犯罪。第二种情形是在实行犯罪的过程中犯意改变，导致此罪与彼罪的转化。对此，有人认为犯意升高者，从新意（变更后的意思）；犯意降低者，从旧意（变更前的意思）。在犯意升高的情况下从新意，无论是理论上还是实践上都无障碍。在犯意降低的情况下从旧意，理论上没有问题，但实践中如果从新意，并将旧意作为量刑情节考虑，可能更具有司法操作性。详见罗开卷：《新型经济犯罪实务精解》，上海人民出版社2017年版，第144页。

收少给”型截贿，全额认定行贿数额，已送的为既遂，截取的为中止；第二，对“收了未给”型截贿，如无受贿人拒收等客观原因，全额认定行贿数额，全部为中止；第三，对“收了未给”型截贿，如系受贿人拒收等客观原因而截贿的，全额认定为行贿数额，全部为未遂。

如未将截贿行为评价为诈骗、侵占等犯罪，而介绍贿赂行为构成介绍贿赂罪的，因介绍贿赂罪属于情节犯，可将给予国家工作人员的数额作为介绍贿赂的犯罪数额，截取的数额作为量刑情节考虑。

例如，甲为谋取不正当利益欲向国家工作人员乙行贿，委托丙送给乙50万元，丙从中截取10万元，送给乙40万元。此案中，如对丙截取10万元不评价为犯罪，则甲行贿数额为50万元，因丙截取10万元，故甲的行贿数额为50万元，其中40万元为既遂，10万元为未遂；丙与甲系行贿共犯，行贿数额亦为50万元，但其中10万元属于中止。如果将丙截取10万元的行为评价为诈骗罪或者侵占罪，则甲行贿数额为50万元，因丙截取10万元，其中10万元为未遂；丙与甲系行贿共犯，因截取的10万元被评价为犯罪，故其行贿数额为40万元。

（五）受托转交贿赂款或者索取贿赂并截贿的罪数

毫无疑问，如在帮助贿赂或者介绍贿赂过程中并无截贿行为的，则其行为仅构成行受贿犯罪的共犯或者介绍贿赂罪。如在帮助贿赂或者介绍贿赂过程中有截贿行为的，除了评价行受贿犯罪的共犯或者介绍贿赂罪外，是否还需要独立评价截贿行为，如截贿行为构成诈骗罪或者侵占罪的，是否数罪并罚？对此，存在肯定说和否定说两种观点。肯定说认为，从两个行为的关系看，帮助贿赂或者介绍贿赂与之后的“截贿”是独立的行为，如仅认定行受贿犯罪的共犯或者介绍贿赂罪一罪，量刑偏轻，刑法目的不能完全实现。否定说认为，“截贿”行为可视为帮助贿赂或者介绍贿赂行为发生、发展的组成部分，不单独作刑法评价，但可以作为行受贿犯罪的共犯或者介绍贿赂罪的加重情节，在量刑时从重处罚。[1]

---

〔1〕 杨海港：《骗取型“截贿”行为如何定性》，载《中国纪检监察报》2019年3月20日，第8版。

笔者认为，如果帮助贿赂或者介绍贿赂行为构成行受贿犯罪的共犯或者介绍贿赂罪，同时截贿行为构成诈骗罪或者侵占罪的，需要数罪并罚。主要理由是：第一，帮助贿赂或者介绍贿赂行为和截贿行为是两个分立的行为，将贿赂的一部分用于行贿并一部分予以截取，侵犯了两种不同的刑法法益，其中帮助贿赂或者介绍贿赂行为侵犯了国家工作人员职务行为的廉洁性和不可收买性，而截贿行为侵犯了他人财产所有权。[1]既然存在两个行为，侵犯了两种不同的刑法法益，就应该独立评价。第二，帮助贿赂或者介绍贿赂行为与截贿行为不存在牵连、想象竞合等从一重罪处断的情形，对两个行为独立评价予以数罪并罚，并不违反重复评价原则，反而有利于充分评价行为人的犯罪行为。第三，帮助贿赂或者介绍贿赂并截贿的，较之单纯的帮助贿赂或者介绍贿赂，具有更大的主观恶性和更严重的社会危害性，独立评价予以数罪并罚有利于确保罪责刑相适应。

如前述案例，甲有求于乙，经丙撮合，甲、乙商定费用为20万元；后丙单独与乙沟通，以甲存在经济困难为由将费用降为15万元；丙仍然要求甲给予20万元，送给乙15万元，从中截取5万元。对于丙的行为，其在甲、乙之间撮合、牵线搭桥，属于介绍贿赂，其介绍甲向国家工作人员乙行贿20万元，实际送给乙15万元，其行为构成介绍贿赂罪。同时，丙虚构事实“多要少给”，骗取甲5万元，构成诈骗罪。丙犯介绍贿赂罪和诈骗罪，应两罪并罚。

（六）托人办事情形下所涉钱款不限于行贿款的将行贿后剩余钱款占为己有的性质

例如，一公司总经理方某因涉嫌单位骗取贷款罪被刑事拘留，为确保公司能够持续经营，经公司其他主管人员集体决定，由副总经理王某出面找人“捞人”。王某找到刘某，刘某开价50万元承诺把人“捞出来”，后王某征得公司其他主管人员同意后将公司钱款50万元打入刘某账户，刘某也利用其社会关系找到承办方某骗取贷款案的公安民警孙某，孙某遂利用职务便利为方某办理

---

〔1〕 因该财产系用于行贿的钱款，应予追缴没收，故截贿行为实质上侵犯了国家财产的所有权。

了取保候审强制措施。事后，刘某给予孙某钱款30万元。此案中，刘某“多要少给”，即从行贿人处收取50万元，仅将30万元用于行贿，截取20万元占为己有。问题是：第一，刘某的行为是否构成行贿罪的共犯？第二，刘某“多要少给”，截取20万元占为己有的行为是否构成诈骗罪？

笔者认为，此案既不是骗贿也不是截贿。第一，不是骗贿。刘某按照王某要求去找办案民警“捞人”并“打点”，是帮助王某行贿，其之后也通过行贿把人“捞了出来”，即为王某谋取了不正当利益，故不存在骗贿问题。第二，不是截贿。王某从社会上找人“捞人”，刘某开价50万元，因并未约定好处费，故从常理分析，“捞人费”50万元中包含给国家工作人员孙某的行贿费和给中间人刘某的劳务费。事实上，刘某收取50万元后一般也不可能全部用于行贿，其帮人“捞人”需要劳务费；从认识因素看，王某给予刘某50万元所追求的结果是把人“捞出来”，即50万元就是“捞人费”，至于刘某收取50万元后找谁“捞人”、安排多少资金用于“捞人”等，均在所不问，故其不存在被骗、被侵害的情形。因此，如所涉钱款包括行贿款和劳务费，受托人在行贿后将剩余钱款占为己有的，因剩余钱款应该包含或者可视为劳务费，如果行贿人谋取到不正当利益的，即受托人把人“捞了出来”的，即使知道未将全部钱款用于行贿，也不会要求受托人将剩余钱款予以归还，故此时不属于截贿，不存在诈骗或者侵占，对刘某最终获取剩余钱款20万元的行为不予刑法评价。

那么，如何评价该案呢？根据前述，第一，王某使用单位资金请托他人把单位总经理“捞出来”，系单位主管人员集体决定，即其代表单位意志，以单位名义、使用单位资金用于行贿，为单位谋取不正当利益，即违法所得归属单位。王某的行为符合单位行贿罪的构成要件，以单位行贿罪论处。因未明确50万元全部用于行贿，其中应该包含了劳务费，故以送给国家工作人员的30万元认定为行贿数额更为妥当，即王某犯单位行贿罪，行贿数额为30万元，且为既遂。第二，因刘某获取的20万元视为劳务费更加合理，即非行贿款，故其获取20万元的行为不予刑法评价，但具有非法性，在构成其他犯罪的情况下应作为酌定从重量刑情节。第三，刘某帮助王某行贿，其系王某犯单位行贿罪的共犯，即刘某的行为构成单位行贿罪，其行贿数额同样为30万元，且为既遂。第四，国家工作人员孙某非法收受他人钱款30万元，为他人谋取不正当利益，其行为构成受贿罪，且为既遂。

当然，如果行贿人明确将50万元用于行贿，另给予劳务费的，此时截取的20万元属于截贿，即“多收少给”。该截贿行为是否构成犯罪，构成何罪，需根据前述观点确定。具体而言，第一，如行为人谎称已将50万元全部送给受贿人的，具有诈骗20万元的性质，以诈骗罪论处；第二，如未谎称已将50万元全部送给受贿人的，不具有诈骗性质，如行贿人并未要求退还的，不成立侵占，反之，如要求退还20万元而拒不退还的，可成立侵占罪。

（七）对涉案财物的处理

在骗贿、截贿中，因行贿人意欲行贿，即涉案财物均为用于行贿的财物，无论最终对骗贿、截贿行为是否进行刑法评价，行贿人只是名义上的被害人，不得将涉案财物发还行贿人。根据《刑法》第六十四条的规定，因涉案财物系用于行贿，属于赃款赃物，应当追缴没收。

对于托人办事中所涉钱款不限于行贿款的情形下将行贿后剩余钱款占为己有的行为，尽管不属于骗贿和截贿，但剩余钱款是用于违法犯罪活动资金的一部分，尽管该行为不构成犯罪，但根据《刑法》第六十四条的规定，剩余钱款同样属于赃款，应当追缴没收。

三、贪污受贿款存放境外隐瞒不报的罪数

根据《刑法》第三百九十五条第二款的规定，隐瞒境外存款罪，是指国家工作人员在境外的存款，应当依照国家规定申报而隐瞒不报，数额较大的行为。隐瞒境外存款罪的对象是境外存款，包括货币、金融衍生品，如股票、基金等。对隐瞒境外房产不报的，因隐瞒不报的对象不属于存款，故不能以本罪论处，否则违反罪刑法定原则。实践中，对于未按照国家规定如实申报境外房产的，应当依纪依规处理。根据1999年《最高人民检察院关于人民检察院直接受理立案侦查案件立案标准的规定（试行）》的规定，隐瞒境外存款折合人民币数额在30万元以上的，应予立案。实践中，关于国家工作人员将贪污、受贿

等犯罪所得存放境外隐瞒不报，是评价为贪污罪、受贿罪等一罪还是与隐瞒境外存款罪并罚？

例如许某案，作为国家工作人员的许某，指使代为保管受贿款物的李某，将1600万元兑换成美元，再通过地下钱庄秘密转入美国，由在美国定居的朋友以许某妻子的名义存入银行。再如戴某案，作为国家工作人员的戴某，在我国香港花旗银行开设银行、股票、基金账户，未按国家规定向主管部门如实申报。截至2015年3月，上述账户尚有存款38.09万港元及市值158.22万港元的股票、基金，共计折合人民币158万余元。经查实，其中40万元存款系受贿所得。

有意见认为，将贪污、受贿等犯罪所得存放境外隐瞒不报，系犯罪后的自然延伸，属于不可罚的事后行为，如已被评价为贪污、受贿等犯罪的，则不应再评价为隐瞒境外存款罪，否则，属于重复评价。而且将贪污、受贿等犯罪所得存放境外，是转移赃款、赃物的一种手段，当然不会申报。按照该观点，上述许某案中，认定许某受贿1600万元，就不再评价其隐瞒境外存款1600万元，否则属于重复评价。戴某案中，如认定其受贿40万元，则在认定其隐瞒境外存款时，应从隐瞒的境外存款158万余元中扣除40万元，否则也属于重复评价。

笔者认为，国家工作人员将贪污、受贿等犯罪所得存放境外隐瞒不报，是评价为贪污罪、受贿罪一罪还是与隐瞒境外存款罪并罚，由于该问题较为特殊，难免见仁见智，但笔者更倾向于数罪并罚，实践中多数判决亦实行数罪并罚。主要理由是：第一，国家工作人员负有申报境外存款的特定义务。根据国家廉政制度和外汇管理制度要求，依照国家规定申报在境外的存款，是国家工作人员应当履行的义务，而作为非国家工作人员的一般公民，没有特定的申报财产义务，也没有申报境外存款的义务。故非国家工作人员将犯罪所得存放境外，显然是转移赃款、赃物，属于犯罪后的自然延伸，为不可罚的事后行为，不存在并罚问题，否则属于重复评价。第二，国家工作人员将贪污、受贿等犯罪所得存放境外隐瞒不报，既不是牵连犯也不是想象竞合犯，是前后相互独立的数罪，应当数罪并罚。国家工作人员将贪污、受贿等犯罪所得存放境外隐瞒不报，尽管犯罪对象同一，但隐瞒境外存款行为是在贪污、受贿等犯罪后产生的另一个犯意，即基于独立的隐瞒不报主观故意所实施，且隐瞒境外存款罪惩罚的是国家工作人员未按照规定进行申报的不作为行为，故对隐瞒境外存款不报行为应当独立评价。基于此，国家工作人员将贪污、受贿等犯罪所得存放境外并隐瞒不报，贪污、受贿等犯罪行为与之后的隐瞒境外存款行为是相互独立的行为，如同时符合贪污、受贿、隐瞒境外存款等犯罪构成要件的，应以贪污罪、受贿罪等与隐瞒境外存款罪实行数罪并罚。

四、私分国有资产与共同贪污的界限

对于共同贪污与集体私分国有资产行为的区别，理论上一般从以下几方面加以区分：第一，决策者是为自己或者极少数人非法谋取利益还是为大家非法谋取利益；第二，分得赃款者是否具有共同的犯罪故意和行为；第三，分配赃款行为在单位内部是隐秘还是相对公开。[1]笔者认为，在界定共同贪污行为与私分国有资产行为时应考虑以下几方面的因素：

（一）从财产分配范围看

共同贪污行为中，行为人仅为自己或者极少数人谋取非法利益，受益主体范围基本和行为人（包括策划者和参与者）一致；而私分国有资产行为系少数人为多数人谋取利益，受益主体包括决策者以外的其他主体，且分配范围在单位内部具有广泛性，一般是有权决定者之外的单位中的多数人或全部人员。

（二）从财产分配标准、原则看

共同贪污行为中，往往依据各行为人在共同犯罪中所处的地位和作用不同分赃；而私分国有资产行为中，往往依据一定的客观事实，如按照职工工龄、职务、对单位的贡献等确定私分数额，且决策者所获份额相对较少，其他受益者所获份额通常占较大比例。

---

〔1〕 黄祥青：《略论贪污罪与近似职务犯罪的界限》，载《政治与法律》2004年第1期；孙国祥：《国企改制中隐瞒国有资产案定性研究》，载《人民检察》2005年第1期。

（三）从分得赃款者是否具有共同的犯罪故意和行为看

共同贪污行为中，犯罪主体之间往往是相互联系、相互配合、缺一不可；而私分国有资产行为中，犯罪主体以外的大多数受益者都没有侵吞国有资产的故意，也未参与相关策划、组织和实施行为，对是否私分没有决定权，仅仅被动地受领由国有资产转变而来的财产。

（四）从行为方式是否公开看

共同贪污行为通常具有秘密性，只有参与策划、分得赃款者知情，并且想方设法将有关账目抹平；而私分国有资产行为在国有单位内部具有相对公开性，单位内的大部分人员即使并不明确知道所分财物的性质及行为的违法性，但至少知道共同分得了一定数额的财物，且在单位财务账目上也一般能有所体现。

应当说，按照以上标准，能够较为清楚地区分共同贪污与集体私分国有资产行为。对于企业领导集体研究决定并由单位统一组织实施，在企业内部一定程度公开，企业不同层面的多数人员获得利益的，一般应当认定为私分国有资产罪；对于少数人共同实施，企业其他人员不知情或者不知实情，分取利益范围以参与决策、具体实施侵吞行为以及为侵吞行为提供帮助等少数某一层面的人员如企业管理层为限的，一般应认定为贪污罪。

此外，国有企业改制过程中行为人隐匿公司、企业财产归职工集体持股的改制后公司所有的情形较为常见，该行为属于共同贪污行为还是集体私分国有资产行为，曾经存在较大争议。对此，2010年“两高”《国家出资企业职务犯罪意见》作了相应规定。例如，第二条第一款指出：“国有公司、企业违反国家规定，在改制过程中隐匿公司、企业财产，转为职工集体持股的改制后公司、企业所有的，对其直接负责的主管人员和其他直接责任人员，依照刑法第三百九十六条第一款的规定，以私分国有资产罪定罪处罚。”第二款规定：“改制后的公司、企业中只有改制前公司、企业的管理人员或者少数职工持股，改制前公司、企业的多数职工未持股的，依照本意见第一条的规定，以贪污罪定罪处罚。”笔者认为，正确认定此类行为的性质还需把握以下几点：

第一，隐匿国有公司、企业资产转入职工集体持股的改制后公司，应当是转入原国有企业一定规模、一定层次的员工集体持股的改制后公司，并且股份系依据一定的客观标准（如职务、工龄）分配，此种情形方能以私分国有资产罪定处罚。如果改制后的公司、企业中，只有改制前公司、企业的管理人员或者少数职工持股，多数职工并未持股的，则一般应以贪污罪定罪处罚。

第二，国有公司、企业在改制过程中隐匿企业财产，虽转归职工集体持股的改制后公司所有，但行为人个人持股比例畸高的，此时难以体现单位犯罪所要求的“利益归属的团体性”特征，可考虑认定为贪污罪。也就是说，职工集体持股的改制后公司中，持股比例要有一定的均衡性。从实践来看，改制后公司的持股情况比较复杂，要在持股比例上明确一个硬性的数量标准，以对贪污行为与私分国有资产行为进行明确区分并不具有可行性。例如，三名被告人隐匿国有土地使用权后转入到原国有企业员工集体持股的改制后公司，三人分别占有40%、5%、5%的股份，还有50%的股份由其他数百名员工集体持有，此种情况认定三人的行为构成私分国有资产罪应无争议。但是，如果三人的持股比例分别为80%、10%、5%，总计达到95%，而其他职工仅持股5%，则此时持股比例明显不均衡。对于此种持股比例过于极端的案件，因隐匿的国有财产主要归属于被告人个人，被告人主观上的非法占有故意较为明显，以贪污罪处理更加妥当。当然，认定案件性质时不能机械地根据持股比例作出判断，具体认定过程中需要结合多方面因素灵活掌握，慎重对待。

第三，行为人在改制过程中隐匿企业财产，转归职工集体持股的改制后公司所有的，必须是单位决定，行为能体现单位意志时，方能以私分国有资产罪定罪处理。区分贪污罪与私分国有资产罪的关键之一，在于行为是否系“以单位名义”实施，而“以单位名义”，是指私分行为需要经过单位的研究决定。如果国有企业的中层领导隐匿公司财产，转为集体持股的改制后公司、企业所有，事后行为人的行为并未得到企业决策层的认可，则不能认定隐匿行为体现了单位意志，难以认定为单位行为，只能作为共同贪污处理。

需要指出的是，如果行为人将改制中隐匿的国有财产通过再次股权分配处分给改制后企业职工的，则属于对赃物的处分问题，不能理解为职工集体持股，应以贪污罪定罪处罚。例如陈某等贪污案。陈某系国有公司总经理，公司改制过程中，陈某在企业领导班子会议上提出以奖金等名义截留企业小金库中的80万元，钱款用于领导班子成员购买改制后公司的股份，公司副总经理王某、李某、金某、财务总监何某及工会主席许某均未提出异议。同时，为了防止知情的中层领导告发此事，公司领导班子又决定将部分钱款分给办公室主任刘某、人力资源部部长向某以及财务主管林某。利用前述钱款，陈某在改制后公司入股15万元，其余5名领导班子成员分别入股10万元，刘某、向某、林某各入股5万元，公司其他员工对此事均不知情。该案中，虽然陈某等人对钱款的处理由单位领导班子集体讨论决定，参与私分的主体除领导班子成员外，还包括企业部分中层领导，但陈某等人的行为并不能认定为私分国有资产罪，而应以共同贪污处理。主要理由是：从财产分配范围看，虽然受益主体覆盖了单位部分中层领导，但分得财产者仍是公司某一层面的少数人员，且增加刘某等人作为受益主体系因陈某等人担心被告发，不能认定为转入集体持股的改制后公司；从行为方式看，陈某等人的犯罪行为并不为单位其他人所知晓，具有秘密性；从主观目的看，陈某等人主要是为了给自身谋利，并非为单位的多数人谋取利益。

五、国有单位伙同他人私分国有资产的罪名认定

根据《刑法》第三百九十六条的规定，私分国有资产罪，是指国家机关、国有公司、企业、事业单位、人民团体，违反国家规定，以单位名义将国有资产集体私分给个人，数额较大的行为。本罪属于纯正的单位犯罪，但仅对单位直接负责的主管人员和其他直接责任人员判处刑罚。非国有单位和自然人不能构成本罪的主体。对于个人与国有单位勾结私分国有资产的，对国有单位以私分国有资产罪定罪处罚，对个人如何定罪处罚？下文以徐某、陈某私分国有资产案为例对该问题进行探讨。

（一）案情简介

徐某原系某市无线电管理局副局长兼无线电监测站站长，无线电管理局和无线电监测站均系国家全额拨款的事业单位；陈某原系唯远公司法定代表

人、咸元公司负责人。徐某为解决监测站职工集体福利问题，决定启用无资质、无场地、无设备、正处于歇业状态的唯远公司承接该市无线电设备定检工作，后其与该公司负责人陈某商定，唯远公司所得收入除列支必要成本外，剩余钱款均应以现金形式账外返还监测站用于职工福利发放。唯远公司受委托以监测站名义开展定检工作，直接向非国家拨款的单位或者个人收取检测费；监测站也以国家财政拨款和转移支付项目专款向唯远公司支付检测费用。监测站对陈某作出规定，2003年唯远公司的全年业务开支为12万元。2004年起，该市定检工作每年财政预算达数百万元。徐某代表监测站与陈某变更约定，唯远公司须将监测站拨款及公司自行收取的检测费，按50%的比例以现金形式返还监测站。2007年10月，陈某另设咸元公司取代唯远公司承接定检工作，有关约定保持不变。2003年至2009年年底，唯远公司、咸元公司自行直接收取检测费及以检测劳务费等名义通过监测站获取财政拨款合计3860余万元。陈某按照事先约定，通过其专门成立的银闪公司等单位将上述款项予以套现或者转账，监测站则违反国家规定，由徐某决定，监测站副站长丁某等人具体执行，将上述返还款隐匿于监测站账外，再分别多次将其中1322万余元以职工津贴、工资补差、奖金、过节费等名义陆续发放给无线电管理局及监测站全体员工，徐某个人分得50余万元。

生效判决认为，国有事业单位无线电监测站与陈某相勾结，违反国家规定，套取、截留国有资产，并以单位名义将其中1300余万元国有资产集体私分给本单位职工，数额巨大，徐某作为该单位实施上述犯罪直接负责的主管人员，其行为构成私分国有资产罪。陈某为无线电监测站私分国有资产提供帮助，其行为亦构成私分国有资产罪。陈某在私分国有资产罪中起辅助作用，系从犯，依法予以减轻处罚。徐某、陈某到案后均能如实供述主要罪行，依法予以从轻处罚。据此，以私分国有资产罪判处徐某有期徒刑3年6个月，并处罚金3万元；判处陈某有期徒刑6个月，并处罚金1万元。

（二）评析

本案中，监测站委托陈某实际控制的唯远公司、咸元公司以监测站名义对外开展定检业务，监测站亦提供了必备的资质、场地、设备、启动资金、技术等经营条件。唯远公司、咸元公司根据约定比例以现金方式将部分监测费用返还给监测站，返还的钱款属于国有资产。徐某作为无线电管理局和监测站主管人员，违反国家规定，其决定并指使丁某等人具体执行，以监测站名义，将其中1300余万元国有资产私分给无线电管理局及监测站全体员工，其行为构成私分国有资产罪，且数额巨大。

根据共同犯罪原理，正如个人可以与单位构成单位行贿罪的共同犯罪一样，国有单位外的个人也可以与国有单位构成私分国有资产罪的共同犯罪。本案中，陈某与无线电管理局和监测站主管人员徐某勾结，为监测站私分国有资产提供帮助，其行为亦构成私分国有资产罪，且数额巨大。

第七章　法定情节论

本章主要对自首、立功、坦白、索贿等刑法规定的法定情节，以及司法解释规定的定罪量刑情节的理解与适用进行探讨。

一、贪污受贿罪定罪量刑情节的适用
——以《贪污贿赂解释》为切入点

对贪污罪和受贿罪的定罪量刑，既有“数额”标准也有“较低数额+情节”标准。根据2016年《贪污贿赂解释》的规定，贪污、受贿数额分别达到3万元、20万元、300万元以上的，为“数额较大”“数额巨大”“数额特别巨大”；如果具有规定的定罪量刑情节（以下统称特定情节），降低入罪和升格法定刑的数额标准，三档法定刑的数额起点分别为1万元、10万元和150万元以上。是否意味着只要有部分数额涉及特定情节的，即可认定全案有“其他较重情节”、“其他严重情节”或“其他特别严重情节”？例如贪污1万元，其中2000元用于赌博这一非法活动的，能否认定有“其他较重情节”而入罪；受贿10万元，其中6万元系多次索贿的，能否认定有“其他严重情节”而升格法定刑判处3年以上10年以下有期徒刑？下文为解决上述问题，以《贪污贿赂解释》为切入点，就贪污受贿犯罪定罪量刑情节的适用进行探讨。[1]

（一）定罪量刑情节具有入罪和升格法定刑功能

《刑法修正案（九）》对贪污罪、受贿罪采用“数额或者情节”的定罪量刑模式，一方面不再“唯数额论”；另一方面赋予了情节独立的定罪量刑功能。但是，“唯情节”难以量化和准确把握，容易导致适用法律不统一，如对某一情

---

〔1〕《贪污贿赂解释》也对行贿罪的定罪量刑情节作了具体规定，在具体理解和适用上可以参照本书观点。

节是否影响入罪或者升格法定刑，就可能存在不同看法。而且，“贪污受贿犯罪是贪利型的职务犯罪，犯罪数额是其社会危害程度的基本决定因素”，[1]即数额是重要的情节。基于此，《贪污贿赂解释》将立法规定的“数额或者情节”标准改造为“数额”标准和“数额+情节”标准。其中，“数额+情节”标准中的“数额”，较之“数额”标准中的“数额”大体减半。

《贪污贿赂解释》第一条、第二条、第三条明确了贪污罪、受贿罪定罪量刑的“数额”标准和“数额+情节”标准。一是“数额”标准，即贪污或者受贿数额在3万元以上不满20万元的为“数额较大”，处3年以下有期徒刑或者拘役，并处罚金；数额在20万元以上不满300万元的为“数额巨大”，处3年以上10年以下有期徒刑，并处罚金或者没收财产；数额在300万元以上的为“数额特别巨大”，处10年以上有期徒刑、无期徒刑或者死刑，并处罚金或者没收财产。二是“数额+情节”标准，即贪污或者受贿数额在1万元以上不满3万元，同时具有特定情节的，认定为“其他较重情节”，对应“数额较大”；数额在10万元以上不满20万元，同时具有特定情节的，认定为“其他严重情节”，对应“数额巨大”；数额在150万元以上不满300万元，同时具有特定情节的，认定为“其他特别严重情节”，对应“数额特别巨大”。

《贪污贿赂解释》第一条规定了贪污罪的六种定罪量刑情节：“（1）贪污救灾、抢险、防汛、优抚、扶贫、移民、救济、防疫、社会捐助等[2]特定款物的；（2）曾因贪污、受贿、挪用公款受过党纪、行政处分的；（3）曾因故意犯罪受过刑事追究的；（4）赃款赃物用于非法活动的；（5）拒不交待赃款赃物去向或者拒不配合追缴工作，致使无法追缴的；（6）造成恶劣影响或者其他严重后果的。”《贪污贿赂解释》第一条还规定了受贿罪的八种定罪量刑情节，即贪污罪中上述第2~6项的五种情节，以及受贿罪特有的三种情节：“（1）多次索贿

---

〔1〕 赵秉志：《略谈最新司法解释中贪污受贿犯罪的定罪量刑标准》，载《人民法院报》2016年4月19日，第3版。

〔2〕 该“等”字是等外，对于其他款物，如果与列举的九种特定款物具有性质相当性的，亦可视为特定款物。

的；[1](2)为他人谋取不正当利益，致使公共财产、国家和人民利益遭受损失的；(3)为他人谋取职务提拔、调整的”。[2]显然，当贪污、受贿数额达不到“数额较大”、“数额巨大”或者“数额特别巨大”的起点数额，但具有特定情节的，则可能属于有“其他较重情节”、“其他严重情节”或者“其他特别严重情节”，从而作为犯罪处理或者升格法定刑判处更重的刑罚。因此，定罪量刑情节具有入罪和升格法定刑的功能，[3]严密了刑事法网，体现了从严惩治腐败的政策精神。

(二)认定各种情节对涉及特定情节数额的要求

根据《贪污贿赂解释》的规定，贪污、受贿数额达到“数额+情节”标准中的“数额”，同时具有特定情节的，应当认定为有“其他较重情节”、“其他严重情节”或者“其他特别严重情节”。从字面含义来看，对其中“贪污救灾、抢险、防汛、优抚、扶贫、移民、救济、防疫、社会捐助等特定款物”“赃款赃物用于非法活动”“多次索贿”“为他人谋取不正当利益，致使公共财产、国家和人民利益遭受损失”“为他人谋取职务提拔、调整”等情节，《贪污贿赂解释》并未要求全案数额涉及该情节；从严密刑事法网角度，也没有必要规定只有全案数额涉及该情节的方可入罪或者升格法定刑。那么，是否意味着只要有部分数额涉及特定情节的，即可认定全案有“其他较重情节”、“其他严重情节”或者“其他特别严重情节”？例如，贪污1万元，其中2000元用于赌博这一非法活动的，能否入罪；受贿10万元，其中6万元系多次索贿的，能否升格法定刑而判处3年以上10年以下有期徒刑？

---

〔1〕“多次索贿”为3次以上索贿，每次索贿不以构成犯罪为前提。索贿未遂的，一般应计入索贿次数。国家工作人员基于同一事由向同一对象两次或者多次索贿未遂的，或者最终索贿成功的；或者基于同一事由同时向有共同利益关系的多人索贿的，一般认定为一次索贿。

〔2〕该情节针对“买官卖官”。如平级调整涉及“买官卖官”的，属于为他人谋取职务调整。

〔3〕需要注意的是，具有特定情节的，主要是解决入罪和升格法定刑的问题，并不能简单地对应具体的刑罚量。例如，有观点认为，贪污或者受贿数额在10万元以上不满20万元，同时具有特定情节的，应处3年以上10年以下有期徒刑，那么贪污或者受贿的数额接近20万元的，判处的刑罚应接近十年有期徒刑。显然，这种观点不足为取，因为在贪污或者受贿140万元，具有特定情节的情形下，也只能在3年以上10年以下有期徒刑这一幅度内量刑。

笔者认为，第一，如果全案数额为1万元、10万元或者150万元以上，且全案数额涉及特定情节的，无疑应当认定全案有“其他较重情节”、“其他严重情节”或者“其他特别严重情节”。

第二，对全案中仅有部分数额涉及特定情节的，不能一概认定全案有“其他较重情节”、“其他严重情节”或者“其他特别严重情节”。在个案把握上，需要综合考量涉及特定情节的绝对数和在“数额+情节”标准的起点数额（1万元、10万元、150万元）中的比例。一般而言，涉及特定情节的绝对数越大，认定全案为“其他较重情节”、“其他严重情节”或者“其他特别严重情节”的可能性就越大。例如，同样是受贿150万元，其中多次索贿80万元对多次索贿50万元，在全案中的绝对数要大，相较而言更有可能将全案认定为“其他特别严重情节”。

此外，还要考量涉及特定情节的数额在“数额+情节”标准的起点数额中的比例。这里涉及两个问题：一是不能以全案数额为基准计算比例。如以全案数额为基准，则在涉及特定情节数额相同的情况下，出现全案数额越大占比越低反而不能入罪或者升格法定刑的不合理现象。例如，甲贪污150万元，涉及特定款物90万元；乙贪污250万元，涉及特定款物90万元。显然，就社会危害性而言，一般情况下乙大于甲，但是如果以全案数额为基准计算比例，则乙的特定情节数额所占比例（90/250）低于甲所占的比例（90/150），以致罪行较轻的甲可能在更重的法定刑幅度内量刑，导致甲、乙的罪刑出现轻重倒挂。因此，不能以全案数额为基准计算比例。相较而言，以“数额+情节”标准的起点数额为基准计算比例，由于起点数额恒定，从重数额越大，占比就越高，行为的社会危害性也就越严重，影响全案入罪或者升格法定刑的可能性也就越高。例如，同样是贪污280万元，甲将贪污款用于赌博活动的为100万元，乙为80万元。单纯看贪污数额，均为数额巨大。但均有用于赌博这一非法活动的特定情节，能否将全案升格到数额特别巨大对应的“其他特别严重情节”，就应看从重数额100万元和80万元与“其他特别严重情节”的起点数额150万元的比例，显然，甲的占比（100/150）大于乙的占比（80/150），甲的贪污行为更有可能为“其他特别严重情节”。事实上，一般情况下甲的罪行也重于乙的罪行。因此，以起点数额为基准计算比例较为合理。

二是关于比例的大小，笔者认为，对于达到“数额+情节”标准中起点数额50%以上的一般应予认定，即起点数额的“大部分数额”应涉及特定情节。当然，对于虽然占比50%以上，但综合全案情况，确属社会危害性轻微不宜追究刑事责任或者不宜升格法定刑的，则不予认定。对于占比50%以下的，一般不予认定，除非综合全案需要作为犯罪处理或者升格法定刑才能实现罪刑均衡的。因此，对于前述贪污1万元，其中2000元用于赌博活动的，一般不宜认定为有“其他较重情节”，即不作为犯罪处理；而对于受贿10万元，其中6万元系多次索贿的，可认定为有“其他严重情节”，升格法定刑判处3年以上10年以下有期徒刑。再如，受贿160万元，其中15万元系为他人谋取职务调整而收受，对此，如果仅认定受贿160万元，属于数额巨大，应判处3年以上10年以下有期徒刑，那么，能否因为其中15万元涉及为他人谋取职务调整这一特定情节而将全案认定为有“其他特别严重情节”，判处10年以上有期徒刑、无期徒刑或者死刑？笔者认为不宜认定，理由为：就全案160万元而言，涉及特定情节的15万元，绝对数额小；就与“其他特别严重情节”起点数额150万元而言，涉及特定情节的15万元，占比仅10%，故不宜将全案认定为有“其他特别严重情节”。

（三）“数额”标准与“数额+情节”标准竞合的处理

实践中，如果构成犯罪的贪污、受贿行为仅符合“数额”标准或者“数额+情节”标准的，则直接选用该标准进行量刑即可。如果同时符合两个标准的，那么选用哪一标准进行量刑？例如，陆某受贿180万元，其中30万元系为他人谋取职务提拔。根据《贪污贿赂解释》的规定，受贿180万元属于数额巨大，应处3年以上10年以下有期徒刑。同时，为他人谋取职务提拔受贿30万元，与“其他特别严重情节”起点数额150万元而言，占比仅20%，不宜将全案认定为有“其他特别严重情节”，但与“其他严重情节”起点数额10万元而言，占比大于100%，应将全案认定为有“其他严重情节”，处3年以上10年以下有期徒刑。

可见，该案既属于“数额巨大”又属于有“其他严重情节”，两者均对应3年以上10年以下有期徒刑，那么，应该适用哪一标准进行量刑？笔者认为，该问题的实质系同一罪名中不同类型行为（如既遂与未遂、多次盗窃与数额较大的盗窃）或者不同处罚标准（如本书中“数额”标准与“数额+情节”标准）竞合时如何处理。对此，应区别情况作如下处理：

第一，当“数额”标准与“数额+情节”标准分别达到不同量刑幅度的，依照处罚较重的规定处罚。例如，张某受贿200万元，其中180万元系多次索贿。以“数额”标准，受贿200万元属于数额巨大，应处3年以上10年以下有期徒刑；以“数额+情节”标准，多次索贿180万元这一从重情节，就全案200万元而言，绝对数大，而且无论与全案数额相比还是与“其他特别严重情节”起点数额150万元相比，比例都很高，故应将全案认定为有“其他特别严重情节”，处10年以上有期徒刑、无期徒刑或者死刑。显然，应对张某以“数额+情节”标准规定进行处罚，可具体表述为：“张某受贿200万元，其中180万元系多次索贿，有其他特别严重情节，其行为构成受贿罪，应处十年以上有期徒刑、无期徒刑或者死刑。”当然，在具体个案中，如果按照“数额”标准处罚较重的，则应以“数额”标准规定进行处罚，同时将特定情节作为从重量刑因素考虑。

第二，当“数额”标准与“数额+情节”标准达到同一量刑幅度的，尽管“数额”标准与“数额+情节”标准属于并列关系，但基于犯罪数额是贪污受贿犯罪社会危害程度的基本决定因素这一考虑，应优先适用“数额”标准规定进行处罚，同时将特定情节作为从重量刑因素考虑。但如果“数额+情节”标准对应的刑罚量明显大于“数额”标准的，则应适用“数额+情节”标准规定进行处罚。综上所述，对前述陆某受贿180万元其中30万元系为他人谋取职务提拔一案，由于“数额”标准与“数额+情节”标准均对应3年以上10年以下有期徒刑这一量刑幅度，也难以区分各标准对应的刑罚量的大小，故应以“数额巨大”的规定进行处罚，同时考虑为他人谋取职务提拔受贿30万元这一情节，酌情从重处罚，可具体表述为：“陆某受贿180万元，其中30万元系为他人谋取职务提拔，数额巨大，其行为构成受贿罪，应处三年以上十年以下有期徒刑。”

（四）适用定罪量刑情节应禁止重复评价

量刑时禁止重复评价已成为共识。具体而言，对于已经作为定罪情节的事实不能在量刑中再次评价，对于同一量刑情节不能数次评价，否则违反禁止重复评价原则。基于此，适用定罪量刑情节应禁止重复评价。

第一，已经作为入罪或者升格法定刑考虑的情节，即已经在“其他较重情节”、“其他严重情节”或者“其他特别严重情节”中发挥作用的情节，不能再作为影响具体量刑的情节。例如，曾因故意犯罪受过刑事追究被判处有期徒刑以上刑罚，刑罚执行完毕或者赦免以后，在刑法规定的法定期限内再犯应当判处有期徒刑以上刑罚的贪污罪、受贿罪的，若贪污、受贿数额处在1万元以上不满3万元或者10万元以上不满20万元或者150万元以上不满300万元这一区间的，则考虑“曾因故意犯罪受过刑事追究”这一情节，使上述贪污、受贿行为属于有“其他较重情节”、“其他严重情节”或者“其他特别严重情节”，从而入罪或者升格法定刑。由于在入罪或者升格法定刑时已经评价了“曾因故意犯罪受过刑事追究”这一情节，如在具体量刑时又予以评价，特别是认定为累犯再从重处罚，明显是重复评价。当然，如果在入罪或者升格法定刑时未对该情节进行评价，则应当在具体量刑时予以考虑，即认定为累犯并从重处罚。在适用多次索贿、挪用特定款物等情节时，也应遵循上述精神。

第二，受贿并渎职的数罪并罚与禁止重复评价定罪量刑情节。该内容已在前文受贿罪部分作了论述，此不赘述。

第三，严格适用缓刑或者免予刑事处罚与禁止重复评价定罪量刑情节。根据2012年“两高”《关于办理职务犯罪案件严格适用缓刑、免予刑事处罚若干问题的意见》第二条的规定，具有下列情形之一的职务犯罪分子，一般不适用缓刑或者免予刑事处罚，如不予退缴赃款赃物或者将赃款赃物用于非法活动的，曾因职务违纪违法行为受过行政处分的，犯罪涉及的财物属于救灾、抢险、防汛、优抚、扶贫、移民、救济、防疫等特定款物的，受贿犯罪中具有索贿情节的，等等。以上一般不予适用缓刑或者免予刑事处罚的情形，往往又是贪污罪、受贿罪的定罪量刑情节。由于《刑法修正案（九）》实施前对贪污、受贿行为的入罪基本只看数额，因此，对于构罪的贪污、受贿行为是否适用缓刑或者免予刑事处罚，按照以上意见处理一般没有争议。但《刑法修正案（九）》规定情节具有入罪和升格法定刑功能，特别是《贪污贿赂解释》具体规定了定罪量刑情节，这些情节与上述意见第二条规定的情形存在部分重合，那么，如果重合的情节已经在入罪中发挥了作用，能否因为有这一情节而不予适用缓刑或者免予刑事处罚？对此，有观点认为可以再次评价，即不予适用。笔者认为，《关于办理职务犯罪案件严格适用缓刑、免予刑事处罚若干问题的意见》出台的背景是针对当时的从重情节不具有入罪功能，所以，在量刑时考虑从重情节而不予适用缓刑或者免予刑事处罚，不存在重复评价问题。在当前特定情节（指上述意见中的从重情节）具有入罪功能的背景下，对于具有特定情节的一般不适用缓刑或者免予刑事处罚，其实质就是将特定情节同时作为入罪情节和量刑情节考量，显然是重复评价，欠缺合理性。

一般而言，如果特定情节起到入罪功能的，不要首先因为有特定情节而不予适用缓刑或者免予刑事处罚，导致量刑时又评价了特定情节，此时关键是综合全案是否具备刑法规定适用缓刑或者免予刑事处罚的条件，条件具备的应予适用，反之不予适用；如果无须考虑特定情节即构成犯罪的，此时特定情节属于量刑情节，综合全案不具备适用缓刑或者免予刑事处罚条件的，则决定不予适用，反之亦然，不存在重复评价问题。如此一来，既落实了刑法关于适用缓刑或者免予刑事处罚的规定，遵循了量刑中禁止重复评价原则，又严格规范具有特定情节的案件适用缓刑或者免予刑事处罚，体现依法严惩职务犯罪的政策精神。

二、索贿的界定与规范

——除主动要求外是否需要形成心理强制

根据《刑法》第三百八十六条的规定，索贿的从重处罚。根据2016年“两高”《贪污贿赂解释》第一条、第二条的规定，具有“多次索贿”情节的，受贿罪的定罪量刑标即可采用“较低数额标准”。故索贿情节的认定，既涉及对被告人的从重处罚问题，也会涉及罪与非罪及法定刑的加档问题。如无多次索贿情节亦无2016年《贪污贿赂解释》规定的其他特定情节的，受贿数额在3万元以上的方可构成受贿罪；如有，受贿数额在1万元以上不满3万元的即可构成受贿罪；再如，无多次索贿情节亦无其他特定情节的，受贿数额在20万元以上不满300万元的方可判处3年以上10年以下有期徒刑，并处罚金或者没收财产；如有，受贿数额在10万元以上不满20万元的即可判处3年以上10年以下有期徒刑，并处罚金或者没收财产。故此，实践中对索贿的认定比较慎重，也许因为慎重，或许因为法律规定模糊，对索贿的认定标准存在较大分歧，也致使类案不同判。

（一）除主动要求外是否需要形成心理强制——关于索贿认定标准的不同观点

受贿罪的行为表现有两种：一种是索取他人财物，另一种是非法收受他人财物。因“索贿比收受贿赂行为具有更大的主观恶性和社会危害性，是一种极其严重的受贿行为”，[1]故一般认为，索取他人财物的索贿行为构成受贿罪，不以对被索取财物者谋取利益为条件；而非法收受他人财物，只有同时为他人谋取利益的，才构成受贿罪。

索贿是主动要求他人给予财物，而不是被动地等待他人给予财物。“索贿包括要求、索要与勒索贿赂”。[2]那么，国家工作人员主动要求对方给予财物的，是否一律认定为索贿？抑或除了主动要求外，是否还需要给对方形成心理强制才能认定为索贿？对此，存在不同观点。

第一种观点认为，国家工作人员利用职务上的便利主动要求他人给予财物的即为索贿。“索要贿赂”，即主动向他人索要、勒索并收受财物，基本特征

〔1〕 高铭暄主编：《刑法学专论》（第2版），高等教育出版社2006年版，第785页。

〔2〕 张明楷：《刑法学》（下）（第5版），法律出版社2016年版，第1206页。

是索要行为的主动性和交付财物行为的被动性。[1]“索取他人财物”，是指直接、公开或者暗示向他人索要财物。[2]“索贿”，是指主动向他人索要和勒索财物，索贿行为包括勒索贿赂的情形。[3]常见的索贿主要有以下几种情形：第一，乘他人有求于己，为他人谋取利益，主动要求对方给予财物；第二，凭借本人职权对他人利益的制约关系，主动要求对方给予财物，并明示或者暗示，如给予其财物，可以利用职务上的便利为其谋取利益；第三，凭借本人职权对他人利益的制约关系，主动要求对方给予财物，并明示或者暗示，如不给予其财物，将利用职权使他人遭受某种损失相要挟；第四，凭借本人职权对他人利益的制约关系，主动要求对方给予财物，有的以借钱或者借用某物为名，实际上根本不打算归还，对方也明知借钱（物）是假、索取钱（物）是真，但慑于国家工作人员的职权，不得不出“借”，而且也根本不打算要回。

第二种观点认为，除主动要求他人给予财物外，还要求给他人形成心理强制才能认定为索贿。[4]主要理由为：第一，索贿必须伴随一种心理强制。虽然不一定要达到抢劫、敲诈勒索那样威胁的程度，但必须形成一定的心理影响，即被索贿人认为，如不给付财物，可能遭受人身财产或者名誉损失。有的案件中，行受贿双方已达成权钱交易的默契，国家工作人员已利用职务上的便利帮助请托人谋取不正当利益，国家工作人员仅仅是主动提出，或者虽然频繁主动提出，但对被索贿人未形成心理强制影响的，不应认定索贿。第二，索贿案件中的心理强制不包括以将来不利用职务上的便利帮助请托人谋取利益为条件。如果国家工作人员向请托人提出，请托人如不给付财物，将来其不会再继续帮助谋取利益（包括正当利益和不正当利益），此类情形不宜认定为索贿，即索贿一般是以既存的、现实比较确定的利益损失为心理强制筹码。例如，建筑工程案件中，监理人员提出不给付财物，将会加强监管措施，让工程无法如期

---

〔1〕 高铭暄、马克昌主编：《刑法学》（第9版），北京大学出版社、高等教育出版社2019年版，第630页。

〔2〕 周道鸾、张军主编：《刑法罪名精释》（下）（第4版），人民法院出版社2013年版，第1046页。

〔3〕 刘艳红主编：《刑法学》（下）（第2版），北京大学出版社2016年版，第450页。

〔4〕 刘晓虎：《司法疑难之130：索贿的认定要点如何把握》，载微信公众号“刑水浮萍”，2019年6月28日。

竣工验收；狱警对犯人提出，如不给付财物，将会有人身安全影响，等等。第三，索贿案件中的心理强制不包括请托人自己臆想的国家工作人员可能施加的行为。虽然国家工作人员主动提出让请托人给付财物，但并未施加任何影响请托人心理的行为，但请托人自己认为如不给付财物，国家工作人员将会对其施加不利行为。此类情形，因不符合主客观相统一原则，不应认定索贿情节。

（二）实践中不同做法的考察

因为理论上关于索贿的认定标准存在不同观点，实践中关于索贿的认定也存在不同做法。也有的对索贿的认定比较慎重，对指控索贿但证据不足的不予认定。

1.主动要求对方给予财物即认定为索贿

（1）王某受贿案。本案中，指控王某欲购房，以借为名向龚某索要3万元。王某辩称，其收受龚某3万元是受贿，而非索贿。生效判决认为，王某的行为构成受贿罪，其中索取他人财物3万元，系索贿。主要理由为：王某提出借款前，龚某没有明确向王某表示过给予其好处；王某向龚某借款，没有借条，也没有还款意思和行为，借款只是一种形式。王某凭借其本人在职务上对龚某利益的制约关系，主动向龚某提出要求，以借为名让龚某给予财物，双方都明白"按照要求给予财物、向对方索要财物"完全以王某的职务制约关系为基础，属于索贿。

（2）张某受贿案。本案中，指控张某要求董某购买1辆总费用为14万余元的桑塔纳轿车，并借给其使用。当董某得知张某已调离时，便要求张某归还该车，张某提出想购买该车并让董某开价，在未得到董某的回应后，张某未予归还并长期使用该车，后张某将该车出售。张某辩称收受贿赂的数额应以其处理涉案车辆所获收益来认定，且认定其系索贿的依据不足。生效判决认为，张某的行为构成受贿罪，其中索取他人财物14万元，系索贿。主要理由为：张某要求董某购买车辆后即长期占用该车，在董某要求其归还该车或者购买该车的情况下，既不归还也不购买，而是继续占用该车，直至将该车出售并占有出售款。张某的行为具有索贿性质，以该车的初始购买价14万余元认定其受贿犯罪数额并无不当。

（3）朱某受贿案。本案中，指控朱某受贿6万余元，其中指控其以借为名向桑某索要2万元；以赌博输钱为由，以借为名向徐某索要2万元。朱某辩称指控其索贿4万元不当。生效判决认为，朱某的行为构成受贿罪，其中索取他人财物4万元，系索贿。主要理由为：朱某向桑某和徐某各索要2万元，均是朱某主动开口，且以借为名行受贿为实，朱某的行为具有索贿性质。

（4）蔡某受贿案。本案中，指控蔡某受贿30万元，其中指控其向施某索要购车差价8万元。蔡某辩称指控其索取购车款8万元不当。生效判决认为，蔡某的行为构成受贿罪，其中索取他人财物8万元，系索贿。主要理由为：蔡某明知施某有求于他，明知施某要为其支付购车差价，更明知其交给施某的34万元不足以支付购车款，却仍然将低于实际车价的购车款交施某办理购车事宜。蔡某的客观行为充分反映其索要的主观心态。蔡某利用职务之便索要购车差价8万元，其行为符合受贿罪的构成要件，并具有索贿情节。

（5）蒋某受贿案。本案中，指控蒋某受贿1045万余元，其中指控其索取谭某900万元，索取黄某40万元。蒋某辩称，其收受谭某900万元以及黄某40万元不存在索贿情节。生效判决认为，蒋某的行为构成受贿罪，其中索取他人财物940万元，系索贿。主要理由为，蒋某在明知谭某、黄某有求于己的情况下，以家庭事务等为借口，直接以言语主动要求谭某、黄某分别给予钱款900万元、40万元，随后其利用职务便利，为谭某、黄某经营的公司谋取了利益，符合索要财物的行为特征，应当认定其具有索贿情节。

2.以要挟为由要求对方给予财物的认定为索贿

例如，刘某受贿案。本案中，指控刘某利用职务之便，为相关公司谋取利益，收受该公司好处费100万元。后该公司在开发房地产过程中需要办理土地变更手续，但刘某故意拖延办理，并以该公司向居民交付的房屋存在质量问题为由，向该公司索取20万元好处费。生效判决认为，刘某的行为构成受贿罪，其中20万元具有索贿情节。

3.主动要求对方给予财物但对引发行贿作用较小的未认定为索贿

例如，李某受贿案。本案中，指控李某受贿500余万元，其中105万元系李某因为购房资金短缺，主动向行贿人提出。生效判决认为，李某的行为构成受贿罪。关于其中105万元是否涉及索贿情节的问题，经查，该105万元主要有两种情形：一是行贿人事先没有具体行贿意思，但李某和和行贿人之间存在多年行受贿的事实，本次系李某主动提出，后行贿人给予其15万元；二是行贿人事先有概括性行贿意思，曾说过在适当时间要表示感谢，后李某主动提出，行贿人给予其90万元。涉案105万元不宜认定为索贿，主要理由为：第一，不能以李某是否主动提出作为索贿的唯一要件。对李某和行贿人之间存在多年行受贿的事实，李某提出用钱需求时，行贿人即欣然答应，故李某的行为对引发行贿人行贿的作用较小。第二，对行贿人有概括性行贿犯意的情形，应视为具有事先主动提出愿意给对方财物的概括表示，李某在此情况下向行贿人提出需要用钱及具体用钱数额，不属于索贿。

4.指控索贿但证据不足的未认定为索贿

（1）何某受贿案。本案中，指控何某受贿37万余元，其中指控其以借为名向周某索要购房款25万元。何某对指控其行为构成受贿罪无异议，但否认主动向周某索取钱款，现有证据不能证明其具有索贿情节。生效判决认为，何某的行为构成受贿罪。关于何某具有索贿情节的指控，经查，证人周某的证言证明：何某告诉其想投资房产，其便介绍了一商铺，后其还向开发商支付了5万元购房定金；直至当年下半年，因何某在支付购房尾款时还有20万元缺口，其为他付了这笔钱；付完款后，何某及其妻张某给了他一张署名张某的借条，写明借款金额为25万元，但未写归还日期和利息，后何某一直没有归还这25万元；因其为了与何某搞好关系，何某借款其是愿意给的，他不主动还钱，其也没有去要回这笔钱；后张某向其索要借条，后其让保管借条的卢某归还了借条。证人张某的证言证明：其丈夫何某通过朋友周某介绍，决定购买一商铺，因其与何某资金紧张，周某为此垫付购房款25万元；这25万元算是其与何某向周某借的，其当场出具了借条，借条上写明向周某借款25万元，但没写归还时间，也没约定利息，周某收下借条，何某当时也在场；后周某一直没有要求其与何某还钱，何某在家里资金超过25万元的情况下，也一直没有归还这笔钱；后其找到周某让他归还借条，周某让人还回了借条。证人卢某的证言证明：其根据老板周某的要求，将保存在公司保险箱中的一张借条交给了一名女子（张某）；那张借条是多年前周某交给其保管的，借款金额为25万元，借款人写的是张某，出借人是周某。综上，现有证据尚未达到确实、充分的证明标准，难予支持何某具有索贿情节的指控。

（2）陈某受贿案。本案中，指控陈某受贿13万元，其中指控其向范某等三人索取贿赂共计7万元。陈某辩称，范某等三人是主动向其行贿，并非其索要贿赂，现有证据不能证明其有索贿情节。生效判决认为，陈某的行为构成受贿罪。关于陈某提出范某等三人是主动向其行贿，并非其向三人索要贿赂的意见，经查，指控陈某向范某等三人索要贿赂的证据除三人的证言外，既无其他证据予以佐证，也未得到陈某供述的印证，故认为陈某虽有索贿的嫌疑，但根据现有证据认定陈某具有索贿情节的证据不足。

（三）主动要求对方给予财物的应认定为索贿

从字面含义看，“索取”财物即索要财物，主动要求对方给予财物。“勒索”即用威胁手段向别人要财物。[1]从刑法规定及两个词的词义看，索取包括但不限于勒索。“勒索”不仅是主动要求对方给予财物，而且需要采用威胁手段，势必形成心理强制，故就“勒索”财物而言，除了主动要求外还需形成心理强制，限缩了入罪范围，也凸显“勒索”财物是极其严重的受贿犯罪行为。

“索取”包括但不限于“勒索”，其前提同样是主动要求对方给予财物，那么是否需要给对方形成心理强制？答案是否定的。理由为：第一，“索取”包括但不限于“勒索”，故不能以“勒索”财物除了主动要求外还需形成心理强制，来要求“索取”财物的成立需给对方形成心理强制。第二，索取财物与非

〔1〕《现代汉语词典》，商务印书馆1992年版，第684页。

法收受财物是两种不同的受贿方式：一种是主动要求对方给予财物；另一种是被动收受对方给予财物，索取财物是主动要求对方给予财物，最大特点是主动性，法律并未附加心理强制。第三，索取财物即主动要求对方给予财物，说明国家工作人员主动寻求权钱交易，无论对方之前是否有行贿的犯意，也无论之前是否存在行受贿的事实，与被动收受贿赂相比，具有更大的主观恶性和社会危害性，足以从重处罚。第四，如对索贿的成立，除主动要求外还需给对方形成心理强制，一方面，毫无根据地限缩了索贿的范围，因为法律没有附加该条件；另一方面，如何判断"是否形成了心理强制"，因难有具体标准，会导致适法不一。第五，以主动要求他人给予财物的即为索贿，不仅符合法律规定，而且该规则简单明了，具有可操作性。

据上，一般的索贿，国家工作人员利用职务上的便利主动要求他人给予财物即可；对勒索即特殊的索贿，国家工作人员利用职务上的便利除了主动要求他人给予财物外，还需给对方形成心理强制。按照这一标准，在前述案例中，主动要求对方给予财物即认定为索贿、以要挟为由要求对方给予财物的认定为索贿的判决是正确的，对主动要求对方给予财物但对引发行贿作用较小的未认定为索贿的判决值得商榷。当然，能否认定索贿，需要严把事实关、证据关和法律适用关，故对指控索贿但证据不足的不能认定为索贿。

三、自动投案前提下自首的认定

如犯罪嫌疑人接办案机关电话通知后主动到案，但到案之初并未如实供述自己的罪行，或者避重就轻，未如实供述自己的主要犯罪事实，而是在办案机关掌握其主要犯罪事实后才作如实供述的，能否认定其具有自首情节？

有观点认为，犯罪嫌疑人接办案机关电话通知后主动到案，视为自动投案，但《刑法》及司法解释并未明确到案后如实供述的具体时间，犯罪嫌疑人在移送审查起诉前如实供述自己的主要犯罪事实的，应认定为自首。且司法解释规定，犯罪嫌疑人自动投案、如实供述自己的罪行后又翻供的，不能认定为自首；但在一审判决前又能如实供述的，应当认定为自首。既然如此，犯罪嫌疑人自动投案并在移送审查起诉前如实供述自己的主要犯罪事实的，更应该认定为自首。还有观点认为，投案后仅在开庭环节如实供述的也构成自首，具体而言，“主动投案，但投案后自侦查至审查起诉阶段均拒不如实供述自己的罪行，仅在一审宣判前如实供述自己的罪行的，应当认定为自首”。

笔者认为，上述观点过于强调有利于被告人而宽定自首，不符合自首的立法规定和精神。笔者的基本观点为：第一，犯罪嫌疑人接办案机关电话通知后主动到案，一般应视为自动投案；第二，不论办案机关是否掌握其主要犯罪事实，到案之初如第一次接受讯问时如实供自己的罪行的，符合“犯罪以后自动投案，如实供述自己的罪行”的自首规定，认定为自首；第三，自动投案，但到案后未及时如实供述，而是在办案机关掌握其主要犯罪事实后才作如实供述的，因未有效节约司法资源，主要是取证和证明犯罪的成本，不认定为自首。

（一）自首的成立要件

根据《刑法》第六十七条第一款、第二款及1998年《最高人民法院关于处理自首和立功具体应用法律若干问题的解释》，2010年《最高人民法院关于处理自首和立功若干具体问题的意见》等的规定，犯罪以后自动投案，如实供述自己的罪行的，是自首。也就是说，成立自首，不仅需要犯罪以后自动投案，而且还要求到案后如实供述自己的罪行。被采取强制措施的犯罪嫌疑人、被告人和正在服刑的罪犯，如实供述司法机关还未掌握的本人其他罪行的，以自首论。

1.“自动投案”的具体认定

根据1998年《最高人民法院关于处理自首和立功具体应用法律若干问题的解释》第一条的规定，“自动投案”，是指犯罪事实或者犯罪嫌疑人未被司法机关发觉，或者虽被发觉，但犯罪嫌疑人尚未受到讯问、未被采取强制措施时，主动、直接向公安机关、人民检察院或者人民法院投案。[1]犯罪嫌疑人

〔1〕 监察体制改革后，也包括向纪委监委主动投案。

向其所在单位、城乡基层组织或者其他有关负责人员投案的；犯罪嫌疑人因病、伤或者为了减轻犯罪后果，委托他人先代为投案，或者先以信电投案的；罪行尚未被司法机关发觉，仅因形迹可疑，被有关组织或者司法机关盘问、教育后，主动交代自己的罪行的；犯罪后逃跑，在被通缉、追捕过程中，主动投案的；经查实确已准备去投案，或者正在投案途中，被公安机关捕获的，应当视为自动投案。并非出于犯罪嫌疑人主动，而是经亲友规劝、陪同投案的；公安机关通知犯罪嫌疑人的亲友，或者亲友主动报案后，将犯罪嫌疑人送去投案的，也应当视为自动投案。犯罪嫌疑人自动投案后又逃跑的，不能认定为自首。

2010年《最高人民法院关于处理自首和立功若干具体问题的意见》第一条对“自动投案”的具体认定又作了规定，即犯罪嫌疑人具有以下情形之一的，也应当视为自动投案：(1)犯罪后主动报案，虽未表明自己是作案人，但没有逃离现场，在司法机关询问时交代自己罪行的；(2)明知他人报案而在现场等待，抓捕时无拒捕行为，供认犯罪事实的；(3)在司法机关未确定犯罪嫌疑人，尚在一般性排查询问时主动交代自己罪行的；(4)因特定违法行为被采取劳动教养、行政拘留、司法拘留、强制隔离戒毒等行政、司法强制措施期间，主动向执行机关交代尚未被掌握的犯罪行为的；(5)其他符合立法本意，应当视为自动投案的情形。罪行未被有关部门、司法机关发觉，仅因形迹可疑被盘问、教育后，主动交代了犯罪事实的，应当视为自动投案，但有关部门、司法机关在其身上、随身携带的物品、驾乘的交通工具等处发现与犯罪有关的物品的，不能认定为自动投案。交通肇事后保护现场、抢救伤者，并向公安机关报告的，应认定为自动投案，构成自首的，因上述行为同时系犯罪嫌疑人的法定义务，对其是否从宽、从宽幅度要适当从严掌握。交通肇事逃逸后自动投案，如实供述自己罪行的，应认定为自首，但应依法以较重法定刑为基准，视情决定对其是否从宽处罚以及从宽处罚的幅度。犯罪嫌疑人被亲友采用捆绑等手段送到司法机关，或者在亲友带领侦查人员前来抓捕时无拒捕行为，并如实供认犯罪事实的，虽然不能认定为自动投案，但可以参照法律对自首的有关规定酌情从轻处罚。

2.“如实供述自己的罪行”的具体认定

根据1998年《最高人民法院关于处理自首和立功具体应用法律若干问题的解释》第一条的规定，“如实供述自己的罪行”，是指犯罪嫌疑人自动投案后，如实交代自己的主要犯罪事实。犯有数罪的犯罪嫌疑人仅如实供述所犯数罪中部分犯罪的，只对如实供述部分犯罪的行为，认定为自首。共同犯罪案件中的犯罪嫌疑人，除如实供述自己的罪行，还应当供述所知的同案犯，主犯则应当供述所知其他同案犯的共同犯罪事实，才能认定为自首。犯罪嫌疑人自动投案并如实供述自己的罪行后又翻供的，不能认定为自首；但在一审判决前又能如实供述的，应当认定为自首。

2010年《最高人民法院关于处理自首和立功若干具体问题的意见》第二条对“如实供述自己的罪行”的具体认定又作了规定，即除供述自己的主要犯罪事实外，还应包括姓名、年龄、职业、住址、前科等情况。犯罪嫌疑人供述的身份等情况与真实情况虽有差别，但不影响定罪量刑的，应认定为如实供述自己的罪行。犯罪嫌疑人自动投案后隐瞒自己的真实身份等情况，影响对其定罪量刑的，不能认定为如实供述自己的罪行。犯罪嫌疑人多次实施同种罪行的，应当综合考虑已交代的犯罪事实与未交代的犯罪事实的危害程度，决定是否认定为如实供述主要犯罪事实。虽然投案后没有交代全部犯罪事实，但如实交代的犯罪情节重于未交代的犯罪情节，或者如实交代的犯罪数额多于未交代的犯罪数额，一般应认定为如实供述自己的主要犯罪事实。无法区分已交代的与未交代的犯罪情节的严重程度，或者已交代的犯罪数额与未交代的犯罪数额相当，一般不认定为如实供述自己的主要犯罪事实。犯罪嫌疑人自动投案时虽然没有交代自己的主要犯罪事实，但在司法机关掌握其主要犯罪事实之前主动交代的，应认定为如实供述自己的罪行。

此外，笔者认为，如实供述应该具有主动性，对于不出示证据就不交代，出示多少证据才交代多少的情况，因不具有供述的主动性，不能认定为“如实供述自己的罪行”。

(二)在办案机关已掌握相关证据的情况下接电话通知到案并如实供述自己的罪行的应认定为自首

涉嫌贪污贿赂等职务犯罪的被调查人,如接电话通知后到案,并如实供述自己的罪行的,即使监察机关已经掌握了被调查人的基本犯罪事实,因被调查人在能逃跑、藏匿等逃避调查的情况下接电话通知自动到案,体现了其投案的主动性和自愿性,应视为自动投案,且到案之初即如实供述自己的罪行的,符合刑法关于自首的规定,应认定为自首。当然,如果是被动到案,到案后如实供述自己的罪行的,则属于坦白。

实践中,对于被动到案,到案后被采取留置措施并如实供述自己的罪行,后因身体健康等原因不宜继续留置而被解除留置措施,审查起诉期间应检察机关电话通知后到案并如实供述自己的罪行,后由检察机关决定采取取保候审的,对该行为人不得以其主动到案并如实供述罪行而认定为自首,只能认定为坦白。否则,就会导致不公平、不合理现象。如对被动到案之后相继被采取留置措施及刑事拘留、逮捕等强制措施的行为人,尽管到案后如实供述自己的罪行,除非主动交代办案机关尚未掌握的其他罪行的,也只能认定为坦白,不存在认定为自首的余地。事实上,因身体健康等原因对行为人解除留置措施时,会对其明确随传随到的相关要求,其之后接电话通知主动至检察机关的,不属于主动投案,而是履行随传随到义务的表现。

根据《刑法》规定,涉嫌贪污贿赂等职务犯罪的被调查人,在被采取强制措施后能如实供述办案尚未掌握的其他犯罪事实的,以自首论。如因为犯贪污罪而被采取留置措施,被采取措施后另交代受贿、隐瞒境外存款等犯罪事实的,对于受贿、隐瞒境外存款等犯罪事实而言,具有自首情节。

(三)自动投案但未及时供述的不认定为自首

“自首制度最大的价值在于鼓励犯罪嫌疑人主动、尽早归案,认罪服法,接受法律处罚，以节约司法资源，提高办案效率，减少犯罪黑数”。[1]就节约司法资源而言，“自动投案”节约了抓捕成本，“如实供述自己的罪行”节约了取证和证明犯罪的成本。尽管《刑法》及司法解释并未明确如实供述的具体时间节点，但如果到案之初，尤其是第一次接受讯问时并未如实供述自己的罪行，或者避重就轻，或者先投案、再抵赖，妄图以此逃避或者减轻法律处罚，表明其到案后不愿意接受法律制裁，也没有自愿认罪、真诚悔罪，不能有效节约司法资源，不能认定为自首。当然，如果第一次接受讯问时因情绪过于紧张、醉酒等客观原因而未如实供述，待客观原因消失后作如实供述的，系真心悔罪而非试图抵赖，应认定为自首。

实践中，有的犯罪嫌疑人虽然自动投案，但到案之初并未如实供述自己的主要犯罪事实，如避重就轻、抵赖等，而是在办案机关掌握其主要犯罪事实以后才作如实供述的，或者在办案机关出示能够认定其主要犯罪事实的证据后才被迫作如实供述的，都表明其到案之初并不愿意接受法律制裁，没有自愿认罪、真诚悔罪，其之后所作如实供述也未有效节约司法资源，故对其不应认定为自首。

需要注意的是，如办案机关在被调查人自动到案前已经掌握了其主要犯罪事实，被调查人自动到案之初即如实供述的，属于自首，否则，就失去了成立自首的机会。但是，如果在被调查人自动到案之初，办案机关尚未掌握其主要犯罪事实，后其又能在办案机关掌握其主要犯罪事实前作如实供述的，尽管其并非及时供述，但其之后的供述一方面系真心悔罪，另一方面能有效节约司法资源，故仍应认定为自首。

（四）对行为性质的辩解不影响自首的成立

根据2004年《最高人民法院关于被告人对行为性质的辩解是否影响自首成立问题的批复》的规定，犯罪嫌疑人自动投案，如实供述主要犯罪事实后，

---

〔1〕 张军、黄尔梅主编：《最高人民法院自首、立功司法解释——案例指导与理解适用》，法律出版社2012年版，第85页。

在并未否认指控的基本事实的前提下，对行为是否属于犯罪、属于何种犯罪提出不同意见和见解的，系对行为性质的辩解，而不属于翻供，不影响自首的成立。

（五）对自首被告人的处罚

根据《刑法》规定，具有自首情节的，可以从轻或者减轻处罚。其中，犯罪较轻的，可以免除处罚。2010年《最高人民法院关于处理自首和立功若干具体问题的意见》第八条从兑现政策、鼓励自首角度，要求对于具有自首情节的被告人，一般应依法从轻、减轻处罚；犯罪情节较轻的，可以免除处罚。该意见明确一般情况下应依法从轻、减轻处罚，但并不意味着一律从轻、减轻处罚。对于特殊情形下从轻、减轻处罚将导致罪责刑不相适应的，不予从轻、减轻处罚。如对故意杀害多人，罪大恶极需要判处死刑立即执行的被告人，即使具有自首情节的，为确保罪责刑相适应，不予从轻处罚。再如，从轻处罚即可实现罪责刑相适应的，就不需减轻处罚。

实践中，对具有自首情节的被告人是否从宽处罚、从宽处罚的幅度，根据上述意见的规定，既要考虑其犯罪事实、犯罪性质、犯罪情节、危害后果、社会影响、被告人的主观恶性和人身危险性等，还要考虑投案的主动性、供述的及时性和稳定性等。

四、单位自首与个人自首的交互影响与认定

例如，单位行贿中，单位其他直接责任人员先被抓获，之后直接负责的主管人员自动投案并如实供述犯罪事实的，单位是否成立自首？对此，存在两种不同观点。第一种观点认为，先到案的被告人是否成立自首决定了被告单位是否成立自首，而该被告人的身份（直接负责的主管人员或其他直接责任人员）在所不论。第二种观点认为，应仅以直接负责的主管人员的到案情况来考量被告单位成立自首与否，而该直接负责的主管人员的到案先后则不是考量因素。

笔者赞同第二种观点。关于单位自首的认定，2009年“两高”《关于办理职务犯罪案件认定自首、立功等量刑情节若干问题的意见》第一条规定：“单位犯罪案件中，单位集体决定或者单位负责人决定而自动投案，如实交代单位犯罪事实的，或者单位直接负责的主管人员自动投案，如实交代单位犯罪事实的，应当认定为单位自首。单位自首的，直接负责的主管人员和直接责任人员未自动投案，但如实交代自己知道的犯罪事实的，可以视为自首；拒不交代自己知道的犯罪事实或者逃避法律追究的，不应当认定为自首。单位没有自首，直接责任人员自动投案并如实交代自己知道的犯罪事实的，对该直接责任人员应当认定为自首”。根据上述规定的精神，单位自首的成立有两种可能：一是单位集体决定或者单位负责人决定而自动投案，如实交代单位犯罪事实的；二是单位直接负责的主管人员自动投案，如实交代单位犯罪事实的。显然，单位直接负责的主管人员自动投案并如实供述犯罪事实的，成立单位自首，至于是否要求单位直接负责的主管人员先于单位直接责任人员到案，并不是单位自首成立的要件。

因此，对于单位犯罪中其他直接责任人员先被抓获，之后直接负责的主管人员自动投案并如实供述犯罪事实的情形，成立单位自首。如果单位中其他直接责任人员被抓获归案后，如实交代自己知道的犯罪事实的，可以认定为自首。

例如，郭某系鑫德微公司法定代表人、总经理，张某系公司销售经理。鑫德微公司在向公立医院销售手术刀头过程中，为谋取不正当利益，由郭某直接或者指使销售人员张某等人向医院采购或者使用手术刀头的相关人员（均为国有事业单位中从事公务的人员）行贿共计39.5万元。其中郭某直接和指使他人行贿7.5万元；指使张某行贿32万元。本案系单位行贿犯罪，案发后，郭某及张某均主动投案，如实供述了上述犯罪事实，故鑫德微公司和郭某、张某均具有自首情节。事实上，郭某系公司负责人，其主动投案并如实交代公司行贿犯罪事实的，就应认定鑫德微公司和郭某均具有自首情节。鑫德微公司和郭某自首的，即使公司直接责任人员张某未主动投案，但其到案后如实交代自己知道的公司行贿犯罪事实的，也可以视为自首。

五、坦白的成立要件与具体运用

如犯罪嫌疑人主动到案，到案后未及时如实供述自己的罪行，但在办案机关掌握其主要犯罪事实后于提起公诉前如实供述的，不能认定为自首，能否认定为坦白？或者犯罪嫌疑人被动到案，到案后未及时如实供述自己的罪行，但在办案机关掌握其主要犯罪事实后于提起公诉前如实供述的，能否认定为坦白？

对此，笔者的基本观点是不成立坦白，因犯罪嫌疑人在办案机关掌握其主要犯罪事实后才作如实供述，并未有效节约司法资源，主要是取证和证明犯罪的成本，但应认定具有认罪情节，可以酌情从宽处罚。

（一）坦白的成立要件

《刑法修正案（八）》将酌定量刑情节"坦白"修订为法定量刑情节，即《刑法》第六十七条第三款规定："犯罪嫌疑人虽不具有前两款规定的自首情节，但是如实供述自己罪行的，可以从轻处罚；因其如实供述自己罪行，避免特别严重后果发生的，可以减轻处罚"。

1.坦白的主体限定为犯罪嫌疑人

根据《刑事诉讼法》的相关规定，犯罪嫌疑人与被告人的区分以提起公诉为界，即犯罪分子在被提起公诉之前称犯罪嫌疑人，提起公诉之后称被告人。因此，犯罪嫌疑人被动到案后未如实供述，直至提起公诉后才如实供述被起诉之罪的，不能认定为坦白。但对其庭审中的如实供述，可以作为当庭自愿认罪的酌定情节处理。

2.坦白是被动到案后"如实供述自己罪行"

根据体系解释原理，坦白中的"如实供述自己罪行"应与自首中的"如实供述自己罪行"作同一理解。也就是说，对坦白中"如实供述自己罪行"的掌握，不能低于自首对此的要求，一方面体现出犯罪嫌疑人将自己交付国家审查和审判的正面意愿，另一方面也有效节约了司法资源，否则不能认定为坦白。

参照关于自首的规定，犯罪嫌疑人被动到案，如实供述自己的罪行后又翻供的，不能认定为如实供述，不属于坦白。例如，翻供后在一审判决前又如实供述的，可认定为如实供述，属于坦白。

（二）在办案机关掌握主要犯罪事实后再作如实供述的是否属于坦白

犯罪嫌疑人被动到案之初即如实供述自己的罪行（不包括办案机关尚未掌握的其他罪行），不论办案机关是否掌握其主要犯罪事实，都属于坦白。对于到案之初并未如实供述，待办案机关掌握其主要犯罪事实后于提起公诉前再作如实供述的，此时是否属于坦白？存在争议，但实践中一般认定为坦白。

结合坦白的立法规定和精神，笔者认为该情况属于认罪情节而非坦白情节，实践中一般认定为坦白系过于强调有利于被告人而宽定坦白。主要理由有：第一，不属于“如实供述自己的罪行”。自首与坦白的主要区别，特殊自首例外，主要在于犯罪嫌疑人是主动到案还是被动到案，对于两者都要求的“如实供述自己的罪行”，应作同一解释。犯罪嫌疑人在办案机关掌握其主要犯罪事实后再作如实供述的，既不能认定自首中的“如实供述自己的罪行”，也不能认定坦白中的“如实供述自己的罪行”，故不具备坦白的成立要件，不属于坦白。第二，并未有效节约取证和证明犯罪的成本。成立自首的，既节约抓捕成本，又节约取证和证明犯罪的成本；相较而言，成立坦白的，主要节约取证和证明犯罪的成本。犯罪嫌疑人在办案机关掌握其主要犯罪事实后再作如实供述的，并未有效节约取证和证明犯罪的成本，故不符合坦白的立法精神，不属于坦白。第三，犯罪嫌疑人在办案机关掌握其主要犯罪事实后再作如实供述的，虽不能认定为坦白，但属于认罪情节，可以酌情从宽处罚。

基于上述分析，对于犯罪嫌疑人主动到案，到案后未及时如实供述自己的罪行，但在办案机关掌握其主要犯罪事实后于提起公诉前如实供述的，既不能认定为自首，也不能认定为坦白，而应认定为认罪情节。

（三）坦白从宽的具体适用

坦白从宽，具体可分为从轻型和减轻型两种情况。参照2010年《最高人民法院关于处理自首和立功若干具体问题的意见》第八条关于“具有自首情节的，一般应依法从轻、减轻处罚”的规定，为了兑现政策，鼓励坦白，确保罪责刑相适应，对于从轻型坦白，一般应从轻处罚；对于减轻型坦白，一般应减轻处罚。但也并非要求一律从轻、减轻处罚。对于特殊情形下从轻、减轻处罚将导致罪责刑不相适应的，不予从轻、减轻处罚。

对于从轻型坦白，应当根据其犯罪的性质和严重程度，并结合坦白的具体情形，决定是否从轻及从轻的幅度，确保罪责刑相适应。坦白的具体情形，是指如实供述自己罪行的动机、阶段、真实性、完整性和稳定性程度，坦白在破获案件、证实犯罪中所起的作用大小等。

对于减轻型坦白，即因其如实供述自己罪行，避免特别严重后果发生的，可以减轻处罚。坦白避免特别严重后果发生，是指特别严重的后果必然或者极有可能发生，因为犯罪嫌疑人的坦白行为而使之没有发生。[1]例如，犯罪分子在某单位食堂的饭菜中投入了大剂量毒药，在其被抓获后，因为如实供述了毒药的去向，公安机关得以迅速销毁，从而未发生大批人员伤亡的严重后果，就属于坦白避免特别严重后果发生的情形。“特别严重的后果”，一般是指重大人员伤亡、重大财产损失、特别恶劣的政治和社会影响等。实践中，对于减轻型坦白，是否减轻处罚以及减轻的幅度，同样需要结合具体案情及坦白的时间、价值等方面作出判断。

需要注意的是，对于减轻型坦白，首先应考虑是否需要减轻处罚，如从轻处罚即可实现罪责刑相适应的，就没有必要减轻处罚。当然，特殊情形下也可能既不需要减轻处罚也不需要从轻处罚，即可实现罪责刑相适应。

---

〔1〕 张军主编：《〈刑法修正案（八）〉条文及配套司法解释理解与适用》，人民法院出版社2011年版，第89页。

（四）交代办案机关尚未掌握的同种余罪的性质

1998年《最高人民法院关于处理自首和立功具体应用法律若干问题的解释》第四条规定："被采取强制措施的犯罪嫌疑人、被告人和已宣判的罪犯，如实供述司法机关尚未掌握的罪行，与司法机关已掌握的或者判决确定的罪行属同种罪行的，可以酌情从轻处罚；如实供述的同种罪行较重的，一般应当从轻处罚。"上述情况是否属于坦白？

笔者认为，因自首和坦白中的"如实供述自己的罪行"是指如实交代自己的主要犯罪事实，故交代办案机关尚未掌握的同种余罪如并非主要犯罪事实的，不为坦白，但其主动交代行为表明其愿意接受法律制裁，自愿认罪、真诚悔罪，同时也节约了一定的取证和证明犯罪的成本，因此可以酌情从轻处罚。但是，如果如实供述的同种罪行较重的，也就是交代的同种余罪属于主要犯罪事实的，实质上就是坦白。

六、揭发型立功的认定

根据《刑法》第六十八条的规定，犯罪分子有揭发他人犯罪行为，查证属实的，或者提供重要线索，从而得以侦破其他案件等立功表现的，可以从轻或者减轻处罚；有重大立功表现的，可以减轻或者免除处罚。

（一）揭发的犯罪已过追诉时效期限的仍构成立功

例如，2019年被告人王某揭发他人在1998年受贿200万元，后经查证属实，但该受贿事实已过追诉时效期限，[1]可否认定王某具有立功表现？对此，第一种意见认为，王某不构成立功。因为立功是检举揭发他人犯罪行为或者提供重要线索，从而侦破案件的。已过追诉时效期限的犯罪行为不再接受刑法评价，就不属于刑法规定的犯罪。故王某并未揭发他人犯罪行为，不能构成立

[1] 根据《刑法》及司法解释规定，如无司法解释规定的特定情节，受贿200万元应判处3年以上10年以下有期徒刑，并处罚金或者没收财产。再根据《刑法》第八十七条的规定，法定最高刑为10年以上有期徒刑的，经过15年不再追诉。被告人揭发的受贿犯罪距今已经20年，已过追诉时效期限，不再追诉。

功。第二种意见认为，依照2010年《最高人民法院关于处理自首和立功若干具体问题的意见》第六条第五款的规定，被告人检举揭发的人的行为构成犯罪，但因法定事由不追究刑事责任、不起诉、终止审理的，不影响对被告人立功表现的认定。根据《刑事诉讼法》第十六条的规定，“犯罪已过追诉时效期限”属于法定不追究刑事责任、不起诉、终止审理的事由。王某检举揭发的行为构成受贿罪，但因已过追诉时效期限不追诉，属于法定的不追究刑事责任的事由，其揭发行为构成立功。

笔者赞成第二种观点，即王某的行为构成立功。主要理由为：首先，尽管王某揭发的受贿事实因为已过追诉时效期限不再追诉，但不可否定其揭发的受贿行为客观上构成受贿罪，依照2010年《最高人民法院关于处理自首和立功若干具体问题的意见》第六条第五款和《刑事诉讼法》第十六条的规定，不影响对其立功表现的认定。其次，从立法精神看，已过追诉时效期限不追究刑事责任的前提是该行为属于犯罪行为，只是基于刑事政策的考虑不再追究，并非该行为本来不是犯罪。尽管被揭发的犯罪行为已过追诉时效期限，但通过揭发破获了案件，清除了积案，对社会仍然是有益的。

（二）揭发下属受贿犯罪行为构成立功

例如，吴某原系国企总裁，其到案后向办案机关揭发下属部门或者子公司相关人员的受贿犯罪行为，并经查证属实。对此，吴某称其线索源于相关行贿人员的告知，即相关行贿人在向其行贿过程中亦告知其下属收受回扣等事宜。有观点认为，吴某对其下属具有监管职责，其据以立功的线索源于监管工作，不能认定为立功。

笔者认为，吴某揭发下属受贿犯罪行为构成立功。根据2009年“两高”《关于办理职务犯罪案件认定自首、立功等量刑情节若干问题的意见》的规定，据以立功的线索、材料来源有下列情形之一的，不能认定为立功：（1）本人通过非法手段或者非法途径获取的；（2）本人因原担任的查禁犯罪等职务获取的；（3）他人违反监管规定向犯罪分子提供的；（4）负有查禁犯罪活动职责的国家机关工作人员或者其他国家工作人员利用职务便利提供的。本案中，吴某系国企总裁，虽其对下属公司或者部门中的工作人员具有一定的监管责任，但这种监管责任与刑法意义上判断立功线索来源时所讲的“查禁犯罪等职务”不能等同，即吴某揭发的他人受贿犯罪行为的线索，并非其利用担任查禁犯罪等职务而获取，也并非通过非法手段和非法途径获取，吴某的行为符合立功的条件，构成立功。

（三）主动交代行贿行为致使受贿人构成受贿罪的是否构成立功

如果行贿人的行贿行为不构成行贿罪，其主动交代行贿行为，从而使受贿人的受贿犯罪事实得以侦破的，行贿人的行为符合立功的条件，构成立功。如果行贿人的行为构成行贿罪，且已被追诉的，对其主动交代的行贿行为，可以直接援引《刑法》第三百九十条第二款的规定，对行贿人的行贿罪可以从轻或者减轻处罚，其中犯罪较轻的，对侦破重大案件起关键作用的，或者有重大立功表现的，可以减轻或者免除处罚，即不能再认定行贿人构成立功。

根据《刑法》规定，具有立功表现的，可以从轻或者减轻处罚。有重大立功表现的，可以减轻或者免除处罚。2010年《最高人民法院关于处理自首和立功若干具体问题的意见》第八条同样规定，对于具有立功情节的被告人，一般应依法从轻、减轻处罚。但并不意味着一律从轻、减轻处罚。对于特殊情形下从轻、减轻处罚将导致罪责刑不相适应的，不予从轻、减轻处罚。实践中，对具有立功情节的被告人是否从宽处罚、从宽处罚的幅度，根据上述意见的规定，既要考虑其犯罪事实、犯罪性质、犯罪情节、危害后果、社会影响、被告人的主观恶性和人身危险性等，还要考虑检举揭发罪行的轻重、被检举揭发的人可能或者已经被判处的刑罚、提供的线索对侦破案件或者协助抓捕其他犯罪嫌疑人所起作用的大小等。

七、自首、坦白与刑法其他规定重合的条文援引

《刑法》第三百八十三条第三款规定：“犯第一款罪，在提起公诉前如实供

述自己的罪行、真诚悔罪、积极退赃，[1]避免、减少损害结果的发生，有第一项规定情形的，可以从轻、减轻或免除处罚；有第二项、第三项规定情形的，可以从轻处罚。”该规定明确了如实供述、退赃、避免损害结果发生等量刑情节在贪污受贿犯罪中适用从轻、减轻、免除处罚的标准，该条规定与《刑法》第六十七条第三款的规定有相重合的部分，如有“如实供述”情节的，既符合第六十七条第三款的规定，也符合第三百八十三条第三款的规定，在法律文书中如何引用这两个条款？

（一）自首、坦白与《刑法》第三百八十三条第三款重合时的条文援引

《刑法》第三百八十三条第三款的规定，涵盖了自首、坦白等情节，并且视情可以从轻、减轻或者免除处罚。因此，《刑法》第三百八十三条第三款所包含的自首、坦白规定与《刑法》第六十七条的规定重合。应该说，《刑法》第三百八十三条第三款是《刑法》第六十七条的特别规定，一般情况下适用特别规定即可。但是，《刑法》第三百八十三条第三款的规定比较笼统，如其中“在提起公诉前如实供述自己罪行”的情形，可能是自动投案后“如实供述自己罪行”的典型自首，可能是被动到案后“如实供述司法机关还未掌握的本人其他罪行”的余罪自首，也有可能是被动到案后“如实供述自己罪行”的坦白，还有可能既不是自首、坦白中的“如实供述自己罪行”，但属于认罪情节，而《刑法》第六十七条对典型自首、余罪自首和坦白的规定则更加明确具体。尤其是关于从宽处罚的规定，《刑法》第三百八十三条第三款仅概括性地规定可以从轻、减轻或者免除处罚，而《刑法》第六十七条则根据“如实供述自己罪行”的不同类型情形，具体规定了从轻、减轻或者免除处罚。因此，对典型自首、余罪自首和坦白情节的个案适用，仅引用《刑法》第三百八十三条第三款的规

---

〔1〕 值得注意的是，此处的积极退赃并不意味着全部退赃，对于积极退赃但仅退出部分赃款赃物，而非象征性退赃的，也属于积极退赃。虽然部分退赃不能避免损害结果的发生，但无疑减少了损害结果的发生，故应引用《刑法》第三百八十三条第三款的规定。当然，在量刑上对全部退赃和部分退赃应当体现差别。就部分退赃而言，对于能够全部退赃但仅退出部分赃款赃物和客观上只能退出部分赃款赃物的，也应当在量刑上体现差别。

定，尚欠缺明确具体，应同时引用《刑法》第六十七条第一款、第二款或者第三款，即同时符合的就同时引用两个条文。当然，对于同一情节引用两个条文，也只能评价一次。

当然，如果属于重合的情况，如毒品犯罪中的累犯和再犯，都是从重处罚，关于此时的法条引用，2015年《全国法院毒品犯罪审判工作座谈会纪要》（武汉纪要）明确，当行为符合法条规定的何种情形就引用该情形对应的法条，同时符合的就同时引用，但在量刑时要注意避免重复评价。

此外，《刑法》第三百九十二条第二款规定："介绍贿赂人在被追诉前主动交待介绍贿赂行为的，可以减轻处罚或者免除处罚"，这是介绍贿赂犯罪中的特殊型自首规定。比较《刑法》第三百九十二条第二款与第六十七条第一款，两者都规定的很具体，但前者从宽处罚的幅度要大，即两者关于自首从宽处罚的规定并不完全重合，鉴此，引用处罚更宽的第三百九十二条第二款，就无须再引用第六十七条第一款或者第二款。

（二）自首与《刑法》第三百九十条第二款的条文援引

《刑法修正案（九）》对行贿罪中的特殊自首降低了从宽处罚的幅度，较之《刑法》第三百九十条第二款与第六十七条第一款的规定，两者的前句话都是"可以从轻或者减轻处罚"，而后句话上体现了差异，如第三百九十条第二款规定存在"犯罪较轻的，对侦破重大案件起关键作用的，或者有重大立功表现的"三种情形之一的"可以减轻或者免除处罚"，第六十七条第一款规定"犯罪较轻的，可以免除处罚"。显然，第三百九十条第二款与第六十七条第一款、第二款的规定并不重合。鉴此，第一，特殊型自首无疑属于自首，如果裁量的是"从轻或者减轻处罚"，则两者重合，应同时引用。第二，如果对"犯罪较轻"的"减轻或者免除处罚"，两者重合，应同时引用。第三，"对侦破重大案件起关键作用的，或者有重大立功表现的"，如果选择减轻处罚，两者重合，应同时引用。如果选择"免除处罚"，如所犯的罪行较轻，两者重合，应同时引用；如果所犯罪行较重的，两者不重合，此时引用第三百九十条第二款即可。当然，对其中有重大立功表现的情况，如果选择“免除处罚”，还可以引用第六十八条立功的规定。

根据2016年“两高”《关于办理贪污贿赂刑事案件适用法律若干问题的解释》第十四条的规定，根据行贿犯罪的事实、情节，可能被判处三年有期徒刑以下刑罚的，可以认定为“犯罪较轻”。根据犯罪的事实、情节，已经或者可能被判处10年有期徒刑以上刑罚的，或者案件在本省、自治区、直辖市或者全国范围内有较大影响的，可以认定为“重大案件”。具有下列情形之一的，可以认定为“对侦破重大案件起关键作用”：(1)主动交待办案机关未掌握的重大案件线索的；(2)主动交待的犯罪线索不属于重大案件的线索，但该线索对于重大案件侦破有重要作用的；(3)主动交待行贿事实，对于重大案件的证据收集有重要作用的；(4)主动交待行贿事实，对于重大案件的追逃、追赃有重要作用的。

第八章　贪污贿赂罪定罪量刑标准表格

一、贪污、受贿等十罪定罪量刑标准表格

2016年“两高”《关于办理贪污贿赂刑事案件适用法律若干问题的解释》对贪污、受贿、挪用公款、行贿等十个罪名的定罪量刑标准作了具体规定，具体如下：

1.贪污罪、受贿罪（受贿罪依照贪污罪规定处罚，索贿的从重处罚）						
量刑	处三年以下有期徒刑或者拘役，并处罚金		处三年以上十年以下有期徒刑，并处罚金或没收财产		处十年以上有期徒刑、无期徒刑或者死刑，并处罚金或没收财产	
“数额+情节”标准	数额较大	其他较重情节	数额巨大	其他严重情节	数额特别巨大	其他特别严重情节
	≥3万<20万	≥1万<3万且贪污罪具有六种情节；受贿罪具有八种情节	≥20万<300万	≥10万<20万且贪污罪具有六种情节；受贿罪具有八种情节	≥300万	≥150万<300万且贪污罪具有六种情节；受贿罪具有八种情节
贪污、受贿数额特别巨大，犯罪情节特别严重、社会影响特别恶劣、给国家和人民利益造成特别重大损失的，可以判处死刑。 符合上述情节，但具有自首，立功，如实供述自己罪行、真诚悔罪、积极退赃，或者避免、减少损害结果的发生等情节，不是必须立即执行的，可以判处死刑缓期二年执行。 符合上述第一种情节，根据犯罪情节等情况可以判处死刑缓期二年执行，同时裁判决定在其死刑缓期执行二年期满依法减为无期徒刑后，终身监禁，不得减刑、假释						
★贪污具有“其他较重情节”“其他严重情节”“其他特别严重情节”的六种情形：（1）贪污救灾、抢险、防汛、优抚、扶贫、移民、救济、防疫、社会捐助等特定款物的；（2）曾因贪污、受贿、挪用公款受过党纪、行政处分的；（3）曾因故意犯罪受过刑事追究的；（4）赃款赃物用于非法活动的；（5）拒不交待赃款赃物去向或者拒不配合追缴工作，致使无法追缴的；（6）造成恶劣影响或者其他严重后果的。 受贿具有“其他较重情节”“其他严重情节”“其他特别严重情节”的八种情形：（1）曾因贪污、受贿、挪用公款受过党纪、行政处分的；（2）曾因故意犯罪受过刑事追究的；（3）赃款赃物用于非法活动的；（4）拒不交待赃款赃物去向或者拒不配合追缴工作，致使无法追缴的；（5）造成恶劣影响或者其他严重后果的；（6）多次索贿的；（7）为他人谋取不正当利益，致使公共财产、国家和人民利益遭受损失的；（8）为他人谋取职务提拔、调整的						

<table>
<tr><th colspan="7">2.挪用公款罪</th></tr>
<tr><td>量刑</td><td colspan="2">处五年以下有期徒刑或拘役</td><td colspan="2">处五年以上有期徒刑</td><td colspan="2">处十年以上有期徒刑或者无期徒刑</td></tr>
<tr><td rowspan="6">“数额+情节”标准</td><td rowspan="2">进行非法活动</td><td rowspan="2">进行营利活动或者超过三个月未还，数额较大</td><td colspan="2">情节严重</td><td colspan="2">数额巨大不退还</td></tr>
<tr><td>进行非法活动</td><td>进行营利活动或者超过三个月未还</td><td>进行非法活动</td><td>进行营利活动或者超过三个月未还</td></tr>
<tr><td rowspan="4">≥3万
＜100万</td><td rowspan="4">≥5万
＜200万</td><td>≥100万</td><td>≥200万</td><td rowspan="4">≥300万</td><td rowspan="4">≥500万</td></tr>
<tr><td>特定款物
≥50万
＜100万</td><td>特定款物
≥100万
＜200万</td></tr>
<tr><td>不退还
≥50万
＜100万</td><td>不退还
≥100万
＜200万</td></tr>
<tr><td>其他严重情节</td><td>其他严重情节</td></tr>
</table>

<table>
<tr><th colspan="11">3.行贿罪</th></tr>
<tr><td>量刑</td><td colspan="2">处五年以下有期徒刑或拘役，并处罚金</td><td colspan="4">处五年以上十年以下有期徒刑，并处罚金</td><td colspan="4">处十年以上有期徒刑或无期徒刑，并处罚金或没收财产</td></tr>
<tr><td rowspan="2">“数额+情节”标准</td><td rowspan="2">≥3万
＜100万</td><td rowspan="2">≥1万
＜3万
且具有六种情节</td><td colspan="3">情节严重</td><td>使国家利益遭受重大损失</td><td colspan="3">情节特别严重</td><td>使国家利益遭受特别重大损失</td></tr>
<tr><td>≥100万
＜500万</td><td>≥50万
＜100万且具有五种情节</td><td>其他严重情节</td><td>损失数额≥100万＜500万</td><td>≥500万</td><td>≥250万
＜500万且具有五种情节</td><td>其他特别严重情节</td><td>损失数额≥500万</td></tr>
<tr><td colspan="11">★行贿罪法定刑第一档的六种情节：（1）向三人以上行贿的；（2）将违法所得用于行贿的；（3）通过行贿谋取职务提拔、调整的；（4）向负有食品、药品、安全生产、环境保护等监督管理职责的国家工作人员行贿，实施非法活动的；（5）向司法工作人员行贿，影响司法公正的；（6）造成经济损失数额在50万元以上不满100万元的。
行贿罪法定刑第二档、第三档的五种情节：上述第（1）~（5）项规定的情形
★该罪与受贿罪的法定刑不同，相同的犯罪数额如100万元，对应该罪的主刑为五年至十年有期徒刑，而对应受贿罪的主刑为三年至十年有期徒刑，此时需注意量刑平衡，防止轻重倒挂</td></tr>
</table>

<table>
<tr><td colspan="7">4.利用影响力受贿罪
（参照受贿罪的规定执行）</td></tr>
<tr><td>量刑</td><td colspan="2">处三年以下有期徒刑或者拘役，并处罚金</td><td colspan="2">处三年以上七年以下有期徒刑，并处罚金</td><td colspan="2">处七年以上有期徒刑，并处罚金或者没收财产</td></tr>
<tr><td rowspan="2">“数额+情节”标准</td><td>数额较大</td><td>有其他较重情节</td><td>数额巨大</td><td>有其他严重情节</td><td>数额特别巨大</td><td>有其他特别严重情节</td></tr>
<tr><td>≥3万
<20万</td><td>≥1万
<3万
且具有特定情节</td><td>≥20万
<300万</td><td>≥10万
<20万且具有特定情节</td><td>≥300万</td><td>≥150万
<300万
且具有特定情节</td></tr>
</table>

<table>
<tr><td colspan="11">5.对有影响力的人行贿罪
（参照行贿罪的规定执行）</td></tr>
<tr><td>量刑</td><td colspan="2">处三年以下有期徒刑或者拘役，并处罚金</td><td colspan="4">处三年以上七年以下有期徒刑，并处罚金</td><td colspan="4">处七年以上十年以下有期徒刑，并处罚金或者没收财产</td></tr>
<tr><td rowspan="2">“数额+情节”标准</td><td rowspan="2">≥3万
<100万</td><td rowspan="2">≥1万
<3万
且具有特定情节</td><td colspan="3">情节严重</td><td>使国家利益遭受重大损失</td><td colspan="3">情节特别严重</td><td>使国家利益遭受特别重大损失</td></tr>
<tr><td>≥50万
<100万且具有特定情节</td><td>其他严重情节</td><td>损失数额≥100万
<500万</td><td>≥500万</td><td>≥250万
<500万且具有特定情节</td><td>其他特别严重情节</td><td>损失数额≥500万</td><td>损失数额≥500万</td></tr>
<tr><td colspan="11">单位对有影响力的人行贿数额在20万元以上的，对单位判处罚金，对其直接负责主管人员和其他直接责任人员，处三年以下有期徒刑或者拘役，并处罚金。“情节严重”“情节特别严重”标准同自然人对有影响力的人行贿的标准</td></tr>
</table>

<table>
<tr><th colspan="3">6.非国家工作人员受贿罪</th></tr>
<tr><td>量刑</td><td>处五年以下有期徒刑或者拘役</td><td>处五年以上有期徒刑，可以并处没收财产</td></tr>
<tr><td rowspan="2">数额标准</td><td>数额较大</td><td>数额巨大</td></tr>
<tr><td>≥6万<100万</td><td>≥100万</td></tr>
<tr><td colspan="3">★该罪与受贿罪的法定刑不同，相同的犯罪数额如100万元，对应该罪的主刑为五年以上有期徒刑，而对应受贿罪的主刑为三年至十年有期徒刑，此时需注意量刑平衡，防止轻重倒挂</td></tr>
</table>

<table>
<tr><th colspan="3">7.对非国家工作人员行贿罪</th></tr>
<tr><td>量刑</td><td>处三年以下有期徒刑或者拘役，并处罚金</td><td>处三年以上十年以下有期徒刑，并处罚金</td></tr>
<tr><td rowspan="2">数额标准</td><td>数额较大</td><td>数额巨大</td></tr>
<tr><td>≥6万<200万</td><td>≥200万</td></tr>
<tr><td colspan="3">★根据2010年《最高人民检察院、公安部关于公安机关管辖的刑事案件立案追诉标准的规定（二）》第十一条的规定，为谋取不正当利益，给予公司、企业或者其他单位的工作人员以财物，单位行贿数额在20万元以上的，应予立案追诉。“数额巨大”标准同自然人对非国家工作人员行贿的标准，即200万元以上为数额巨大</td></tr>
</table>

<table>
<tr><th colspan="3">8.职务侵占罪</th></tr>
<tr><td>量刑</td><td>处五年以下有期徒刑或者拘役</td><td>处五年以上有期徒刑，可以并处没收财产</td></tr>
<tr><td rowspan="2">数额标准</td><td>数额较大</td><td>数额巨大</td></tr>
<tr><td>≥6万<100万</td><td>≥100万</td></tr>
<tr><td colspan="3">★该罪与贪污罪的法定刑不同，相同的犯罪数额如100万元，对应该罪的主刑为五年以上有期徒刑，而对应贪污罪的主刑为三年至十年有期徒刑，此时需注意量刑平衡，防止轻重倒挂</td></tr>
</table>

<table>
<tr><th colspan="7">9.挪用资金罪</th></tr>
<tr><td>量刑</td><td colspan="2">处三年以下有期徒刑或者拘役</td><td colspan="4">处三年以上十年以下有期徒刑</td></tr>
<tr><td rowspan="3">“数额+情节”标准</td><td rowspan="2">进行非法活动</td><td rowspan="2">进行营利活动或者超过三个月未还，数额较大</td><td colspan="2">数额巨大</td><td colspan="2">数额较大不退还</td></tr>
<tr><td>进行非法活动</td><td>进行营利活动或者超过三个月未还</td><td>进行非法活动</td><td>进行营利活动或者超过三个月未还</td></tr>
<tr><td>≥6万<200万</td><td>≥10万<400万</td><td>≥200万</td><td>≥400万</td><td>≥100万</td><td>≥200万</td></tr>
<tr><td colspan="7">★挪用资金数额较大不退还，按照“挪用公款情节严重不退还”对应的数额标准规定的二倍执行。如果以数额较大“10万元”为标准，就可能导致挪用资金罪（轻罪）与职务侵占罪（重罪）罪刑轻重的倒挂</td></tr>
</table>

二、单位受贿、单位行贿等八罪立案标准表格

目前尚无司法解释对单位受贿、对单位行贿、介绍贿赂、单位行贿、巨额财产来源不明、隐瞒境外存款、私分国有资产、私分罚没财物等八罪的定罪量刑标准作出具体规定。关于八罪的立案标准，可参照1999年《最高人民检察院关于人民检察院直接受理立案侦查案件立案标准的规定（试行）》的相关规定，具体如下：

1.单位受贿罪	
量刑	情节严重的，对单位判处罚金，并对其直接负责的主管人员和其他直接责任人员，处五年以下有期徒刑或者拘役
立案标准	1.单位受贿数额在10万元以上的。 2.单位受贿数额不满10万元，但具有下列情形之一的： （1）故意刁难、要挟有关单位、个人，造成恶劣影响的； （2）强行索取财物的； （3）致使国家或者社会利益遭受重大损失的

2.对单位行贿罪	
量刑	处三年以下有期徒刑或者拘役，并处罚金
立案标准	1.个人行贿数额在10万元以上、单位行贿数额在20万元以上的。 2.个人行贿数额不满10万元、单位行贿数额在10万元以上不满20万元，但具有下列情形之一的： （1）为谋取非法利益而行贿的； （2）向三个以上单位行贿的； （3）向党政机关、司法机关、行政执法机关行贿的； （4）致使国家或者社会利益遭受重大损失的

3.介绍贿赂罪	
量刑	情节严重的，处三年以下有期徒刑或者拘役，并处罚金
立案标准	1.介绍个人向国家工作人员行贿，数额在2万元以上的；介绍单位向国家工作人员行贿，数额在20万元以上的； 2.介绍贿赂数额不满上述标准，但具有下列情形之一的： （1）为使行贿人获取非法利益而介绍贿赂的； （2）三次以上或者三人以上介绍贿赂的； （3）向党政领导、司法工作人员、行政执法人员介绍贿赂的； （4）致使国家或者社会利益遭受大损失的

4.单位行贿罪	
量刑	情节严重的，对单位判处罚金，并对其直接负责的主管人员和其他直接责任人员，处五年以下有期徒刑或者拘役，并处罚金
立案标准	1.单位行贿数额在20万元以上的； 2.单位为谋取不正当利益而行贿，数额在10万元以上不满20万元，但具有下列情形之一的： （1）为谋取非法利益而行贿的； （2）向三人以上行贿的； （3）向党政领导、司法工作人员、行政执法人员行贿的； （4）致使国家或者社会利益遭受重大损失的

5.巨额财产来源不明罪	
量刑	差额巨大的，可以责令该国家工作人员说明来源，不能说明来源的，差额部分以非法所得论，处五年以下有期徒刑或者拘役
立案标准	涉嫌巨额财产来源不明，数额在30万元以上的

6.隐瞒境外存款罪	
量刑	数额较大、隐瞒不报的，处二年以下有期徒刑或者拘役；情节较轻的，由其所在单位或者上级主管机关酌情给予行政处分
立案标准	涉嫌隐瞒境外存款，折合人民币数额在30万元以上的

7.私分国有资产罪	
量刑	数额较大的，对其直接负责的主管人员和其他直接责任人员，处三年以下有期徒刑或者拘役，并处或者单处罚金
立案标准	涉嫌私分国有资产，累计数额在10万元以上的

8.私分罚没财物罪	
量刑	数额较大的，对其直接负责的主管人员和其他直接责任人员，处三年以下有期徒刑或者拘役，并处或者单处罚金
立案标准	涉嫌私分罚没财物，累计数额在10万元以上

附录　贪污贿赂罪刑法条文、立法解释、司法解释及其他规范性文件

一、贪污贿赂罪刑法条文

第三百八十二条　【贪污罪】国家工作人员利用职务上的便利，侵吞、窃取、骗取或者以其他手段非法占有公共财物的，是贪污罪。

受国家机关、国有公司、企业、事业单位、人民团体委托管理、经营国有财产的人员，利用职务上的便利，侵吞、窃取、骗取或者以其他手段非法占有国有财物的，以贪污论。

与前两款所列人员勾结，伙同贪污的，以共犯论处。

第三百八十三条　【对犯贪污罪的处罚规定】对犯贪污罪的，根据情节轻重，分别依照下列规定处罚：

（一）贪污数额较大或者有其他较重情节的，处三年以下有期徒刑或者拘役，并处罚金。

（二）贪污数额巨大或者有其他严重情节的，处三年以上十年以下有期徒刑，并处罚金或者没收财产。

（三）贪污数额特别巨大或者有其他特别严重情节的，处十年以上有期徒刑或者无期徒刑，并处罚金或者没收财产；数额特别巨大，并使国家和人民利益遭受特别重大损失的，处无期徒刑或者死刑，并处没收财产。

对多次贪污未经处理的，按照累计贪污数额处罚。

犯第一款罪，在提起公诉前如实供述自己罪行、真诚悔罪、积极退赃，避免、减少损害结果的发生，有第一项规定情形的，可以从轻、减轻或者免除处罚；有第二项、第三项规定情形的，可以从轻处罚。

犯第一款罪，有第三项规定情形被判处死刑缓期执行的，人民法院根据犯罪情节等情况可以同时决定在其死刑缓期执行二年期满依法减为无期徒刑

后，终身监禁，不得减刑、假释。

第三百八十四条 【挪用公款罪】国家工作人员利用职务上的便利，挪用公款归个人使用，进行非法活动的，或者挪用公款数额较大、进行营利活动的，或者挪用公款数额较大、超过三个月未还的，是挪用公款罪，处五年以下有期徒刑或者拘役；情节严重的，处五年以上有期徒刑。挪用公款数额巨大不退还的，处十年以上有期徒刑或者无期徒刑。

挪用用于救灾、抢险、防汛、优抚、扶贫、移民、救济款物归个人使用的，从重处罚。

第三百八十五条 【受贿罪】国家工作人员利用职务上的便利，索取他人财物的，或者非法收受他人财物，为他人谋取利益的，是受贿罪。

国家工作人员在经济往来中，违反国家规定，收受各种名义的回扣、手续费，归个人所有的，以受贿论处。

第三百八十六条 【对犯受贿罪的处罚规定】对犯受贿罪的，根据受贿所得数额及情节，依照本法第三百八十三条的规定处罚。索贿的从重处罚。

第三百八十七条 【单位受贿罪】国家机关、国有公司、企业、事业单位、人民团体，索取、非法收受他人财物，为他人谋取利益，情节严重的，对单位判处罚金，并对其直接负责的主管人员和其他直接责任人员，处五年以下有期徒刑或者拘役。

前款所列单位，在经济往来中，在帐外暗中收受各种名义的回扣、手续费的，以受贿论，依照前款的规定处罚。

第三百八十八条 【受贿罪】国家工作人员利用本人职权或者地位形成的便利条件，通过其他国家工作人员职务上的行为，为请托人谋取不正当利益，索取请托人财物或者收受请托人财物的，以受贿论处。

第三百八十八条之一 【利用影响力受贿罪】国家工作人员的近亲属或者其他与该国家工作人员关系密切的人，通过该国家工作人员职务上的行为，或者利用该国家工作人员职权或者地位形成的便利条件，通过其他国家工作人员职务上的行为，为请托人谋取不正当利益，索取请托人财物或者收受请托人财物，数额较大或者有其他较重情节的，处三年以下有期徒刑或者拘役，并处罚金；数额巨大或者有其他严重情节的，处三年以上七年以下有期徒刑，并处罚金；数额特别巨大或者有其他特别严重情节的，处七年以上有期徒刑，并处罚金或者没收财产。

离职的国家工作人员或者其近亲属以及其他与其关系密切的人，利用该离职的国家工作人员原职权或者地位形成的便利条件实施前款行为的，依照前款的规定定罪处罚。

第三百八十九条　【行贿罪】为谋取不正当利益，给予国家工作人员以财物的，是行贿罪。

在经往来中，违反国家规定，给予国家工作人员以财物，数额较大的，或者违反国家规定，给予国家工作人员以各种名义的回扣、手续费的，以行贿论处。

因被勒索给予国家工作人员以财物，没有获得不正当利益的，不是行贿。

第三百九十条　【对犯行贿罪的处罚；关联行贿罪】对犯行贿罪的，处五年以下有期徒刑或者拘役，并处罚金；因行贿谋取不正当利益，情节严重的，或者使国家利益遭受重大损失的，处五年以上十年以下有期徒刑，并处罚金；情节特别严重的，或者使国家利益遭受特别重大损失的，处十年以上有期徒刑或者无期徒刑，并处罚金或者没收财产。

行贿人在被追诉前主动交待行贿行为的，可以从轻或者减轻处罚。其中，犯罪较轻的，对侦破重大案件起关键作用的，或者有重大立功表现的，可以减轻或者免除处罚。

第三百九十条之一　【对有影响力的人行贿罪】为谋取不正当利益，向国家工作人员的近亲属或者其他与该国家工作人员关系密切的人，或者向离职的国家工作人员或者其近亲属以及其他与其关系密切的人行贿的，处三年以下有期徒刑或者拘役，并处罚金；情节严重的，或者使国家利益遭受重大损失的，处三年以上七年以下有期徒刑，并处罚金；情节特别严重的，或者使国家利益遭受特别重大损失的，处七年以上十年以下有期徒刑，并处罚金。

单位犯前款罪的，对单位判处罚金，并对其直接负责的主管人员和其他直接责任人员，处三年以下有期徒刑或者拘役，并处罚金。

第三百九十一条　【对单位行贿罪】为谋取不正当利益，给予国家机关、国有公司、企业、事业单位、人民团体以财物的，或者在经济往来中，违反国家规定，给予各种名义的回扣、手续费的，处三年以下有期徒刑或者拘役，并处罚金。

单位犯前款罪的，对单位判处罚金，并对其直接负责的主管人员和其他直接责任人员，依照前款的规定处罚。

第三百九十二条 【介绍贿赂罪】向国家工作人员介绍贿赂，情节严重的，处三年以下有期徒刑或者拘役，并处罚金。

介绍贿赂人在被追诉前主动交待介绍贿赂行为的，可以减轻处罚或者免除处罚。

第三百九十三条 【单位行贿罪】单位为谋取不正当利益而行贿，或者违反国家规定，给予国家工作人员以回扣、手续费，情节严重的，对单位判处罚金，并对其直接负责的主管人员和其他直接责任人员，处五年以下有期徒刑或者拘役，并处罚金。因行贿取得的违法所得归个人所有的，依照本法第三百八十九条、第三百九十条的规定定罪处罚。

第三百九十四条 【贪污罪】国家工作人员在国内公务活动或者对外交往中接受礼物，依照国家规定应当交公而不交公，数额较大的，依照本法第三百八十二条、第三百八十三条的规定定罪处罚。

第三百九十五条 【巨额财产来源不明罪；隐瞒境外存款罪】国家工作人员的财产、支出明显超过合法收入，差额巨大的，可以责令该国家工作人员说明来源，不能说明来源的，差额部分以非法所得论，处五年以下有期徒刑或者拘役；差额特别巨大的，处五年以上十年以下有期徒刑。财产的差额部分予以追缴。

国家工作人员在境外的存款，应当依照国家规定申报。数额较大、隐瞒不报的，处二年以下有期徒刑或者拘役；情节较轻的，由其所在单位或者上级主管机关酌情给予行政处分。

第三百九十六条 【私分国有资产罪；私分罚没财物罪】国家机关、国有公司、企业、事业单位、人民团体，违反国家规定，以单位名义将国有资产集体私分给个人，数额较大的，对其直接负责的主管人员和其他直接责任人员，处三年以下有期徒刑或者拘役，并处或者单处罚金；数额巨大的，处三年以上七年以下有期徒刑，并处罚金。

司法机关、行政执法机关违反国家规定，将应当上缴国家的罚没财物，以单位名义集体私分给个人的，依照前款的规定处罚。

二、贪污贿赂罪立法解释

1.全国人民代表大会常务委员会关于《中华人民共和国刑法》第九十三条第二款的解释（2000年4月29日）

全国人民代表大会常务委员会讨论了村民委员会等村基层组织人员在从事哪些工作时属于刑法第九十三条第二款规定的“其他依照法律从事公务的人员”，解释如下：

村民委员会等村基层组织人员协助人民政府从事下列行政管理工作时，属于刑法第九十三条第二款规定的“其他依照法律从事公务的人员”：

（一）救灾、抢险、防汛、优抚、扶贫、移民、救济款物的管理；

（二）社会捐助公益事业款物的管理；

（三）国有土地的经营和管理；

（四）土地征用补偿费用的管理（已修改为土地征收、征用补偿费用的管理）；[1]

（五）代征、代缴税款；

（六）有关计划生育、户籍、征兵工作；

（七）协助人民政府从事的其他行政管理工作。

村民委员会等村基层组织人员从事前款规定的公务，利用职务上的便利，非法占有公共财物、挪用公款、索取他人财物或者非法收受他人财物，构成犯罪的，适用刑法第三百八十二条和第三百八十三条贪污罪、第三百八十四条挪用公款罪、第三百八十五条和第三百八十六条受贿罪的规定。

---

〔1〕 根据2009年《全国人民代表大会常务委员会关于修改部分法律的决定》第二条的规定，将《全国人民代表大会常务委员会关于〈中华人民共和国刑法〉第九十三条第二款的解释》中的“征用”修改为“征收、征用”。

2.全国人民代表大会常务委员会关于《中华人民共和国刑法》第三百八十四条第一款的解释(2002年4月28日)

全国人民代表大会常务委员会讨论了刑法第三百八十四条第一款规定的国家工作人员利用职务上的便利,挪用公款"归个人使用"的含义问题,解释如下:

有下列情形之一的,属于挪用公款"归个人使用":

(一)将公款供本人、亲友或者其他自然人使用的;

(二)以个人名义将公款供其他单位使用的;

(三)个人决定以单位名义将公款供其他单位使用,谋取个人利益的。

三、贪污贿赂罪司法解释及其他规范性文件

1.最高人民法院、最高人民检察院关于办理贪污贿赂刑事案件适用法律若干问题的解释(2016年4月18日)

为依法惩治贪污贿赂犯罪活动,根据刑法有关规定,现就办理贪污贿赂刑事案件适用法律的若干问题解释如下:

第一条 贪污或者受贿数额在三万元以上不满二十万元的,应当认定为刑法第三百八十三条第一款规定的"数额较大",依法判处三年以下有期徒刑或者拘役,并处罚金。

贪污数额在一万元以上不满三万元,具有下列情形之一的,应当认定为刑法第三百八十三条第一款规定的"其他较重情节",依法判处三年以下有期徒刑或者拘役,并处罚金:

(一)贪污救灾、抢险、防汛、优抚、扶贫、移民、救济、防疫、社会捐助等特定款物的;

(二)曾因贪污、受贿、挪用公款受过党纪、行政处分的;

(三)曾因故意犯罪受过刑事追究的;

(四)赃款赃物用于非法活动的;

(五)拒不交待赃款赃物去向或者拒不配合追缴工作,致使无法追缴的;

(六)造成恶劣影响或者其他严重后果的。

受贿数额在一万元以上不满三万元，具有前款第二项至第六项规定的情形之一，或者具有下列情形之一的，应当认定为刑法第三百八十三条第一款规定的“其他较重情节”，依法判处三年以下有期徒刑或者拘役，并处罚金：

（一）多次索贿的；

（二）为他人谋取不正当利益，致使公共财产、国家和人民利益遭受损失的；

（三）为他人谋取职务提拔、调整的。

第二条 贪污或者受贿数额在二十万元以上不满三百万元的，应当认定为刑法第三百八十三条第一款规定的“数额巨大”，依法判处三年以上十年以下有期徒刑，并处罚金或者没收财产。

贪污数额在十万元以上不满二十万元，具有本解释第一条第二款规定的情形之一的，应当认定为刑法第三百八十三条第一款规定的“其他严重情节”，依法判处三年以上十年以下有期徒刑，并处罚金或者没收财产。

受贿数额在十万元以上不满二十万元，具有本解释第一条第三款规定的情形之一的，应当认定为刑法第三百八十三条第一款规定的“其他严重情节”，依法判处三年以上十年以下有期徒刑，并处罚金或者没收财产。

第三条 贪污或者受贿数额在三百万元以上的，应当认定为刑法第三百八十三条第一款规定的“数额特别巨大”，依法判处十年以上有期徒刑、无期徒刑或者死刑，并处罚金或者没收财产。

贪污数额在一百五十万元以上不满三百万元，具有本解释第一条第二款规定的情形之一的，应当认定为刑法第三百八十三条第一款规定的“其他特别严重情节”，依法判处十年以上有期徒刑、无期徒刑或者死刑，并处罚金或者没收财产。

受贿数额在一百五十万元以上不满三百万元，具有本解释第一条第三款规定的情形之一的，应当认定为刑法第三百八十三条第一款规定的“其他特别严重情节”，依法判处十年以上有期徒刑、无期徒刑或者死刑，并处罚金或者没收财产。

第四条 贪污、受贿数额特别巨大，犯罪情节特别严重、社会影响特别恶劣、给国家和人民利益造成特别重大损失的，可以判处死刑。

符合前款规定的情形，但具有自首，立功，如实供述自己罪行、真诚悔罪、积极退赃，或者避免、减少损害结果的发生等情节，不是必须立即执行的，可以判处死刑缓期二年执行。

符合第一款规定情形的，根据犯罪情节等情况可以判处死刑缓期二年执行，同时裁判决定在其死刑缓期执行二年期满依法减为无期徒刑后，终身监禁，不得减刑、假释。

第五条 挪用公款归个人使用，进行非法活动，数额在三万元以上的，应当依照刑法第三百八十四条的规定以挪用公款罪追究刑事责任；数额在三百万元以上的，应当认定为刑法第三百八十四条第一款规定的“数额巨大”。具有下列情形之一的，应当认定为刑法第三百八十四条第一款规定的“情节严重”：

（一）挪用公款数额在一百万元以上的；

（二）挪用救灾、抢险、防汛、优抚、扶贫、移民、救济特定款物，数额在五十万元以上不满一百万元的；

（三）挪用公款不退还，数额在五十万元以上不满一百万元的；

（四）其他严重的情节。

第六条 挪用公款归个人使用，进行营利活动或者超过三个月未还，数额在五万元以上的，应当认定为刑法第三百八十四条第一款规定的“数额较大”；数额在五百万元以上的，应当认定为刑法第三百八十四条第一款规定的“数额巨大”。具有下列情形之一的，应当认定为刑法第三百八十四条第一款规定的“情节严重”：

（一）挪用公款数额在二百万元以上的；

（二）挪用救灾、抢险、防汛、优抚、扶贫、移民、救济特定款物，数额在一百万元以上不满二百万元的；

（三）挪用公款不退还，数额在一百万元以上不满二百万元的；

（四）其他严重的情节。

第七条 为谋取不正当利益，向国家工作人员行贿，数额在三万元以上的，应当依照刑法第三百九十条的规定以行贿罪追究刑事责任。

行贿数额在一万元以上不满三万元，具有下列情形之一的，应当依照刑法第三百九十条的规定以行贿罪追究刑事责任：

（一）向三人以上行贿的；

（二）将违法所得用于行贿的；

（三）通过行贿谋取职务提拔、调整的；

（四）向负有食品、药品、安全生产、环境保护等监督管理职责的国家工作人员行贿，实施非法活动的；

（五）向司法工作人员行贿，影响司法公正的；

（六）造成经济损失数额在五十万元以上不满一百万元的。

第八条　犯行贿罪，具有下列情形之一的，应当认定为刑法第三百九十条第一款规定的“情节严重”：

（一）行贿数额在一百万元以上不满五百万元的；

（二）行贿数额在五十万元以上不满一百万元，并具有本解释第七条第二款第一项至第五项规定的情形之一的；

（三）其他严重的情节。

为谋取不正当利益，向国家工作人员行贿，造成经济损失数额在一百万元以上不满五百万元的，应当认定为刑法第三百九十条第一款规定的“使国家利益遭受重大损失”。

第九条　犯行贿罪，具有下列情形之一的，应当认定为刑法第三百九十条第一款规定的“情节特别严重”：

（一）行贿数额在五百万元以上的；

（二）行贿数额在二百五十万元以上不满五百万元，并具有本解释第七条第二款第一项至第五项规定的情形之一的；

（三）其他特别严重的情节。

为谋取不正当利益，向国家工作人员行贿，造成经济损失数额在五百万元以上的，应当认定为刑法第三百九十条第一款规定的“使国家利益遭受特别重大损失”。

第十条 刑法第三百八十八条之一规定的利用影响力受贿罪的定罪量刑适用标准,参照本解释关于受贿罪的规定执行。

刑法第三百九十条之一规定的对有影响力的人行贿罪的定罪量刑适用标准,参照本解释关于行贿罪的规定执行。

单位对有影响力的人行贿数额在二十万元以上的,应当依照刑法第三百九十条之一的规定以对有影响力的人行贿罪追究刑事责任。

第十一条 刑法第一百六十三条规定的非国家工作人员受贿罪、第二百七十一条规定的职务侵占罪中的"数额较大""数额巨大"的数额起点,按照本解释关于受贿罪、贪污罪相对应的数额标准规定的二倍、五倍执行。

刑法第二百七十二条规定的挪用资金罪中的"数额较大""数额巨大"以及"进行非法活动"情形的数额起点,按照本解释关于挪用公款罪"数额较大""情节严重"以及"进行非法活动"的数额标准规定的二倍执行。

刑法第一百六十四条第一款规定的对非国家工作人员行贿罪中的"数额较大""数额巨大"的数额起点,按照本解释第七条、第八条第一款关于行贿罪的数额标准规定的二倍执行。

第十二条 贿赂犯罪中的"财物",包括货币、物品和财产性利益。财产性利益包括可以折算为货币的物质利益如房屋装修、债务免除等,以及需要支付货币的其他利益如会员服务、旅游等。后者的犯罪数额,以实际支付或者应当支付的数额计算。

第十三条 具有下列情形之一的,应当认定为"为他人谋取利益",构成犯罪的,应当依照刑法关于受贿犯罪的规定定罪处罚:

(一)实际或者承诺为他人谋取利益的;

(二)明知他人有具体请托事项的;

(三)履职时未被请托,但事后基于该履职事由收受他人财物的。

国家工作人员索取、收受具有上下级关系的下属或者具有行政管理关系的被管理人员的财物价值三万元以上,可能影响职权行使的,视为承诺为他人谋取利益。

第十四条 根据行贿犯罪的事实、情节,可能被判处三年有期徒刑以下刑罚的，可以认定为刑法第三百九十条第二款规定的“犯罪较轻”。

根据犯罪的事实、情节，已经或者可能被判处十年有期徒刑以上刑罚的，或者案件在本省、自治区、直辖市或者全国范围内有较大影响的，可以认定为刑法第三百九十条第二款规定的“重大案件”。

具有下列情形之一的，可以认定为刑法第三百九十条第二款规定的“对侦破重大案件起关键作用”：

（一）主动交待办案机关未掌握的重大案件线索的；

（二）主动交待的犯罪线索不属于重大案件的线索，但该线索对于重大案件侦破有重要作用的；

（三）主动交待行贿事实，对于重大案件的证据收集有重要作用的；

（四）主动交待行贿事实，对于重大案件的追逃、追赃有重要作用的。

第十五条　对多次受贿未经处理的，累计计算受贿数。

国家工作人员利用职务上的便利为请托人谋取利益前后多次收受请托人财物，受请托之前收受的财物数额在一万元以上的，应当一并计入受贿数额。

第十六条　国家工作人员出于贪污、受贿的故意，非法占有公共财物、收受他人财物之后，将赃款赃物用于单位公务支出或者社会捐赠的，不影响贪污罪、受贿罪的认定，但量刑时可以酌情考虑。

特定关系人索取、收受他人财物，国家工作人员知道后未退还或者上交的，应当认定国家工作人员具有受贿故意。

第十七条　国家工作人员利用职务上的便利，收受他人财物，为他人谋取利益，同时构成受贿罪和刑法分则第三章第三节、第九章规定的渎职犯罪的，除刑法另有规定外，以受贿罪和渎职犯罪数罪并罚。

第十八条　贪污贿赂犯罪分子违法所得的一切财物，应当依照刑法第六十四条的规定予以追缴或者责令退赔，对被害人的合法财产应当及时返还。对尚未追缴到案或者尚未足额退赔的违法所得，应当继续追缴或者责令退赔。

第十九条　对贪污罪、受贿罪判处三年以下有期徒刑或者拘役的，应当并处十万元以上五十万元以下的罚金；判处三年以上十年以下有期徒刑的，应当并处二十万元以上犯罪数额二倍以下的罚金或者没收财产；判处十年以上有期徒刑或者无期徒刑的，应当并处五十万元以上犯罪数额二倍以下的罚金或者没收财产。

对刑法规定并处罚金的其他贪污贿赂犯罪，应当在十万元以上犯罪数额二倍以下判处罚金。

第二十条 本解释自2016年4月18日起施行。最高人民法院、最高人民检察院此前发布的司法解释与本解释不一致的，以本解释为准。

2.全国法院审理经济犯罪案件工作座谈会纪要（2003年11月13日）

为了进一步加强人民法院审判经济犯罪案件工作，最高人民法院于2002年6月4日至6日在重庆市召开了全国法院审理经济犯罪案件工作座谈会。各省、自治区、直辖市高级人民法院和解放军军事法院主管刑事审判工作的副院长和刑庭庭长参加了座谈会，全国人大常委会法制工作委员会、最高人民检察院、公安部也应邀派员参加了座谈会。座谈会总结了刑法和刑事诉讼法修订实施以来人民法院审理经济犯罪案件工作的情况和经验，分析了审理经济犯罪案件工作面临的形势和任务，对当前和今后一个时期进一步加强人民法院审判经济犯罪案件的工作做了部署。座谈会重点讨论了人民法院在审理贪污贿赂和渎职犯罪案件中遇到的有关适用法律的若干问题，并就其中一些带有普遍性的问题形成了共识。经整理并征求有关部门的意见，纪要如下：

一、关于贪污贿赂犯罪和渎职犯罪的主体

（一）国家机关工作人员的认定

刑法中所称的国家机关工作人员，是指在国家机关中从事公务的人员，包括在各级国家权力机关、行政机关、司法机关和军事机关中从事公务的人员。

根据有关立法解释的规定，在依照法律、法规规定行使国家行政管理职权的组织中从事公务的人员，或者在受国家机关委托代表国家行使职权的组织中从事公务的人员，或者虽未列入国家机关人员编制但在国家机关中从事公务的人员，视为国家机关工作人员。在乡（镇）以上中国共产党机关、人民政协机关中从事公务的人员，司法实践中也应当视为国家机关工作人员。

（二）国家机关、国有公司、企业、事业单位委派到非国有公司、企业、事业

单位、社会团体从事公务的人员的认定

所谓委派，即委任、派遣，其形式多种多样，如任命、指派、提名、批准等。不论被委派的人身份如何，只要是接受国家机关、国有公司、企业、事业单位委派，代表国家机关、国有公司、企业、事业单位在非国有公司、企业、事业单位、社会团体中从事组织、领导、监督、管理等工作，都可以认定为国家机关、国有公司、企业、事业单位委派到非国有公司、企业、事业单位、社会团体从事公务的人员。如国家机关、国有公司、企业、事业单位委派在国有控股或者参股的股份有限公司从事组织、领导、监督、管理等工作的人员，应当以国家工作人员论。国有公司、企业改制为股份有限公司后，原国有公司、企业的工作人员和股份有限公司新任命的人员中，除代表国有投资主体行使监督、管理职权的人外，不以国家工作人员论。

（三）“其他依照法律从事公务的人员”的认定

刑法第九十三条第二款规定的“其他依照法律从事公务的人员”应当具有两个特征：一是在特定条件下行使国家管理职能；二是依照法律规定从事公务。具体包括：（1）依法履行职责的各级人民代表大会代表；（2）依法履行审判职责的人民陪审员；（3）协助乡镇人民政府、街道办事处从事行政管理工作的村民委员会、居民委员会等农村和城市基层组织人员；（4）其他由法律授权从事公务的人员。

（四）关于“从事公务”的理解

从事公务，是指代表国家机关、国有公司、企业、事业单位、人民团体等履行组织、领导、监督、管理等职责。公务主要表现为与职权相联系的公共事务以及监督、管理国有财产的职务活动。如国家机关工作人员依法履行职责，国有公司的董事、经理、监事、会计、出纳人员等管理、监督国有财产等活动，属于从事公务。那些不具备职权内容的劳务活动、技术服务工作，如售货员、售票员等所从事的工作，一般不认为是公务。

二、关于贪污罪

（一）贪污罪既遂与未遂的认定

贪污罪是一种以非法占有为目的的财产性职务犯罪，与盗窃、诈骗、抢夺等侵犯财产罪一样，应当以行为人是否实际控制财物作为区分贪污罪既遂与未遂的标准。对于行为人利用职务上的便利，实施了虚假平帐等贪污行为，但公共财物尚未实际转移，或者尚未被行为人控制就被查获的，应当认定为贪污未遂。行为人控制公共财物后，是否将财物据为己有，不影响贪污既遂的认定。

（二）“受委托管理、经营国有财产”的认定

刑法第三百八十二条第二款规定的“受委托管理、经营国有财产”，是指因承包、租赁、临时聘用等管理、经营国有财产。

（三）国家工作人员与非国家工作人员勾结共同非法占有单位财物行为的认定

对于国家工作人员与他人勾结，共同非法占有单位财物的行为，应当按照《最高人民法院关于审理贪污、职务侵占案件如何认定共同犯罪几个问题的解释》的规定定罪处罚。对于在公司、企业或者其他单位中，非国家工作人员与国家工作人员勾结，分别利用各自的职务便利，共同将本单位财物非法占有的，应当尽量区分主从犯，按照主犯的犯罪性质定罪。司法实践中，如果根据案件的实际情况，各共同犯罪人在共同犯罪中的地位、作用相当，难以区分主从犯的，可以贪污罪定罪处罚。

（四）共同贪污犯罪中“个人贪污数额”的认定

刑法第三百八十三条第一款规定的“个人贪污数额”，在共同贪污犯罪案件中应理解为个人所参与或者组织、指挥共同贪污的数额，不能只按个人实际分得的赃款数额来认定。对共同贪污犯罪中的从犯，应当按照其所参与的共同贪污的数额确定量刑幅度，并依照刑法第二十七条第二款的规定，从轻、减轻处罚或者免除处罚。

三、关于受贿罪

（一）关于“利用职务上的便利”的认定

刑法第三百八十五条第一款规定的“利用职务上的便利”，既包括利用本人职务上主管、负责、承办某项公共事务的职权，也包括利用职务上有隶属、制约关系的其他国家工作人员的职权。担任单位领导职务的国家工作人员通过不属自己主管的下级部门的国家工作人员的职务为他人谋取利益的，应当

认定为“利用职务上的便利”为他人谋取利益。

（二）“为他人谋取利益”的认定

为他人谋取利益包括承诺、实施和实现三个阶段的行为。只要具有其中一个阶段的行为，如国家工作人员收受他人财物时，根据他人提出的具体请托事项，承诺为他人谋取利益的，就具备了为他人谋取利益的要件。明知他人有具体请托事项而收受其财物的，视为承诺为他人谋取利益。

（三）“利用职权或地位形成的便利条件”的认定

刑法第三百八十八条规定的“利用本人职权或者地位形成的便利条件”，是指行为人与被其利用的国家工作人员之间在职务上虽然没有隶属、制约关系，但是行为人利用了本人职权或者地位产生的影响和一定的工作联系，如单位内不同部门的国家工作人员之间、上下级单位没有职务上隶属、制约关系的国家工作人员之间、有工作联系的不同单位的国家工作人员之间等。

（四）离职国家工作人员收受财物行为的处理

参照《最高人民法院关于国家工作人员利用职务上的便利为他人谋取利益离退休后收受财物行为如何处理问题的批复》规定的精神，国家工作人员利用职务上的便利为请托人谋取利益，并与请托人事先约定，在其离职后收受请托人财物，构成犯罪的，以受贿罪定罪处罚。

（五）共同受贿犯罪的认定

根据刑法关于共同犯罪的规定，非国家工作人员与国家工作人员勾结，伙同受贿的，应当以受贿罪的共犯追究刑事责任。非国家工作人员是否构成受贿罪共犯，取决于双方有无共同受贿的故意和行为。国家工作人员的近亲属向国家工作人员代为转达请托事项，收受请托人财物并告知该国家工作人员，或者国家工作人员明知其近亲属收受了他人财物，仍按照近亲属的要求利用职权为他人谋取利益的，对该国家工作人员应认定为受贿罪，其近亲属以受贿罪共犯论处。近亲属以外的其他人与国家工作人员通谋，由国家工作人员利用职务上的便利为请托人谋取利益，收受请托人财物后双方共同占有的，构成受贿罪共犯。国家工作人员利用职务上的便利为他人谋取利益，并指定他人将财物送给其他人，构成犯罪的，应以受贿罪定罪处罚。

（六）以借款为名索取或者非法收受财物行为的认定

国家工作人员利用职务上的便利，以借为名向他人索取财物，或者非法收受财物为他人谋取利益的，应当认定为受贿。具体认定时，不能仅仅看是否有书面借款手续，应当根据以下因素综合判定：（1）有无正当、合理的借款事由；（2）款项的去向；（3）双方平时关系如何、有无经济往来；（4）出借方是否要求国家工作人员利用职务上的便利为其谋取利益；（5）借款后是否有归还的意思表示及行为；（6）是否有归还的能力；（7）未归还的原因；等等。

（七）涉及股票受贿案件的认定

在办理涉及股票的受贿案件时，应当注意：（1）国家工作人员利用职务上的便利，索取或非法收受股票，没有支付股本金，为他人谋取利益，构成受贿罪的，其受贿数额按照收受股票时的实际价格计算。（2）行为人支付股本金而购买较有可能升值的股票，由于不是无偿收受请托人财物，不以受贿罪论处。（3）股票已上市且已升值，行为人仅支付股本金，其"购买"股票时的实际价格与股本金的差价部分应认定为受贿。

四、关于挪用公款罪

（一）单位决定将公款给个人使用行为的认定

经单位领导集体研究决定将公款给个人使用，或者单位负责人为了单位的利益，决定将公款给个人使用的，不以挪用公款罪定罪处罚。上述行为致使单位遭受重大损失，构成其他犯罪的，依照刑法的有关规定对责任人员定罪处罚。

（二）挪用公款供其他单位使用行为的认定

根据全国人大常委会《关于〈中华人民共和国刑法〉第三百八十四条第一款的解释》的规定，"以个人名义将公款供其他单位使用的"、"个人决定以单位名义将公款供其他单位使用，谋取个人利益的"，属于挪用公款"归个人使用"。在司法实践中，对于将公款供其他单位使用的，认定是否属于"以个人名义"，不能只看形式，要从实质上把握。对于行为人逃避财务监管，或者与使用人约定以个人名义进行，或者借款、还款都以个人名义进行，将公款给其他单位使用的，应认定为"以个人名义"。"个人决定"既包括行为人在职权范围内决定，也包括超越职权范围决定。"谋取个人利益"，既包括行为人与使用人事先约定谋取个人利益实际尚未获取的情况，也包括虽未事先约定但实际已获取了个人利益的情况。其中的“个人利益”，既包括不正当利益，也包括正当利益；既包括财产性利益，也包括非财产性利益，但这种非财产性利益应当是具体的实际利益，如升学、就业等。

（三）国有单位领导向其主管的具有法人资格的下级单位借公款归个人使用的认定

国有单位领导利用职务上的便利指令具有法人资格的下级单位将公款供个人使用的，属于挪用公款行为，构成犯罪的，应以挪用公款罪定罪处罚。

（四）挪用有价证券、金融凭证用于质押行为性质的认定

挪用金融凭证、有价证券用于质押，使公款处于风险之中，与挪用公款为他人提供担保没有实质的区别，符合刑法关于挪用公款罪规定的，以挪用公款罪定罪处罚，挪用公款数额以实际或者可能承担的风险数额认定。

（五）挪用公款归还个人欠款行为性质的认定

挪用公款归还个人欠款的，应当根据产生欠款的原因，分别认定属于挪用公款的何种情形。归还个人进行非法活动或者进行营利活动产生的欠款，应当认定为挪用公款进行非法活动或者进行营利活动。

（六）挪用公款用于注册公司、企业行为性质的认定

申报注册资本是为进行生产经营活动作准备，属于成立公司、企业进行营利活动的组成部分。因此，挪用公款归个人用于公司、企业注册资本验资证明的，应当认定为挪用公款进行营利活动。

（七）挪用公款后尚未投入实际使用的行为性质的认定

挪用公款后尚未投入实际使用的，只要同时具备“数额较大”和“超过三个月未还”的构成要件，应当认定为挪用公款罪，但可以酌情从轻处罚。

（八）挪用公款转化为贪污的认定

挪用公款罪与贪污罪的主要区别在于行为人主观上是否具有非法占有公款的目的。挪用公款是否转化为贪污，应当按照主客观相一致的原则，具体判断和认定行为人主观上是否具有非法占有公款的目的。在司法实践中，具有以下情形之一的，可以认定行为人具有非法占有公款的目的：

1.根据《最高人民法院关于审理挪用公款案件具体应用法律若干问题的解释》第六条的规定，行为人“携带挪用的公款潜逃的”，对其携带挪用的公款部分，以贪污罪定罪处罚。

2.行为人挪用公款后采取虚假发票平帐、销毁有关帐目等手段，使所挪用的公款已难以在单位财务帐目上反映出来，且没有归还行为的，应当以贪污罪定罪处罚。

3.行为人截取单位收入不入帐，非法占有，使所占有的公款难以在单位财务帐目上反映出来，且没有归还行为的，应当以贪污罪定罪处罚。

4.有证据证明行为人有能力归还所挪用的公款而拒不归还，并隐瞒挪用的公款去向的，应当以贪污罪定罪处罚。

五、关于巨额财产来源不明罪

(一)行为人不能说明巨额财产来源合法的认定

刑法第三百九十五条第一款规定的“不能说明”，包括以下情况：(1)行为人拒不说明财产来源；(2)行为人无法说明财产的具体来源；(3)行为人所说的财产来源经司法机关查证并不属实；(4)行为人所说的财产来源因线索不具体等原因，司法机关无法查实，但能排除存在来源合法的可能性和合理性的。

(二)“非法所得”的数额计算

刑法第三百九十五条规定的“非法所得”，一般是指行为人的全部财产与能够认定的所有支出的总和减去能够证实的有真实来源的所得。在具体计算时，应注意以下问题：(1)应把国家工作人员个人财产和与其共同生活的家庭成员的财产、支出等一并计算，而且一并减去他们所有的合法收入以及确属与其共同生活的家庭成员个人的非法收入。(2)行为人所有的财产包括房产、家具、生活用品、学习用品及股票、债券、存款等动产和不动产；行为人的支出包括合法支出和不合法的支出，包括日常生活、工作、学习费用、罚款及向他人行贿的财物等；行为人的合法收入包括工资、奖金、稿酬、继承等法律和政策允许的各种收入。(3)为了便于计算犯罪数额，对于行为人的财产和合法收入，一般可以从行为人有比较确定的收入和财产时开始计算。

……

3.最高人民法院、最高人民检察院关于办理国家出资企业中职务犯罪案件具体应用法律若干问题的意见（2010年11月26日）

随着企业改制的不断推进，人民法院、人民检察院在办理国家出资企业中的贪污、受贿等职务犯罪案件时遇到了一些情况、新问题。这些新情况、新问题具有一定的特殊性和复杂性，需要结合企业改制的特定历史条件，依法妥善地进行处理。现根据刑法规定和相关政策精神，就办理此类刑事案件具体应用法律的若干问题，提出以下意见：

一、关于国家出资企业工作人员在改制过程中隐匿公司、企业财产归个人持股的改制后公司、企业所有的行为的处理

国家工作人员或者受国家机关、国有公司、企业、事业单位、人民团体委托管理、经营国有财产的人员利用职务上的便利，在国家出资企业改制过程中故意通过低估资产、隐瞒债权、虚设债务、虚构产权交易等方式隐匿公司、企业财产，转为本人持有股份的改制后公司、企业所有，应当依法追究刑事责任的，依照刑法第三百八十二条、第三百八十三条的规定，以贪污罪定罪处罚。贪污数额一般应当以所隐匿财产全额计算；改制后公司、企业仍有国有股份的，按股份比例扣除归于国有的部分。

所隐匿财产在改制过程中已为行为人实际控制，或者国家出资企业改制已经完成的，以犯罪既遂处理。

第一款规定以外的人员实施该款行为的，依照刑法第二百七十一条的规定，以职务侵占罪定罪处罚；第一款规定以外的人员与第一款规定的人员共同实施该款行为的，以贪污罪的共犯论处。

在企业改制过程中未采取低估资产、隐瞒债权、虚设债务、虚构产权交易等方式故意隐匿公司、企业财产的，一般不应当认定为贪污；造成国有资产重大损失，依法构成刑法第一百六十八条或者第一百六十九条规定的犯罪的，依照该规定定罪处罚。

二、关于国有公司、企业在改制过程中隐匿公司、企业财产归职工集体持股的改制后公司、企业所有的行为的处理

国有公司、企业违反国家规定，在改制过程中隐匿公司、企业财产，转为

职工集体持股的改制后公司、企业所有的，对其直接负责的主管人员和其他直接责任人员，依照刑法第三百九十六条第一款的规定，以私分国有资产罪定罪处罚。

改制后的公司、企业中只有改制前公司、企业的管理人员或者少数职工持股，改制前公司、企业的多数职工未持股的，依照本意见第一条的规定，以贪污罪定罪处罚。

三、关于国家出资企业工作人员使用改制公司、企业的资金担保个人贷款，用于购买改制公司、企业股份的行为的处理

国家出资企业的工作人员在公司、企业改制过程中为购买公司、企业股份，利用职务上的便利，将公司、企业的资金或者金融凭证、有价证券等用于个人贷款担保的，依照刑法第二百七十二条或者第三百八十四条的规定，以挪用资金罪或者挪用公款罪定罪处罚。

行为人在改制前的国家出资企业持有股份的，不影响挪用数额的认定，但量刑时应当酌情考虑。

经有关主管部门批准或者按照有关政策规定，国家出资企业的工作人员为购买改制公司、企业股份实施前款行为的，可以视具体情况不作为犯罪处理。

四、关于国家工作人员在企业改制过程中的渎职行为的处理

国家出资企业中的国家工作人员在公司企业改制或者国有资产处置过程中严重不负责任或者滥用职权，致使国家利益遭受重大损失的，依照刑法第一百六十八条的规定，以国有公司、企业人员失职罪或者国有公司、企业人员滥用职权罪定罪处罚。

国家出资企业中的国家工作人员在公司、企业改制或者国有资产处置过程中徇私舞弊，将国有资产低价折股或者低价出售给其本人未持有股份的公司、企业或者其他个人，致使国家利益遭受重大损失的，依照刑法第一百六十九条的规定，以徇私舞弊低价折股、出售国有资产罪定罪处罚。

国家出资企业中的国家工作人员在公司、企业改制或者国有资产处置过程中徇私舞弊，将国有资产低价折股或者低价出售给特定关系人持有股份或

者本人实际控制的公司、企业，致使国家利益遭受重大损失的，依照刑法第三百八十二条、第三百八十三条的规定，以贪污罪定罪处罚。贪污数额以国有资产的损失数额计算。

国家出资企业中的国家工作人员因实施第一款、第二款行为收受贿赂，同时又构成刑法第三百八十五条规定之罪的，依照处罚较重的规定定罪处罚。

五、关于改制前后主体身份发生变化的犯罪的处理

国家工作人员在国家出资企业改制前利用职务上的便利实施犯罪，在其不再具有国家工作人员身份后又实施同种行为，依法构成不同犯罪的，应当分别定罪，实行数罪并罚。

国家工作人员利用职务上的便利在国家出资企业改制过程中隐匿公司、企业财产，在其不再具有国家工作人员身份后将所隐匿财产据为己有的，依照刑法第三百八十二条、第三百八十三条的规定，以贪污罪定罪处罚。

国家工作人员在国家出资企业改制过程中利用职务上的便利为请托人谋取利益，事先约定在其不再具有国家工作人员身份后收受请托人财物，或者在身份变化前后连续收受请托人财物的，依照刑法第三百八十五条、第三百八十六条的规定，以受贿罪定罪处罚。

六、关于国家出资企业中国家工作人员的认定

经国家机关、国有公司、企业、事业单位提名、推荐、任命、批准等，在国有控股、参股公司及其分支机构中从事公务的人员，应当认定为国家工作人员。具体的任命机构和程序，不影响国家工作人员的认定。

经国家出资企业中负有管理、监督国有资产职责的组织批准或者研究决定，代表其在国有控股、参股公司及其分支机构中从事组织、领导、监督、经营、管理工作的人员，应当认定为国家工作人员。

国家出资企业中的国家工作人员，在国家出资企业中持有个人股份或者同时接受非国有股东委托的，不影响其国家工作人员身份的认定。

七、关于国家出资企业的界定

本意见所称“国家出资企业”，包括国家出资的国有独资公司、国有独资企业，以及国有资本控股公司、国有资本参股公司。

是否属于国家出资企业不清楚的，应遵循“谁投资、谁拥有产权”的原则进行界定。企业注册登记中的资金来源与实际出资不符的，应根据实际出资情况确定企业的性质。企业实际出资情况不清楚的，可以综合工商注册、分配形式、经营管理等因素确定企业的性质。

八、关于宽严相济刑事政策的具体贯彻

办理国家出资企业中的职务犯罪案件时，要综合考虑历史条件、企业发展、职工就业、社会稳定等因素，注意具体情况具体分析，严格把握犯罪与一般违规行为的区分界限。对于主观恶意明显、社会危害严重、群众反映强烈的严重犯罪，要坚决依法从严惩处；对于特定历史条件下、为了顺利完成企业改制而实施的违反国家政策法律规定的行为，行为人无主观恶意或者主观恶意不明显，情节较轻，危害不大的，可以不作为犯罪处理。

对于国家出资企业中的职务犯罪，要加大经济上的惩罚力度，充分重视财产刑的适用和执行，最大限度地挽回国家和人民利益遭受的损失。不能退赃的，在决定刑罚时，应当作为重要情节予以考虑。

4.最高人民法院关于审理贪污、职务侵占案件如何认定共同犯罪几个问题的解释（2000年7月8日）

为依法审理贪污或者职务侵占犯罪案件，现就这类案件如何认定共同犯罪问题解释如下：

第一条 行为人与国家工作人员勾结，利用国家工作人员的职务便利，共同侵吞、窃取、骗取或者以其他手段非法占有公共财物的，以贪污罪共犯论处。

第二条 行为人与公司、企业或者其他单位的人员勾结，利用公司、企业或者其他单位人员的职务便利，共同将该单位财物非法占为己有，数额较大的，以职务侵占罪共犯论处。

第三条 公司、企业或者其他单位中，不具有国家工作人员身份的人与国家工作人员勾结，分别利用各自的职务便利，共同将本单位财物非法占为己有的，按照主犯的犯罪性质定罪。

5.最高人民法院关于审理挪用公款案件具体应用法律若干问题的解释[1]（1998年5月9日）

为依法惩处挪用公款犯罪，根据刑法的有关规定，现对办理挪用公款案件具体应用法律的若干问题解释如下：

第一条　刑法第三百八十四条规定的“挪用公款归个人使用”，包括挪用者本人使用或者给他人使用。

挪用公款给私有公司、私有企业使用的，属于挪用公款归个人使用。

第二条　对挪用公款罪，应区分三种不同情况予以认定：

（一）挪用公款归个人使用，数额较大、超过三个月未还的，构成挪用公款罪。

挪用正在生息或者需要支付利息的公款归个人使用，数额较大，超过三个月但在案发前全部归还本金的，可以从轻处罚或者免除处罚。给国家、集体造成的利息损失应予追缴。挪用公款数额巨大，超过三个月，案发前全部归还的，可以酌情从轻处罚。

（二）挪用公款数额较大，归个人进行营利活动的，构成挪用公款罪，不受挪用时间和是否归还的限制。在案发前部分或者全部归还本息的，可以从轻处罚；情节轻微的，可以免除处罚。

挪用公款存入银行、用于集资、购买股票、国债等，属于挪用公款进行营利活动。所获取的利息、收益等违法所得，应当追缴，但不计入挪用公款的数额。

（三）挪用公款归个人使用，进行赌博、走私等非法活动的，构成挪用公款罪，不受“数额较大”和挪用时间的限制。

挪用公款给他人使用，不知道使用人用公款进行营利活动或者用于非法活动，数额较大、超过三个月未还的，构成挪用公款罪；明知使用人用于营利活动或者非法活动的，应当认定为挪用人挪用公款进行营利活动或者非法活动。

第三条　挪用公款归个人使用，“数额较大、进行营利活动的”，或者“数额较大、超过三个月未还的”，以挪用公款一万元至三万元为“数额较大”的起点，以挪用公款十五万元至二十万元为“数额巨大”的起点。挪用公款“情节

---

〔1〕 2016年“两高”《关于办理贪污贿赂刑事案件适用法律若干问题的解释》已对挪用公款罪的相关数额标准作了调整。

严重”，是指挪用公款数额巨大，或者数额虽未达到巨大，但挪用公款手段恶劣；多次挪用公款；因挪用公款严重影响生产、经营，造成严重损失等情形。

“挪用公款归个人使用，进行非法活动的”，以挪用公款五千元至一万元为追究刑事责任的数额起点。挪用公款五万元至十万元以上的，属于挪用公款归个人使用，进行非法活动，“情节严重”的情形之一。挪用公款归个人使用，进行非法活动，情节严重的其他情形，按照本条第一款的规定执行。

各高级人民法院可以根据本地实际情况，按照本解释规定的数额幅度，确定本地区执行的具体数额标准，并报最高人民法院备案。

挪用救灾、抢险、防汛、优抚、扶贫、移民、救济款物归个人使用的数额标准，参照挪用公款归个人使用进行非法活动的数额标准。

第四条 多次挪用公款不还，挪用公款数额累计计算；多次挪用公款，并以后次挪用的公款归还前次挪用的公款，挪用公款数额以案发时未还的实际数额认定。

第五条 “挪用公款数额巨大不退还的”，是指挪用公款数额巨大，因客观原因在一审宣判前不能退还的。

第六条 携带挪用的公款潜逃的，依照刑法第三百八十二条、第三百八十三条的规定定罪处罚。

第七条 因挪用公款索取、收受贿赂构成犯罪的，依照数罪并罚的规定处罚。

挪用公款进行非法活动构成其他犯罪的，依照数罪并罚的规定处罚。

第八条 挪用公款给他人使用，使用人与挪用人共谋，指使或者参与策划取得挪用款的，以挪用公款罪的共犯定罪处罚。

6.最高人民法院关于如何认定挪用公款归个人使用有关问题的解释[1]（2001年10月26日）

为依法惩处挪用公款犯罪活动，根据刑法的有关规定，现就如何认定挪用

〔1〕 2002年《全国人民代表大会常务委员会关于〈中华人民共和国刑法〉第三百八十四条第一款的解释》对挪用公款“归个人使用”的含义作了更权威、更具体的解释。

公款归个人使用的有关问题解释如下：

第一条　国家工作人员利用职务上的便利，以个人名义将公款借给其他自然人或者不具有法人资格的私营独资企业、私营合伙企业等使用的，属于挪用公款归个人使用。

第二条　国家工作人员利用职务上的便利，为谋取个人利益，以个人名义将公款借给其他单位使用的，属于挪用公款归个人使用。

第三条　本解释施行后，我院此前发布的司法解释的有关内容与本解释不一致的，不再适用。

7.最高人民法院关于对受委托管理、经营国有财产人员挪用国有资金行为如何定罪问题的批复（2000年2月24日）

江苏省高级人民法院：

你院苏高法〔1999〕94号《关于受委托管理、经营国有财产的人员能否作为挪用公款罪主体问题的请示》收悉。经研究，答复如下：

对于受国家机关、国有公司、企业、事业单位、人民团体委托，管理、经营国有财产的非国家工作人员，利用职务上的便利，挪用国有资金归个人使用构成犯罪的，应当依照刑法第二百七十二条第一款的规定定罪处罚。

8.最高人民法院关于挪用公款犯罪如何计算追诉期限问题的批复（2003年10月10日）

天津市高级人民法院：

你院津高法〔2002〕4号《关于挪用公款犯罪如何计算追诉期限问题的请示》收悉。经研究，答复如下：

根据刑法第八十九条、第三百八十四条的规定，挪用公款归个人使用，进行非法活动的，或者挪用公款数额较大、进行营利活动的，犯罪的追诉期限从挪用行为实施完毕之日起计算；挪用公款数额较大、超过三个月未还的，犯罪的追诉期限从挪用公款罪成立之日起计算。挪用公款行为有连续状态的，犯罪的追诉期限应当从最后一次挪用行为实施完毕之日或者犯罪成立之日起计算。

9.最高人民检察院关于挪用国库券如何定性问题的批复（1997年10月13日）

宁夏回族自治区人民检察院：

你院宁检发字〔1997〕43号《关于国库券等有价证券是否可以成为挪用公款罪所侵犯的对象以及以国库券抵押贷款的行为如何定性等问题的请示》收悉。关于挪用国库券如何定性的问题，经研究，批复如下：

国家工作人员利用职务上的便利，挪用公有或本单位的国库券的行为以挪用公款论；符合刑法第三百八十四条、第二百七十二条第二款规定的情形构成犯罪的，按挪用公款罪追究刑事责任。

10.最高人民检察院关于国家工作人员挪用非特定公物能否定罪的请示的批复（2000年3月15日）

山东省人民检察院：

你院鲁检发研字〔1999〕3号《关于国家工作人员挪用非特定公物能否定罪的请示》收悉。经研究认为，刑法第三百八十四条规定的挪用公款罪中未包括挪用非特定公物归个人使用的行为，对该行为不以挪用公款罪论处。如构成其他犯罪的，依照刑法的相关规定定罪处罚。

11.最高人民检察院关于挪用失业保险基金和下岗职工基本生活保障资金的行为适用法律问题的批复（2003年1月30日）

辽宁省人民检察院：

你院辽检发研字〔2002〕9号《关于挪用职工失业保险金和下岗职工生活保障金是否属于挪用特定款物的请示》收悉。经研究，批复如下：

挪用失业保险基金和下岗职工基本生活保障资金属于挪用救济款物。挪用失业保险基金和下岗职工基本生活保障资金，情节严重，致使国家和人民群众利益遭受重大损害的，对直接责任人员，应当依照刑法第二百七十三条的规定，以挪用特定款物罪追究刑事责任；国家工作人员利用职务上的便利，挪用失业保险基金和下岗职工基本生活保障资金归个人使用，构成犯罪的，应当依照刑法第三百八十四条的规定，以挪用公款罪追究刑事责任。

12.最高人民法院、最高人民检察院关于办理受贿刑事案件适用法律若干问题的意见（2007年7月8日）

为依法惩治受贿犯罪活动，根据刑法有关规定，现就办理受贿刑事案件具体适用法律若干问题，提出以下意见：

一、关于以交易形式收受贿赂问题

国家工作人员利用职务上的便利为请托人谋取利益，以下列交易形式收受请托人财物的，以受贿论处：

（1）以明显低于市场的价格向请托人购买房屋、汽车等物品的；

（2）以明显高于市场的价格向请托人出售房屋、汽车等物品的；

（3）以其他交易形式非法收受请托人财物的。

受贿数额按照交易时当地市场价格与实际支付价格的差额计算。

前款所列市场价格包括商品经营者事先设定的不针对特定人的最低优惠价格。根据商品经营者事先设定的各种优惠交易条件，以优惠价格购买商品的，不属于受贿。

二、关于收受干股问题

干股是指未出资而获得的股份。国家工作人员利用职务上的便利为请托人谋取利益，收受请托人提供的干股的，以受贿论处。进行了股权转让登记，或者相关证据证明股份发生了实际转让的，受贿数额按转让行为时股份价值计算，所分红利按受贿孳息处理。股份未实际转让，以股份分红名义获取利益的，实际获利数额应当认定为受贿数额。

三、关于以开办公司等合作投资名义收受贿赂问题

国家工作人员利用职务上的便利为请托人谋取利益，由请托人出资，“合作”开办公司或者进行其他“合作”投资的，以受贿论处。受贿数额为请托人给国家工作人员的出资额。

国家工作人员利用职务上的便利为请托人谋取利益，以合作开办公司或者其他合作投资的名义获取“利润”，没有实际出资和参与管理、经营的，以受贿论处。

四、关于以委托请托人投资证券、期货或者其他委托理财的名义收受贿赂问题

国家工作人员利用职务上的便利为请托人谋取利益，以委托请托人投资证券、期货或者其他委托理财的名义，未实际出资而获取“收益”，或者虽然实际出资，但获取“收益”明显高于出资应得收益的，以受贿论处。受贿数额，前一情形，以“收益”额计算；后一情形，以“收益”额与出资应得收益额的差额计算。

五、关于以赌博形式收受贿赂的认定问题

根据《最高人民法院、最高人民检察院关于办理赌博刑事案件具体应用法律若干问题的解释》第七条规定，国家工作人员利用职务上的便利为请托人谋取利益，通过赌博方式收受请托人财物的，构成受贿。

实践中应注意区分贿赂与赌博活动、娱乐活动的界限。具体认定时，主要应当结合以下因素进行判断：（1）赌博的背景、场合、时间、次数；（2）赌资来源；（3）其他赌博参与者有无事先通谋；（4）输赢钱物的具体情况和金额大小。

六、关于特定关系人“挂名”领取薪酬问题

国家工作人员利用职务上的便利为请托人谋取利益，要求或者接受请托人以给特定关系人安排工作为名，使特定关系人不实际工作却获取所谓薪酬的，以受贿论处。

七、关于由特定关系人收受贿赂问题

国家工作人员利用职务上的便利为请托人谋取利益，授意请托人以本意见所列形式，将有关财物给予特定关系人的，以受贿论处。

特定关系人与国家工作人员通谋，共同实施前款行为的，对特定关系人以受贿罪的共犯论处。特定关系人以外的其他人与国家工作人员通谋，由国家工作人员利用职务上的便利为请托人谋取利益，收受请托人财物后双方共同占有的，以受贿罪的共犯论处。

八、关于收受贿赂物品未办理权属变更问题

国家工作人员利用职务上的便利为请托人谋取利益，收受请托人房屋、汽

车等物品，未变更权属登记或者借用他人名义办理权属变更登记的，不影响受贿的认定。

认定以房屋、汽车等物品为对象的受贿，应注意与借用的区分。具体认定时，除双方交代或者书面协议之外，主要应当结合以下因素进行判断：（1）有无借用的合理事由；（2）是否实际使用；（3）借用时间的长短；（4）有无归还的条件；（5）有无归还的意思表示及行为。

九、关于收受财物后退还或者上交问题

国家工作人员收受请托人财物后及时退还或者上交的，不是受贿。

国家工作人员受贿后，因自身或者与其受贿有关联的人、事被查处，为掩饰犯罪而退还或者上交的，不影响认定受贿罪。

十、关于在职时为请托人谋利，离职后收受财物问题

国家工作人员利用职务上的便利为请托人谋取利益之前或者之后，约定在其离职后收受请托人财物，并在离职后收受的，以受贿论处。

国家工作人员利用职务上的便利为请托人谋取利益，离职前后连续收受请托人财物的，离职前后收受部分均应计入受贿数额。

十一、关于“特定关系人”的范围

本意见所称“特定关系人”，是指与国家工作人员有近亲属、情妇（夫）以及其他共同利益关系的人。

十二、关于正确贯彻宽严相济刑事政策的问题

依照本意见办理受贿刑事案件，要根据刑法关于受贿罪的有关规定和受贿罪权钱交易的本质特征，准确区分罪与非罪、此罪与彼罪的界限，惩处少数，教育多数。在从严惩处受贿犯罪的同时，对于具有自首、立功等情节的，依法从轻、减轻或者免除处罚。

13.最高人民法院、最高人民检察院关于办理商业贿赂刑事案件适用法律若干问题的意见（2008年11月20日）

为依法惩治商业贿赂犯罪，根据刑法有关规定，结合办案工作实际，现就办理商业贿赂刑事案件适用法律的若干问题，提出如下意见：

一、商业贿赂犯罪涉及刑法规定的以下八种罪名：(1)非国家工作人员受贿罪（刑法第一百六十三条）；(2)对非国家工作人员行贿罪（刑法第一百六十四条）；(3)受贿罪（刑法第三百八十五条）；(4)单位受贿罪（刑法第三百八十七条）；(5)行贿罪（刑法第三百八十九条）；(6)对单位行贿罪（刑法第三百九十一条）；(7)介绍贿赂罪（刑法第三百九十二条）；(8)单位行贿罪（刑法第三百九十三条）。

二、刑法第一百六十三条、第一百六十四条规定的“其他单位”，既包括事业单位、社会团体、村民委员会、居民委员会、村民小组等常设性的组织，也包括为组织体育赛事、文艺演出或者其他正当活动而成立的组委会、筹委会、工程承包队等非常设性的组织。

三、刑法第一百六十三条、第一百六十四条规定的“公司、企业或者其他单位的工作人员”，包括国有公司、企业以及其他国有单位中的非国家工作人员。

四、医疗机构中的国家工作人员，在药品、医疗器械、医用卫生材料等医药产品采购活动中，利用职务上的便利，索取销售方财物，或者非法收受销售方财物，为销售方谋取利益，构成犯罪的，依照刑法第三百八十五条的规定，以受贿罪定罪处罚。

医疗机构中的非国家工作人员，有前款行为，数额较大的，依照刑法第一百六十三条的规定，以非国家工作人员受贿罪定罪处罚。

医疗机构中的医务人员，利用开处方的职务便利，以各种名义非法收受药品、医疗器械、医用卫生材料等医药产品销售方财物，为医药产品销售方谋取利益，数额较大的，依照刑法第一百六十三条的规定，以非国家工作人员受贿罪定罪处罚。

五、学校及其他教育机构中的国家工作人员，在教材、教具、校服或者其他物品的采购等活动中，利用职务上的便利，索取销售方财物，或者非法收受销售方财物，为销售方谋取利益，构成犯罪的，依照刑法第三百八十五条的规定，以受贿罪定罪处罚。

学校及其他教育机构中的非国家工作人员，有前款行为，数额较大的，依照刑法第一百六十三条的规定，以非国家工作人员受贿罪定罪处罚。

学校及其他教育机构中的教师，利用教学活动的职务便利，以各种名义非法收受教材、教具、校服或者其他物品销售方财物，为教材、教具、校服或者其他物品销售方谋取利益，数额较大的，依照刑法第一百六十三条的规定，以非国家工作人员受贿罪定罪处罚。

六、依法组建的评标委员会、竞争性谈判采购中谈判小组、询价采购中询价小组的组成人员，在招标、政府采购等事项的评标或者采购活动中，索取他人财物或者非法收受他人财物，为他人谋取利益，数额较大的，依照刑法第一百六十三条的规定，以非国家工作人员受贿罪定罪处罚。

依法组建的评标委员会、竞争性谈判采购中谈判小组、询价采购中询价小组中国家机关或者其他国有单位的代表有前款行为的，依照刑法第三百八十五条的规定，以受贿罪定罪处罚。

七、商业贿赂中的财物，既包括金钱和实物，也包括可以用金钱计算数额的财产性利益，如提供房屋装修、含有金额的会员卡、代币卡（券）、旅游费用等。具体数额以实际支付的资费为准。

八、收受银行卡的，不论受贿人是否实际取出或者消费，卡内的存款数额一般应全额认定为受贿数额。使用银行卡透支的，如果由给予银行卡的一方承担还款责任，透支数额也应当认定为受贿数额。

九、在行贿犯罪中，“谋取不正当利益”，是指行贿人谋取违反法律、法规、规章或者政策规定的利益，或者要求对方违反法律、法规、规章、政策、行业规范的规定提供帮助或者方便条件。

在招标投标、政府采购等商业活动中，违背公平原则，给予相关人员财物以谋取竞争优势的，属于“谋取不正当利益”。

十、办理商业贿赂犯罪案件，要注意区分贿赂与馈赠的界限。主要应当结合以下因素全面分析、综合判断：（1）发生财物往来的背景，如双方是否存在亲友关系及历史上交往的情形和程度；（2）往来财物的价值；（3）财物往来的缘由、时机和方式，提供财物方对于接受方有无职务上的请托；（4）接受方是否利用职务上的便利为提供方谋取利益。

十一、非国家工作人员与国家工作人员通谋，共同收受他人财物，构成共同犯罪的，根据双方利用职务便利的具体情形分别定罪追究刑事责任：

（1）利用国家工作人员的职务便利为他人谋取利益的，以受贿罪追究刑事责任。

（2）利用非国家工作人员的职务便利为他人谋取利益的，以非国家工作人员受贿罪追究刑事责任。

（3）分别利用各自的职务便利为他人谋取利益的，按照主犯的犯罪性质追究刑事责任，不能分清主从犯的，可以受贿罪追究刑事责任。

14.最高人民法院关于国家工作人员利用职务上的便利为他人谋取利益离退休后收受财物行为如何处理问题的批复（2000年7月21日）

江苏省高级人民法院：

你院苏高法〔1999〕65号《关于国家工作人员在职时为他人谋利，离退休后收受财物是否构成受贿罪的请示》收悉。经研究，答复如下：

国家工作人员利用职务上的便利为请托人谋取利益，并与请托人事先约定，在其离退休后收受请托人财物，构成犯罪的，以受贿罪定罪处罚。

15.最高人民法院研究室关于对行为人通过伪造国家机关公文、证件担任国家工作人员职务并利用职务上的便利侵占本单位财物、收受贿赂、挪用本单位资金等行为如何适用法律问题的答复（2004年3月20日）

北京市高级人民法院：

你院〔2004〕15号《关于通过伪造国家机关公文、证件担任国家工作人员职务后利用职务便利侵占本单位财物、收受贿赂、挪用本单位资金的行为如何定性的请示》收悉。经研究，答复如下：

行为人通过伪造国家机关公文、证件担任国家工作人员职务以后，又利用职务上的便利实施侵占本单位财物、收受贿赂、挪用本单位资金等行为，构成犯罪的，应当分别以伪造国家机关公文、证件罪和相应的贪污罪、受贿罪、挪用公款罪等追究刑事责任，实行数罪并罚。

16.最高人民检察院关于佛教协会工作人员能否构成受贿罪或者公司、企业人员受贿罪主体问题的答复（2003年1月13日）

浙江省人民检察院研究室：

你室《关于佛教协会工作人员能否构成受贿罪或公司、企业人员受贿罪主体的请示》（检研请〔2002〕9号）收悉。经研究，答复如下：

佛教协会属于社会团体，其工作人员除符合刑法第九十三条第二款的规定属于受委托从事公务的人员外，既不属于国家工作人员，也不属于公司、企业人员。根据刑法的规定，对非受委托从事公务的佛教协会的工作人员利用职务之便收受他人财物，为他人谋取利益的行为，不能按受贿罪或者公司、企业人员受贿罪追究刑事责任。

17.最高人民检察院关于集体性质的乡镇卫生院院长利用职务之便收受他人财物的行为如何适用法律问题的答复（2003年4月2日）

山东省人民检察院研究室：

你院《关于工人身份的乡镇卫生院院长利用职务之便收受贿赂如何适用法律问题的请示》（鲁检发研字〔2001〕10号）收悉。经研究，答复如下：

经过乡镇政府或者主管行政机关任命的乡镇卫生院院长，在依法从事本区域卫生工作的管理与业务技术指导，承担医疗预防保健服务工作等公务活动时，属于刑法第九十三条第二款规定的其他依照法律从事公务的人员。对其利用职务上的便利，索取他人财物的，或者非法收受他人财物，为他人谋取利益的，应当依照刑法第三百八十五条、第三百八十六条的规定，以受贿罪追究刑事责任。

18.最高人民检察院法律政策研究室关于国家机关、国有公司、企业委派到非国有公司、企业从事公务但尚未依照规定程序获取该单位职务的人员是否适用刑法第九十三条第二款问题的答复（2004年11月3日）

重庆市人民检察院法律政策研究室：

你院《关于受委派的国家工作人员未按法定程序取得非国有公司职务是

否适用刑法第九十二条第二款以国家工作人员论的请示》[渝检(研)〔2003〕6号]收悉。经研究,答复如下:

对于国家机关、国有公司、企业委派到非国有公司、企业从事公务但尚未依照规定程序获取该单位职务的人员,涉嫌职务犯罪的,可以依照刑法第九十三条关于"国家机关、国有公司、企业委派到非国有公司、企业、事业单位、社会团体从事公务的人员","以国家工作人员论"的规定追究刑事责任。

19.最高人民检察院法律政策研究室关于国有单位的内设机构能否构成单位受贿罪主体问题的答复(2006年9月12日)

陕西省人民检察院法律政策研究室:

你室《关于国家机关、国有公司、企业、事业单位、人民团体的内设机构能否构成单位受贿罪主体的请示》(陕检研发〔2005〕13号)收悉。经研究,答复如下:

国有单位的内设机构利用其行使职权的便利,索取、非法收受他人财物并归该内设机构所有或者支配,为他人谋取利益,情节严重的,依照刑法第三百八十七条的规定以单位受贿罪追究刑事责任。

上述内设机构在经济往来中,在账外暗中收受各种名义的回扣、手续费的,以受贿论。

20.最高人民法院、最高人民检察院关于办理行贿刑事案件具体应用法律若干问题的解释[1](2013年1月1日)

为依法惩治行贿犯罪活动,根据刑法有关规定,现就办理行贿刑事案件具体应用法律的若干问题解释如下:

第一条 为谋取不正当利益,向国家工作人员行贿,数额在一万元以上的,应当依照刑法第三百九十条的规定追究刑事责任。

---

〔1〕 2016年"两高"《关于办理贪污贿赂刑事案件适用法律若干问题的解释》已对行贿罪的相关数额标准作了调整。

第二条　因行贿谋取不正当利益，具有下列情形之一的，应当认定为刑法第三百九十条第一款规定的“情节严重”：

（一）行贿数额在二十万元以上不满一百万元的；

（二）行贿数额在十万元以上不满二十万元，并具有下列情形之一的：

1.向三人以上行贿的；

2.将违法所得用于行贿的；

3.为实施违法犯罪活动，向负有食品、药品、安全生产、环境保护等监督管理职责的国家工作人员行贿，严重危害民生、侵犯公众生命财产安全的；

4.向行政执法机关、司法机关的国家工作人员行贿，影响行政执法和司法公正的；

（三）其他情节严重的情形。

第三条　因行贿谋取不正当利益，造成直接经济损失数额在一百万元以上的，应当认定为刑法第三百九十条第一款规定的“使国家利益遭受重大损失”。

第四条　因行贿谋取不正当利益，具有下列情形之一的，应当认定为刑法第三百九十条第一款规定的“情节特别严重”：

（一）行贿数额在一百万元以上的；

（二）行贿数额在五十万元以上不满一百万元，并具有下列情形之一的：

1.向三人以上行贿的；

2.将违法所得用于行贿的；

3.为实施违法犯罪活动，向负有食品、药品、安全生产、环境保护等监督管理职责的国家工作人员行贿，严重危害民生、侵犯公众生命财产安全的；

4.向行政执法机关、司法机关的国家工作人员行贿，影响行政执法和司法公正的；

（三）造成直接经济损失数额在五百万元以上的；

（四）其他情节特别严重的情形。

第五条　多次行贿未经处理的，按照累计行贿数额处罚。

第六条　行贿人谋取不正当利益的行为构成犯罪的，应当与行贿犯罪实行数罪并罚。

第七条 因行贿人在被追诉前主动交待行贿行为而破获相关受贿案件的，对行贿人不适用刑法第六十八条关于立功的规定，依照刑法第三百九十条第二款的规定，可以减轻或者免除处罚。

单位行贿的，在被追诉前，单位集体决定或者单位负责人决定主动交待单位行贿行为的，依照刑法第三百九十条第二款的规定，对单位及相关责任人员可以减轻处罚或者免除处罚；受委托直接办理单位行贿事项的直接责任人员在被追诉前主动交待自己知道的单位行贿行为的，对该直接责任人员可以依照刑法第三百九十条第二款的规定减轻处罚或者免除处罚。

第八条 行贿人被追诉后如实供述自己罪行的，依照刑法第六十七条第三款的规定，可以从轻处罚；因其如实供述自己罪行，避免特别严重后果发生的，可以减轻处罚。

第九条 行贿人揭发受贿人与其行贿无关的其他犯罪行为，查证属实的，依照刑法第六十八条关于立功的规定，可以从轻、减轻或者免除处罚。

第十条 实施行贿犯罪，具有下列情形之一的，一般不适用缓刑和免予刑事处罚：

（一）向三人以上行贿的；

（二）因行贿受过行政处罚或者刑事处罚的；

（三）为实施违法犯罪活动而行贿的；

（四）造成严重危害后果的；

（五）其他不适用缓刑和免予刑事处罚的情形。

具有刑法第三百九十条第二款规定的情形的，不受前款规定的限制。

第十一条 行贿犯罪取得的不正当财产性利益应当依照刑法第六十四条的规定予以追缴、责令退赔或者返还被害人。

因行贿犯罪取得财产性利益以外的经营资格、资质或者职务晋升等其他不正当利益，建议有关部门依照相关规定予以处理。

第十二条 行贿犯罪中的“谋取不正当利益”，是指行贿人谋取的利益违反法律、法规、规章、政策规定，或者要求国家工作人员违反法律、法规、规章、政策、行业规范的规定，为自己提供帮助或者方便条件。

违背公平、公正原则，在经济、组织人事管理等活动中，谋取竞争优势的，应当认定为“谋取不正当利益”。

第十三条　刑法第三百九十条第二款规定的“被追诉前”，是指检察机关对行贿人的行贿行为刑事立案前。

21.最高人民检察院关于人民检察院直接受理立案侦查案件立案标准的规定（试行）（1999年9月9日）

根据《中华人民共和国刑法》、《中华人民共和国刑事诉讼法》和其他法律的有关规定，对人民检察院直接受理立案侦查案件的立案标准规定如下：

一、贪污贿赂犯罪案件[1]

……

（四）单位受贿案（第387条）

单位受贿罪是指国家机关、国有公司、企业、事业单位、人民团体，索取、非法收受他人财物，为他人谋取利益，情节严重的行为。

索取他人财物或者非法收受他人财物，必须同时具备为他人谋取利益的条件，且是情节严重的行为，才能构成单位受贿罪。

国家机关、国有公司，企业、事业单位、人民团体，在经济往来中，在帐外暗中收受各种名义的回扣、手续费的，以单位受贿罪追究刑事责任。

涉嫌下列情形之一的，应予立案：

1.单位受贿数额在10万元以上的；

2.单位受贿数额不满10万元，但具有下列情形之一的；

（1）故意刁难、要挟有关单位、个人，造成恶劣影响的；

（2）强行索取财物的；

（3）致使国家或者社会利益遭受重大损失的。

……

---

〔1〕 因2016年“两高”《关于办理贪污贿赂刑事案件适用法律若干问题的解释》对贪污罪、受贿罪、挪用公款罪和行贿罪的定罪量刑标准作了具体规定，故不再列举该四罪的立案标准。

（六）对单位行贿案（第391条）

对单位行贿罪是指为谋取不正当利益，给予国家机关、国有公司、企业、事业单位、人民团体以财物，或者在经济往来中，违反国家规定，给予上述单位各种名义的回扣、手续费的行为。

涉嫌下列情形之一的，应予立案；

1.个人行贿数额在10万元以上、单位行贿数额在20万元以上5的；

2.个人行贿数额不满10万元、单位行贿数额在10万元以上不满20万元，但具有下列情形之一的：

（1）为谋取非法利益而行贿的；

（2）向3个以上单位行贿的；

（3）向党政机关、司法机关、行政执法机关行贿的；

（4）致使国家或者社会利益遭受重大损失的。

（七）介绍贿赂案（第392条）

介绍贿赂罪是指向国家工作人员介绍贿赂，情节严重的行为。

“介绍贿赂”是指在行贿人与受贿人之间沟通关系、撮合条件，使贿赂行为得以实现的行为。

涉嫌下列情形之一的，应予立案：

1.介绍个人向国家工作人员行贿，数额在2万元以上的；介绍单位向国空工作人员行贿，数额在20万元以上的；

2.介绍贿赂数额不满上述标准，但具有下列情形之一的：

（1）为使行贿人获取非法利益而介绍贿赂的；

（2）3次以上或者3人以上介绍贿赂的；

（3）向党政领导、司法工作人员、行政执法人员介绍贿赂的；

（4）致使国家或者社会利益遭受大损失的。

（八）单位行贿案（第393条）

单位行贿罪是指公司、企业、事业单位、机关、团体为谋取不正当利益而行贿，或者违反国家规定，给予国家工作人员以回扣、手续费，情节严重的行为。

涉嫌下列情形之一的，应予以立案：

1.单位行贿数额在20万元以上的；

2.单位为谋取不正当利益而行贿，数额在10万元以上不满20万元，但具有下列情形之一的：

（1）为谋取非法利益而行贿的；

（2）向3人以上行贿的；

（3）向党政领导、司法工作人员、行政执法人员行贿的；

（4）致使国家或者社会利益遭受重大损失的。

因行贿取得的违法所得归个人所有的，依照本规定关于个人行贿的规定立案，追究其刑事责任。

（九）巨额财产来源不明案（第395条第1款）

巨额财产来源不明罪是指国家工作人员的财产或者支出明显超出合法收入，差额巨大，而本人又不能说明其来潦是合法的行为。

涉嫌巨额财产来源不明，数额在30万元以上的，应予立案。

（十）隐瞒境外存款案（第395条第2款）

隐瞒境外存款罪是反映国家工作人员违反国家规定，故意隐瞒不报在境外的存款，数额较大的行为。

涉嫌隐瞒境外存款，折合人民币数额在30万元以上的，应子立案。

（十一）私分国有资产案（第396条第1款）

私分国有资产罪是指国家机关、国有公司、企业、事业单位、人民团体，违反国家规定，以单位名义将国有资产集体私分给个人，数额较大的行为。

涉嫌私分国有资产，累计数额在10万元以上的，应予立案。

（十二）私分罚没财物案（第396条第2款）

私分罚没财物罪是指司法机关、行政执法机关违反国家规定，将应当上缴国家的罚没财物，以单位名义集体私分给个人的行为。

涉嫌私分罚没财物，累计数额在10万元以上，应予立案。

……

22.最高人民法院关于处理自首和立功具体应用法律若干问题的解释(1998年5月9日)

为正确认定自首和立功,对具有自首或者立功表现的犯罪分子依法适用刑罚,现就具体应用法律的若干问题解释如下:

第一条 根据刑法第六十七条第一款的规定,犯罪以后自动投案,如实供述自己的罪行的,是自首。

(一)自动投案,是指犯罪事实或者犯罪嫌疑人未被司法机关发觉,或者虽被发觉,但犯罪嫌疑人尚未受到讯问、未被采取强制措施时,主动、直接向公安机关、人民检察院或者人民法院投案。

犯罪嫌疑人向其所在单位、城乡基层组织或者其他有关负责人员投案的;犯罪嫌疑人因病、伤或者为了减轻犯罪后果,委托他人先代为投案,或者先以信电投案的;罪行尚未被司法机关发觉,仅因形迹可疑,被有关组织或者司法机关盘问、教育后,主动交代自己的罪行的;犯罪后逃跑,在被通缉、追捕过程中,主动投案的;经查实确已准备去投案,或者正在投案途中,被公安机关捕获的,应当视为自动投案。

并非出于犯罪嫌疑人主动,而是经亲友规劝、陪同投案的;公安机关通知犯罪嫌疑人的亲友,或者亲友主动报案后,将犯罪嫌疑人送去投案的,也应当视为自动投案。

犯罪嫌疑人自动投案后又逃跑的,不能认定为自首。

(二)如实供述自己的罪行,是指犯罪嫌疑人自动投案后,如实交代自己的主要犯罪事实。

犯有数罪的犯罪嫌疑人仅如实供述所犯数罪中部分犯罪的,只对如实供述部分犯罪的行为,认定为自首。

共同犯罪案件中的犯罪嫌疑人,除如实供述自己的罪行,还应当供述所知的同案犯,主犯则应当供述所知其他同案犯的共同犯罪事实,才能认定为自首。

犯罪嫌疑人自动投案并如实供述自己的罪行后又翻供的,不能认定为自首;但在一审判决前又能如实供述的,应当认定为自首。

第二条　根据刑法第六十七条第二款的规定，被采取强制措施的犯罪嫌疑人、被告人和已宣判的罪犯，如实供述司法机关尚未掌握的罪行，与司法机关已掌握的或者判决确定的罪行属不同种罪行的，以自首论。

第三条　根据刑法第六十七条第一款的规定，对于自首的犯罪分子，可以从轻或者减轻处罚；对于犯罪较轻的，可以免除处罚。具体确定从轻、减轻还是免除处罚，应当根据犯罪轻重，并考虑自首的具体情节。

第四条　被采取强制措施的犯罪嫌疑人、被告人和已宣判的罪犯，如实供述司法机关尚未掌握的罪行，与司法机关已掌握的或者判决确定的罪行属同种罪行的，可以酌情从轻处罚；如实供述的同种罪行较重的，一般应当从轻处罚。

第五条　根据刑法第六十八条第一款的规定，犯罪分子到案后有检举、揭发他人犯罪行为，包括共同犯罪案件中的犯罪分子揭发同案犯共同犯罪以外的其他犯罪，经查证属实；提供侦破其他案件的重要线索，经查证属实；阻止他人犯罪活动；协助司法机关抓捕其他犯罪嫌疑人（包括同案犯）；具有其他有利于国家和社会的突出表现的，应当认定为有立功表现。

第六条　共同犯罪案件的犯罪分子到案后，揭发同案犯共同犯罪事实的，可以酌情予以从轻处罚。

第七条　根据刑法第六十八条第一款的规定，犯罪分子有检举、揭发他人重大犯罪行为，经查证属实；提供侦破其他重大案件的重要线索，经查证属实；阻止他人重大犯罪活动；协助司法机关抓捕其他重大犯罪嫌疑人（包括同案犯）；对国家和社会有其他重大贡献等表现的，应当认定为有重大立功表现。

前款所称“重大犯罪”、“重大案件”、“重大犯罪嫌疑人”的标准，一般是指犯罪嫌疑人、被告人可能被判处无期徒刑以上刑罚或者案件在本省、自治区、直辖市或者全国范围内有较大影响等情形。

23.最高人民法院关于处理自首和立功若干具体问题的意见（2010年12月22日）

为规范司法实践中对自首和立功制度的运用，更好地贯彻落实宽严相济刑事政策，根据刑法、刑事诉讼法和《最高人民法院关于处理自首和立功具体应用法律若干问题的解释》（以下简称《解释》）等规定，对自首和立功若干具体问题提出如下处理意见：

一、关于“自动投案”的具体认定

《解释》第一条第（一）项规定七种应当视为自动投案的情形，体现了犯罪嫌疑人投案的主动性和自愿性。根据《解释》第一条第（一）项的规定，犯罪嫌疑人具有以下情形之一的，也应当视为自动投案：（1）犯罪后主动报案，虽未表明自己是作案人，但没有逃离现场，在司法机关询问时交代自己罪行的；（2）明知他人报案而在现场等待，抓捕时无拒捕行为，供认犯罪事实的；（3）在司法机关未确定犯罪嫌疑人，尚在一般性排查询问时主动交代自己罪行的；（4）因特定违法行为被采取劳动教养、行政拘留、司法拘留、强制隔离戒毒等行政、司法强制措施期间，主动向执行机关交代尚未被掌握的犯罪行为的；（5）其他符合立法本意，应当视为自动投案的情形。

罪行未被有关部门、司法机关发觉，仅因形迹可疑被盘问、教育后，主动交代了犯罪事实的，应当视为自动投案，但有关部门、司法机关在其身上、随身携带的物品、驾乘的交通工具等处发现与犯罪有关的物品的，不能认定为自动投案。

交通肇事后保护现场、抢救伤者，并向公安机关报告的，应认定为自动投案，构成自首的，因上述行为同时系犯罪嫌疑人的法定义务，对其是否从宽、从宽幅度要适当从严掌握。交通肇事逃逸后自动投案，如实供述自己罪行的，应认定为自首，但应依法以较重法定刑为基准，视情决定对其是否从宽处罚以及从宽处罚的幅度。

犯罪嫌疑人被亲友采用捆绑等手段送到司法机关，或者在亲友带领侦查人员前来抓捕时无拒捕行为，并如实供认犯罪事实的，虽然不能认定为自动投案，但可以参照法律对自首的有关规定酌情从轻处罚。

二、关于“如实供述自己的罪行”的具体认定

《解释》第一条第（二）项规定如实供述自己的罪行，除供述自己的主要犯罪事实外，还应包括姓名、年龄、职业、住址、前科等情况。犯罪嫌疑人供述的身份等情况与真实情况虽有差别，但不影响定罪量刑的，应认定为如实供述自

己的罪行。犯罪嫌疑人自动投案后隐瞒自己的真实身份等情况，影响对其定罪量刑的，不能认定为如实供述自己的罪行。

犯罪嫌疑人多次实施同种罪行的，应当综合考虑已交代的犯罪事实与未交代的犯罪事实的危害程度，决定是否认定为如实供述主要犯罪事实。虽然投案后没有交代全部犯罪事实，但如实交代的犯罪情节重于未交代的犯罪情节，或者如实交代的犯罪数额多于未交代的犯罪数额，一般应认定为如实供述自己的主要犯罪事实。无法区分已交代的与未交代的犯罪情节的严重程度，或者已交代的犯罪数额与未交代的犯罪数额相当，一般不认定为如实供述自己的主要犯罪事实。

犯罪嫌疑人自动投案时虽然没有交代自己的主要犯罪事实，但在司法机关掌握其主要犯罪事实之前主动交代的，应认定为如实供述自己的罪行。

三、关于“司法机关还未掌握的本人其他罪行”和“不同种罪行”的具体认定

犯罪嫌疑人、被告人在被采取强制措施期间，向司法机关主动如实供述本人的其他罪行，该罪行能否认定为司法机关已掌握，应根据不同情形区别对待。如果该罪行已被通缉，一般应以该司法机关是否在通缉令发布范围内作出判断，不在通缉令发布范围内的，应认定为还未掌握，在通缉令发布范围内的，应视为已掌握；如果该罪行已录入全国公安信息网络在逃人员信息数据库，应视为已掌握。如果该罪行未被通缉、也未录入全国公安信息网络在逃人员信息数据库，应以该司法机关是否已实际掌握该罪行为标准。

犯罪嫌疑人、被告人在被采取强制措施期间如实供述本人其他罪行，该罪行与司法机关已掌握的罪行属同种罪行还是不同种罪行，一般应以罪名区分。虽然如实供述的其他罪行的罪名与司法机关已掌握犯罪的罪名不同，但如实供述的其他犯罪与司法机关已掌握的犯罪属选择性罪名或者在法律、事实上密切关联，如因受贿被采取强制措施后，又交代因受贿为他人谋取利益行为，构成滥用职权罪的，应认定为同种罪行。

四、关于立功线索来源的具体认定

犯罪分子通过贿买、暴力、胁迫等非法手段，或者被羁押后与律师、亲友

会见过程中违反监管规定，获取他人犯罪线索并“检举揭发”的，不能认定为有立功表现。

犯罪分子将本人以往查办犯罪职务活动中掌握的，或者从负有查办犯罪、监管职责的国家工作人员处获取的他人犯罪线索予以检举揭发的，不能认定为有立功表现。

犯罪分子亲友为使犯罪分子“立功”，向司法机关提供他人犯罪线索、协助抓捕犯罪嫌疑人的，不能认定为犯罪分子有立功表现。

五、关于“协助抓捕其他犯罪嫌疑人”的具体认定

犯罪分子具有下列行为之一，使司法机关抓获其他犯罪嫌疑人的，属于《解释》第五条规定的“协助司法机关抓捕其他犯罪嫌疑人”：(1)按照司法机关的安排，以打电话、发信息等方式将其他犯罪嫌疑人（包括同案犯）约至指定地点的；(2)按照司法机关的安排，当场指认、辨认其他犯罪嫌疑人（包括同案犯）的；(3)带领侦查人员抓获其他犯罪嫌疑人（包括同案犯）的；(4)提供司法机关尚未掌握的其他案件犯罪嫌疑人的联络方式、藏匿地址的，等等。

犯罪分子提供同案犯姓名、住址、体貌特征等基本情况，或者提供犯罪前、犯罪中掌握、使用的同案犯联络方式、藏匿地址，司法机关据此抓捕同案犯的，不能认定为协助司法机关抓捕同案犯。

六、关于立功线索的查证程序和具体认定

被告人在一、二审审理期间检举揭发他人犯罪行为或者提供侦破其他案件的重要线索，人民法院经审查认为该线索内容具体、指向明确的，应及时移交有关人民检察院或者公安机关依法处理。

侦查机关出具材料，表明在三个月内还不能查证并抓获被检举揭发的人，或者不能查实的，人民法院审理案件可不再等待查证结果。

被告人检举揭发他人犯罪行为或者提供侦破其他案件的重要线索经查证不属实，又重复提供同一线索，且没有提出新的证据材料的，可以不再查证。

根据被告人检举揭发破获的他人犯罪案件，如果已有审判结果，应当依据判决确认的事实认定是否查证属实；如果被检举揭发的他人犯罪案件尚未进入审判程序，可以依据侦查机关提供的书面查证情况认定是否查证属实。检

举揭发的线索经查确有犯罪发生，或者确定了犯罪嫌疑人，可能构成重大立功，只是未能将犯罪嫌疑人抓获归案的，对可能判处死刑的被告人一般要留有余地，对其他被告人原则上应酌情从轻处罚。

被告人检举揭发或者协助抓获的人的行为构成犯罪，但因法定事由不追究刑事责任、不起诉、终止审理的，不影响对被告人立功表现的认定；被告人检举揭发或者协助抓获的人的行为应判处无期徒刑以上刑罚，但因具有法定、酌定从宽情节，宣告刑为有期徒刑或者更轻刑罚的，不影响对被告人重大立功表现的认定。

七、关于自首、立功证据材料的审查

人民法院审查的自首证据材料，应当包括被告人投案经过、有罪供述以及能够证明其投案情况的其他材料。投案经过的内容一般应包括被告人投案时间、地点、方式等。证据材料应加盖接受被告人投案的单位的印章，并有接受人员签名。

人民法院审查的立功证据材料，一般应包括被告人检举揭发材料及证明其来源的材料、司法机关的调查核实材料、被检举揭发人的供述等。被检举揭发案件已立案、侦破，被检举揭发人被采取强制措施、公诉或者审判的，还应审查相关的法律文书。证据材料应加盖接收被告人检举揭发材料的单位的印章，并有接收人员签名。

人民法院经审查认为证明被告人自首、立功的材料不规范、不全面的，应当由检察机关、侦查机关予以完善或者提供补充材料。

上述证据材料在被告人被指控的犯罪一、二审审理时已形成的，应当经庭审质证。

八、关于对自首、立功的被告人的处罚

对具有自首、立功情节的被告人是否从宽处罚、从宽处罚的幅度，应当考虑其犯罪事实、犯罪性质、犯罪情节、危害后果、社会影响、被告人的主观恶性和人身危险性等。自首的还应考虑投案的主动性、供述的及时性和稳定性等。立功的还应考虑检举揭发罪行的轻重、被检举揭发的人可能或者已经被判处的刑罚、提供的线索对侦破案件或者协助抓捕其他犯罪嫌疑人所起作用的大小等。

具有自首或者立功情节的，一般应依法从轻、减轻处罚；犯罪情节较轻的，可以免除处罚。类似情况下，对具有自首情节的被告人的从宽幅度要适当宽于具有立功情节的被告人。

虽然具有自首或者立功情节，但犯罪情节特别恶劣、犯罪后果特别严重、被告人主观恶性深、人身危险性大，或者在犯罪前即为规避法律、逃避处罚而准备自首、立功的，可以不从宽处罚。

对于被告人具有自首、立功情节，同时又有累犯、毒品再犯等法定从重处罚情节的，既要考虑自首、立功的具体情节，又要考虑被告人的主观恶性、人身危险性等因素，综合分析判断，确定从宽或者从严处罚。累犯的前罪为非暴力犯罪的，一般可以从宽处罚，前罪为暴力犯罪或者前、后罪为同类犯罪的，可以不从宽处罚。

在共同犯罪案件中，对具有自首、立功情节的被告人的处罚，应注意共同犯罪人以及首要分子、主犯、从犯之间的量刑平衡。犯罪集团的首要分子、共同犯罪的主犯检举揭发或者协助司法机关抓捕同案地位、作用较次的犯罪分子的，从宽处罚与否应当从严掌握，如果从轻处罚可能导致全案量刑失衡的，一般不从轻处罚；如果检举揭发或者协助司法机关抓捕的是其他案件中罪行同样严重的犯罪分子，一般应依法从宽处罚。对于犯罪集团的一般成员、共同犯罪的从犯立功的，特别是协助抓捕首要分子、主犯的，应当充分体现政策，依法从宽处罚。

24.最高人民法院、最高人民检察院关于办理职务犯罪案件认定自首、立功等量刑情节若干问题的意见（2009年3月20日）

为依法惩处贪污贿赂、渎职等职务犯罪，根据刑法和相关司法解释的规定，结合办案工作实际，现就办理职务犯罪案件有关自首、立功等量刑情节的认定和处理问题，提出如下意见：

一、关于自首的认定和处理

根据刑法第六十七条第一款的规定，成立自首需同时具备自动投案和如实供述自己的罪行两个要件。犯罪事实或者犯罪分子未被办案机关掌握，或者虽被掌握，但犯罪分子尚未受到调查谈话、讯问，或者未被宣布采取调查措施或者强制措施时，向办案机关投案的，是自动投案。在此期间如实交代自己的主要犯罪事实的，应当认定为自首。

犯罪分子向所在单位等办案机关以外的单位、组织或者有关负责人员投案的，应当视为自动投案。

没有自动投案，在办案机关调查谈话、讯问、采取调查措施或者强制措施期间，犯罪分子如实交代办案机关掌握的线索所针对的事实的，不能认定为自首。

没有自动投案，但具有以下情形之一的，以自首论：(1)犯罪分子如实交代办案机关未掌握的罪行，与办案机关已掌握的罪行属不同种罪行的；(2)办案机关所掌握线索针对的犯罪事实不成立，在此范围外犯罪分子交代同种罪行的。

单位犯罪案件中，单位集体决定或者单位负责人决定而自动投案，如实交代单位犯罪事实的，或者单位直接负责的主管人员自动投案，如实交代单位犯罪事实的，应当认定为单位自首。单位自首的，直接负责的主管人员和直接责任人员未自动投案，但如实交代自己知道的犯罪事实的，可以视为自首；拒不交代自己知道的犯罪事实或者逃避法律追究的，不应当认定为自首。单位没有自首，直接责任人员自动投案并如实交代自己知道的犯罪事实的，对该直接责任人员应当认定为自首。

对于具有自首情节的犯罪分子，办案机关移送案件时应当予以说明并移交相关证据材料。

对于具有自首情节的犯罪分子，应当根据犯罪的事实、性质、情节和对于社会的危害程度，结合自动投案的动机、阶段、客观环境，交代犯罪事实的完整性、稳定性以及悔罪表现等具体情节，依法决定是否从轻、减轻或者免除处罚以及从轻、减轻处罚的幅度。

二、关于立功的认定和处理

立功必须是犯罪分子本人实施的行为。为使犯罪分子得到从轻处理，犯罪分子的亲友直接向有关机关揭发他人犯罪行为，提供侦破其他案件的重要线索，或者协助司法机关抓捕其他犯罪嫌疑人的，不应当认定为犯罪分子的立功表现。

据以立功的他人罪行材料应当指明具体犯罪事实;据以立功的线索或者协助行为对于侦破案件或者抓捕犯罪嫌疑人要有实际作用。犯罪分子揭发他人犯罪行为时没有指明具体犯罪事实的;揭发的犯罪事实与查实的犯罪事实不具有关联性的;提供的线索或者协助行为对于其他案件的侦破或者其他犯罪嫌疑人的抓捕不具有实际作用的,不能认定为立功表现。

犯罪分子揭发他人犯罪行为,提供侦破其他案件重要线索的,必须经查证属实,才能认定为立功。审查是否构成立功,不仅要审查办案机关的说明材料,还要审查有关事实和证据以及与案件定性处罚相关的法律文书,如立案决定书、逮捕决定书、侦查终结报告、起诉意见书、起诉书或者判决书等。

据以立功的线索、材料来源有下列情形之一的,不能认定为立功:(1)本人通过非法手段或者非法途径获取的;(2)本人因原担任的查禁犯罪等职务获取的;(3)他人违反监管规定向犯罪分子提供的;(4)负有查禁犯罪活动职责的国家机关工作人员或者其他国家工作人员利用职务便利提供的。

犯罪分子检举、揭发的他人犯罪,提供侦破其他案件的重要线索,阻止他人的犯罪活动,或者协助司法机关抓捕的其他犯罪嫌疑人,犯罪嫌疑人、被告人依法可能被判处无期徒刑以上刑罚的,应当认定为有重大立功表现。其中,可能被判处无期徒刑以上刑罚,是指根据犯罪行为的事实、情节可能判处无期徒刑以上刑罚。案件已经判决的,以实际判处的刑罚为准。但是,根据犯罪行为的事实、情节应当判处无期徒刑以上刑罚,因被判刑人有法定情节经依法从轻、减轻处罚后判处有期徒刑的,应当认定为重大立功。

对于具有立功情节的犯罪分子,应当根据犯罪的事实、性质、情节和对于社会的危害程度,结合立功表现所起作用的大小、所破获案件的罪行轻重、所抓获犯罪嫌疑人可能判处的法定刑以及立功的时机等具体情节,依法决定是否从轻、减轻或者免除处罚以及从轻、减轻处罚的幅度。

三、关于如实交代犯罪事实的认定和处理

犯罪分子依法不成立自首,但如实交代犯罪事实,有下列情形之一的,可以酌情从轻处罚:(1)办案机关掌握部分犯罪事实,犯罪分子交代了同种其他犯罪事实的;(2)办案机关掌握的证据不充分,犯罪分子如实交代有助于收集定案证据的。

犯罪分子如实交代犯罪事实，有下列情形之一的，一般应当从轻处罚：(1)办案机关仅掌握小部分犯罪事实，犯罪分子交代了大部分未被掌握的同种犯罪事实的；(2)如实交代对于定案证据的收集有重要作用的。

四、关于赃款赃物追缴等情形的处理

贪污案件中赃款赃物全部或者大部分追缴的，一般应当考虑从轻处罚。

受贿案件中赃款赃物全部或者大部分追缴的，视具体情况可以酌定从轻处罚。

犯罪分子及其亲友主动退赃或者在办案机关追缴赃款赃物过程中积极配合的，在量刑时应当与办案机关查办案件过程中依职权追缴赃款赃物的有所区别。

职务犯罪案件立案后，犯罪分子及其亲友自行挽回的经济损失，司法机关或者犯罪分子所在单位及其上级主管部门挽回的经济损失，或者因客观原因减少的经济损失，不予扣减，但可以作为酌情从轻处罚的情节。

25.最高人民法院关于被告人对行为性质的辩解是否影响自首成立问题的批复(2004年4月1日)

广西壮族自治区高级人民法院：

你院2003年6月10日《关于被告人对事实性质的辩解是否影响投案自首的成立的请示》收悉。经研究，答复如下：

根据刑法第六十七条第一款和《最高人民法院关于处理自首和立功具体应用法律若干问题的解释》第一条的规定，犯罪以后自动投案，如实供述自己的罪行的，是自首。被告人对行为性质的辩解不影响自首的成立。

26.最高人民法院、最高人民检察院关于办理职务犯罪案件严格适用缓刑、免予刑事处罚若干问题的意见(2012年8月8日)

为进一步规范贪污贿赂、渎职等职务犯罪案件缓刑、免予刑事处罚的适用，确保办理职务犯罪案件的法律效果和社会效果，根据刑法有关规定并结合司法工作实际，就职务犯罪案件缓刑、免予刑事处罚的具体适用问题，提出以下意见：

一、严格掌握职务犯罪案件缓刑、免予刑事处罚的适用。职务犯罪案件的刑罚适用直接关系反腐败工作的实际效果。人民法院、人民检察院要深刻认识职务犯罪的严重社会危害性，正确贯彻宽严相济刑事政策，充分发挥刑罚的惩治和预防功能。要在全面把握犯罪事实和量刑情节的基础上严格依照刑法规定的条件适用缓刑、免予刑事处罚，既要考虑从宽情节，又要考虑从严情节；既要做到刑罚与犯罪相当，又要做到刑罚执行方式与犯罪相当，切实避免缓刑、免予刑事处罚不当适用造成的消极影响。

二、具有下列情形之一的职务犯罪分子，一般不适用缓刑或者免予刑事处罚：

（一）不如实供述罪行的；

（二）不予退缴赃款赃物或者将赃款赃物用于非法活动的；

（三）属于共同犯罪中情节严重的主犯的；

（四）犯有数个职务犯罪依法实行并罚或者以一罪处理的；

（五）曾因职务违纪违法行为受过行政处分的；

（六）犯罪涉及的财物属于救灾、抢险、防汛、优抚、扶贫、移民、救济、防疫等特定款物的；

（七）受贿犯罪中具有索贿情节的；

（八）渎职犯罪中徇私舞弊情节或者滥用职权情节恶劣的；

（九）其他不应适用缓刑、免予刑事处罚的情形。

三、不具有本意见第二条规定的情形，全部退缴赃款赃物，依法判处三年有期徒刑以下刑罚，符合刑法规定的缓刑适用条件的贪污、受贿犯罪分子，可以适用缓刑；符合刑法第三百八十三条第一款第（三）项的规定，依法不需要判处刑罚的，可以免予刑事处罚。

不具有本意见第二条所列情形，挪用公款进行营利活动或者超过三个月未还构成犯罪，一审宣判前已将公款归还，依法判处三年有期徒刑以下刑罚，符合刑法规定的缓刑适用条件的，可以适用缓刑；在案发前已归还，情节轻微，不需要判处刑罚的，可以免予刑事处罚。

四、人民法院审理职务犯罪案件时应当注意听取检察机关、被告人、辩护人提出的量刑意见，分析影响性案件案发前后的社会反映，必要时可以征求案件查办等机关的意见。对于情节恶劣、社会反映强烈的职务犯罪案件，不得适用缓刑、免予刑事处罚。

五、对于具有本意见第二条规定的情形之一，但根据全案事实和量刑情节，检察机关认为确有必要适用缓刑或者免予刑事处罚并据此提出量刑建议的，应经检察委员会讨论决定；审理法院认为确有必要适用缓刑或者免予刑事处罚的，应经审判委员会讨论决定。

后 记

这是我在法院工作十一年来的第二本实务型专著。

在本书交付出版前，拙著《新型经济犯罪实务精解》（上海人民出版社2017年10月出版）已经第三次印刷，欣喜之余，压力陡增。这不仅是肯定，更是鞭策——务必保证本书的质量！

这些年来，我主要从事经济犯罪、财产犯罪及职务犯罪的审判与调研指导工作，办理和指导办理了不少案件，也积累了一些心得体会。因此，本书既是2017年出版《新型经济犯罪实务精解》一书后的延续，也是在梳理部分调研成果的基础上，对贪污贿赂罪所做的一个比较系统的研究。谈不上深入研究，更多的是针对实践中的一些疑难复杂新类型问题，尤其是已经影响和容易影响法律适用统一的问题，从实务视角所进行的探讨。

撰写本书稿历时两年有余，其间只能利用工作之余的晚上和节假日时间。有朋友问我“何求”，我想，既有接续《新型经济犯罪实务精解》一书的“必要”，更有促进法律适用统一的“初心”（正在开展职务犯罪适法统一调研），当然也有博士后出站的压力动力使然。每当稍有懈怠、力不从心之际，常以“必要”、“初心”和“压力”提醒之、激励之、笃行之。而今以释然之心撰写后记，感触颇深的是“坚持”二字的可贵，可谓“久久为功”。

能够如期完成本书稿，首先得感谢我的博士后合作导师、著名刑法学家刘宪权教授。先生是中国刑法学研究会副会长、华东政法大学刑事法学研究院院长，儒雅谦和，桃李满天下。先生传道授业解惑，让我如沐春风，受益终生。百忙之中还拨冗作序，学生万分感激！

我的硕士生导师马长生教授（湖南省刑法学研究会名誉会长、湖南师范大学原正校级督导员、法学院荣誉教授）、博士生导师张旭教授（中国刑法学研究会副会长、吉林大学刑法学国家重点学科带头人），两位先生亦德高望重，诲人不倦，授我以“渔”，催我成长进步。师恩如山，没齿难忘！

原分管领导、现上海市第一中级人民法院院长黄祥青，现分管领导上海市高级人民法院副院长林立，都教导我等中青年法官要注重理论联系实际，既要学深学广学活，又要能办案、能调研、能授课。你们的关心和指教，催人奋进，在此表示衷心的感谢！

感谢最高人民法院刑二庭审判长高洪江和上海市虹口区人民法院副院长肖晚祥，有幸经常一起讨教“疑难杂症”，不仅强化了我的问题意识，而且启迪了我解决问题的思维方式和方法。感谢许浩、金俊、赵拥军等法官，一起思辨与求真，使本书观点更经得起读者推敲和时间检验。其他老师、同事、好友的关心、支持和帮助，在此一并谨致谢忱！

谈及我的家人，心中充满愧疚与感动。数年来一直奔波于求学、工作、拼搏之路，顾及家庭和回馈双亲不多。父母、爱人、兄妹，互敬互爱，温暖相助，为我构筑起幸福的港湾。孩子们聪明能干，乖巧可爱，给我不竭的力量和快乐。感恩你们，感谢人生！

感谢法律出版社法律应用出版分社社长冯雨春和责任编辑朱海波，你们的鼎力支持和关心鼓励使本书能够顺利问世！

业精于勤！自我评价是不曾懈怠，但与精益求精、臻于至善的工匠精神尚存较大差距。且囿于能力和水平，本书错误和不当之处一定存在，恳请大家批评指正！

罗开卷

2019年12月20日于上海

图书在版编目（CIP）数据

贪污贿赂罪实务精解 / 罗开卷著. -- 北京 : 法律出版社, 2020

ISBN 978-7-5197-4238-6

Ⅰ. ①贪… Ⅱ. ①罗… Ⅲ. ①贪污贿赂罪—研究—中国 Ⅳ. ①D924.392.4

中国版本图书馆CIP数据核字(2020)第023847号

贪污贿赂罪实务精解
TANWU HUILUZUI SHIWU JINGJIE

罗开卷 著

策划编辑 朱海波
责任编辑 朱海波
装帧设计 汪奇峰

出版 法律出版社
总发行 中国法律图书有限公司
经销 新华书店
印刷 三河市龙大印装有限公司
责任校对 李景美
责任印制 吕亚莉

编辑统筹 法律应用出版分社
开本 710毫米×1000毫米　1/16
印张 24.25
字数 350千
版本 2020年3月第1版
印次 2020年3月第1次印刷

法律出版社/北京市丰台区莲花池西里7号（100073）
网址/www.lawpress.com.cn
投稿邮箱/info@lawpress.com.cn
举报维权邮箱/jbwq@lawpress.com.cn
销售热线/400-660-8393
咨询电话/010-63939796

中国法律图书有限公司/北京市丰台区莲花池西里7号（100073）
全国各地中法图分、子公司销售电话：
统一销售客服/400-660-8393/6393
第一法律书店/010-83938432/8433　西安分公司/029-85330678　重庆分公司/023-67453036
上海分公司/021-62071639/1636　深圳分公司/0755—83072995

书号：ISBN 978-7-5197-4238-6　**定价：**86.00元
（如有缺页或倒装，中国法律图书有限公司负责退换）